Introdução à FILOSOFIA CHINESA

Conforme Novo Acordo Ortográfico

Karyn L. Lai

Introdução à
FILOSOFIA CHINESA

Tradução:
Saulo Alencastre

MADRAS®

Publicado originalmente em inglês sob o título *An Introduction to Chinese Philosophy* por Cambridge University Press.
© 2008, Karyn L. Lai.
Direitos de edição e tradução para o Brasil.
Tradução autorizada do inglês.
© 2009, Madras Editora Ltda.

Editor:
Wagner Veneziani Costa

Produção e Capa:
Equipe Técnica Madras

Tradução:
Saulo Alencastre

Revisão da Tradução:
André Oídes

Revisão:
Jane Pessoa
Maria Cristina Scomparini
Bianca Rocha

Dados Internacionais de Catalogação na Publicação (CIP)
(Câmara Brasileira do Livro, SP, Brasil)

Lai, Karen L.
Introdução à filosofia chinesa/Karen L. Lai; tradução Saulo Alencastre. – São Paulo: Madras, 2009.
Título original: An introduction to chinese philosophy
Bibliografia.

ISBN 978-85-370-0536-1

1. Filosofia chinesa I. Título.

09-09447   CDD-181.11

Índices para catálogo sistemático:
1. Filosofia chinesa 181.11

É proibida a reprodução total ou parcial desta obra, de qualquer forma ou por qualquer meio eletrônico, mecânico, inclusive por meio de processos xerográficos, incluindo ainda o uso da internet, sem a permissão expressa da Madras Editora, na pessoa de seu editor (Lei nº 9.610, de 19.2.98).

Todos os direitos desta edição, em língua portuguesa, reservados pela

MADRAS EDITORA LTDA.
Rua Paulo Gonçalves, 88 — Santana
CEP: 02403-020 — São Paulo/SP
Caixa Postal: 12183 — CEP: 02013-970
Tel.: (11) 2281-5555 — Fax: (11) 2959-3090
www.madras.com.br

Para Sophie, Toby e Michael

Índice

Prefácio 11
Lista de datas 13
1. Filosofia chinesa 15
    Origens da filosofia chinesa 17
    Características da filosofia chinesa 19
        Cultivo de si 19
        Entendendo o eu: relações e contextos 21
        Concepções de harmonia 23
        Concepções de mudança 25
        A filosofia do Yijing (Livro das mutações) 26
        Pensando filosoficamente 31
    Sugestões para leituras posteriores 33
2. Confúcio e os conceitos confucianos *Ren* e *Li* 35
    Lendo os *Analectos* 36
    Ren: humanidade 38
        Ren *como amor* 39
        Ren, *a regra de ouro confuciana* 39
        Ren *e o cultivo das relações especiais* 40
        Ren *como sabedoria ética* 41
    Li: civilidade comportamental 42
    Ren e *Li* 44
        Ren *é fundamental* 45
        Li *é fundamental* 46
        Ren *e* Li *são conceitos interdependentes* 47
    Ren e *Li* nos debates filosóficos contemporâneos 48
    Sugestões para leituras posteriores 50

3. O cultivo da humanidade na filosofia confuciana: Mêncio e Xunzi 53

Mêncio: o cultivo da natureza humana 54
Xunzi: a regulamentação do comportamento humano 59
   Li *(comportamento apropriado)* e Fa *(padrões e código penal)* 61
   Zhengming: *Regulamentando a sociedade com títulos prescritos* *63*
O caminho do céu e o caminho da humanidade 65
Cultivo pessoal e desenvolvimento social 68
Desenvolvimento de caráter e cultivo de habilidades 70
Sugestões para leituras posteriores 73

4. Primórdios da filosofia moísta 75

Textos e temas 76
   Os ensaios 77
   Maximizando o bem coletivo 79
   Trabalhando com padrões 85
Sugestões para leituras posteriores 91

5. Primórdios da filosofia daoísta: o *Dao De Jing* como tratado metafísico 93

As origens da filosofia daoísta e os primeiros textos daoístas 95
Dao como realidade: a busca por uma nova realidade 97
Opostos: contraste e complementação 104
De e a integridade do indivíduo 108
Sugestões para leituras posteriores 114

6. Primórdios da filosofia daoísta: *Dao*, linguagem e sociedade 117

Dao, linguagem e doutrinação 118
Wuwei 122
   Wuwei e o governo 124
   Wuwei e o aprendizado 127
A ética de *ziran e wuwei* 130
Sugestões para leituras posteriores 134

7. Os Mingjia e os moístas posteriores 135

Os debates dos Mingjia 138
   Hui Shi 139
   Gongsun Long 143

Os moístas posteriores 149
   Argumentação e disputa: Bian 151
   Linguagem, nomes e proposições 155
   Discussões científicas 156
   Praticando jianai: *moralidade utilitária* 162
Filosofia da linguagem na China Antiga 163
Sugestões para leituras posteriores 167

8. A filosofia de Zhuangzi 169
Questões epistemológicas no *Qiwu Lun* 172
Interpretações do ceticismo de Zhuangzi 180
Cultivando a aptidão 185
As implicações da filosofia do Zhuangzi 197
Sugestões para leituras posteriores 200

9. Filosofia legalista 201
Três temas básicos: código penal, técnica e poder 203
   Fa: *padrões e código penal* 204
   Shu: *a técnica de administrar a burocracia* 208
   Shi: *poder* 212
   Han Fei, o grande sintetizador 215
Debates na filosofia legalista 217
   Natureza humana 217
   Cidadania: o papel das pessoas comuns 219
   O melhor homem e as melhores leis 221
   Burocracia 223
   Sigilo, poder e o controle do conhecimento 225
   Governo e desenvolvimento humano 227
Sugestões para leituras posteriores 228

10. O *Yijing* e seu lugar na filosofia chinesa 229
O texto e os comentários 231
Síntese abrangente e pensamento correlativo
durante o Han 234
Pensamento correlativo: o espírito do *Yijing* 245
   (1) A primazia da observação 245
   (2) Uma perspectiva holística, toda abrangente 247
   (3) Uma abordagem dialética e complementar
   dos dualismos 248
   (4) Pensamento correlativo e ressonância 249

(5) Uma abordagem interpretativa dos significados dos hexagramas e das correspondências 253
(6) Movimento constante marcado pela inevitabilidade da mudança 257
(7) A natureza orientadora de ações dos julgamentos.. 261
O impacto do *Yijing*... 263
Sugestões para leituras posteriores 265

11. Budismo chinês 267
Princípios básicos do pensamento budista 268
A introdução do Budismo na China.................................. 277
Doutrinas budistas chinesas durante
os séculos V e VI d.C. 284
Budismo dos Três Tratados (San Lun)..................... 286
Budismo da Consciência-apenas (Wei Shi)............. 287
Budismo Tian Tai 289
Budismo da Grinalda de Flores (Hua Yan) 292
Budismo Chan 296
Budismo chinês 303
Sugestões para leituras posteriores 304

Posfácio 305
Glossário 311
Bibliografia 321

Prefácio

Este livro cobre as diferentes tradições da filosofia chinesa antiga, enfocando seus conceitos, temas, raciocínios e métodos argumentativos. Ele apresenta aos leitores as ideias fundamentais das diferentes tradições, os debates entre pensadores, as influências cruzadas entre tradições, bem como as teorias interpretativas sobre essas ideias, inclusive de estudiosos contemporâneos. Os capítulos estão organizados de forma a refletir o desenvolvimento cronológico das filosofias chinesas, tanto quanto isso é possível. Uma **Lista de Datas** é fornecida na abertura para dispor informações cronológicas importantes sobre os pensadores selecionados e como eles estão posicionados em relação a outros pensadores. Essa lista é seletiva e breve, relacionando apenas os pensadores e os períodos discutidos neste livro. A tabela de visualização rápida deve ajudar o leitor a situar os pensadores em seu contexto histórico, relacionando-os a outros pensadores. As datas também estão incluídas no texto em locais em que são essenciais à questão específica ali colocada.

Uma lista curta de **Sugestões para leituras posteriores** é fornecida no final de cada capítulo. Essas são as fontes primárias e secundárias mais importantes com as quais um estudante de filosofia chinesa deve se familiarizar. Uma **Bibliografia** mais extensa está incluída no final do livro. Os itens desta última, dispostos em duas listas separadas, *Textos primários* e *Fontes secundárias*, fornecem um rol de leitura mais extensivo. O **Glossário** no final do livro está disposto em três seções que compreendem *Textos*, *Nomes* e *Conceitos e temas*. As listas estão arranjadas alfabeticamente na transliteração *Pinyin*, e, quando possível, uma tradução portuguesa é fornecida.

É aconselhável ler os capítulos na ordem em que aparecem, pois cada um deles se constrói sobre os precedentes. O capítulo 1 é importante, pois apresenta os principais temas e métodos argumentativos da filosofia chinesa que são desenvolvidos nos capítulos subsequentes. Os leitores poderão achar útil revisitar algumas das discussões do capítulo 1 nos pontos apropriados.

Concluo o livro com um **Posfácio** projetado para dar aos leitores uma percepção dos estudos em andamento sobre a filosofia chinesa, bem como para sugerir uma série de áreas interessantes para explorações ulteriores.

Lista de datas

(em ordem cronológica)

Períodos da História Chinesa	Pensadores	Datas
Dinastia Xia		c. 2070-1600 a.C.
Dinastia Shang		c. 1600-1046 a.C.
Dinastia Zhou		1122-221 a.C.
Período da Primavera e do Outono (*Chunqiu*)		722-476 a.C.
	Guan Zhong	683-642 a.C.
	Confúcio (Kongzi)	551-479 a.C.
	Deng Xi	m. 501 a.C.
	Zisi	483?-402? a.C.
	Mozi	480?-390? a.C.
Período dos Reinos Combatentes (*Zhanguo*)		475-221 a.C.
	Gaozi	420?-350 a.C.
	Zhuangzi	399?-295? a.C.
	Mêncio	385?-312 a.C.
	Gongsun Long	n. 380? a.C.
	Hui Shi	370?-310 a.C.
	Yang Zhu	c. 350 a.C.
	Shang Yang	m. 338 a.C.
	Shen Dao	350?-275? a.C.
	Shen Buhai	m. 337 a.C.
	Xunzi	310?-219 a.C.
	Zou Yan	305?-240? a.C.
	Lü Buwei	291?-235? a.C.
	Han Fei	280?-233 a.C.
	Li Si	280?-208? a.C.
Dinastia Qin		221-206 a.C.
Dinastia Han		206 a.C.-220 d.C.
	Jia Yi	201-168? a.C.
	Dong Zhongshu	195?-115? a.C.
	Liu An	180?-122? a.C.

Períodos da História Chinesa	Pensadores	Datas
	Sima Tan	m. 110 a.C.
	Sima Qian	145-86? a.C.
	Ban Biao	3-54 d.C.
	Ban Gu	32-92
	Ban Zhao	35-100
Três Reinos (*Sanguo*)		220-280
	Wang Bi	226-249
Dinastia Jin		260-420
	Guo Xiang	m. 312
	Dao-an	312-385
	Hui Yuan	334-416
	Kumarajiva (*Jiumoluoshi*)	344-413
	Dao Sheng	360?-434?
Dinastia Wei do Norte		386-534
Dinastias do Sul e do Norte		420-589
	Bodhidharma	470-543
	Zhi Yi	538-597
	Ji Zang	540-623
	Du Shun	557-640
Dinastia Sui		581-618
	Xuan Zang	596-664
	Hong Ren	601-674
	Shen Xiu	605?-706?
Dinastia Tang		618-907
	Hui Neng	638-713
	Fa Zang	643-712
	Shen Hui	670-762
	Han Yu	768-824
	Li Ao	m. c. 844
Cinco Dinastias e Dez Reinos		907-960
Dinastia Song		960-1260
Dinastia Yuan		1271-1368
Dinastia Ming		1368-1644
Dinastia Qing		1644-1911

1. Filosofia chinesa

Introdução à filosofia chinesa examina os principais conceitos, temas e textos filosóficos da filosofia chinesa antiga, aproximadamente desde o tempo de Confúcio no século VI a.C. até o período Han (206 a.C.-220 d.C.). Esse é o período das origens da filosofia chinesa, visto que os textos existentes revelam elementos do pensamento reflexivo e sistemático. As filosofias discutidas aqui são uma seleção representativa de debates intelectuais na China Antiga. O objetivo não é apresentar um levantamento abrangente e completo dos temas e textos filosóficos, uma tarefa enciclopédica. Em vez disso, os tópicos deste livro são seletivos e representativos da área. Dessa forma, podemos nos envolver em um nível profundo com uma série de questões proeminentes debatidas por pensadores da época, e que tem relevância contínua hoje.

Este livro tenta atingir um equilíbrio entre articular o espírito e o estilo geral da filosofia chinesa como campo disciplinar, identificando as características mais particulares de cada uma das filosofias. As doutrinas discutidas incluem Confucionismo, Moísmo, Daoísmo, Legalismo, Teoria dos nomes (pelos Mingjia e os dialéticos) e Budismo. As discussões enfocarão conceitos, temas, estruturas conceituais, elementos do raciocínio filosófico, dispositivos argumentativos nas tradições selecionadas, e debates e discordâncias entre elas. Compreender as discordâncias é pelo menos tão importante quanto reconhecer as ideias particulares de cada tradição, pois isso atrai a atenção tanto para os contrastes quanto para os elementos comuns dessas tradições, conforme elas evoluíram ao lado de outras.

Apesar de o Budismo ter sido introduzido na China perto do fim do período de nosso interesse, seria negligente não incluir alguma discussão de seus conceitos principais. O Budismo passou por várias transformações desde quando foi introduzido na China e gradualmente começou a assumir um caráter particular, o do Budismo *chinês*, a partir, aproximadamente, do século VI. Ele também se tornou uma doutrina influente, moldando o desenvolvimento subsequente da filosofia chinesa. Muitas de suas características acabaram penetrando nas tradições chinesas existentes, especialmente no Daoísmo e no Neoconfucionismo. Contudo, para manter o volume em um tamanho administrável, não foi possível incluir uma discussão do Neoconfucionismo. Este foi um desenvolvimento das doutrinas confucianas e um movimento filosófico proeminente desde o século X, apesar de algumas de suas origens poderem ser traçadas até o Confucionismo Han. Muitas das discussões dos pensadores neoconfucianos abrangem questões metafísicas e metafilosóficas, e é uma pena não poderem ser incluídas. Para tratar das discussões do Neoconfucionismo, teríamos de cobrir pelo menos mais 11 séculos de filosofia chinesa. Esperamos que as discussões deste volume forneçam aos leitores uma boa compreensão das estruturas conceituais e dos interesses fundamentais da filosofia chinesa, dando-lhes as informações necessárias para entender os desenvolvimentos posteriores da filosofia chinesa.

    Um segundo objetivo deste volume é capturar um senso de débito intelectual e influências cruzadas entre as tradições. Embora dada alguma atenção à cronologia, o interesse primário é a apresentação coerente dos temas filosóficos. Em outras palavras, a coerência temática tem prioridade sobre a ordem cronológica. Por exemplo, o *Yijing* (*Livro das mutações*) é discutido relativamente tarde no volume por causa das suas influentes interpretações realizadas por pensadores durante a dinastia Han. Ainda assim, muitas das ideias nasceram em discussões anteriores.

    São feitas algumas tentativas para comparar as características da filosofia chinesa com aspectos da filosofia ocidental. Contudo, o objetivo de tais comparações é elucidar as particularidades da filosofia chinesa, e não apresentar e relatar as diferenças dos dois campos. Também se dá atenção aos debates contemporâneos no campo da filosofia chinesa realizados por estudiosos modernos e contemporâneos que trabalham na China e fora dela. Muitos desses estudiosos estão entusiasmados com as descobertas das diferentes filosofias e comprometidos com a demonstração de sua relevância ao mundo contemporâneo. O interesse deles na filosofia chinesa se estende para além do estudo dos textos em si, direcionando-se a assuntos de importância pragmática. Esses estudiosos são tanto herdeiros dessas tradições como contribuidores delas.

Este livro deve ser lido em conjunto com uma leitura atenta dos textos primários. Se não for possível ler versões mais completas dos textos, os leitores devem pelo menos obter um compêndio confiável de fontes primárias, tais como: Wm Theodore de Bary e Irene Bloom, *Sources of Chinese Tradition* [Fontes da tradição chinesa] (v. 1: 1999) ou Wing-tsit Chan, *A Source Book in Chinese Philosophy* [Um livro de referência da filosofia chinesa] (1963a).

Origens da filosofia chinesa

A prolongada agitação na China durante os períodos da Primavera e do Outono (*Chunqiu*, 722-476 a.C.) e dos Reinos Combatentes (*Zhanguo*, 475-221 a.C.) pôs fim à dinastia feudalista Zhou (1122-221 a.C.). Durante esse extenso período de tumulto, muitos homens que haviam vivido anteriormente em circunstâncias privilegiadas foram deslocados e forçados a procurar meios alternativos para viver. Muitos deles tinham teorias sobre as causas da agitação e propuseram soluções para retificá-la. O período da Primavera e do Outono viu a ascensão de estudiosos-funcionários públicos (*shi*), homens que davam conselhos aos que estavam no poder e que eram identificados pela lealdade a seus ministros (Hsu 1965). Confúcio e muitos de seus pupilos foram parte desse fenômeno (Hsu 1965: 34-37). Apesar de os *shi* terem sido deslocados de suas posições anteriormente privilegiadas, eles haviam rapidamente recuperado o *status* social e se estabelecido como uma distinta elite social e cultural. Os que eram capazes fizeram-se indispensáveis a seus ministros e começaram a ter papéis mais ativos que os ministros (Hsu 1965: 8). Como resultado, houve muita competição entre os que estavam no poder para atrair os conselheiros mais capazes (Hsu 1999: 572-583).

É nesse clima de abrangente patronagem de ideias e aprendizado que vemos o início da investigação sistemática na China. Os estudiosos-funcionários públicos ofereciam suas visões para retificar a sociedade. A urgência da situação política moldou as teorias desse período; muitas das discussões enfocavam a moralidade, a sociedade política e o bom governo. O *Zhuangzi*, um texto daoísta composto entre os séculos IV e III a.C., descreve a proliferação de ideias nessa época:

> O Império está em confusão absoluta, a sapiência e a excelência não estão esclarecidas, não temos o único Caminho e Poder [...]
> Há uma analogia nos ouvidos, olhos, nariz e boca; todos têm algo

que iluminam, mas não podem trocar suas funções, assim como as várias especialidades das Cem Escolas, todas têm seus pontos fortes e às vezes mostram-se úteis. Contudo, elas não são inclusivas, nem abrangentes; estes são homens que têm cada um seu próprio cantinho. (*Zhuangzi*, capítulo 33, trad. Graham 2001: 275)

Os estudiosos adotaram a frase *baijia zhi xue* (Cem Escolas de Aprendizado) para caracterizar a diversidade de ideias e o espírito do debate da época.[1] O termo *jia* (literalmente "casa"; significando "grupo") referia-se aos grupos doutrinais com os quais os primeiros pensadores se identificavam. Contudo, as classificações da doutrina (*xue*) eram amplamente assistemáticas durante o período inicial da história intelectual chinesa. Sima Tan (morto em 110 a.C.), um historiador, esteve entre os primeiros a categorizar as diferentes linhas de pensamento na China Antiga. Ele simplificou suas doutrinas em seis categorias:

(1) *Escola Yin-Yang*: fundamentada em uma crença nos dois grandes princípios *yin* (feminino) e *yang* (masculino) e aplicada em particular à cosmologia;

(2) *Escola Ru*: a escola dos literatos, os estudiosos. Os confucianos estavam incluídos nesse grupo;

(3) *Escola Mo*: a escola moísta, uma organização extremamente unida de soldados e artesãos, com disciplina estrita, fundada por Mozi;

(4) *Escola Ming*: os Mingjia. Os pensadores categorizados nesse grupo discutiam tópicos relacionados às correspondências entre linguagem e realidade;

(5) *Escola Fa*: constituída pelos legalistas, enfatizava punições (*fa*) como um instrumento primário de controle social;

(6) *Escola Dao-De*: consistia em pensadores que enfatizavam o caminho (*dao*) e o poder (*de*) em debates sobre metafísica e filosofia social e política. (Fung 1948: 30-31)

A classificação de Sima Tan das seis escolas de pensamento foi bastante casual. Ele identificou três delas (*yin-yang*, *fa* e *dao-de*) de acordo com seus comprometimentos doutrinais: uma conforme o perfil social de seus adeptos (*ru*, os literatos); outra de acordo com o nome que o grupo havia dado a si (*mo*, seguindo o nome de seu fundador); e outra ainda segundo a área de inquirição (*ming*: nomes). Essa complexidade, presente desde o início, permanece uma característica

---

1. Ver Fung 1952: 132-169.

importante do debate intelectual chinês. Contra o pano de fundo de muitos pontos de vista competitivos, a argumentação e a justificação de ideias eram importantes, bem como o pensamento que sintetizava uma gama de perspectivas. Na seção seguinte, acompanhamos uma série de características distintivas da filosofia chinesa.

Características da filosofia chinesa

Cultivo de si

Os pensadores chineses antigos acreditavam que o propósito de aprender era melhorar a si mesmo e à sociedade. Eles discutiam diferentes conceitos de cultivo de si (*xiushen*). Os confucianos acreditavam que o aprendizado e o cultivo da virtude eram aspectos do mesmo processo. Para eles, o indivíduo cultivado era uma pessoa que podia legitimamente liderar o povo. Essa crença exerceu uma ampla influência na sociedade chinesa. Um legado importante e duradouro dessa crença é a instituição dos Exames do Serviço Civil, um sistema para o recrutamento dos melhores estudiosos para o serviço civil. Esse sistema, baseado na crença de que os estudiosos dos textos clássicos também seriam praticantes e adeptos do bom governar, esteve em vigor por mais de 1.300 anos, da dinastia Sui (581-618 d.C.) à Qing (1644-1911 d.C.).

Enquanto a crença na unidade da sabedoria e da virtude tem fortes nuanças confucianas, pensadores das outras escolas também ponderaram sobre o tópico do *xiushen*. No texto *Mozi*, associado ao Moísmo, há um capítulo inteiro dedicado ao *xiushen*. Lá, seu autor discute o desenvolvimento de um compromisso de beneficiar o mundo (Schwartz 1985: 158). O Daoísmo filosófico, associado aos textos *Daodejing*, *Zhuangzi* e *Liezi*, advoga a compreensão intuitiva e experiencial do *dao*, levando a um modo de vida não maculado por práticas, crenças e expectativas convencionais. O cultivo de si nessa tradição envolve desfazer muitos dos efeitos da socialização, cuidando da própria vida de acordo com os axiomas da ação não condicionada (*wuwei*) e da espontaneidade (*ziran*). Havia também daoístas religiosos, especialmente durante a dinastia Han, que estavam preocupados em atingir a imortalidade; eles interpretavam o *dao* em termos místicos e religiosos. Para eles, *xiushen* envolvia práticas esotéricas, disciplina rigorosa do corpo e explorações de alquimia (Robinet 1997; Kohn 1993). Yang Zhu (c. 350 a.C.), que é muitas vezes descrito como um "egoísta", promovia uma filosofia de "cada um por si" (*weiwo*). Sua ideia de cuidar de si, que incluía a atenção ao corpo, era manter o ser individual não adulterado pelas influências corruptoras da sociedade.[2] Até os dialéticos, que debatiam tópicos aparentemente abstratos e relacionados à linguagem e sua conexão com a realidade, estavam interessados em fornecer conselhos práticos para os que estavam no poder (Graham 1989: 75-95).

Para os pensadores antigos, não era simplesmente que a inquirição intelectual precisasse ter resultados práticos. Mais importante que isso, a busca pelo aprendizado incorporava um senso de moralidade. Isso significava que as concepções de moralidade eram muitas vezes articuladas em termos dinâmicos e situacionais para capturar a natureza desenvolvente do cultivo de si. Como veremos nos capítulos seguintes, as discussões da ética na filosofia chinesa quase sempre se envolvem com questões de aplicação prática; estas podem diferir de estágio para estágio ou variar de pessoa para pessoa de acordo com a habilidade. Isso não significa que os filósofos chineses não levavam em consideração assuntos abstratos. Havia muito pensamento especulativo, incluindo a contemplação de quebra-cabeças lógicos (especialmente pelos dialéticos), metáforas, analogias e imagens sugestivas. Em geral, contudo, menos atenção era dada às discussões sobre padrões e princípios universais ou normativos. A ênfase esmagadora sobre a experiência e a prática nas discussões de ética pode ter incitado a visão depreciativa de Immanuel Kant da filosofia chinesa:

> A filosofia não é encontrada em todo o Oriente [...] Seu professor Confúcio, em seus escritos, não ensina nada além de uma doutrina moral projetada para os príncipes [...] e oferece exemplos de príncipes chineses anteriores [...] Mas um conceito de virtude e moralidade nunca entrou na cabeça dos chineses [...] Para chegar a uma ideia [...] do bem [certos] estudos seriam necessários, dos quais [os chineses] nada sabem.[3]

---

2. A doutrina de Yang Zhu foi interpretada por Mêncio, o confuciano, como egoísmo. Mêncio foi um crítico severo de Yang Zhu, observando a indisposição deste último para assumir responsabilidades cívicas e sociais. Ver a discussão em Graham 1989: 53-64.
3. Helmuth von Glasenapp, *Kant und die Religionen des Osten*. Beihefte zum Jahrbuch der Albertus-Universität, Königsberg/Pr. (Kitzingen-Main: Holzner Verlag, 1954), p. 105-106, traduzido por Julia Ching e citado em "Chinese Ethics and Kant", *Philosophy East and West*, v. 28, n. 2, abril de 1978. Ching enfoca diferenças fundamentais entre as estruturas e dinâmicas da filosofia chinesa antiga e da filosofia kantiana.

Mas devemos entender que essa abordagem da ética na filosofia chinesa não começa com uma tarefa de decidir sobre princípios morais corretos ou bons; nas palavras de Kant: de "chegar a uma ideia do bem". Da perspectiva do cultivo de si, uma "ideia do bem" é um conceito estático e, portanto, inadequado para capturar as necessidades das pessoas em diferentes fases de desenvolvimento.[4] Além disso, os indivíduos desenvolvem suas capacidades morais em velocidades e em extensões diferentes. Os pensadores chineses antigos reconheciam que, se há normas de ação e comportamento, elas devem invariavelmente ser adaptadas a seus contextos de aplicação por indivíduos particulares. Para eles, o problema básico não era delinear normas ou padrões para a ação, mas como elas podiam ser aplicadas por pessoas diferentes em situações distintas. A primeira questão moral na filosofia chinesa não é O que eu devo fazer?, mas Qual é a melhor forma de viver?

Entendendo o Eu: relações e contextos

Na filosofia chinesa, um indivíduo é em essência um Eu constituído e situado relacionalmente. Isso significa que há muitos fatores que moldam o Eu, inclusive suas relações com pessoas significativas e suas experiências dentro de seus contextos históricos, culturais, sociais e políticos. Raramente, se é que alguma vez, espera-se que um indivíduo aja como um agente moral independente, destacado, ou seja, julgado conforme um paradigma de individualidade independente. De acordo com o retrato de si mesmo na filosofia chinesa, as relações e os ambientes determinam amplamente os valores, pensamentos, crenças, motivações, comportamentos e ações de um indivíduo.

Em um breve exame dos grupos doutrinais na filosofia chinesa, vemos que essa característica geral é incorporada nas diferentes filosofias. Discussões pré-confucianas enfocavam as responsabilidades do governante, o Filho do Céu (*tianzi*), que era o representante autorizado do Céu (*tian*) para o povo. Os primeiros debates confucianos e moístas enfocavam primariamente as relações humanas no contexto sociopolítico. Confucianos posteriores (durante os períodos dos Reinos Combatentes e Han) também discutiram a relação entre o Céu (*tian*), a Terra (*di*) e a humanidade. Os pensadores

---

4. As questões substantivas, inclusive tópicos, tais como os objetivos das vidas individuais e sociais, e medidas do desenvolvimento no caráter de uma pessoa, variam de doutrina para doutrina. Nos capítulos que seguem, elas são discutidas em detalhe nas filosofias das diferentes escolas.

daoístas olhavam para além das relações humanas em sua consideração do *dao*. As discussões no *Daodejing* e no *Zhuangzi*, os dois principais textos daoístas, valeram-se de analogias entre os mundos humano e natural. Os textos enfatizam a importância de compreender todas as entidades, processos, eventos, causas e energias em seus contextos. Na dinastia Han, o pensamento cosmológico, que sustenta haver conexões entre os reinos cósmico e humano, foi um tema popular exposto tanto por confucianos quanto por daoístas. O *Livro das mutações*, um texto utilizado para adivinhação e cuja composição data de cerca do século IX a.C., foi reinterpretado durante essa época para reforçar as afirmações sobre continuidades e correspondências nos mundos humano, natural e cósmico (Schwartz 1985: 358-370). Como veremos, as descrições de autorrealização nas diferentes filosofias são dramaticamente diferentes e muitas vezes a causa de profundo desacordo. Todavia, elas compartilham uma descrição fundamental da vida e da existência. Essa é a visão de que os indivíduos são inextricavelmente relacionais e estão situados contextualmente. Nos capítulos a seguir, examinamos as manifestações desta concepção de vida: boas relações são centrais para uma boa vida, assim como o é uma sociedade estável dentro da qual o indivíduo negocia suas relações com os outros.

De uma perspectiva contemporânea, o conceito do Eu, primariamente relacionado aos outros e embutido em seu ambiente, levanta preocupações quanto ao *status* do indivíduo. Por exemplo, um Eu concebido dessa maneira seria subjugado por suas relações: o objetivo na vida de alguém poderia se tornar uma insuportável tarefa malabarista de ser uma mãe, uma filha, uma empregada, uma professora, uma tia, uma sobrinha e uma esposa? Essa é uma descrição do Eu criada e determinada quase que inteiramente por seus papéis.[5] Preocupações similares são levantadas em relação a sociedades confucianas ou chinesas que corporificam uma perspectiva coletivista em contraste com a situação nas sociedades individualistas que permitem e encorajam a responsabilidade, a criatividade e outras expressões do Eu (ver discussão em Tu 1972: 192-193). Há alguma base para a preocupação de que a filosofia chinesa em geral tende

---

5. Tu Weiming discute esse aspecto do pensamento confuciano e rejeita as concepções de que o Confucionismo é simplista. Ver: Tu Weiming. "A Confucian Perspective on Learning to be Human". In: *Confucian Thought: Selfhood as Creative Transformation*. Albany: State University of New York Press, 1985, p. 51-66. A discussão dos papéis na ética confuciana encontra-se na p. 58ss.

a enfocar os interesses coletivos em vez dos interesses individuais, apesar de precisarmos resistir à tendência de caracterizar ideologias de um modo dicotômico, seja como individualistas ou coletivistas. É imprescindível dizer que as diferentes filosofias chinesas não tratam de assuntos relacionados aos interesses dos indivíduos. Elas levam em consideração detalhes pertencentes a eventos e indivíduos em particular, mas sempre há um senso de que é excessivamente difícil isolar os assuntos que pertencem apenas aos interesses de um indivíduo.

Veremos nas discussões a seguir que, em vez de "coletivista" ou "individualista", a filosofia chinesa tende a presumir interdependência entre entidades ou indivíduos. Há muitas discussões a respeito das sobreposições entre interesses individuais e comuns, lembrando-nos que é artificial pensar somente no interesse próprio ou na servidão aos outros. Isso se aplica a relações entre humanos, a relações humanas com entidades naturais e ao lugar da humanidade em seus ambientes sociais e naturais. Não é que a filosofia chinesa não tenha uma concepção da realização individual. Ao contrário, as realizações, a inventividade e a desenvoltura de um indivíduo, bem como os maus funcionamentos e as deficiências, são entendidos de modo apropriado apenas à luz do lugar de uma pessoa no ambiente condicionante. Contudo, isso não é dizer que o ambiente tem precedência sobre os indivíduos, pois estes podem alterar seus contextos. Dessa forma, nem o indivíduo nem o todo têm primazia um sobre o outro.

Concepções de harmonia

Harmonia e estabilidade social eram questões críticas para os antigos pensadores da China. O período das "Cem Escolas", quando a filosofia chinesa começou a florescer no país, foi de agitação social, durante mais de cinco séculos. Os pensadores deliberavam sobre as instituições, os métodos e os processos que poderiam assegurar uma existência mais estável e pacífica. A visão confuciana de uma sociedade ideal considerava as boas relações fundamentais para a estabilidade social. A família era o microcosmo do Estado, que era o macrocosmo, abrangendo inter-relações humanas edificantes, guiadas por instituições e governadas por um benevolente (*ren*) rei sábio. Os moístas discordavam da visão confuciana. Eles estavam preocupados com o enfoque confuciano das relações íntimas que poderia inculcar a parcialidade em vez do altruísmo. Eles argumentavam que, do ponto de vista do Estado, era necessário nutrir um interesse geral de cada pessoa por todos os demais. A abordagem confuciana, que advogava o cultivo de relações especiais, era efetivamente um sistema que fomentava lealdades particulares. Segundo os moístas, o resultado, em maior escala, seria a guerra entre famílias e estados. Os moístas estavam convencidos de que a forma para se alcançar a harmonia era por meio da padronização. Eles acreditavam que era importante ter padrões (*fa*) para assegurar a consistência no modo como as pessoas eram tratadas. Em outras palavras, padrões eram instituições importantes que contribuíam para a estabilidade sociopolítica. Os legalistas partilhavam desses pontos de vista sobre padrões, apesar de terem concepções muito diferentes de seu propósito e implementação. Enquanto os moístas buscavam "padronizar" ou normalizar o altruísmo, os legalistas concebiam os padrões como instrumentos para controlar o povo. Seu comprometimento máximo era manter o poder do governante. Uniformidade era também importante no projeto dos dialéticos, que se desenvolveu a partir dos primeiros interesses moístas. Os dialéticos almejavam assegurar a unidade das doutrinas e crenças resolvendo desacordos. Eles acreditavam que a raiz das disputas residia em conceitos e aplicações definidos de modo impróprio, e que as disputas seriam resolvidas se as conexões entre os termos e seus referentes fossem esclarecidas.

Entre os pensadores antigos, os daoístas se destacam dos demais pela incerteza sobre a ordem social e a uniformidade. A filosofia daoísta abraça a multiplicidade e a pluralidade, muitas vezes refletindo sobre tipos naturais e eventos no mundo natural para pôr em dúvida interpretações antropocêntricas e reducionistas dos eventos e processos. Os textos filosóficos daoístas expressam um senso de imprevisibilidade caótica nos fenômenos; diversos eventos desafiam as tentativas humanas de classificar, controlar e manipular. O *Zhuangzi* até parece celebrar a cacofonia confusa das diferenças entre indivíduos e pontos de vista. Todavia, a harmonia continua sendo um fim importante na filosofia daoísta. Contudo, diferentemente das outras filosofias, ela não sustenta que a eliminação das diferenças individuais seja um prerrequisito para a harmonia dentro do todo. De acordo com a descrição daoísta, as tentativas de outros pensadores de sistematizar e unificar a diferença, na verdade, provocaram fragmentação e deslocamento. Em contraste, os daoístas viam a harmonia como um intercâmbio vivo entre diferentes pontos de vista. A despeito de suas divergências fundamentais em relação às outras escolas de pensamento, a filosofia daoísta busca uma conclusiva reunião na pluralidade. Passagens do *Daodejing* fazem referências frequentes à perspectiva toda abrangente do *dao*. No *Zhuangzi*, há também um interesse particular de que as soluções experimentadas não imponham uma falsa unidade às multiplicidades. Há muitas características filosoficamente relevantes do ponto de vista holístico na filosofia chinesa. Da perspectiva do todo, as relações entre indivíduos, seres e grupos não são reduzíveis. Isto é, o todo não é meramente a soma de suas partes; um cômputo apropriado dele deve incluir a consideração dos indivíduos, suas relações com os outros e seu lugar no todo.

Concepções de mudança

A filosofia chinesa pressupõe continuidades e correspondências entre entidades individuais. Essa abordagem é articulada com medidas distintas dentro das diferentes escolas. Vemos sua manifestação mais clara nos debates que surgiram durante o fim das dinastias dos Reinos Combatentes e Han, quando muito esforço foi feito para articular sistemas de correspondências entre eventos cósmicos e naturais (como eclipses, terremotos, posições dos planetas, clima, atmosfera e estações) com eventos no mundo humano, inclusive os relacionados à saúde humana, às instituições sociais e à liderança política. O *Livro das mutações* foi reinterpretado durante esse período e suas suposições associadas a práticas divinatórias foram exploradas. Esse livro, como o próprio nome implica, enfoca a mudança e o modo como seus efeitos podem se estender em diferentes âmbitos. Ele sustenta que a mudança não é um fenômeno descontínuo, isolável. Seja direta ou indiretamente, os indivíduos podem ser afetados por mudanças em seus ambientes. Isso significa que os indivíduos são expostos a muita coisa que está além de seu controle imediato. De modo similar, seu impacto e influência sobre os outros podem se estender além do que é imediatamente óbvio ou diretamente quantificável. Essa é a teoria do *ganying*, ressonância mútua. A noção de ressonância mútua cristaliza o conceito de individualidade interdependente, capturando a suscetibilidade dos indivíduos a fatores externos ao seu ser e além de seu controle imediato, bem como seu poder de afetar os outros. Mas a fragilidade aparente do indivíduo não deve ser interpretada apenas em termos negativos. Efeitos de mudança também podem ser positivos. Além disso, em razão da miríade de possibilidades em transformação mútua, os indivíduos não devem buscar meramente o que é de seu interesse próprio. O bem-estar dos outros com os quais se relaciona e a robustez de seu ambiente mais amplo têm muita probabilidade de constituir o bem dos indivíduos.

O conceito de mudança está muito intimamente ligado ao de harmonia. Como discutimos na seção anterior, a harmonia pode ser pensada de diferentes maneiras nas filosofias chinesas: conformidade, unidade em propósito, cooperação, integração, ordem, estabilidade e equilíbrio. É claro, essas abordagens capturam descrições muito diferentes do todo e de sua dinâmica interior. Na filosofia chinesa, muito esforço é feito para entender as influências mútuas, as conexões e a mudança, e como elas afetam a harmonia. É sábio antecipar a mudança, e saber como responder a ela de modo eficaz para atingir um resultado benéfico.

A filosofia do *Yijing* (*Livro das mutações*)

O *Livro das mutações*, como seu título implica, trata das situações em mudança na vida, como é o impacto delas sobre os indivíduos e seus ambientes, e como alguém poderia responder a essas mudanças, pelo menos para minimizar os danos e maximizar os benefícios. Nesse sentido, ele incorpora a orientação prática da filosofia chinesa. Nem tudo no *Yijing* é de natureza filosófica. Suas seções mais antigas, escritas no século IX a.C., visavam a propósitos de adivinhação, e suas aplicações nas práticas divinatórias efetivas eram aleatórias e carentes de rigor sistemático. Ainda assim, o interessante nesse texto são suas conjeturas sobre o mundo, as conexões entre suas diferentes partes, as relações entre entidades, a complexidade de causas e efeitos, o lugar da humanidade em um mundo em constante transformação e a importância das ações e respostas individuais.

Durante os períodos dos Reinos Combatentes e Han, os pensadores voltaram sua atenção para o *Yijing* a fim de sondar seus vislumbres e conjeturas ocultas. Comentários foram anexados ao *Yijing*, sendo estes profundamente introspectivos sobre o projeto do livro, seus métodos e aplicações. Esses comentários são agora incluídos como parte do texto remanescente e discutidos em maior detalhe no capítulo 10, com enfoque particular no desenvolvimento da filosofia chinesa depois do período Qin. As ideias e temas do *Yijing* e outros textos seminais do período serviram como instrumentos para o desenvolvimento do Neoconfucionismo e para a recepção do pensamento budista e sua evolução subsequente.

É importante também discutir aqui alguns dos temas embutidos no *Yijing*, por duas razões: esses temas são manifestados mais amplamente em toda a gama de doutrinas filosóficas chinesas; eles também são constitutivos das características particulares da filosofia chinesa. Na verdade, o *Yijing* é o texto que reúne de forma mais abrangente os elementos e as estruturas conceituais do pensamento filosófico chinês. Por isso, uma consciência desses elementos aumentará nossa apreciação dos debates da filosofia chinesa. Aqui, antecipo as discussões mais detalhadas do capítulo 10, descrevendo brevemente algumas das características-chave da filosofia do *Yijing*. As sete características discutidas aqui refletem as apresentadas no capítulo 10.

(1) *A primazia da observação*. O *Yijing* enfatiza a observação como um elemento crítico no pensamento reflexivo, e talvez procedimentalmente anterior a ele. As previsões e prescrições no texto são baseadas em observações de conexões, movimentos e transformações no mundo. A partir dessas observações, percebem-se padrões, regularidades e correlações. Em uma abordagem similar à incluída no *Yijing*, pensadores de diferentes orientações tomaram a observação como seus respectivos pontos de partida. Por exemplo, nas deliberações sobre a vida social, a política e a ética, os pensadores estavam reagindo à corrupção e ao egoísmo na sociedade. Com base em suas experiências, ofereciam diferentes ideais e soluções. No caso de suas ruminações sobre a linguagem e suas conexões com a realidade, os pensadores, especialmente os moístas mais tardios, estavam preocupados com o modo como a linguagem, um artefato da civilização, podia refletir a diversidade e a pluralidade do mundo. Em resumo, nessas e em outras áreas de interesse, a filosofia chinesa antiga tem um caráter palpavelmente empírico, derivado das observações e experiências do mundo.

(2) *Uma perspectiva holística, toda abrangente*. Os enunciados de adivinhação do *Yijing* são interpretados a fim de deduzir sua aplicação a casos específicos. Contudo, esses enunciados inevitavelmente situam eventos específicos dentro de um contexto ambiental mais amplo. Essa consciência de um contexto mais amplo é uma característica manifesta mais geral da filosofia chinesa. Nas diferentes doutrinas filosóficas, há atenção para o todo, seja a sociedade humana, o *dao*, o Céu e a Terra, ou o Cosmos. Na filosofia chinesa, enquanto é reconhecido que os indivíduos são sujeitos de suas experiências, também é importante entender que as experiências são compreendidas por completo apenas dentro de um pano de fundo. A esse respeito,

ela sustenta uma concepção do indivíduo como um ser embutido contextualmente, que é constituído em parte por elementos de sua tradição cultural e histórica específica; essa é uma descrição da individualidade partilhada pelos diferentes grupos doutrinais. Outra manifestação importante de uma perspectiva holística, mais inclusiva, é a notável falta de (postulações de) entidades ou seres inteiramente independentes ou transcendentes, além e acima da vida no mundo. Qualquer que seja a forma com que o todo é concebido – seja em em sociedade humana ou Cosmos –, não encontramos na filosofia chinesa um compromisso com absolutos ou universais teóricos abstratos que delimitem ou controlem a ordem do mundo. Mesmo o conceito *dao*, algumas vezes descrito como transcendente, não é descontinuado ou independente da vida no mundo. Pela filosofia chinesa sustentar uma perspectiva ampla, totalmente abrangente, ela também tende a pensar no holismo em termos inclusivos.

(3) *Uma abordagem dialética e complementar dos dualismos.* O *Yijing* define os opostos complementares em sua estrutura conceitual com conceitos contrastantes, tais como alto e baixo, ação e repouso, duro e macio. Esses conceitos pareados são parte da estrutura explanatória da mudança, talvez de forma sazonal ou cíclica, uma fase substituindo a outra e sendo substituída por ela no devido tempo. Essa complementação binária é mais pronunciada na filosofia daoísta, apesar de não se restringir a ela. (Por exemplo, o Confucionismo enfatiza a reciprocidade nas relações.) A filosofia daoísta articula pares binários de conceitos avaliadores, consequentemente pondo em dúvida os balizadores convencionais do sucesso e do bem-estar. A complementação binária também aparece significativamente na abordagem daoísta da argumentação, em especial nas discordâncias de Zhuangzi com os disputadores (Bianzhe),[6] que procuraram resolver os debates fixando os nomes aos seus referentes (objetos e eventos) no mundo real. Zhuangzi rejeitou a lógica de que as coisas tinham de ser assim ou não ser assim (isto é, de acordo com a lei do terceiro excluído) e, em vez disso, sugeriu que mais poderia ser obtido de uma abordagem dialética que valorizava os contrastes entre as perspectivas.

---

6. A filosofia deles é discutida no capítulo 7.

(4) *Pensamento correlativo e ressonância*. Pensamento correlativo é a visão ampla de que os eventos e as situações em um âmbito são paralelos aos de outro ou ajudam a explicá-los. Um exemplo da filosofia chinesa antiga seriam as correlações descritas entre um estado deficiente e um corpo doente, ambos carentes de alinhamento entre as partes e, portanto, desarmônicos. As ressonâncias são correspondências mais específicas que de fato postulam alguma conexão causal. Ambos os temas são características integrantes do pensamento Han, e só então desenvolvidos completamente. Ainda assim, há sugestões de pensamento correlativo antes desse período, como, por exemplo, na cooperação, no conluio ou nas correspondências mais simples entre Céu e Terra, de um lado, e o âmbito sociopolítico, de outro, tanto na filosofia confuciana como na daoísta. Na filosofia confuciana, também encontramos correspondências mais específicas entre a harmonia nos níveis do estado e da família. Também sabemos que as crenças nas correspondências entre os fenômenos cósmicos e o bem-estar humano eram amplamente difundidas, pois Xunzi, durante o período dos Reinos Combatentes, sentiu a necessidade de dissipar as crenças em fenômenos cósmicos, tais como eclipses, vistos como presságios de eventos vindouros no domínio humano.

(5) *Uma abordagem interpretativa dos significados dos hexagramas e das correspondências*. Enquanto este ponto se relaciona especificamente à aplicação do *Yijing* na adivinhação, também podemos ver a importância da abordagem interpretativa na filosofia chinesa de modo mais geral. Por exemplo, veremos no curso deste livro que a filosofia chinesa é adversa a trabalhar primariamente com normas ou verdades universalmente aplicáveis. Isso não quer dizer que ela não sustente princípios ou valores, mas ela os vê como tendo uma condição *prima facie*, estando eles abertos à modificação ou adaptação de acordo com fatores circunstanciais relevantes. O que é *relevante* em situações particulares é, às vezes, aberto à interpretação. Na gama de textos associados aos diferentes pensadores, há atenção aos interesses práticos, circunstanciais e concretos da vida cotidiana. Isso traz à mente uma característica particular da reflexão e da erudição na filosofia chinesa, que rumina e interpreta os vislumbres de vários pensadores, aplicando-os a situações próximas. De fato, esse método de apropriação das descobertas está muito em uso, sendo muito debatido nos estudos contemporâneos da filosofia chinesa.

(6) *Movimento constante marcado pela inevitabilidade da mudança.*
Essa característica está ligada à anterior, que enfatiza a abertura à interpretação de acordo com os fatores circunstanciais. Aqui, a ênfase está na inevitabilidade da mudança, e talvez sua iminência. O *Yijing* corporifica uma atitude que espera a mudança e que busca maneiras de se preparar e lidar com ela. Os pensadores antigos eram profundamente cientes das mudanças constantes na sociedade, ocasionadas pela inquietação sociopolítica. Nos debates entre os diferentes grupos doutrinais, havia algum consenso de que as normas e os ideais para a retificação da sociedade tinham de se adaptar às diferentes necessidades ocasionadas por novas situações. Entre esses grupos, apenas os primeiros confucianos (excluindo Xunzi, apesar de ser confucianista) eram zelosos quanto a se fiar nas ideias da Antiguidade.

(7) *A natureza orientadora de ações dos julgamentos.* A tarefa da adivinhação é, obviamente, motivada por um desejo de formular cursos de ação eficazes e frutíferos. Essa orientação pragmática é conspícua não apenas no *Yijing,* mas na filosofia chinesa de modo mais geral. Os pensadores antigos deliberavam extensivamente sobre tópicos pertencentes à ética e ao governo para melhorar sua situação. De muitas maneiras, a filosofia chinesa antiga era conduzida por essa necessidade urgente de retificar a sociedade. Nesse sentido, havia uma crítica corrente dos Bianzhe (os disputadores) em relação a estarem envolvidos com o raciocínio sofístico como um fim em si e não fazerem qualquer diferença prática no modo de vida que devia ser vivido. Contudo, como veremos em nossa discussão, até os debates dos Bianzhe sobre linguagem e significados dos termos e termos compostos originavam-se de preocupações práticas. A indicação mais clara de um interesse em questões práticas está na discussão de estratégias dos diferentes grupos doutrinais. No Confucionismo, há estratégias para lidar com os outros nas relações e para o cultivo de habilidades para viver significativamente como uma pessoa na sociedade. Os daoístas enfatizavam o *wuwei,* um método que favorece a aquiescência e a não coerção; havia alguns outros de orientação daoísta que eram muito interessados em cultivar técnicas alquímicas e religiosas para prolongar a vida. Os legalistas explicitamente articulavam uma estratégia política que permitia ao governante controlar tanto o povo como seus

conselheiros administrativos. Finalmente, havia também textos sobre estratégia militar, tais como o *Bingfa* (*Arte da guerra*). A filosofia chinesa também é notória por seu foco no cultivo de si, articulado com uma ampla gama de pensadores que enfocava o cultivo moral, a saúde física, as técnicas sobre-humanas, a satisfação espiritual e o bem-estar psicológico.

Esses sete elementos da filosofia do *Yijing* delineados aqui emergirão novamente em nossas discussões mais detalhadas ao longo do livro. Agora voltaremos nossa atenção para uma série de características do pensamento filosófico na tradição chinesa.

Pensando filosoficamente

O debate e a argumentação são características proeminentes da filosofia chinesa. Desde seu início, durante o período da Primavera e do Outono, os pensadores tiveram de lidar com uma diferença e uma pluralidade de pontos de vista. J. J. Clarke, que investiga a recepção e a interpretação de ideias daoístas ao longo dos períodos da história intelectual ocidental, argumenta que esse contexto de pluralidade, e suas implicações, não deve passar despercebido:

> Esses debates precisam [...] ser vistos no ambiente mais amplo de uma atitude de tolerância e pluralismo que há muito tem sido endêmica em certos níveis da vida cultural chinesa, uma atitude cultural que só se tornou aceitável no Ocidente em uma época relativamente recente. (Clarke 2000: 27)

Clarke está se referindo aos debates entre pensadores rivais daoístas e budistas do século IV a.C. Mas havia debates anteriores entre confucianos, daoístas e moístas, cada grupo de pensadores rejeitando as doutrinas dos outros. Desde o século III a.C., havia reuniões de pensadores que debatiam questões. Houve uma assembleia notável de pensadores de diferentes orientações sob os auspícios de Jixia, o portão Ji na capital de Qi durante o período dos Reinos Combatentes.[7] O rei Wei de Qi (357-320 a.C.) era associado a esse grupo de pensadores.

---

7. Há alguns debates, contudo, sobre a organização em Jixia. Alguns estudiosos, como Nivison, acreditam que Jixia foi uma instituição (1999: 769-770). Eles também sustentam que muitos pensadores influentes, inclusive Xunzi (310?-219? a.C.) e Shen Dao (350?-275 a.C.) estiveram nessa academia. Nivison também nota que os estudiosos na academia eram proibidos de assumir papéis políticos; eles assumiam apenas posições de aconselhamento. Contudo, Sivin argumenta que as evidências sobre o Jixia como uma *academia* organizada formalmente são muito escassas (1995b: 19-26).

A proliferação de pontos de vista e a reunião de pensadores em situações como a de Jixia catalisaram o desenvolvimento do método de síntese, que era uma característica definidora da filosofia do período Han. Esse método de extrair opiniões perspicazes de qualquer número de doutrinas diferentes, integrando-as em uma teoria viável, continua a ser uma característica central da filosofia chinesa até o presente. A abordagem sincrética é acentuadamente diferente da análise, que envolve a compreensão de suposições que residem atrás das teorias em particular, e da justificativa dos conceitos básicos e das ideias. Enquanto a análise procura distinguir e isolar componentes básicos de um argumento, a abordagem sincrética integra ideias de doutrinas distintas e talvez opostas. Como resultado da aplicação amplamente difundida do pensamento sincrético, muitas filosofias chinesas vieram a incluir elementos de tradições diferentes da sua própria. Thomé Fang, um filósofo chinês, captura o espírito sincrético dessa forma: "Sou confuciano por tradição familiar; daoísta por temperamento; budista por religião e inspiração" (Fang 1981: 525).

Isso faz necessário, no estudo da filosofia chinesa, adquirir um senso da história intelectual para compreender as influências que perpassam as diferentes tradições. A ideia de tradição é importante na compreensão da filosofia chinesa, em parte por causa do uso contínuo de síntese até os dias de hoje. As ideias são construídas, reinterpretadas, aplicadas a diferentes debates e apropriadas. O efeito dessas abordagens sobre as diferentes filosofias chinesas é uma corrente de sobreposição de camadas de temas, conceitos e ideias. É, portanto, imensamente difícil distinguir claramente as características específicas de cada uma das escolas de pensamento originais associadas ao seu pensador ou a pensadores fundadores. Assim, faz mais sentido falar das diferentes *tradições* filosóficas, em vez da filosofia de cada "escola" específica como distinta e claramente definida.

Outra característica proeminente da argumentação na filosofia chinesa é sua preferência pelas imagens, pelos exemplos, pelas analogias, pelas metáforas e pelas ilustrações sugestivas e evocativas. O objetivo ao usar esses dispositivos argumentativos não é alcançar a precisão nas descrições e explicações ou clareza na expressão. O uso de ferramentas sugestivas e ilustrativas na argumentação reflete uma preocupação para iluminar as ideias, explorar suas implicações e averiguar suas aplicações. A questão dos métodos argumentativos está integralmente ligada à do propósito da inquirição intelectual. O uso frequente de métodos sugestivos aponta para uma abordagem que coloca o ônus da interpretação e da compreensão sobre o leitor. Sem dúvida, os leitores trarão sua perspectiva para conduzir a leitura dos textos em geral. Mas há um encorajamento, e talvez até um requisito, à reflexão pessoal quando o texto se envolve em metáforas, analogias e similares. Portanto, não é de se surpreender quando os leitores do *Zhuangzi* comentam sobre o poder do texto de atrair seus leitores a discussões, encorajando o pensamento reflexivo. Os *Analectos* confucianos também incitam os leitores a fazer perguntas, considerar diferentes abordagens e respostas a essas perguntas, imaginar os contextos das conversações e refletir sobre as razões para a crença e a ação. Ler esses textos é primariamente uma atividade reflexiva para o leitor individual.

Isso não quer dizer que a articulação dos fundamentos teóricos ou da verdade filosófica não seja uma preocupação da filosofia chinesa. Contudo, certamente não era a única preocupação nas tradições intelectuais chinesas, nem um objetivo importante em algumas delas. O primeiro capítulo do *Zhuangzi*, por exemplo, é intitulado "Sair perambulando sem destino" (Graham 2001: 43-47). Ele comunica uma crença no valor da atividade reflexiva – da contemplação e da reflexão – como um fim em si mesmo. Ela não é comprometida com seu destino, se é que há um.[8] O fato de que a atividade reflexiva é valorizada como um fim, em vez de simplesmente um meio para a verdade, gera importantes questões sobre a natureza do pensamento filosófico e o lugar da filosofia na vida humana. Ele não apenas desafia uma concepção particular do fim da filosofia no que diz respeito à verdade, mas também destaca a centralidade da reflexão crítica no desenvolvimento humano. Nesse espírito, o leitor é encorajado a refletir sobre os elementos da filosofia chinesa e, talvez, no estilo da filosofia chinesa, usá-los para adquirir uma compreensão mais profunda tanto da filosofia chinesa como de suas próprias crenças e comprometimentos pessoais.

Sugestões para leituras posteriores

Fang, Thomé H. *Chinese Philosophy: Its Spirit and Its Development*. 2. ed. Taipei: Linking Publishing, 1981.

---

8. Isso pode ser atribuído à falta de interesse pelas questões metafísicas, a saber: os assuntos pertencentes a uma verdade ou a uma realidade subjacente. Alternativamente, a razão pode ser epistemológica: mesmo que haja uma realidade subjacente, é impossível saber como ela é.

Fung, Yu-Lan. *The Spirit of Chinese Philosophy*. Trad. E. R. Hughes. London: Routledge and Kegan Paul, 1947.

_____. *A Short History of Chinese Philosophy.* Organizado por Derk Bodde. New York: Free Press, 1948.

2. Confúcio e os conceitos confucianos *Ren* e *Li*

Perturbado pela inquietação do período da Primavera e do Outono, Confúcio (Kongzi) (551-479 a.C.) propôs a reforma ética da sociedade. Sua proposta envolvia a eliminação dos comportamentos exploradores e dos corruptos que estavam no poder. O processo haveria de ser iniciado e conduzido por líderes da sociedade que fossem homens pragmáticos, de educação ampla e percepção ética.

Como instigador dessas ideias, Confúcio é reconhecido como fundador da doutrina *Ru-jia* (Escola dos Literatos), o que chamamos de tradição confuciana no Ocidente. Os *Ru*-ístas eram homens educados que procuravam partilhar e realizar suas percepções na administração ética do governo. Historicamente, os *Ru*-ístas eram parte de um movimento maior de estudiosos-funcionários públicos (*shi*) apontados como conselheiros para os que estavam no poder.[9]

A educação *Ru*-ísta consistia no cultivo de uma vida ética e ritualmente disciplinada. Alguns *Ru*-ístas estendiam os rigores do ritual cerimonial da corte às áreas doméstica e social. Por causa desse fenômeno, pensou-se algumas vezes nos confucianos como tradicionalistas, advogando comportamentos rituais cerimoniais tradicionais. É interessante que Confúcio, nos *Analectos* (7:1), observa

---

9. A mobilidade social de um grupo de estudiosos-funcionários públicos, os *shi*, aumentou rapidamente durante o período dos Reinos Combatentes. Particularmente durante 512-464 a.C., os *shi*, tendo estabelecido o seu aprendizado, começaram a ter papéis mais ativos do que os governantes (Hsu 1965: 8). Foi sugerido que Confúcio e muitos de seus pupilos pertenciam a essa classe dos *shi* (Hsu 1965: 34–37). A competição entre os muitos reinos combatentes necessitava da seleção, por parte dos que estavam no poder, de funcionários capazes (Hsu 1999: 572-583).

que é um transmissor, não um criador. Mas será que ele via a si mesmo principalmente como um proponente do ritual cerimonial tradicional?

Lendo os *Analectos*

O texto-chave para as ideias de Confúcio é *Os Analectos de Confúcio* (*Lunyu*). O texto consiste em fragmentos não escritos pelo próprio Confúcio, mas compilados por seus discípulos e organizados ao longo de um período de aproximadamente 70 anos após sua morte. O texto remanescente foi provavelmente formalizado por volta do período Han Ocidental (206 a.C.-9 d.C.).[10] Mais recentemente, estudiosos também voltaram a atenção para outra versão desenterrada, que se acredita ser anterior à versão acolhida.[11]

As 499 passagens curtas dos *Analectos* não são organizadas de modo sistemático; repetições e inconsistências são comuns. Como foi escrito por uma série de autores, há diversas interpretações diferentes dos conceitos-chave dos *Analectos*. É possível ver diferenças entre passagens que são mais ou menos autênticas (refletindo as ideias de Confúcio) e outras que foram modificadas ou inseridas posteriormente.[12] Também podemos tratar o texto como um repositório de percepções da história intelectual do Confucionismo e da China de modo mais geral. Ainda assim, um bom número de estudiosos contemporâneos – filósofos em particular – toma os *Analectos* como um texto aberto. Esses estudiosos continuam a trabalhar em comentários novos e aplicações contemporâneas das ideias presentes no texto dos *Analectos*.

Confúcio emerge dos *Analectos* como um pensador comprometido, consciencioso e habilidoso. Em muitas passagens, uma série de pessoas, inclusive duques e governadores de vilas, consulta-o sobre assuntos relacionados ao bom governo e, mais amplamente, à vida boa. As passagens mostram como Confúcio leva vários fatores em consideração e como ele os equilibra para chegar a uma decisão. Muitos

---

10. O texto teria sido lido, memorizado e reescrito por estudiosos na era anterior à imprensa. É, portanto, razoável esperar uma série de versões levemente diferentes do texto. A versão acolhida dos *Analectos* é conhecida como *Analectos* do marquês Zhang.
11. Em 1999, uma coleção de tiras de bambu, que se acredita ser a versão mais antiga conhecida dos *Analectos*, foi desenterrada de uma tumba de 2 mil anos (de um imperador da dinastia Han) em Shijiazhuang, província de Hebei. A tumba e seu conteúdo datam de cerca de 55 a.C.
12. Ver, por exemplo, Brooks e Brooks (1998), *The Original Analects: Sayings of Confucius and His Successors*.

dos que leem os *Analectos* pela primeira vez se surpreendem com a falta de princípios ou critérios normativos básicos sobre os quais Confúcio baseia suas decisões. Por exemplo, em *Analectos* 13:18, ele espera que filhos e pais encubram as más ações uns dos outros:

> O governador de She, em conversação com Confúcio, disse: "Em nossa vila há alguém chamado de 'Pessoa Verdadeira'. Quando seu pai pegou uma ovelha em segredo, ele o delatou às autoridades".
>
> Confúcio respondeu: "Os que são verdadeiros em minha vila conduzem-se de modo diferente. Um pai encobre seu filho, e um filho encobre seu pai. E ser verdadeiro reside nisso". (Trad. Ames e Rosemont Jr. 1998a: 166-167)

Algumas pessoas não sabem explicar como Confúcio, amplamente conhecido como fundador da ética confuciana, pudesse fazer prescrições tão *i*morais; e *Analectos* 13:18 é muitas vezes visto com desagrado moral porque endossa a mentira. Mas, se continuarmos a refletir sobre essa passagem, há muito mais perguntas que queremos fazer, entre elas: Quais eram as punições, se haviam, para o roubo? Qual era o valor de uma ovelha? Como o vizinho foi afetado? Quais são as consequências para o filho, se revelar o roubo do pai, e se não revelar? A situação desse filho é singularmente difícil e não apresenta solução fácil. É fútil especular sobre as respostas "corretas" para essas perguntas. Devemos enfocar questões mais pertinentes como, por exemplo, as que estão no nível metaético da inquirição. Essas questões incluem o lugar da família e da lealdade na vida ética, o significado ético das relações, o requisito de encobrir outro, o método de Confúcio de deliberação moral e seus critérios.

De modo realista, o que Confúcio quis dizer para um duque sobre governar um estado, ou como Confúcio se sentava ao comer, será de pouca importância para nós hoje. Talvez não devamos esperar que os *Analectos* forneçam respostas normativas para nossos dilemas éticos. Em vez disso, poderíamos lê-lo para entender as complexidades associadas ao processo de raciocínio moral, como os primeiros confucianos o entendiam. Se isso for correto, podemos obter uma compreensão de como os confucianos estudavam os textos antigos (*Analectos* 8:8; 1:15; 7:18; 8:3) e aprendiam com as experiências de pessoas iluminadas do passado, isto é, compreendendo como outros podem ter agido de forma admirável ou ficado aquém de requisitos específicos (*Analectos* 7:22). Vistos sob essa luz, os *Analectos* são uma coleção de relatos diários dos comportamentos de outras pessoas, e não um livro de dizeres autoritários ou um tratado filosófico abrangente e sistemático. Como um *manual de ação e comportamento apropriados*, pode ser usado para gerar e encorajar o pensamento reflexivo sobre nossas próprias ações e compromissos.

Com essa metodologia em mente, vamos examinar dois conceitos fundamentais no Confucionismo, *ren* (humanidade) e *li* (propriedade comportamental). Juntos, eles cristalizam o ideal confuciano de humanismo cultivado. Qualquer entendimento da filosofia confuciana reside em como compreendemos esses dois conceitos e a interação entre eles.

Ren: humanidade

Ren é mencionado apenas ocasionalmente em textos anteriores a Confúcio.[13] Em seu uso mais antigo, o termo referia-se a algumas qualidades masculinas ou viris, em particular as de um rei. Por exemplo, em dois poemas de caça no *Livro da poesia* (*Shi Jing*), *ren* se refere a dois caçadores que são "belos e *ren*" (Schwartz 1985: 51). No *Livro de história* (*Shu Jing*), *ren* se refere à postura benevolente do governante para com seus súditos. Nas mãos dos confucianos, contudo, o termo gradualmente veio a denotar uma qualidade moral característica de humanidade. Por isso, não é surpreendente encontrar algumas variações em seu uso na filosofia confuciana inicial, para denotar humanidade em geral ou uma característica definidora da humanidade ou a virtude humana primária da compaixão. Referia-se a essa característica de muitas maneiras; no entanto, a mais comum era como uma disposição inata ou um traço da vida sociopolítica coletiva. O significado do conceito também é revelado em seu caractere chinês: *ren* (仁) consiste em dois caracteres, o esquerdo significando humanidade (人) e o direito, dois (二). Isso sugere que o conceito pertence à afinidade humana. Por isso, o termo tem sido traduzido variadamente para o inglês como benevolência, amor, humanidade [*humanity* e *humaneness*], amabilidade humana [*human-heartedness*], compaixão e simpatia.[14] Todavia, seu significado nos *Analectos* é multifacetado e algumas traduções mais recentes de *ren* evitam uma identificação com qualquer termo em inglês. Aspectos de *ren* são considerados nas seções seguintes.

---

13. Wing-tsit Chan apresenta uma discussão abrangente do uso pré-confuciano de *ren* (1955: 295-319).
14. Chan sugere que Confúcio foi o primeiro a conceber *ren* como a virtude geral (1975: 107).

Ren como amor

Ren é "amar toda a humanidade", assim diz Confúcio em *Analectos* 12:22. James Legge (1815-1897), um missionário cristão na China e um dos primeiros tradutores dos textos clássicos chineses para o inglês, procurava oportunidades para identificar o *ren* confuciano com o amor cristão (Legge 1893-1895, v. 1). O comentário de Confúcio, que identifica *ren* com um amor geral, indiscriminado, teria servido bem aos propósitos de Legge. Contudo, em *Analectos* 4:3, diz-se que "apenas o homem de *ren* sabe como gostar e não gostar dos outros", o que sugere que a pessoa de *ren* é discriminadora em sua avaliação dos outros. Além disso, em *Analectos* 17:24, Confúcio é explícito em relação aos tipos de pessoa de que não gosta. Será que há uma tensão entre as duas ideias, uma que proclama um amor geral por todos e outra uma apreciação discriminante das qualidades das pessoas? Há também um senso de severidade bastante julgadora na recomendação de Confúcio de que o dano deve ser retribuído com justiça, não com bondade:

> Alguém disse: "O que você diz a respeito do princípio de que a injúria deve ser recompensada com bondade?" O mestre disse: "Com o que então você vai recompensar a bondade? Recompense a injúria com justiça, e recompense a bondade com bondade". (*Analectos* 14:34, trad. Legge 1991: 288)

Essa afirmação sem ambiguidade traz à luz uma abordagem imparcial do que é justo ou certo. A ideia de amor indiscriminado parece ser temperada pela avaliação crítica de Confúcio acerca das qualidades morais das pessoas.

Ren, a regra de ouro confuciana

A regra de ouro toma a pessoa (moral) como ponto de partida. Ela opera com base na suposição de que há um acordo geral entre as pessoas acerca dos desejos e interesses. Nos *Analectos*, o conceito *shu*, traduzido como reciprocidade ou mutualidade, captura a essência da regra de ouro: há muita troca nas relações (*Analectos* 15:24). Em *Analectos* 4:15, também se atribui a *shu* um significado fundamental, desta vez em conjunto com outro conceito, *zhong*:

> O mestre disse: "Zeng, meu amigo! Meu caminho (*dao* 道) é unido por um fio contínuo". [...]
>
> Mestre Zeng disse: "O caminho do mestre é fazer o melhor de si (*zhong* 忠) e colocar-se no lugar do outro (*shu* 恕), nada mais". (Trad. Ames e Rosemont Jr. 1998a: 92)

Zhong é comumente traduzido como "consciência" [*conscientiousness*, no sentido de escrúpulos] ou "fazer o melhor de si". Contudo, essas traduções não ajudam a compreender porque *zhong* seria associado a *shu*. Talvez uma tradução de *zhong* não no que se refere à ação (*fazer* o melhor de si), mas ao compromisso de *ser* o melhor de si (*zhong*) – de modo a otimizar as realizações pessoais –, envolva a fomentação de relações mutuamente benéficas (*shu*). Se seguirmos essa linha de raciocínio, poderíamos dizer que o Eu é aumentado e estendido por relações que o enriquecem. Sob essa luz, *zhong* e *shu* podem ser entendidos como duas dimensões do mesmo processo, daí a referência a "um fio contínuo" (*yiguan*).

Os *Analectos* apresentam uma versão da regra de ouro: "não faça aos outros o que você não deseja que seja feito a você mesmo" (12:2; 15:24). Essa formulação negativa da regra de ouro é, às vezes, apelidada de "regra de prata", porque tem uma abordagem mais passiva: ela não requer ação moral ou boa, mas somente as que não causam dano (Allinson 1985: 305-315). Na filosofia confuciana, o cultivo das relações mutuamente satisfatórias e benéficas é um componente integrante da vida boa. O Eu e a sociedade são simbióticos e não mutuamente excludentes; o Eu paradigmático beneficia os outros na sociedade (*Analectos* 6:30). A sociedade confuciana ideal é a família ideal em escala maior: o rei sábio é o pai benevolente da nação-família (*Analectos* 8:6). O ambiente familiar é o primeiro contexto em que uma pessoa aprende a se colocar no lugar do outro.

Ren e o cultivo de relações especiais

O cultivo de *ren* começa com o desenvolvimento de relações familiares, com suas obrigações especiais e emoções correlativas. Em outras palavras, primeiro se aprende sobre a ligação humana por meio da interação com membros da família. Por isso se diz que a piedade filial (*xiao*) e o respeito fraternal (*di*) são a raiz de *ren* (*Analectos* 1:2). Essa caracterização de *ren*, que enfatiza diferentes ligações emocionais (*Analectos* 2:24), é agudamente diferenciada de *ren* como amor indiscriminado, conforme avaliado acima.

Poderíamos parar neste ponto para questionar o significado da "raiz" de *ren*. Ela pode significar que a afeição cuidadosa – especialmente os tipos de ligação emocional que temos com os membros da família – é um traço básico, definidor de toda humanidade. Essa interpretação toma a piedade filial e, por extensão, outros laços familiares como um fato primário da existência humana. Alternativamente, "raiz" pode indicar que o contexto da família proporciona o primeiro ambiente para o desenvolvimento moral. Dentro desse ambiente, aprende-se a ser leal, a ter empatia, a negociar, amar, cuidar, ganhar simpatia, expressar arrependimento, equilibrar lealdades conflitantes e priorizar as obrigações (*Analectos* 4:18). As habilidades aprendidas no ambiente familiar são vitais para as interações de uma pessoa com os outros mais tarde na vida. Se os *Analectos* estiverem corretos sobre a ideia de que as relações familiares exercem um papel dominante nos anos formativos da pessoa – que moldam a pessoa de muitas formas importantes e sutis –, segue-se que os filósofos morais contemporâneos devem ponderar seriamente sobre essas fontes primárias de influência na vida moral do agente.

Ren como sabedoria ética

Os *Analectos* oferecem muitos exemplos de como *ren* se mostra na vida do indivíduo confuciano paradigmático. Por exemplo, ele é associado a cinco atitudes: deferência, tolerância, fazer o bem na palavra do indivíduo, diligência e generosidade (*Analectos* 17:6). É uma das seis qualidades desejáveis de caráter (junto com sabedoria, fazer o bem na palavra do indivíduo, retidão, coragem e resolução (*Analectos* 17:8)). É percebido em contextos diferentes: doméstico, público e social (*Analectos* 13:19). O comprometimento com o *ren* deve se manifestar tanto na palavra como na ação. Confúcio tinha intensa aversão aos faladores loquazes (*Analectos* 12:3; 13:27; 4:22; 14:27). Realizar o *ren* na vida pessoal é uma tarefa esmagadoramente difícil (*Analectos* 15:10, 15:9). Ao aceitar o desafio, deve-se aprender amplamente e ainda refletir sobre o que está próximo (*Analectos* 19:6; ver também *Analectos* 2:11). Isso captura a essência da sabedoria prática: uma habilidade para aprender com os outros, *para* refletir sobre a própria situação do indivíduo e aplicar essas percepções às ações pessoais. A pessoa de *ren* é confiante em seus procedimentos:

> O mestre disse: "Os sábios (*zhi* 知) não estão em dilema; os fidedignos (*ren* 仁) não são ansiosos; os corajosos não são tímidos".
> (*Analectos* 9:29; trad. Ames e Rosemont Jr. 1998a: 132)

A simplicidade da afirmação destaca a calma da pessoa-*ren*. O estudioso confuciano Antonio Cua descreve de modo competente a disposição invejável do homem de *ren*: "sua vida *sossegada* é mais uma questão de atitude e confiança em sua habilidade para lidar com a dificuldade e as situações variadas do que uma exemplificação de seu julgamento e autoridade infalíveis" (Cua 1971: 47). Uma leitura mais completa dos *Analectos* permitirá aos leitores adquirir um senso de profundidade e largura do *ren*, talvez como a realização moral máxima da vida. Uma compreensão mais plena do conceito requer um exame de outros conceitos-chave no texto.

Li: civilidade comportamental

O conceito *li* também tem considerável elasticidade. O termo pode se referir aos códigos normativos de conduta na sociedade chinesa antiga ou moderna, às instanciações concretas desses códigos na vida cotidiana ou a um conceito. Ele era usado nos textos pré-confucianos para denotar comportamento religioso ritualístico com o propósito de induzir proteção e bênção sobrenatural. Acreditava-se que a vontade dos espíritos podia ser influenciada pelo sacrifício ritual (Skaja 1984). Muitos dos rituais, tais como os de colheita e ação de graças, eram conduzidos somente pelo imperador, que também era chamado de "Filho do Céu". Contudo, durante os períodos da Primavera e do Outono e dos Reinos Combatentes, o escopo do conceito foi estendido gradualmente. Por exemplo, também era usado para se referir ao ritual cerimonial nas pequenas cortes (Dubs 1966: 116).

Podemos detectar algumas dessas variações no escopo de *li* nos *Analectos* em si, que às vezes o usam para se referir ao ritual religioso (*Analectos* 3:17) e outras vezes ao comportamento da pessoa cultivada (*Analectos* 12:1). Ainda outro uso nos *Analectos* se refere à civilidade comportamental nas interações ordinárias das pessoas comuns (*Analectos* 2:3). Em parte por causa de sua associação com normas comportamentais antigas, o conceito *li* evoca um senso de conservadorismo. Contudo, seu emprego nos *Analectos* não é sempre consistente; em alguns pontos parece ser bastante inflexível (*Analectos* 3:17), mas em alguns outros, corrigível (*Analectos* 9:3).

Os padrões de civilidade comportamental serviam como guias para o comportamento correto em uma série de contextos relacionais: entre crianças e pais (*Analectos* 2:5), súdito e governante (*Analectos* 3:18) e príncipe e ministro (*Analectos* 3:19). *Li* mapeava diferentes padrões para o comportamento apropriado de acordo com o lugar de alguém em uma determinada relação. Dessa forma, indivíduos são familiarizados com as diferentes obrigações e emoções que são apropriadas nas relações específicas. Idealmente, a contínua prática de *li* fomenta uma apreciação mais profunda das relações humanas.

Além disso, *li* também tem uma dimensão estética, pois introduz um nível de decoro nas interações pessoais com os outros (*Analectos* 8:2). Devemos notar também o anticonformismo com que deparamos em *Analectos* 2:3:

> O mestre disse: "Lidere as pessoas com injunções administrativas (*zheng* 政) e as mantenha em ordem com o código penal (*xing* 刑), e elas evitarão punições, mas não terão um senso de vergonha. Lidere-as com excelência (*de* 德) e as mantenha em ordem observando a civilidade ritual (*li* 禮), e elas desenvolverão um senso de vergonha e, além disso, ordenarão a si mesmas". (Trad. Ames e Rosemont Jr. 1998a: 76)

Essa passagem traça um contraste nítido entre *li* e o código penal (*fa*) como instrumentos de governo. De acordo com essa passagem, o impulso motivacional associado à forma de evitar a punição é um impulso inferior. A cultura do código penal tornou as pessoas "espertas" e loquazes para se evadir da punição.[15] Em contraste, o *li* confuciano deve se manifestar na ação (*Analectos* 1:3, 4:24, 14:20; 14:27). Em adição a essas preocupações estava a questão do código penal ser excessivamente geral e universal.[16]

Uma série de passagens nos *Analectos* enfatiza que *li* deve ser praticado com reverência (*Analectos* 3:26; 17:21). Em 17:11, a prática tanto de *li* como da música é embasada nas emoções e intenções sinceras de quem dá o presente e do artista, respectivamente:

> O mestre disse: "Seguramente, quando alguém diz 'Os ritos, os ritos', não é suficiente que meramente signifique presentes de jade e seda. Seguramente, quando alguém diz 'Música, música', não é suficiente que meramente signifique sinos e tambores". (Trad. Lau, 1979a: 145)

O ato de presentear – mesmo presentes caros como jade e seda – é destituído de significado se não for acompanhado das emoções subjacentes apropriadas. A analogia com a música também é informativa: soar sinos e bater em tambores não constitui música.

---

15. Hansen, de modo convincente, justapõe a punição, como autopreservação, contra *li*, como consideração ao outro. Hansen fornece uma análise penetrante do papel das palavras no litígio (1992: 64-65).

16. O tema de que a ligação relacional deve ser reconhecida em instituições legais persistiu no decorrer da história chinesa, chegando até as dinastias Ming (1368-1644) e Qin (1644-1911); alguns estudiosos apelidam esse fenômeno de "confucianização da lei". Ver Ch'u (1965: 267-279).

Apresentações significativas de música são sempre acompanhadas das emoções apropriadas. Será que essas emoções apropriadas são, com efeito, expressões do *ren* em si?

Muitas passagens nos *Analectos* sugerem uma conexão profunda entre *ren* e *li*: o interesse pessoal pela humanidade deve ser expresso de modo inteligível em contextos vividos. Nas palavras do estudioso Tu Weiming, o cultivo confuciano de si diz respeito a "Aprender a ser Humano" (1985: 51-66). Aqui, é importante refletir sobre a força normativa de *li*, pois normas inflexíveis de conduta podem sufocar a individualidade. Será que há espaço na filosofia confuciana para o indivíduo desafiar o *status quo*? Isso depende de como a relação entre *ren* e *li* é compreendida e qual dos dois conceitos é considerado como tendo precedência.

Ren e Li

Nos *Analectos* há opiniões divididas a respeito da prioridade relativa de *ren* e *li*. As conversações associadas aos discípulos Ziyou e Zixia usualmente enfatizam a maior importância de *li*, enquanto as que envolvem Zengzi, Zizhang e Yanhui mostram um comprometimento maior com *ren* (Schwartz 1985: 130-134). Esse desacordo foi mais tarde caracterizado como o debate *nei-wai* (interno-externo). *Nei* captura a essência do conceito *ren*; ele se refere ao senso moral interno, talvez inato, da humanidade. Em contraste, *wai* captura o espírito de *li*, as normas socialmente construídas, impostas externamente, que guiam e, de certa maneira, limitam o ser interior. Esse debate aproxima-se da questão natureza-nutrição da tradição ocidental e suas aplicações para o cultivo moral. O que é mais fundamental para o programa confuciano, inclinação moral natural (interna) ou seu cultivo (externo)? *Analectos* 6:18 deixa claro que tanto a disposição básica (*zhi*) como o refinamento (*wen*) são necessários. Confúcio espirituosamente rejeita a ênfase excessiva em qualquer um deles:

> O mestre disse: "Quando sua disposição básica (*zhi* 質) subjuga seu refinamento (*wen* 文), a pessoa é grosseira; quando seu refinamento subjuga sua disposição básica, a pessoa é um escriba oficioso. É apenas quando sua disposição básica e refinamento estão em equilíbrio apropriado que você tem a pessoa exemplar (*junzi* 君子)".
> (Trad. Ames e Rosemont Jr. 1998a: 107-108)

Não há apoio incondicional nos *Analectos* para uma moralidade "interna" nem "externa". Todavia, vale examinar mais suas passagens para obter uma melhor compreensão de *ren* e *li* e suas implicações para os debates contemporâneos.

Ren é fundamental

Analectos 3:3 assevera a prioridade de *ren* sobre *li*:

> O mestre disse: "O que uma pessoa que não é fidedigna (*ren* 仁) tem a ver com observar a civilidade ritual (*li* 禮)? O que uma pessoa que não é fidedigna tem a ver com tocar música (*yue* 樂)?" (Trad. Ames e Rosemont Jr. 1998a: 82)

A música tem duas dimensões, uma sendo a da apresentação e outra a de sua emoção subjacente (*ren*). Por analogia, a prática de *li* abrange tanto a experiência de apresentação quanto a expressão de sentimento humano. Nem *li* nem a música são significativos se não forem acompanhados pelos sentimentos humanos (*ren*) apropriados. Nessa passagem e em uma série de outras (2:8, 3:3, 3:12, 3:26; 17:17; 17:21; 19:14), *ren* é a base ética e motivacional dos atos *li*. Em *Analectos* 3:26, Confúcio resume de modo eficaz a futilidade da complacência mecânica:

> "O que eu poderia ver em uma pessoa que ao ocupar uma posição de influência não é tolerante, que ao observar a civilidade ritual (*li* 禮) não é respeitosa e que ao supervisionar os ritos fúnebres não se entristece?" (Trad. Ames e Rosemont Jr. 1998a: 88)

Na filosofia moral ocidental, as intenções do agente moral são muitas vezes consideradas mais eticamente significativas do que a complacência comportamental. Alguns estudiosos confucianos contemporâneos, talvez influenciados por isso, procuram fazer um paralelo com essa preferência colocando ênfase em *ren*, o comprometimento "interno" do agente moral. Tu Weiming é um proponente notável desse ponto de vista. Ele argumenta que o compromisso com o bem-estar humano (que ele identifica com *ren*) é o fundamento da ética confuciana. Como tal, não pode ser superado por normas comportamentais que são dependentes de fatores sociais e históricos. Ele fornece um relato, citando os comentários do escritor e crítico chinês moderno Lu Xun (1881-1936):

Durante o período Ming-Ch'ing [Ming-Qing], um bom número de viúvas cometeu suicídio na esperança de mostrar que seus atos estavam em conformidade com o *li* da castidade. Em vista de tal estupidez, Lu Hsün [Lu Xun] foi bem justificado ao chamar esse tipo de *li* de "comedor de homem" (*ch'ih-jen*) [*chiren*]. (Tu 1968: 37)

Para Tu, *ren* vem ao resgate de *li*. Em casos em que as práticas-*li* não são mais aceitáveis ou são prejudiciais à humanidade, *ren* tem o papel de sustentar um compromisso com a humanidade. *Ren* é fundamental e, portanto, apelidado de conceito de ordem superior: "... *ren* como moralidade interna não é causado pelo mecanismo de *li* de fora. É seu conceito de ordem superior que dá significado a *li*" (1968: 33). Em outras palavras, *ren* fornece os critérios para asseverar as práticas-*li*. Tu procura estabelecer a relevância da filosofia confuciana nos debates contemporâneos. Contudo, apesar de sua apresentação do pensamento confuciano ser esclarecedora, seu entendimento de *ren* como "moralidade interna" requer maior reflexão, pois pode gerar a impressão de que o cultivo de *ren* é um processo dirigido por um agente autônomo, voluntário. Além disso, o escopo de *ren* poderia ser reduzido se fosse identificado com a "moralidade".[17] Finalmente, a descrição de *ren* como um conceito de ordem superior poderia diminuir a importância de *li* dentro da tradição confuciana de modo enganoso.

Li é fundamental

Poderíamos também argumentar que *li* é o conceito primário no Confucionismo. Diferentemente de *ren*, as práticas-*li* são observáveis mais prontamente, podendo ser regulamentadas. Do ponto de vista prático, é pela observação e prática dos comportamentos-*li* que se aprende sobre *ren* (*Analectos* 12:1). Henry Skaja (1984) acredita que *li* é o conceito fundamental no Confucionismo. Em sua explicação, *li* preenche funções espirituais, educativas e governamentais. Isso significa que *li* tem um efeito educacional e civilizante sobre os indivíduos, pois instila o comedimento e a observação das maneiras. Consequentemente, uma sociedade de pessoas guiadas por *li* será ordenada (*Analectos* 1:2). Contudo, mais importante para Skaja, *li* é o conduto para

---

17. Em um artigo posterior, Tu parece se afastar da caracterização de *ren* como "moralidade pessoal" e um conceito de ordem superior, independente de *li* (1972: 187-201). Aqui, ele afirma que, "apesar de *jen* [*ren*], especialmente quando usado como uma virtude abrangente, dar significado a *li*, *jen* [*ren*] sem a manifestação de *li* é também inconcebível" (p. 188).

o sentimento humano, uma "objetificação do espírito do homem" (1984: 49-50). De acordo com Skaja, o processo de cultivo de si é visto primariamente na socialização:

> Confúcio... *transformou* e *generalizou* o significado de *li*, de mero "rito" ou "sacrifício ritual", para o de necessário processo de socialização educativo e autorreflexivo, em si, pelo qual o homem se torna humanizado, isto é, socializado. (1984: 62-63)

Contudo, deveríamos talvez estar preocupados que, se *li* tem um lugar básico no Confucionismo, então o cultivo confuciano de si pode ser reduzido a um processo de socialização. Essa é de fato uma crítica comum ao Confucionismo, que ele advoga a subjugação dos indivíduos à sociedade. Por exemplo, *Analectos* 1:2 pode ser usado para justificar o condicionamento das mentes das pessoas para estabelecer uma sociedade submissa, ordenada:

> Mestre You disse: "É uma coisa rara para alguém que tenha um senso de responsabilidade fraternal e filial (*xiaodi* 孝弟) ter um gosto por desafiar a autoridade. E não se ouve dos que não têm um gosto por desafiar a autoridade que estejam dispostos a iniciar uma rebelião..." (Trad. Ames e Rosemont Jr. 1998a: 71)

A visão de que *li* é primordial daria força ao retrato do Confucionismo como tradicionalismo conservador.

Ren e *Li* são conceitos interdependentes

A visão mais persuasiva de *li* e *ren* é que *ren* e *li* são conceitos inextricavelmente interdependentes. Isso significa que qualquer dos dois conceitos não tem significado por si só. De acordo com essa visão, *ren* se manifesta somente em práticas-*li*. A interdependência *ren-li* foi articulada mais claramente por Shun Kwong-Loi.[18] Shun explica sua interdependência pela analogia com o uso da linguagem. Por exemplo, compreender o conceito de tempo gramatical *é* ser capaz de usar suas várias formas efetivamente. Inversamente, o uso efetivo das estruturas gramaticais associado ao tempo verbal é uma indicação da apreensão do conceito por uma pessoa. Analogamente, compreender a profundidade do sentimento humano é ser capaz de expressá-lo de modo apropriado; e a habilidade individual de expressar o sentimento humano é uma indicação de maturidade emocional. Por isso, no caso da linguagem, Shun sugere que o domínio do uso do tempo verbal é

---

18. Shun (1993).

tanto necessário *quanto* suficiente para o domínio do conceito dentro da comunidade linguística. Não se pode sustentar de modo plausível que uma pessoa dominou um, mas não o outro. De modo similar, não se pode sustentar ter dominado completamente *li* sem também compreender o sentimento humano que ele comunica aos outros. A análise de Shun da ligação *ren-li* é criativa e filosoficamente satisfatória, pois levanta outras questões importantes, inclusive os critérios ou a base para a modificação do *li*. É um bom exemplo dos estudos contemporâneos no campo que tanto analisam criticamente as ideias da filosofia chinesa como as vivificam no debate contemporâneo.

Ren e *Li* nos debates filosóficos contemporâneos

Apesar de podermos introduzir um elemento de criatividade na interpretação textual dos *Analectos*, devemos também equilibrar isso com a manutenção de sua integridade como texto do período dos Reinos Combatentes. Enquanto a tendência é enfatizar *ren*, por uma série de razões óbvias, devemos também ter em mente que o conceito de *li* exerce um papel importante na filosofia dos *Analectos* e que as práticas-*li* foram a face dominante do Confucionismo no contexto histórico chinês. Colocando de maneira um pouco diferente, as percepções do Confucionismo foram muito moldadas pelas compreensões de *li* no contexto chinês vivido.

Todavia, tem havido desenvolvimentos interessantes e perspicazes de *li* e *ren* pelos estudiosos contemporâneos no mundo anglófono. Alguns estudiosos empregam as ferramentas de uma abordagem analítica para escrutar os conceitos e asseverar sua importância contínua.[19] Recentemente, diversos estudiosos voltaram sua atenção para o conceito de *yi* (adequabilidade) nos *Analectos*.[20] Eles argumentam que *yi* acrescenta outra camada ao raciocínio moral do Confucionismo. Identificado como "adequabilidade" ou "certo", *yi* exerce um papel específico na deliberação prática, pois reflete o interesse confuciano pela adequabilidade ética mais do que a normatividade. Isto é, há ênfase em fazer a coisa "certa" em um contexto específico, em vez de meramente seguir uma regra ou norma. Análises éticas comparativas como esta têm benefícios

---
19. Ver, por exemplo, Kwong-loi Shun (1993), Antonio Cua (1971, 1973, 1979, 1989, 1996a, 1996b), Philip Ivanhoe (1990), Benjamin Schwartz (1985), Angus C. Graham (1989), Karyn Lai (1995). As antologias de Schwartz e Graham articulam as ideias filosóficas chinesas no contexto da história intelectual chinesa. Ambas são excelentes introduções à área.
20. Ver David Hall e Roger Ames (1997), Kim-Chong Chong (1998) e Karyn Lai (2003b).

imensos para o diálogo e a investigação filosófica entre as diferentes tradições da filosofia. Especialmente na ética e na filosofia moral, os estudiosos notam que a filosofia confuciana lida com os contextos do compromisso social, enfocando a prática moral concreta de uma maneira muito maior que a filosofia moral ocidental tradicional o faz. Outros exemplos recentes de encontros produtivos incluem as comparações do *ren* confuciano e a ética feminista do cuidado, e discussões de pensamento ecológico e ambiental nas tradições filosóficas chinesas.[21]

Outra interpretação contemporânea de *ren* e *li* enfatiza a importância no cultivo de si nos contextos sociopolíticos contemporâneos. Discussões de David Hall e Roger Ames lideraram os debates nessa área. A interpretação deles de *ren* como "fazedor de pessoas" – apesar de às vezes criticada como excessivamente pós-moderna – tem sido influente nas discussões do Confucionismo em um contexto democrático.[22] Outra discussão importante na filosofia sociopolítica diz respeito ao *status* de *ren* e *li* no desenvolvimento contínuo da cultura e da sociedade nos países do leste asiático. Um bom exemplo é a questão do lugar e da importância contínua da filosofia confuciana em um contexto global, em que os direitos humanos são considerados fundamentais. Há também a questão de como a filosofia confuciana pode ter moldado o discurso e as ideias do debate de valores asiáticos.[23]

Juntos, *ren* e *li* compõem o cerne da filosofia confuciana, e uma compreensão em profundidade de sua interação revela muitos elementos fundamentais do pensamento confuciano. O estudo de *ren* e *li* incita maior investigação das questões associadas ao cultivo moral do ser em um contexto sociopolítico relacional. Uma questão importante diz respeito ao conceito de Eu e relacionalidade. No pensamento confuciano, o cultivo de relações mutuamente enriquecedoras é integral para o Eu e sua identidade. Esse conceito de um Eu interdependente gera uma visão da moralidade que desafia a normatividade e a generalização, enfocando a realização prática da bondade humana em contextos vividos. A filosofia confuciana destaca a necessidade de os filósofos morais ponderarem

---

21. Ver, por exemplo, a coleção de artigos sobre feminismo organizada por Li Chenyang (2000) e uma antologia que discute ideias ecológicas do Confucionismo organizada por Mary E. Tucker e John Berthrong (1998).
22. Ver Hall e Ames (1998, 1999), Sor-Hoon Tan (2004) e Joseph Grange (2004).
23. Ver De Bary (1991, 1998), De Bary e Tu Weiming (1998).

cuidadosamente sobre o conceito do Eu interdependente e como ele é constituído por sua relacionalidade.

Outra questão associada à definição de si está relacionada ao impacto das normas éticas e sociais sobre os indivíduos. De um ponto de vista confuciano, é crucial compreender os critérios para tomar decisões que irão, se necessário, sobrepujar práticas-*li* superadas ou mesmo prejudiciais. Como o indivíduo em desenvolvimento moral adquire uma distância crítica das normas sociais? Que tipos de habilidades são necessárias para uma avaliação inteligente da aplicabilidade e relevância contínua das normas existentes? Estas, por sua vez, levantam mais questões sobre como as normas morais são decididas para e por quem, e como são instituídas em sociedades específicas. É claro, essas questões são importantes também nos contextos contemporâneos.

Finalmente, se a filosofia confuciana corporifica ou engendra uma ideologia "coletivista", é um tópico para maiores deliberações. O ponto de vista coletivista é contrastado com uma filosofia "individualista", que é uma característica definidora das sociedades democráticas liberais. Mas uma compreensão mais total do Confucionismo na verdade desafia a caracterização individualista-coletivista das organizações sociopolíticas. Na verdade, o conceito confuciano do Eu interdependente, que repousa na encruzilhada de *ren* e *li*, não pode simplesmente ser caracterizado como encarnando uma abordagem coletivista da organização sociopolítica. O cultivo de relações particulares é crítico para o bem-estar tanto da sociedade quanto do indivíduo. As medidas de bem-estar pessoal estão ligadas aos sucessos pessoais para negociar relacionamentos e equilibrar obrigações e demandas conflitantes. A explicação confuciana do Eu interdependente situa-o dentro de uma rica tapeçaria de relacionamentos; por isso, a filosofia confuciana oferece um retrato realista, complexo, do Eu na comunidade.

Sugestões para leituras posteriores

Confucius: The Analects. Trad. Dim-Cheuk Lau. Harmondsworth: Penguin Books, 1979.

The Analects of Confucius: A Philosophical Translation. Trad. por Roger Ames e Henry Rosemont Jr. New York: Ballantine Books, 1998a.

Chan, Wing-tsit. "Chinese and Western Interpretations of *Jen* (Humanity)", *Journal of Chinese Philosophy*, v. 2, n. 2, p. 107-129.

Fingarette, Herbert. *Confucius: The Secular as Sacred*. New York: Harper and Row, 1972.

Tu, Weiming. *Confucian Thought: Selfhood as Creative Transformation*. Albany: State University of New York Press, 1985.

3. O cultivo da humanidade na filosofia confuciana: Mêncio e Xunzi

A visão de Confúcio para retificar a sociedade era simples e idealista: o bom governo começa no cultivo moral de si dos líderes capazes. Às vezes, os *Analectos* reconhecem que as chances de tal retificação eram mínimas (*Analectos* 7:26; 9:13). Todavia, a ideologia do cultivo de si (*xiushen*) teve efeitos de longo alcance na cultura e na sociedade chinesas. A ideologia de que a educação gera sabedoria moral foi articulada no sistema de Exame do Serviço Civil Chinês. O sistema, que operou da dinastia Han (206 a.C.-206 d.C.) até 1905, recrutava homens que se saíam bem nos exames baseados em textos confucianos. Acreditava-se que os estudiosos dos textos clássicos seriam também praticantes eticamente adeptos do bom governo.

O tema confuciano do cultivo de si continua a ter relevância contemporânea por diversas razões. Primeiro, ele enfatiza o mérito ético como a base do governo. Isso é importante porque requer que o governo seja responsável por prestar contas. Foi uma mudança positiva da liderança hereditária que não assegurava líderes éticos ou competentes. Segundo, ele destaca o lugar da educação no desenvolvimento social. Finalmente, a filosofia moral confuciana tem implicações vitais para a filosofia moral contemporânea em razão de uma série de características principais: atenção ao desenvolvimento do caráter, centralidade das relações na vida moral, a natureza progressiva do desenvolvimento moral (isto é, um enfoque nos elementos distintos do raciocínio moral que são cultivados em diferentes estágios da vida moral de uma pessoa) e a natureza integrada do desenvolvimento pessoal e do progresso sociopolítico.

Os confucianos eram otimistas, porém, pragmáticos, na avaliação das capacidades morais humanas e de como elas podiam ser moldadas para produzir resultados mais frutíferos para a sociedade. A teoria do cultivo de si exercia um papel central na esperança confuciana de uma sociedade melhor, mais eticamente ajustada. Tanto Mêncio (385?-312? a.C.) quanto Xunzi (310?-219? a.C.), pensadores pertencentes à escola confuciana, tiveram que defender o pensamento confuciano conforme diferentes escolas de pensamento emergiram e evoluíram durante o período dos Reinos Combatentes. Como resultado, procuraram maneiras para justificar essa visão, principalmente construindo uma descrição da natureza humana original que requeria um desenvolvimento maior.

Mêncio, um dos primeiros discípulos proeminentes da segunda geração de Confúcio, argumentava que a natureza humana é originalmente boa. De acordo com Mêncio, a malevolência se devia aos vários fatores externos que haviam desviado os humanos de suas naturezas originais. Por isso, a retificação era requerida para recuperar a natureza originalmente boa perdida. Xunzi se opunha dizendo que a natureza humana era moralmente má, para começar, e que necessitava ser corrigida para evitar maior desintegração da condição humana. O debate sobre o estado original da natureza humana e seu cultivo se desenvolveu muito, tanto dentro quanto fora da escola confuciana. Os desacordos entre Mêncio e Xunzi moldaram o desenvolvimento inicial da filosofia confuciana depois de Confúcio.

Mêncio: o cultivo da natureza humana

Acredita-se que Mêncio tenha estudado com um pupilo do neto de Confúcio, Zisi (483?-402? a.C.).[24] Mêncio é o autor do segundo conjunto de livros do cânone confuciano, os *Quatro livros* (*Si Shu*).[25] Sua filosofia é otimisticamente humanista, pois ele acredita que os humanos têm bondade inerente. Sobre essa tese, construiu sua teoria de governo compassivo (*ren zheng*). Uma história famosa atribui a

---

24. Ver Wing-tsit Chan 1963a: 49.
25. O cânone confuciano, os *Quatro livros* (*Si Shu*), foi compilado pelo neoconfuciano Zhu Xi (1130-1200). Esses quatro livros – o *Grande aprendizado* (*Daxue*), os *Analectos* (*Lunyu*), os *Livros de Mêncio* e a *Doutrina do meio* (*Zhongyong*) – compreendiam o cerne do currículo oficial dos Exames do Serviço Civil durante as dinastias Yuan (1279-1368) e Ming (1368-1644).

filosofia otimista de Mêncio à sua experiência decisivamente positiva de amor materno. Uma curta frase críptica captura sua filosofia de bondade humana: "a natureza humana é boa" (*xing shan*) (*Livros de Mêncio* 6A:6). Mêncio rejeita outras visões sobre a ligação entre moralidade e natureza humana *(xing)*:

> Kung-tu Tzu [Gongduzi] disse: "Kao Tzu [Gaozi] disse: 'Não há nem bem nem mal na natureza humana', mas outros dizem: 'A natureza humana pode se tornar boa ou pode se tornar má, e é por isso que, com a ascensão do rei Wen [Wan] e do rei Wu, as pessoas foram dadas à bondade, enquanto, com a ascensão do rei Yu e do rei Li, foram dadas à crueldade'. Depois há outros que dizem: 'Há os que são bons por natureza, e há os que são maus por natureza. Por essa razão, Hsiang [Xiang] podia ter Yao como princípe, e Shun podia ter o Homem Cego [Gu Sou] como pai, e Ch'i [Qi], visconde de Wei e príncipe Pi Kan [Bi Gan] podiam ter Tchou [Zhou] como sobrinho e como soberano'. Agora você diz que a natureza humana é boa. Isso quer dizer que todos os outros estão errados?" (*Books of Mencius* 6A:6, trad. Lau 1979b: 247)

As diferentes concepções de natureza humana que contrastam com as de Mêncio incluem:

(a) A moralidade não é uma parte intrínseca da natureza humana.

(b) Os humanos nascem como uma lousa em branco, uma *tabula rasa*. Eles se tornam bons ou maus dependendo das influências ao seu redor.

(c) Alguns humanos nascem intrinsecamente bons e outros intrinsecamente maus.

As diferenças entre as visões (a) e (b) são sutis: (a) enfaticamente dissocia a moralidade da natureza humana, enquanto (b) enfoca a maleabilidade e a vulnerabilidade dos humanos às influências externas. A visão em (c) expressamente nega a asserção de Mêncio de que a bondade é uma característica universal da humanidade. Quando lhe pedem para esclarecer sua posição de que a natureza humana é boa, Mêncio começa com a refutação da visão de Gaozi (c. 420-350 a.C.) de que a moralidade não é inerente à natureza humana.[26] Em

---

26. Kwong-Loi Shun apresenta uma análise detalhada das discussões de Mêncio com Gaozi, incluindo detalhes filosóficos de seus debates (1997: 87-94). Pouco se sabe sobre as origens e as relações de Gaozi. Shun discute uma série de teses a respeito de suas afiliações filosóficas nas p. 123ss.

suas extensas respostas, Mêncio fornece várias analogias para uma natureza moral inata – tais como, por exemplo, que o fluxo de água de um nível mais alto para um mais baixo é inerente à natureza da água (*Livros de Mêncio* 6A:2). Mêncio parece assumir que essas analogias são adequadas para o propósito, apesar de serem meramente uma elaboração estendida de sua visão.

A visão (c), que as propensões ou características morais inatas variam de indivíduo para indivíduo, também coloca um problema para a teoria de Mêncio. Para Mêncio, é importante que a bondade intrínseca seja universal porque ele também quer sustentar que todos os humanos são potencialmente perfectíveis, a despeito do *status* hereditário:[27] "O sábio e eu somos do mesmo tipo", Mêncio proclama audaciosamente (*Livros de Mêncio* 6A:7; trad. Lau 1979b: 249). Ele fornece a analogia das experiências humanas comuns – um gosto pelos bons sabores, sons e vistas – para sustentar seu argumento de que a bondade é também uma característica partilhada. A *irrelevância* do *status* hereditário para o cultivo moral (e, em última análise, para o envolvimento no bom governo) era um importante tema subjacente às filosofias de Confúcio e Mêncio, assim como às suas vidas pessoais. Como homens comuns, sem nascimento nobre, não é de se surpreender que eles afirmassem isso.

Mêncio também tentou proporcionar uma base transcendente para uma natureza humana moral. Ele identificou essa base como a fonte da bondade humana e declarou uma unidade entre o céu e a humanidade:[28]

> Para um homem, dar realização total a seu coração [*xin*] é compreender sua própria natureza, e um homem que conhece sua própria natureza conhecerá o Céu [*tian*]. Preservando seu coração e nutrindo sua natureza, ele está servindo ao Céu... (*Books of Mencius* 7A:1, trad. Lau 1979b: 287).

O objetivo de Mêncio não era explorar conceitos cósmicos ou espirituais, mas simplesmente usar a noção de céu como uma base transcendente dos potenciais e das capacidades humanas. No entanto,

---

27. Chad Hansen nota que a visão de Mêncio da natureza humana é muito mais otimista que a disposta nos *Analectos* (Hansen 1992: 71ss).
28. A estratégia de Mêncio de fundamentar *xing* em *tian* ecoa nos temas defendidos no *Zhongyong*. O *Zhongyong* é um texto confuciano clássico, também um dos *Quatro livros* confucianos, supostamente escrito pelo neto de Confúcio, Zisi, apesar de algumas partes dele parecer ter origens mais antigas, enquanto outras partes datam no máximo do início do período Han. Tu Weiming apresenta uma interpretação metafísica e religiosa do cultivo de si confuciano baseada no *Zhongyong* (Tu 1976).

devemos ser cautelosos ao aplicar o termo "Transcendente" ao conceito de Mêncio da natureza humana. Mêncio procurava localizar a fonte da bondade humana em *tian*, uma fonte *mais* fundamental que a própria humanidade; nesse sentido, podemos dizer que *tian* é a base transcendente para a bondade humana. Contudo, em outro sentido, a relação entre *tian* e a natureza humana é intimamente entrelaçada, interdependente e não independente: a pessoa que preserva (a bondade de) seu coração-mente, *xin*, e cultiva sua natureza está envolvida no *único e mesmo processo* de servir a *tian*. Como essa passagem revela, *xin*, o coração-mente, é a pista para entender a concepção da natureza humana de Mêncio. *Xin* na filosofia de Mêncio é comumente traduzido como "coração", apesar de o conceito cobrir um conjunto de capacidades e não um órgão.[29] O conjunto de capacidades é uma característica tanto singular como intrínseca da humanidade (*Livros de Mêncio* 2A:6; 4B:19; 6A:8). Devemos também observar que Mêncio não distinguia moralidade deliberativa de emoção (da maneira que podemos encontrar, digamos, na filosofia de Platão); por isso o termo *xin* é mais bem traduzido como coração-mente. *Xin* é o centro do intelecto, da cognição, da emoção e da afeição. Parecia-lhe ser algo tanto do senso comum quanto do senso profundo como a criança que apreciava e compreendia o amor de seus pais retribuiria esse cuidado, estendendo-o, finalmente, aos outros (*Livros de Mêncio* 7A:15). Emoção e sensibilidade moral estavam, para ele, profundamente ligadas à deliberação moral. Para Mêncio, a tarefa do cultivo moral era reacender o coração-mente perdido.

Mêncio apresenta quatro manifestações básicas de *xin*: *ren* (simpatia e compaixão), *yi* (senso moral ou correção), *li* (respeito resultante do reconhecimento de diferentes relações e hierarquias) e *zhi* (sabedoria) (*Livros de Mêncio* 2A:6). Em seu estilo característico, Mêncio não fornece justificativa para sua seleção das quatro características básicas. Chad Hansen sugere que um problema na teoria de Mêncio da natureza humana não é que os quatro germes da bondade não sejam características universais da psique humana, mas, em vez disso, que sejam *específicos* demais: Mêncio não proporcionou uma justificativa adequada para sua seleção desses traços como inerentemente humanos.[30]

---

29. No chinês contemporâneo, o termo pode se referir tanto à capacidade intelectual-moral, a mente, quanto ao órgão físico, o coração.
30. Hansen escreve: "O problema empírico não é que sua teoria é implausivelmente *otimista* tanto quanto é implausivelmente *específica* sobre os *juízos inatos do que conta como bom*". (1992: 168).

Existe considerável correferência entre *xin* (coração-mente) e *xing* (natureza humana) nos *Livros de Mêncio*, de modo que, às vezes, é difícil articular a diferença entre eles.[31] Essa lassidão em parte reflete que Mêncio acredita que *xin* está no cerne da humanidade. Contudo, o que é filosoficamente significativo é se a bondade "original" de Mêncio pode ser compreendida como uma disposição inata para o bem ou como a posse de uma capacidade que pode ser desenvolvida.

A primeira asserção, que a bondade é uma disposição inata, é a mais forte. O exemplo de Mêncio de como *qualquer* pessoa se sentiria angustiada ao ver uma criança prestes a cair em um poço e espontaneamente tentaria salvar a criança captura a essência dessa visão (*Livros de Mêncio* 2A:6. Ver também 6A:10). Um desejo espontâneo, se existe, de fazer o que é bom sugere uma descrição naturalista e determinista da bondade humana.[32] Os defensores dessa interpretação da natureza humana seriam, por um lado, pressionados a fornecer razões para a cobiça, o egoísmo e a maldade. Por outro, é difícil rejeitar totalmente essa interpretação, porque há pistas dessa visão em algumas das discussões de Mêncio.

A segunda interpretação, mais fraca, sustenta que os humanos possuem uma *capacidade* para desenvolver um senso de bondade. Se essa capacidade – ou capacidades, conforme o caso – não for cultivada apropriadamente, será facilmente sobrepujada pelas influências adversas da sociedade. Na famosa discussão das árvores da montanha Niu, Mêncio traça uma analogia entre a nutrição e o cuidado que as árvores devem receber e o cultivo moral da natureza humana (*Livros de Mêncio* 6A:8). Um ponto crítico da analogia é a necessidade do cultivo consistente e contínuo.

Como há suporte no texto dos *Livros de Mêncio* para ambas as interpretações, alguns estudiosos tomam o terreno do meio e sustentam que *xing* incorpora um significado duplo.[33] De acordo com essa visão, *xing* refere-se *tanto* a uma capacidade incipiente *quanto* a seu cultivo contínuo. A. C. Graham explica o significado de *xing* com referência à sua etimologia. A metade direita consiste no caractere *sheng*, que significa tanto nascimento como crescimento. Graham também se refere a uma imprecisão geral dos conceitos chineses para explicar *xing*:

---

31. Benjamin Schwartz observa que "o centro da problemática de Mêncio ao tratar do homem *não* é realmente a natureza [*xing*], mas o coração/mente [*xin*]" (1985: 266). Ver também Schwartz, 1985: 288ss.; Ch'en, 1953; Ahern, 1980: 183; e Graham, 1967.
32. Ver, por exemplo, Creel 1953: 88.
33. Schwartz 1985: 266 e Ho Hwang 1979: 201-209.

Mêncio, em particular, parece nunca estar olhando para trás, para o nascimento, sempre para a frente, para a maturação de um crescimento contínuo. Isso está de acordo com a impressão geral que se tem ao tatear em busca de uma compreensão dos conceitos chineses antigos, que muitas vezes tendem a ser mais dinâmicos que seus equivalentes ocidentais mais próximos, e que a tradução inglesa muitas vezes congela na imobilidade.[34]

A teoria de Mêncio da natureza humana começa positivamente em uma bondade universal incipiente, culminando em uma visão otimista de uma sociedade bem governada, ética. Apesar de muitos aspectos da filosofia de Mêncio estarem crivados de analogias questionáveis, o teor de suas ideias e a aspiração em direção a um governo benevolente, humano, provavelmente tiveram muito apelo popular no clima de guerra e terror de então. Além disso, seus escritos fornecem rico material para debates em filosofia, antropologia e psicologia moral.

Xunzi: a regulamentação do comportamento humano

Xunzi é muitas vezes aclamado como o mais escrupuloso dos antigos filósofos confucianos por causa do rigor de sua argumentação. O reconhecimento da perícia intelectual de Xunzi se estendia bem além da escola confuciana. Ele era bem considerado em Jixia, onde pensadores de diferentes orientações congregavam-se para debater questões. Na obra que escreveu, *Obras de Hsun Tzu* [*Xunzi*], texto de 32 capítulos, Xunzi argumenta contra as posições de pensadores legalistas, tais como Shen Buhai e Shen Dao, o pensador daoísta Zhuangzi, o moísta Mozi e os dialéticos, em especial Gongsun Long. Contudo, Xunzi não rejeitava simplesmente cada uma dessas posições. Em vez disso, sintetizava o que acreditava ser elementos importantes dessas diferentes filosofias com suas convicções confucianas pessoais.

Por exemplo, Confúcio rejeitava o código penal (*fa*) como instrumento de cultivo (*Analectos* 2:3; 12:13). Mas Xunzi era mais realista ao endossar os efeitos impedientes de *fa*, pois acreditava que o método do reforço positivo sozinho era inadequado para transformar a sociedade. Em contraste à positiva avaliação da natureza humana de Mêncio,

---

34. A. C. Graham (1990b: 7). O *Shuowen Jiezi* também enfatiza o significado derivativo de *xing* a partir de *sheng*, crescimento. Além disso, afirma que o termo deriva de *xin*, o coração-mente (na p. 502). Esses derivativos tomados juntos sugerem o cultivo, o crescimento contínuo, do *xin*. Isso poderia indicar a influência da filosofia de Mêncio na explicação de *xing* do *Shuowen*.

as posições de Xunzi são notavelmente pessimistas. Seu tratado sobre *xing* é intitulado "Xing E", isto é, "A natureza humana é má" ou "A natureza humana é baixa". Xunzi apresenta um contraexemplo ao exemplo da criança prestes a cair em um poço de Mêncio. Ele visualiza dois irmãos disputando uma propriedade, ambos são egoístas na melhor das hipóteses. Xunzi observa que tal egoísmo é generalizado e argumenta em favor de uma reforma por meio de um contexto sociopolítico altamente regulamentado. Ele começa com uma lúgubre postulação sobre a severa falta de bondade moral na natureza humana original:

> A natureza do homem (*xing*) é má; a bondade é o resultado da atividade consciente. A natureza do homem é tal que ele nasce com um gosto pelo lucro [...]. Ele nasce com sentimentos de inveja e ódio [...]. Por isso, qualquer homem que segue sua natureza e cede a suas emoções inevitavelmente se envolverá em disputas e contendas, violará as formas e as regras da sociedade e acabará como criminoso. (*Works of Hsun Tzu* 23: "The Nature of Man is Evil", trad. Watson 1963: 157)

Xunzi não está meramente afirmando que a natureza humana é amoral. Ele enfatiza o caráter *ativamente* egoísta de *xing* e seus efeitos antissociais. Xunzi é frequentemente criticado por sustentar a posição de que a natureza humana é "má" – e, de fato, traduções convencionais de sua teoria da natureza humana interpretam "*e*" como *mal*. A filosofia de Xunzi, contudo, não incorpora os elementos de degeneração ou depravação que comumente associamos ao conceito de mal que surgiu da tradição judaico-cristã. Se observamos essa passagem cuidadosamente, ela sugere que o interesse de Xunzi não é o mal inerente como tal, mas o egoísmo. Aqui, ele parece estar dizendo que a natureza humana é inerentemente egoísta, e o egoísmo tem resultados indesejáveis. O egoísmo resulta em discórdia e ódio e cria consequências negativas não apenas para a sociedade, mas para a própria pessoa egoísta. Isso é prejudicial e tem consequências negativas para a sociedade.

Os desacordos entre Mêncio e Xunzi geram importantes questões éticas e filosóficas. A diferença nos pontos de vista pode ser atribuída às diferenças nas respectivas noções de *xing*.[35] Também há diferenças em seus métodos de cultivo moral. Mêncio defende a promoção de comportamentos socialmente positivos, enquanto Xunzi acredita

---

35. Ch'en 1953, Ahern 1980, Munro 1969 e A. C. Graham (1967; 1989: 250ss).

primariamente em instituir impedimentos contra comportamentos antissociais. O cultivo moral na visão de Mêncio, cm sua maioria, envolve compreender o problema do *xin* (mente-coração) perdido e como ele poderia ser restaurado (*Livros de Mêncio* 6A:11, 12). Por isso, Mêncio afirma explicitamente que a função de *xin* é refletir e contemplar (*si*) (*Livros de Mêncio* 6A:15).[36] Por outro lado, Xunzi defende um programa mais extensivo que sublinhe a prática árdua e o aprendizado a partir de fontes externas: a bondade é o resultado da regulamentação social coordenada (*Obras de Hsun Tzu* 23: "A natureza do homem é má"). Xunzi acredita que o cultivo moral consiste essencialmente em submissão aos padrões de comportamento, tais como *li* e *fa*. Enquanto um governo benevolente é crucial na filosofia de Mêncio, o sistema de Xunzi pede um regulamentador ético.

Li (comportamento apropriado) e *Fa* (padrões e código penal)

Xunzi argumenta contra um programa que objetiva apenas induzir comportamentos e sentimentos de consideração para com os outros:

> Ora, a natureza do homem é má. Ela precisa depender de professores e leis (*fa*) para se tornar correta e adquirir civilidade (*li*) e retidão (*yi*) [...]. Os reis sábios da Antiguidade, sabendo que a natureza do homem é má, e que é desequilibrada, fora do caminho, incorreta, rebelde, desordenada e indisciplinada, criaram regras de civilidade e retidão e instituíram leis e sistemas para corrigir os sentimentos dos homens, transformando-os e direcionando-os [...]. (*Works of Hsun Tzu* 23: "The Nature of Man is Evil", trad. Chan 1963a: 128)

Li encoraja os comportamentos positivos (altruístas) enquanto *fa*, o sistema de código penal reforçado pela punição, desencoraja comportamentos negativos. *Li* e *fa* são instrumentos *complementares* para a ordem sociopolítica (*Obras de Hsun Tzu* 9: "As regulamentações de um rei"). Eles operam em conjunto, *li* para encorajar tendências altruístas e *fa* para refrear as egoístas. Xunzi investiga meticulosamente as origens de *li* e suas aplicações; ele expressa de maneira eloquente o senso de proporção e contenção ocasionado pela implementação de *li*:

---

36. Philip Ivanhoe aponta as diferentes estratégias de aprendizado implícitas em cada filosofia (Ivanhoe 1990). A distância filosófica entre as duas posições persistiu ao longo dos desenvolvimentos na história intelectual chinesa e é manifesta especialmente no pensamento neoconfuciano (ver Hansen 1992: 380, nota 16).

> Ritos [*li*] aparam o que é longo demais e esticam o que é curto demais, eliminam excessos e reparam a deficiência, estendem as formas de amor e reverência, e passo a passo levam as belezas da conduta apropriada à realização. Beleza e feiúra, música e choro, alegria e tristeza são opostos, e ainda assim os ritos fazem uso de tudo isso, produzindo e empregando cada um em sua vez. (*Works of Hsun Tzu* 19: "A Discussion of Ritual", trad. Watson 1963: 100).

Li é instrumental na realização da harmonia social, pois ajuda a marcar o lugar de cada pessoa dentro das redes de relacionamentos (*Obras de Hsun Tzu* 14). Homer Dubs, que foi um historiador intelectual chinês, captura a largura do escopo e a versatilidade do *li* de Xunzi:

> *Li* é emoção humana expressada, harmonizada e embelezada de modo a se tornar um padrão para tudo. Ele usa as características, a voz, a comida, as roupas e a moradia, e fornece a cada uma seu meio apropriado de expressar a emoção. Como padrão, *li* ajuda aqueles cuja expressão de tristeza seria pequena demais, e aqueles cuja expressão de tristeza seria violenta demais, do mesmo modo para alcançar um meio-termo de ouro. Por meio de *li*, o filho degenerado é impedido de se tornar pior que uma fera, e o homem excessivamente sensível é impedido de ferir a si mesmo. *Li* é o embelezamento da natureza original do homem por meio de características adquiridas que não poderiam ser conseguidas por si mesmas. (Trad. Dubs 1966: 146-147)

A descrição de Dubs de *li* na filosofia de Xunzi captura a ideia de regulamentação de Xunzi. Essa concepção de *li* é sutilmente diferente do seu uso tanto nos *Analectos* quanto nos *Livros de Mêncio*. Os *Analectos* sustentam uma ligação entre *ren* (sentimento humano) e *li* (sua expressão), enquanto os *Livros de Mêncio* unificam *ren* e *li* com o discernimento moral e a sabedoria prática. Em ambos os textos, *li* está primariamente alinhado ao cultivo do sentimento moral humano. Mas Xunzi relaciona *li* a *fa* e imputa ao primeiro um senso de submissão mais forte. Esse foi um importante ponto de afastamento em relação ao pensamento de Confúcio: Confúcio compreendia *li* e *fa* como sendo baseados em concepções fundamentalmente diferentes do bem humano e do desenvolvimento social. Ele alegava ser bom no litígio, mas o usava apenas como último recurso (*Analectos* 12:13). A. C. Graham expressa os sentimentos de Confúcio de modo sucinto: "Confúcio aceita a lei como pertencendo ao governo, mas mede o sucesso em reger por quanto menos é necessário aplicá-la" (1989: 14). Em comparação, a abordagem de Xunzi da ordem moral é mais abrangente e mais cautelosa em suas suposições sobre a natureza humana. Sua proposta para regulamentação externa dos comportamentos parece ser um sistema mais viável se contrastado com a ingenuidade do humanismo idealista de Mêncio.

Zhengming: Regulamentando a sociedade com títulos prescritos

Outro aspecto da proposta de Xunzi se relaciona a seus debates com os dialéticos sobre os nomes e sua ligação com a realidade. Como veremos em um capítulo posterior, o dialético Gongsun Long enfatizava a natureza absoluta dos títulos, dando a eles um *status* parecido com os universais platônicos.[37] Esse debate sobre nomes e sua ligação com o mundo foi uma questão importante que preocupava pensadores desde o século IV a.C. As discussões abordavam tópicos de metafísica, epistemologia, filosofia da linguagem e ética. Confúcio se ocupava do uso de títulos para estabelecer obrigações normativas de relações (*Analectos* 12:11; 12:19; 13:3). Para Confúcio, *zhengming* não diz respeito primariamente a questões teóricas, abstratas, pertencentes à ligação entre os nomes e a realidade, nem é sobre modificação de títulos, como sua tradução comum, "retificação de nomes", sugere. *Zhengming* na filosofia confuciana é uma teoria ética a respeito da conduta apropriada dos que possuem títulos em particular.[38] Confúcio parecia concordar com uma realidade normativa fundamental à qual os termos de linguagem devem corresponder, e a qual devem propagar. Mas Xunzi rejeita essa suposição e sustenta que não há mistério associado à origem dos nomes, pois seus significados são meramente costumeiros:

---

37. Gongsun Long enfatizava a qualidade absoluta dos títulos, atribuindo a eles um *status* que perpetuava as suposições subjacentes da retificação confuciana dos nomes (alinhando os nomes com a realidade) e também argumentando em favor de distinções claras a serem feitas. Ver Y. P. Mei (1953) para uma tradução do texto.

38. Não há distinção clara entre esses papéis no domínio sociopolítico e nos domínios privados ou pessoais. *Zhengming* se aplica não apenas às obrigações dos que assumem os papéis sociopolíticos mais "públicos", mas às obrigações em relações que também têm um aspecto caracteristicamente mais pessoal e privado. Essas discussões sobre as demandas morais que surgem das relações proporcionam bases interessantes para a comparação com o interesse relativamente recente por questões similares na filosofia moral ocidental contemporânea.

Nomes não têm nenhuma adequabilidade intrínseca. Alguém concorda em usar um certo nome e emite uma ordem para esse efeito e, se o acordo é obedecido e se torna uma questão de costume, então o nome pode ser considerado apropriado, mas, se as pessoas não obedecem ao acordo, então o nome deixa de ser apropriado. Nomes não têm nenhuma realidade intrínseca. Alguém concorda em usar um certo nome e emite uma ordem de que ele deve ser aplicado a uma certa realidade, e, se o acordo é obedecido e se torna uma questão de costume, então pode-se dizer que ele é um nome verdadeiro. (*Works of Hsun Tzu* 22: "The Rectification of Names", trad. Watson 1963: 138)

Na explicação de Xunzi, há mais responsabilidade atribuída ao governante e aos líderes na sociedade para a educação das pessoas.[39] Ele é profundamente consciente da extensão da influência exercida pelos que estão no poder. A criação de padrões por meio da determinação de significados de palavras é um instrumento poderoso com o qual populações inteiras podem ser dominadas e controladas. Xunzi astutamente sugere que o papel do governo não é encorajar as pessoas a não terem desejos,[40] mas sim controlar as expectativas delas de modo que "[apesar] de alguém não poder ser capaz de desfrutar todas as coisas mais belas no mundo [...] ainda assim ele possa aumentar sua alegria [...]. É isso que significa valorizar o Eu e fazer outras coisas funcionarem para você" (Ibid.: 155-156).

Em suas respostas à inquietação sociopolítica, Mêncio e Xunzi partem de suposições opostas. Mêncio procura construir uma hipótese embriônica, partilhada pelos primeiros discípulos confucianos, da bondade inerente na humanidade. Ele projeta de modo otimista que a sociedade humana florescerá se esses brotos de bondade forem nutridos. Xunzi, por outro lado, postula o egoísmo original para

---

39. O potencial para um governante imoral ou inepto manipular as pessoas comuns, utilizando essa formulação de *zhengming*, não é insignificante. É uma possibilidade que Xunzi considera apenas brevemente, argumentando que os que exploram a ferramenta fazendo novos nomes e jogando fora os velhos de modo descuidado – fazendo com que as pessoas sejam enganadas e confundidas – "é um mal terrível e deve ser punido" (*Works of Hsun Tzu* 22: "The Rectification of Names", trad. Watson 1963: 140).
40. Xunzi escreve: "Todos os que sustentam que é necessário livrar-se dos desejos antes que possa haver um governo ordenado não ponderam se os desejos podem ser guiados, mas meramente deploram o fato de que eles existem. Todos os que sustentam que os desejos devem ser diminuídos antes que possa haver um governo ordenado não ponderam se os desejos podem ser controlados, mas meramente deploram o fato de que eles são tão numerosos [...] a posse ou não posse de desejos não tem nada a ver com o bom ou mau governo" (Ibid: 150).

justificar sua recomendação de que padrões e medidas, tais como *li* e *fa*, sejam reforçados. Não obstante, ele faz projeções propícias para uma sociedade de pessoas moderadas por instituições sociopolíticas: treinamento moral e desenvolvimento podem sobrepujar de modo eficaz as tendências à satisfação egoísta. Burton Watson comenta sobre o contraste entre a natureza original de Xunzi e seu desenvolvimento subsequente: "A essa sombria tese inicial, Hsün Tzu [Xunzi] contrapõe as possibilidades quase ilimitadamente brilhantes de melhoria por meio do estudo e do treinamento moral" (Ibid.: 5). Os primeiros confucianos acreditavam que todos os humanos eram moralmente perfectíveis, e Xunzi não era exceção a esse respeito. Ele afirma, sem ambiguidade, que o cultivo de si é uma possibilidade verdadeira para todos os seres humanos. Sua afirmação é cheia de convicção:

> O homem na rua pode se tornar um Yu. O que isso significa? O que fez do sábio imperador Yu um Yu, eu responderia, foi o fato de que ele praticava a benevolência e a retidão e obedecia às regras e aos padrões apropriados [...]. Qualquer homem na rua tem as faculdades essenciais necessárias para compreender a benevolência, a retidão e os padrões apropriados, e a habilidade potencial de colocá-los em prática. (*Works of Hsun Tzu* 23 "Human Nature is Evil", trad. Watson 1963: 166-167).

O compromisso tanto de Mêncio quanto de Xunzi com a perfectibilidade do homem comum teria sido radical dentro de um ambiente social que fosse altamente consciente da posição e do *status*. Ambos asseveram ruidosamente a igualdade de todos os seres humanos. A noção de igualdade sustentada por Mêncio e Xunzi não apenas tira o crédito da crença na desigualdade *natural* (isto é, desigualdades devidas ao nascimento ou nobreza), como também ataca as desigualdades existentes. Eles desafiam a autoridade hereditária e substituem-na com uma meritocracia ética. Muitos dos capítulos dos *Analectos*, dos *Livros de Mêncio* e das *Obras de Hsun Tzu* são explicitamente críticos com relação às estruturas sociopolíticas existentes e aos que estavam no poder então. O modelo de governo que propõem envolve uma engenharia extensiva da comunidade humana.

O caminho do céu e o caminho da humanidade

Os primeiros pensadores confucianos não proporcionaram uma justificativa completa para sua visão de bom governo. Mais especificamente, as razões para seu programa, inclusive para a instituição de *li* e *zhengming*, não são articuladas claramente nos primeiros textos. No caso de Mêncio, sabemos que a base do governo benevolente reside nas habilidades e intuições do governante benevolente, mas não muito mais que isso. Em última análise, essas intuições são fundamentadas no céu, como vimos nos *Livros de Mêncio* 7A:1. Mêncio acreditava que era importante situar a base do bem-estar humano em uma fonte fundamental. Ao comentar sobre a necessidade do cultivo de si, ele precisava reunir esses dois elementos: céu e humanidade. Seu método foi identificar o céu como a fonte da bondade humana (especificamente, *xin*, a mente-coração). A tarefa no cultivo de si era valer-se desse dom para aprimorar o bem-estar humano.

No texto confuciano seminal a *Doutrina do meio* (*Zhongyong*), vemos um desenvolvimento ulterior do tema da cooperação entre céu e humanidade.[41] O *Zhongyong* é um tratado acerca da harmonia cósmica e humana, que versa sobre como o equilíbrio (*zhong*) e a comunidade (*yong*) são alcançados. O valor fundamental no *Zhongyong* é a sinceridade (*xin*), que é o caminho do céu. A prática da sinceridade perfeita dos humanos junta uma unidade tripartite de céu, terra e humanidade. A abrangência dessa doutrina só pode ser compreendida quando vemos o capítulo 22 do *Zhongyong* em sua totalidade:

> Somente aquele que no mundo é mais perfeitamente sincero é capaz de desenvolver totalmente sua natureza. Sendo capaz de desenvolver totalmente sua natureza, ele é capaz de desenvolver totalmente a natureza de outros seres humanos, e, sendo capaz de desenvolver totalmente a natureza de outros seres humanos, ele é capaz de desenvolver totalmente as naturezas de outras coisas vivas. Sendo capaz de desenvolver totalmente as naturezas de outras coisas vivas, ele pode ajudar nos poderes transformadores e acalentadores do Céu e da Terra; sendo capaz de ajudar nos poderes transformadores e acalentadores do Céu e da Terra, ele pode formar uma tríade com o Céu e a Terra. (De Bary e Bloom 1999: 338)

Compreenderemos mais totalmente o debate confuciano inicial sobre a natureza humana se também examinarmos a doutrina de *xing* de Yang Zhu. Mêncio é inflexível ao considerar que o egoísmo de Yang Zhu é prejudicial à sociedade porque ele renuncia à autoridade do governante em favor de cuidar de si mesmo (*Livros de Mêncio* 3B:9).

---

41. O *Zhongyong* era atribuído tradicionalmente ao neto de Confúcio, Zisi. Contudo, estudos mais recentes datam-no como um texto do Qin ou começo do Han, apesar de ter algumas seções de origem muito anterior. A compilação de textos de De Bary e Bloom inclui seções traduzidas do texto, bem como comentários sobre elas (1999: 333-339).

Yang Zhu é descrito no *Liezi* (c. 300 d.C.) como completamente egoísta, incapaz de responder diretamente à questão: "Se você pudesse ajudar o mundo inteiro à custa de um pelo de seu corpo, você o faria?" (Graham 1978: 16; *Livros de Mêncio* 7A:26). Em virtude dessa representação, a teoria de Yang Zhu foi frequentemente ignorada em estudos sérios. Contudo, Graham aponta a provável distorção de sua teoria e como as ideias de Yang Zhu são na verdade importantes para compreender os assuntos gêmeos da natureza humana e do cultivo de si. De acordo com Graham, um texto anterior, o *Lüshi Chunqiu* (Anais da Primavera e do Outono do mestre Lü; c. 240 a.C.), apresenta um relato diferente do pensamento individualista (Graham 1978: 16-17). Os elementos principais dessa doutrina incluem manter intacto o que o céu concedeu, acalentá-lo e não interferir nele. Isso não implica necessariamente um egoísmo excessivo, mas, ao contrário, defende "acalentar e harmonizar as tendências vitais e as inclinações espontâneas que o céu instilou em nós quando nascemos" (Ibid.: 17).

Se Graham está certo, a doutrina de Yang Zhu adere a uma ligação muito mais próxima entre céu e humanidade do que vemos nas primeiras teorias confucianas. Para Yang Zhu, deve-se ter cuidado para que os fatores externos sejam impedidos de interferir nessa natureza original. Na filosofia de Mêncio, fatores externos são muito diferenciados: há os que são prejudiciais ao bem-estar humano e outros, tais como a liderança benevolente, que fomentam a harmonia e o desenvolvimento humano. Os últimos, elementos positivos, devem ser encorajados e os indivíduos devem ser receptivos às influências norteadoras do governante benevolente. Graham apresenta o debate entre Yang Zhu e os primeiros confucianos da seguinte maneira:

> Nunca foi questionado se o Céu, o poder responsável por todas as coisas serem como são, pelos acidentes incontroláveis da fortuna e do infortúnio, por tudo que é inato no homem e independente de sua vontade, também tenha ordenado os princípios pelos quais devemos viver [...]. Agora, pela primeira vez [no pensamento confuciano e moísta], uma dúvida metafísica entra no pensamento chinês, e uma fenda se abre entre o Céu e o homem, entre o que é e o que deveria ser. Se o Céu está do lado de Yang Chu [Yang Zhu], sobre o que repousa a moralidade dos confucianos e moístas? (Graham 1978:17)

A fenda entre céu e humanidade é ainda mais ampla na filosofia de Xunzi. Este dedica um capítulo de seu texto à discussão do céu (capítulo 17, "Discurso sobre o Céu" (*tianlun*)). Lá, ele limita a jurisdição do céu a uma ordem natural que não intervém nos assuntos humanos. Também, no mesmo capítulo, ele cuida de dissipar superstições – por exemplo, sobre eclipses e mudanças climáticas – para promover a responsabilidade ativa dos humanos por assuntos sociopolíticos. Como os outros confucianos, Xunzi enfatiza a unidade entre céu, terra e humanidade. Contudo, essa é uma versão bastante desapegada da relação tripartite, pois os domínios dos três são definidos claramente, e não sobrepostos. Vemos especialmente na filosofia de Xunzi uma ênfase na iniciativa humana de planejar e estruturar uma nação.

Cultivo pessoal e desenvolvimento social

Os primeiros pensadores confucianos estavam trabalhando em direção a um governo humanista que considerava as necessidades do povo como prioridade máxima. Infelizmente, este importante tema é frequentemente ignorado em muitas interpretações populares do Confucionismo, nas quais o enfoque está na liderança, sem menção à responsabilidade moral. Os confucianos eram devotados ao aprendizado e ao cultivo e comprometidos em otimizar a condição humana por meio da infraestrutura sociopolítica. A sociedade ideal era construída sobre o comprometimento paradigmático e exemplar do governo para com o povo, especialmente na filosofia de Mêncio.

Na filosofia confuciana antiga, o cultivo do Eu é primariamente um processo direcionado e coordenado pelos que têm autoridade política e moral. Na verdade, para Confúcio, capacidade política e moral são dois aspectos integrados dos que estão no governo. A esse respeito, um interesse muitas vezes articulado pelos críticos é a natureza coletivista da ideologia confuciana. A preocupação é que a prioridade dada ao bem-estar coletivo (por exemplo, nacional ou familiar) vai sempre superar os interesses e as necessidades individuais. Essa preocupação não é insignificante à luz dos eventos da história chinesa – se de fato a causa pode pelo menos em parte ser atribuída ao Confucionismo. A questão importante para os estudiosos confucianos contemporâneos é se há elementos na filosofia confuciana que sustentem a integridade básica do Eu. Alguns estudiosos, como Tu Weiming, buscaram a resposta em uma compreensão adaptada mais ampla do cultivo de si.⁴² Tu argumenta que o cultivo do Eu não deve meramente ser misturado aos papéis relacionais do indivíduo:

> O Eu como centro dos relacionamentos sempre foi o enfoque do aprendizado confuciano. A habilidade do indivíduo de harmonizar as relações humanas, de fato, indica seu cultivo de si, mas a prioridade está definida claramente. O cultivo de si é uma precondição para harmonizar as relações humanas; se as relações humanas são harmonizadas superficialmente, sem os ingredientes necessários do cultivo de si, isso é virtualmente impraticável e teleologicamente mal direcionado. (1985: 55-56)

Tu tenta aliviar a preocupação de que o cultivo de si confuciano seja apenas um processo de aculturação. Ainda assim, devemos ter cuidado para não fragmentar o conceito de cultivo de si, identificando prioridades de primeira e segunda ordem ou pré-requisitos: primeiro o Eu, depois suas relações. É mais acurado caracterizar o conceito confuciano do Eu como primariamente um Eu relacionado; isso significa que o cultivo das boas relações, no fim, beneficiará o Eu. De fato, o próprio Tu quebra a dicotomia eu-outro e indivíduo-coletivo em outro ensaio:

> [...] a autotransformação confuciana não é baseada no autocontrole isolado nem na sanção social coletiva. É no que pode ser chamado de "entre" que sua base reside verdadeiramente [...] a principal questão do Confucionismo nunca é concebida em uma proposição "um ou outro". Ao contrário, ser um homem autêntico é ser verdadeiro *tanto* para com sua própria individualidade *quanto* para com sua sociabilidade. (1972: 192-193)

Na filosofia confuciana, os relacionamentos são integrantes e constituintes da identidade de uma pessoa. Esse conceito de Eu é essencialmente como uma entidade relacionada que prospera em relações mutuamente benéficas. Ele contrasta com as descrições do Eu que valorizam a imparcialidade desapegada ou o altruísmo estoico que nega o Eu. A filosofia confuciana enfatiza o inter-relacionamento básico de pessoas como uma característica central de sua descrição da moralidade. De acordo com essa concepção, o cultivo de si é a

---

42. Antonio Cua é talvez o mais perspicaz e prolífico filósofo contemporâneo sobre o tópico da teoria moral e do cultivo ético no pensamento confuciano (em publicações de língua inglesa). As explicações de Herbert Fingarette do pensamento confuciano (1972, 1979, 1983) também apresentam outro modo interessante de revitalizar o *li* confuciano.

realização ético-social dos indivíduos dentro de suas redes de relações. O sucesso da visão confuciana se fia no interesse dos indivíduos em seu bem-estar partilhado. A natureza da cooperação e da colaboração dentro da sociedade confuciana foi comparada a músicos tocando em concerto. Cada membro do grupo tem um papel importante a fazer, e uma boa apresentação é avaliada não meramente com referência à habilidade de cada um dos instrumentistas com respeito a seus papéis, mas também a quão bem os músicos tocam juntos.[43] O Eu interdependente confuciano merece séria consideração, pois fornece ricas percepções da centralidade da interação humana e dos relacionamentos nas vidas dos indivíduos. O conceito de Eu interdependente é uma descrição realista do eu que tem implicações importantes para as noções de ação, intencionalidade, responsabilidade, prestação de contas, escolha e moralidade.

Desenvolvimento de caráter e cultivo de habilidades

A pessoa que avançou um bom caminho no processo de cultivo de si terá desenvolvido recursos interiores que são independentes das normas contemporâneas. *Analectos* 13:23 observa que o *junzi*, a pessoa confuciana paradigmática,[44] não tenta ser similar a outras pessoas, apesar de almejar ficar em harmonia com elas:

> O *chun tzu* [*junzi*] procura ficar em harmonia (*he*), mas não tenta ser similar (*tong*). O homem pequeno, em contraste, tenta ser similar e não ficar em harmonia (trad. Lau 1979a: 122).

Tanto na descrição do caminho do desenvolvimento de Confúcio (*Analectos* 2:4) quanto nas realizações do *junzi* (*Analectos* 15:21; 15:22), há um senso do desapego da pessoa paradigmática em relação às expectativas e normas convencionais:

> O mestre disse: "Você pode estudar com alguns, e ainda assim não necessariamente andar pelo mesmo caminho (*dao* 道); você pode andar no mesmo caminho que alguns, e ainda assim não necessariamente ter a mesma posição que eles; você pode ter a

---

43. Sartwell 1993, Fingarette 1983 e Lai 2003b.
44. Tradicionalmente, *junzi* é um termo aplicado a realizações disponíveis apenas para homens: *status* político e social e cultivo ético. Na época de Confúcio, o termo *junzi* por definição excluía as mulheres. Mas aqui traduzi *junzi* como "pessoa paradigmática" para ser neutro em gênero; afinal, nem todos os ideais associados ao *junzi* confuciano estão fora do alcance das mulheres hoje.

mesma posição que eles, e ainda assim não necessariamente avaliar as coisas com a mesma medida". (*Analectos* 9:30; trad. Ames e Rosemont Jr. 1998a: 133)

A pessoa paradigmática é um pensador judicioso que avalia criticamente as crenças, normas e práticas de sua sociedade. Ele é um criador de padrões, e não um seguidor (*Analectos* 2:1; 12:19), e possui um senso afiado de discernimento moral (*Analectos* 4:3). Para o *junzi*,

> a vida [m]oral é mostrada não como um conjunto de julgamentos da corte sobre ações especificáveis, mas, ao contrário, como o desenvolvimento de relações, habilidades e virtudes contínuas que tornam possível afetar as coisas para o melhor no momento certo e da maneira certa. O poder dessa ideia vem do seu contraste com o modo ocidental usual de pensamento moral. Talvez por causa da difusão do modelo jurídico, os filósofos ocidentais tenham considerado a ação julgável como a unidade apropriada de valor moral. (Neville 1986: 191)

O treinamento necessário para atingir as habilidades de deliberação moral é extensivo. Ele envolve o cultivo de uma gama de capacidades com as seguintes características:

(1) Ler e refletir para despertar as sensibilidades individuais e afiar as habilidades críticas (*Analectos* 17:9).

(2) Autoexame crítico (*Analectos* 15:6) das negociações com os outros (*Analectos* 1:4), bem como uma postura consciente em relação a todos os assuntos (19:6; 16:10).

(3) Observação das práticas e condutas dos outros. Confúcio era um observador perspicaz dos comportamentos dos outros (*Analectos* 2:10) e aprendia com os bons e com os maus (*Analectos* 7:22).

(4) Compromisso com a prática constante (*Analectos* 19:5; 12:1) visando manifestar os princípios fundamentais da pessoa. Essa ideia é capturada no conceito *xin*, muitas vezes traduzido como "sinceridade" ou "fidedignidade". *Xin* é um componente integrante do cultivo de si confuciano (*Analectos* 1:4-8; 9:24-25; 12:10; 14:37), tendo sido descrito uma vez como o pino de um jugo [de bois] que permite que a carroça seja puxada (*Analectos* 2:22).

Não devemos exagerar o caso da independência da pessoa paradigmática em relação à sua cultura tradicional. Ela é sintonizada com as normas dentro de sua comunidade (*Analectos* 14:29), sensível aos outros e ciente dos fatores contextuais moralmente significativos. Por isso, o desenvolvimento moral inclui o inculcamento de um senso de vergonha (primariamente, *xiu* e *chi* nos primeiros textos confucianos), uma consciência interna que é incômoda quando se fez coisas ruins, especialmente aos "olhos dos outros".[45] Ela também tem um amplo conhecimento e compreensão das situações da vida, uma profundidade de experiência que inclui o aprendizado com as experiências dos outros, e as habilidades deliberativas requeridas para fazer julgamentos morais. David Nivison, um estudioso contemporâneo, argumenta que a questão do cultivo de si é centrada no inculcamento de sensibilidade moral, que ele denomina *de* (virtude):

> [...] o enfoque (na ética confuciana) não é como definir o bem ou o certo, ou determinar o que é bom ou certo; essas coisas não parecerão problemáticas. O problema verdadeiro parece ser como alguém se torna uma pessoa que tem *de*; e isso significa que a tradição moral é centrada desde o início no cultivo de si, e em como se transmite a percepção a um aluno ou se faz com que um aluno mude. (1999: 750)

Assim como se podia aprender com o *Livro das odes* (também conhecido como o *Livro da poesia*) durante a época de Confúcio, o leitor contemporâneo dos *Analectos* pode refletir sobre uma série de habilidades, conforme estas são representadas em suas diferentes passagens. As passagens proporcionam um senso da complexidade e da urgência dos diferentes dilemas morais. Cada situação apresenta questões com distintos pesos morais e obrigações concorrentes a serem cumpridas. Essas percepções familiarizam o leitor com uma compreensão de diferentes obrigações, lealdades e distância relacional em suas relações com os outros. Especialmente em um ambiente

---

45. A distinção entre os termos nos primeiros textos confucianos não é clara; e, embora haja diferenças sutis entre os dois conceitos, ambos se relacionam à vergonha: *xiu* parece incorporar a ideia de uma capacidade reguladora da moral, enquanto *chi* parece capturar o senso de embaraçamento associado a ser "flagrado". Contudo, esse senso de embaraçamento pode ser também internalizado de modo que se possa sentir *chi* mesmo na ausência de observadores. O conceito predominante nos *Analectos* é *chi*, embora Mêncio discuta *xiu*, especialmente em ligação a *wu*, aversão ao mal (Lai 2006: 74-76). Xunzi, em contraste, não parece enfocar a vergonha como regulação "interna", apesar de que, para ele, a vergonha situa-se em contraste com o conceito de honra (*rong*), um conceito intimamente relacionado à integridade da pessoa (Cua 2005: 205-243).

social adverso, lealdades e redes de apoio são parte integrante das boas relações e instrumentos para fazer com que os indivíduos passem por momentos difíceis. A aplicação dessas percepções poderia ajudar no cultivo de algumas habilidades fundamentais no que se refere à reflexão e à deliberação ética.

Sugestões para leituras posteriores

Mencius. Trad. Dim-Cheuk Lau. Edição revisada. Hong Kong: The Chinese University Press, 1979.

Hsün Tzu: Basic Writings. Trad. Burton Watson. New York: Columbia University Press, 1963.

Xunzi: A Translation and Study of the Complete Works. Trad. John Knoblock. v. 1-3. v. 1 (1988) livros 1-6; v. 2 (1990) livros 7-16; v. 3 (1994) livros 17-32. Stanford: Stanford University Press.

Chan, Alan (ed.). *Mencius: Contexts and Interpretations*. Honolulu: University of Hawai'i Press, 2002.

Cua, Antonio. *Human Nature, Ritual, and History: Studies in Xunzi and Chinese Philosophy*. Washington, D.C.: Catholic University of America Press, 2005. (Studies in Philosophy and the History of Philosophy)

Shun, Kwong-Loi. *Mencius and Earlier Chinese Thought*. Stanford: Stanford University Press, 1997.

4. Primórdios da filosofia moísta

As críticas de Mozi (480?-390? a.C.) aos ensinamentos e práticas ruístas (confucianos) eram incisivas. É provável que ele tivesse estudado filosofia confuciana e interagido com um grupo particular de estudiosos-funcionários públicos ruístas associados aos discípulos Zixia e Ziyou. Esses discípulos preocupavam-se com o estudo dos textos, o ritual cerimonial e o cultivo de um estilo de vida privilegiado. Mozi reagia a esses aspectos da doutrina ruísta e diz-se que ele louvava Confúcio, mas rejeitava os ruístas que havia encontrado.[46] Mozi também rejeitou uma série de doutrinas confucianas. Ele destacou a dependência delas de homens paradigmáticos para promover o bem-estar sociopolítico e argumentou em favor de uma abordagem mais participante para maximizar o bem-estar coletivo: todos devem praticar *jianai*, o interesse mútuo e imparcial por todos. Mozi acreditava que a causa raiz da inquietação sociopolítica era o egoísmo dos indivíduos; a maioria das pessoas não tinha a preocupação genuína com outros que não fossem ligados a eles de modo imediato. Para piorar as coisas, os confucianos estavam propagando uma cultura de desunião e sectarismo ao encorajar as pessoas a darem prioridade às relações familiares.

Até épocas relativamente recentes, o estudo da filosofia moísta, suas ideias e influências eram bastante depreciativos. Por exemplo, Wing-tsit Chan, um influente filósofo chinês, observou que "filosoficamente o Moísmo é raso e sem importância".[47] A

---
46. Ver Schwartz 1985: 133; 138-139.
47. Chan 1963b: 212, citado e discutido por Hansen (1992: 95-96). Fung Yu-lan, em sua famosa *A Short History of Chinese Philosophy* (1948), sugere que a filosofia moísta é uma extensão do estilo de vida dos cavaleiros errantes e por isso reflete aspectos da vida organizacional coesa desses cavaleiros (p. 50).

tendência era interpretar o Moísmo como uma reação contra o Confucionismo, e uma tentativa bastante fraca mesmo assim. Mas alguns estudiosos, entre eles Schwartz, Graham e Hansen, têm delineado de modo mais abrangente os aspectos da filosofia de Mozi que foram influentes em moldar o desenvolvimento subsequente da filosofia chinesa.[48] Hansen considera Mozi o "mais importante filósofo da primeira metade do período clássico".[49] Mozi rejeitava o tradicionalismo confuciano – a instituição de práticas-*li* – e avaliava as doutrinas confucianas de acordo com sua eficácia em promover e melhorar a condição humana. Ele se envolvia criticamente com as ideias confucianas, requisitando dos defensores da tradição justificativas apropriadas para suas declarações. Ele insistia em argumentos razoáveis de acordo com um conjunto de critérios. Mozi colaborou para estabelecer a ideia de argumentação no debate, *bian*. Ele apresentou três padrões (*fa*) de acordo com os quais todas as ações ou práticas éticas deveriam ser avaliadas: precedente (práticas do passado), veracidade empírica (experiências das pessoas) e utilidade. Mozi aplicava esses critérios principalmente a questões éticas, apesar de que suas discussões sobre verificabilidade e justificativa foram cruciais para estabelecer o caminho para desenvolvimentos posteriores, especialmente em epistemologia e filosofia da linguagem. Antes de Mozi, os debates na China Antiga enfocavam quase inteiramente questões metafísicas, políticas e éticas. Os pensadores moístas posteriores estenderam as ideias de Mozi em suas influentes discussões de linguagem e lógica. Esses moístas introduziram uma série de elementos-chave da investigação filosófica no debate filosófico chinês antigo, em particular a avaliação objetiva e crítica. Por isso alguns estudiosos observam com pesar o obscurecimento – por qualquer razão – da filosofia moísta no desenvolvimento subsequente da filosofia chinesa.

Textos e temas

Apesar de fragmentos dos escritos moístas terem se perdido, as seções remanescentes apresentam um quadro razoavelmente coerente da filosofia moísta. Os escritos, reunidos em uma antologia intitulada *Mozi* (ou *Mo Tzu*), foram redigidos por discípulos de Mozi e por outros influenciados pelo seu pensamento. A escrita nessa coleção de ensaios é repetitiva e cansativa. Alguns estudiosos sugerem que isso se deve ao

---

48. Schwartz 1985, Graham 1978 e 1989, e Hansen 1992.
49. Hansen 1992: 95.

status social e educacional mais baixo dos moístas comparado ao dos confucianos.[50] De seus 53 capítulos remanescentes (originalmente 83), o cerne da filosofia moísta antiga é capturado em um conjunto de ensaios (capítulos 8-39) que cobrem dez doutrinas. Um 11º tópico, "Contra o Confucionismo", não é considerado parte das dez doutrinas. Os dez tópicos são: (1) "Elevando os valorosos", (2) "Identificando-se com o padrão do superior", (3) "Interesse imparcial", (4) "Contra a guerra agressiva", (5) "Economia nos gastos", (6) "Economia nos funerais", (7) "Intenção do Céu", (8) "Explicando fantasmas", (9) "Rejeitando a música" e (10) "Rejeitando a crença no destino".

É interessante notar que há três versões dos ensaios sobre cada uma dessas doutrinas. É provável que essas versões tenham sido escritas por pensadores pertencentes a três seitas moístas diferentes. Elas podem ser recordações dos discursos de Mozi; isso também pode explicar os elementos repetitivos, artifícios usados mais extensivamente nos discursos do que na escrita.[51]

Os ensaios

Os ensaios que discutem as dez doutrinas proporcionam uma descrição razoavelmente clara das ideias de Mozi. As doutrinas são emparelhadas de acordo com seus temas comuns:

> (1) e (2) "Elevando os valorosos" e "Identificando-se com o padrão do superior": Mozi expressa preocupação com a desenfreada pluralidade de valores. Ele vê a pluralidade como causa de discórdia e sugere a implementação de um critério único, *yi* (correção), como solução para a inquietude. A medida básica de *yi* reside no benefício (*li*) à sociedade. Mozi identifica três bens coletivos: riqueza, população grande e ordem sociopolítica. Os homens cujos atos exemplificam um comprometimento com *yi* deveriam ser apontados para liderar a nação ("elevando os valorosos"). Mozi também delineia um elaborado sistema hierárquico com recompensas e punições para implementar *yi*. Quando as pessoas comuns emularem os valorosos, isto é, quando se identificarem com a visão e comprometimento de seus superiores, prevalecerá a clareza do certo (*shi*) e do errado (*fei*). O resultado final disso é a ordem sociopolítica.

---

50. Ver Hansen 1992: 95-98.
51. Graham sugere uma classificação desses textos em "puristas", "conciliatórios" e "reacionários", de acordo com as agendas das seitas (1989: 36; 51-52).

(3) e (4) "Interesse imparcial" e "Contra a guerra agressiva": Mozi sustenta o interesse imparcial de cada um por todos os outros como o antídoto essencial para a agressão e o oportunismo à custa dos outros. Alguns dos argumentos desses ensaios são particularmente persuasivos porque parecem se originar do comprometimento pessoal de Mozi com o bem-estar coletivo. Em seu argumento claramente razoável, ele pesa de modo imparcial os ganhos da guerra agressiva contra a perda da vida, que é um preço alto demais para se pagar. Ele atribui o egoísmo a uma atitude, *bie*, ao delineamento de uma distinção precisa entre si mesmo e o outro. Ele incita a prática de *jianai*, expressa simplesmente, mas de modo significativo, como "valorizar os outros como se valoriza a si mesmo" (*ai ren ruo ai qishen*) (capítulo 14: "Interesse imparcial").

(5) e (6) "Economia nos gastos" e "Economia nos funerais": Mozi aplica um de seus critérios básicos, utilidade, para avaliar essas duas práticas (confucianas). De acordo com a sua avaliação, rituais funerais elaborados e caros e extensos períodos de luto prescritos são injustificados. (O período de luto para os pais de uma pessoa incluía três anos de afastamento da participação em atividades comuns, inclusive o trabalho.) Mozi reconhece que esses rituais são amplamente aceitos e praticados, embora ele observe também sua origem costumeira: "eles confundem o que é habitual com o que é apropriado, e o que é costumeiro com o que é certo" (capítulo 25: "Moderação nos funerais", trad. Watson 1963: 75). A falta de utilidade dessas práticas pesava mais que o fato de terem sido aceitas e estarem em uso há muito tempo.

(7) e (8) "Intenção do céu" e "Explicando fantasmas": Mozi argumenta que o céu, *tian*, é a fonte e origem de *yi*. A evidência para o *yi* do céu é manifesta na ordem sociopolítica. Mozi proporciona muitos exemplos do *yi* do céu para demonstrar sua beneficência no tratamento dos outros. O *tian* de Mozi é o agente paradigmático imparcial interessado no bem-estar de todos. O comprometimento beneficente do céu é um padrão de medida verificável e objetivo; é comparável ao compasso de um fabricante de rodas e ao esquadro de um carpinteiro. Todas as ações e elocuções humanas devem ser medidas por esse padrão objetivo estabelecido por *tian*. Nessa iniciativa, Mozi

não apenas se afasta da dependência tradicional das figuras de autoridade, ele introduz as noções de imparcialidade e objetividade na filosofia chinesa antiga.

(9) e (10) "Rejeitando a música" e "Rejeitando a crença no destino": Mozi rejeita essas práticas, pois requerem muitos recursos e são indulgentes. Apesar de a música ser apreciável, ela distrai das atividades mais essenciais, que sustentam a vida. Como com as práticas rituais, a música é costumeira, apesar de ter pouca utilidade. Ela é um luxo para poucos à custa das pessoas comuns. Nesses pensamentos, Mozi expressa pensar pouco sobre o lugar da estética e das buscas culturais do bem-estar humano. Ele apresenta uma descrição rarefeita da vida comunitária e social, reduzida ao que é essencial. É claro, isso pode ser compreensível em uma situação de guerra. Em seus argumentos contra a crença no destino, também percebemos sua aversão a quaisquer atividades que operem contra a produtividade econômica. Mozi refuta a crença no destino, pois ela encoraja a resignação à situação individual e não promove a maximização dos benefícios. Esses escritos sintetizam uma ética de trabalho inflexível e frugal, que é mais aparente aqui do que nos textos confucianos, apesar de que o fenômeno das populações chinesas parcimoniosas e que trabalham duro é muitas vezes atribuído à ética confuciana.

Os capítulos remanescentes do *Mozi* são muitas vezes agrupados em quatro partes: os Epítomes (1-7), Capítulos lógicos (40-45: compreendendo os Cânones e sua exposição), Diálogos (46-50) e Capítulos militares (51-71). Eles foram escritos por pensadores moístas posteriores e são muitas vezes referidos como o Cânone Moísta Posterior ou Neomoísta. Os tópicos tratados nesses capítulos incluem epistemologia, ética, lógica, filosofia da linguagem, geometria, tática militar e mecânica. Os capítulos significativos nesse conjunto são os Cânones e sua exposição. Os Cânones lidam de modo extensivo com as questões da linguagem, seu significado e sua ligação com a epistemologia. A filosofia moísta posterior é discutida no capítulo 7.

Maximizando o bem coletivo

Mozi está interessado nos motivos egoístas dos que querem anexar outros estados. Para ele, está claro que a perda de vidas na guerra é um mal trágico e em muito excede os ganhos adquiridos com os espólios de guerra. O argumento de Mozi baseia-se na suposição de que a avaliação ética correta deve levar em conta a soma total do bem e do mal em tudo que está relacionado: apesar de vários indivíduos obterem ganhos na guerra, um número maior será afetado negativamente. Para Mozi, estava claro que a parcialidade – o egoísmo – era a causa raiz da desordem sociopolítica:

> Quando investigamos a causa desses vários danos, o que descobrimos que os produziu? Será que eles ocorrem por amar os outros e tentar beneficiá-los? Certamente, não! Eles acontecem, ao contrário, por odiar os outros e tentar feri-los. E, quando começamos a classificar e descrever os homens que odeiam e ferem os outros, devemos dizer que suas ações são motivadas por universalidade ou parcialidade? Certamente devemos responder por parcialidade, e é essa parcialidade em suas negociações uns com os outros que origina todos os grandes males no mundo. Portanto, sabemos que a parcialidade é errada. (Capítulo 16: "Imparcial Concern", trad. Watson 1963: 39)

A preocupação de Mozi em maximizar o bem coletivo é uma versão simples e antiga da teoria utilitária; o bem-estar de todos em questão é a força motriz primária para a realização do bem coletivo. O conceito de *jianai* provê o princípio ético básico para a realização do bem coletivo. Ele é mais profundo do que sua tradução comum, "amor universal", sugere. Há consenso entre os estudiosos de que o termo *ai* na locução *jianai* não se refere ao sentimento afetuoso comumente associado ao amor. Graham argumenta que o *ai* moísta é uma vontade sem emoção e que a tradução "amor universal" é calorosa e vaga demais. É calorosa demais porque *jianai* não diz respeito ao amor emocional, e vaga demais porque não captura o sentido de imparcialidade implícito no termo *jian*.[52] Uma tradução do conceito precisa capturar o comprometimento de Mozi com a imparcialidade para atingir o bem-estar coletivo: Graham sugere "interesse por todos" (Graham 1989: 41-42). Em suas deliberações sobre *jianai*, vemos muitas evidências de que Mozi era um pensador crítico que se envolvia em um nível metaético com sua própria teoria. Ele identifica a imparcialidade como a chave para compreender e implementar a ética utilitária. Enquanto a ética relacional confuciana tinha suas raízes no cultivo de ligações específicas, *jianai* expressa a essência

---

52. Graham 1989: 41. Schwartz também discute o debate sobre a tradução de *jianai* (1985: 148-150).

de uma abordagem imparcial que requer algum distanciamento dos interesses individuais e afiliações pessoais. Não que os confucianos não estivessem também interessados na ordem social e no bem coletivo. Mas, da perspectiva de Mozi, sua solução estava voltada para a direção errada. Enfocar o cultivo de relações particulares *como o caminho* para realizar o bem coletivo simplesmente não funcionaria.

Esse desacordo é mais pronunciado quando contrastamos as ideias de Mozi com as de Mêncio. Como vimos no capítulo 3, Mêncio enfatizava a centralidade e a importância de sentimentos humanos específicos – inicialmente na afeição de uma criança por seus pais – para um interesse cultivado pela humanidade em geral. Mêncio usa o termo *tui* (empurrar, estender) explicitamente para sugerir a extensão do escopo do sentimento do humano próximo. Ele cita o exemplo do rei Wan, que estendeu seu interesse por sua família às pessoas comuns:

> Trate com a reverência que convém à idade os anciões em sua própria família, de modo que os anciões nas famílias dos outros serão tratados de modo similar [...] faça isso, e pode-se fazer com que o reino gire na palma de sua mão. Diz-se no *Livro da poesia*: "Seu exemplo afetava sua esposa. Ele alcançava seus irmãos, e sua família do Estado era regida por ele". A linguagem mostra como o rei Wan simplesmente pegou seu bondoso coração e o empregou nesses grupos. Portanto, executar [*tui*: extensão de] sua bondade de coração por um príncipe será suficiente para o amor e a proteção de todos dentro dos quatro mares [...]. A maneira como os antigos vieram a ultrapassar enormemente outros homens não foi outra além desta: simplesmente que eles sabiam bem como proceder, de modo a afetar os outros, o que eles mesmos faziam. (*Book of Mencius*, 1A:7:12, trad. Legge 1893-1895: 143)

Mas Mozi é cético sobre essa abordagem que se fia em cultivar o interesse pelos outros por meio da extensão das ligações relacionais particulares do indivíduo. *Tui* era uma estratégia de argumento na filosofia chinesa parecida com o raciocínio por analogia: aplica-se uma prática ou argumento estabelecido a um cenário relevantemente similar. Mas Mozi não acredita que *tui* funcionará nesse caso em particular: as duas situações, uma de afeição especialmente cultivada e a outra de interesse generalizado, são *relevantemente dissimilares*. O cultivo de relações específicas não geraria a parcialidade (*bie*)? A guerra agressiva, aos olhos de Mozi, é a manifestação da parcialidade em maior escala:

Quando o imperador ama apenas a si mesmo e não a seu ministro, ele beneficia a si mesmo, com desvantagem para seu ministro [...] Como ele ama apenas sua própria família e não outras famílias, o ladrão rouba de outras famílias para trazer lucro para a sua família [...] Como ele ama apenas seu próprio estado e não os outros, o senhor feudal ataca os outros estados para trazer lucro para o seu. Esses exemplos esgotam a confusão no mundo. E quando olhamos as causas percebemos que todas surgem da falta de amor mútuo.
(Capítulo 14: "Imparcial Concern", trad. Mei 1929: 79)

Mesmo que Mozi conceda a *ren* um lugar em sua filosofia ("Interesse imparcial", "Intenção do céu"), o conceito é relegado de sua posição central no Confucionismo para denotar benevolência em um sentido muito geral. Para os confucianos, *ren* é um conceito dinâmico que denota tanto ligação relacional específica (*ren*^{parentesco}) quanto compaixão pelos outros (*ren*^{compaixão}). A filosofia confuciana considera *ren*^{compaixão} como a fruição de *ren*^{parentesco}. De fato, o processo de cultivo é um desenvolvimento contínuo de ampliar círculos de relações mutuamente benéficas (*Analectos* 6:30). Enquanto Mozi aceita a instrumentalidade de *ren*^{compaixão} para obter a ordem social, ele discorda que o caminho para conseguir isso é por meio do cultivo de ligações especiais. Em particular, as formas manifestas de *ren*, piedade filial (*xiao*) e submissão fraternal (*di*), ensinam as pessoas a discriminar quem não é da família. Mozi não está convencido de que *ren*^{parentesco} se desenvolverá com sucesso em *ren*^{compaixão}. Em outras palavras, a parcialidade simplesmente não é universalizável:

Os confucianos dizem: "Há graus a serem observados ao tratar parentes como parentes, e gradações a serem observadas ao honrar os valorosos". Eles prescrevem diferenças a serem observadas entre parentes próximos e distantes e entre os honrados e os humildes.
(Capítulo 39: "Against Confucians", trad. Watson 1963: 124)

O argumento de Mozi contra *tui* no Confucionismo é persuasivo. Por outro lado, Mêncio está correto ao dizer que os laços afetivos, especialmente entre pai e filho, são fundamentais na vida humana e devem ser encorajados (*Livros de Mêncio* 7A:15). Há reconhecimento explícito da tensão nos debates *Ru-Mo* (confucianista-moísta) nos *Livros de Mêncio*. Em *Mêncio* 3A:5, o moísta Yi Zhi observa a implausibilidade de se desenvolver *ren*^{parentesco} em *ren*^{compaixão}, bem como sua incompatibilidade básica. Em resposta, Mêncio demonstra que há realmente apenas uma "raiz" (*ben*: base) da compaixão humana, mas que Yi Zhi a transforma em duas. A "raiz única" de Mêncio é, presumivelmente, *xin*, a mente-coração,[53] enquanto as "duas raízes" de Yi Zhi são a mente-coração e também a utilidade. Do ponto de vista de Mêncio, o interesse moísta pela utilidade de *ren*^{compaixão} está mal colocado. Contudo, se prosseguimos para questionar *por que* o moísta está incorreto em considerar a utilidade de *ren*^{compaixão}, a resposta de Mêncio deve recorrer a outra coisa que não a utilidade. Em outras palavras, Mêncio poderia sustentar que a ênfase moísta na utilidade de *ren*^{compaixão} é errada porque é prejudicial à sociedade, ou porque é menos eficiente que o *ren*^{parentesco} confuciano para se obter a ordem social. Ao fazer esta afirmação, contudo, o próprio Mêncio está concordando com a noção de utilidade, do que é benéfico ou danoso para a sociedade. A reflexão de Mozi sobre utilidade força a uma análise crítica dos comprometimentos confucianos e suas abordagens à ordem sociopolítica. *Ren*^{parentesco} falha no teste de utilidade. Mozi providencia dois candidatos para exame, um parcial (isto é, o princípio básico de *ren*^{parentesco}) e o outro imparcial:

> Suponha que há dois homens, um deles agarrado à parcialidade e o outro, à universalidade. O que crê na parcialidade diz: "Como eu poderia considerar meu amigo o mesmo que eu, ou o pai de meu amigo o mesmo que o meu próprio pai?" [...] [O que crê na universalidade] diria: "Ouvi que o homem do mundo que é verdadeiramente superior considera seu amigo o mesmo que ele próprio, e o pai de seu amigo o mesmo que seu próprio pai" [...]. Agora perguntemos, a quem ele confiaria o apoio de seus pais e o cuidado de sua esposa e seus filhos? Seria ao homem de mente universal ou ao homem parcial? Parece-me que, em ocasiões como essa, não há tolos no mundo. Embora alguém possa desaprovar a universalidade, ele seguramente pensaria ser melhor confiar sua família ao homem de mente universal. (Capítulo 16: "Universal Love", trad. Watson 1963: 41-42)

Mozi propõe um argumento convincente para a utilidade de *ren*^{compaixão} e a potencial falta de utilidade de *ren*^{parentesco} em uma ampla escala. Contudo, apesar do enfoque moísta sobre a utilidade ser persuasivo, Mozi não estava inconsciente da fragilidade de seu conceito *jianai*. Ele estava consciente das expectativas não realistas

---

53. David Nivison (1980: 742) sugere que a "raiz única" de Mêncio é o coração, que é o centro inato do "que realmente queremos fazer [motivação]" e também do "que devemos fazer e podemos corretamente reconhecer que devemos fazer [obrigação reconhecida]".

de exigir que as pessoas pensem e ajam de modo imparcial. Ele lida com essa preocupação em uma afirmação bastante fraca de que o interesse individual pelos outros deve incitar respostas similares dos outros: se alguém é imparcial com os outros, irá inspirar os outros a agirem de uma maneira igualmente imparcial (capítulo 16: "Interesse imparcial").

A discussão comparativa sobre *ren* é importante, pois elucida um conceito crucial na filosofia chinesa. *Ren* exerce um papel-chave na filosofia confuciana, ao articular sua descrição da humanidade e da boa vida. No Moísmo, o papel de *ren* é um pouco diminuído, apesar de ainda ser uma parte de sua teoria do bem-estar coletivo. Ambas as visões eram otimistas ao recomendar a orientação moral como uma das tarefas do governo. Isso explica por que os confucianos e os moístas algumas vezes foram agrupados juntos e seu debate foi chamado de *Ru-Mo*. Mas não devemos deixar isso obscurecer as diferenças significativas em suas respectivas concepções de *ren*. Mozi sustenta uma visão da existência humana que é reduzida até os seus princípios essenciais. Ele tem uma lista de bens sociais que não inclui buscas culturais e estéticas, e julga o ritual comportamental (*li*) e a música puramente em termos econômicos. Até a instituição de *jianai* parece bastante fria e calculada, pois se baseia em um padrão estabelecido pelos superiores. Como vimos anteriormente na discussão de Mozi em "Identificando-se com o padrão do superior", a diferença de opinião deve ser eliminada, tendo-se apenas um padrão, que é estabelecido pelo superior. A pessoa superior moísta é essencialmente comprometida com o benefício social e implementará um sistema de recompensas e punições para assegurar a maximização da utilidade. Há pouca deliberação sobre o bem-estar dos indivíduos, porque presume-se que o bem-estar coletivo também beneficiará o indivíduo. Ainda assim, simplista como a tese pode parecer, o enfoque de Mozi no bem coletivo merece séria consideração. A doutrina de *jianai* requer não apenas a não violência ambivalente, mas também o auxílio ativo aos outros e o interesse por seu bem-estar. O termo *li* (lucro) na filosofia de Mozi é traduzido corretamente como "benefício", enquanto os confucianos haviam estreitado seu significado consideravelmente como "lucro individual" – e por isso foram rápidos em rejeitá-lo (*Analectos* 9:1; 16:10). Mas a ênfase de Mozi na utilidade é convincente, assim como sua discussão sobre os padrões de avaliação.

Trabalhando com padrões

Mozi dispõe um estado de natureza hobbesiano hipotético no qual uma caótica pluralidade de visões provoca desacordo e hostilidade entre as pessoas na sociedade. Ele argumenta que a pluralidade é a principal causa da inquietação sociopolítica:

> Por que os superiores agora são incapazes de governar seus subordinados, e os subordinados relutantes em servir a seus superiores? É por causa de uma desconsideração mútua. Qual é a razão para isso? A razão é uma diferença nos padrões. Sempre que os padrões diferem, haverá oposição. (Capítulo 13: "Identification with the Superior's Standard", trad. Mei 1929: 72)

Para Mozi, a causa fundamental da inquietação é a proliferação de valores. Como veremos mais tarde, Zhuangzi também se preocupa com a mesma questão, apesar de que seu remédio trata de como poderíamos abraçar a pluralidade. Em contraste, Mozi acredita que a função do governo é "unificar e assimilar a moralidade em todo o Império" (Graham 1978: 13). Mozi busca substituir diferentes valores com um único padrão que unificará a nação. Mozi refere-se ao código unificador como um padrão, *fa*. O conceito de *fa* na filosofia chinesa antiga tem uma série de significados, inclusive o de um padrão ou princípio normativo, um modelo ou exemplo do padrão, ou ainda uma pessoa paradigmática que o realiza. Na filosofia moísta, *fa* tem um aspecto paradigmático e é utilizado, na maioria das vezes, para se referir a um modelo ou paradigma. A pessoa paradigmática na filosofia moísta *percebe* diferentes instanciações da correção, *yi*. Alguém poderia, neste ponto, ficar tentado a traçar uma distinção platônica entre o ideal (forma) e suas instanciações, embora para Mozi as instanciações sejam fundamentalmente importantes. Instanciações de *yi* são benéficas (benefício, utilidade: *li*). Quando as pessoas são unidas em seu comprometimento com a utilidade social, a clareza (do certo e do errado) é alcançada. O governante sábio determina padrões de certo (*shi*) e errado (*fei*) que as pessoas comuns devem seguir:

> [...] todas vocês, pessoas do Estado, devem se identificar com o imperador e não devem se unir aos subordinados. O que o imperador pensa ser certo, todos devem pensar ser certo; o que ele pensa ser errado, todos devem pensar ser errado. (Capítulo 12, "Identification with the Superior's Standard", trad. Mei 1929: 62)

Mas Mozi está ciente de que tal homogeneidade não é fácil de se alcançar – de fato, há necessidade de uma implementação ditatorial.[54] Não se espera que as pessoas comuns se envolvam nas decisões sobre os padrões ou contribuam para elas. Mozi também delineia um elaborado sistema para manter a uniformidade: as pessoas comuns são responsáveis pela manutenção diária desses padrões; elas são requisitadas a informar a autoridade de nível superior sobre as instanciações exemplares dos padrões, ou brechas deles. Consequentemente, haveria recompensas ou punições distribuídas para encorajar a adesão ao padrão (o sistema de punições e recompensas também era adotado pelos pensadores legalistas e se tornou uma característica proeminente da filosofia legalista). Tanto a negação da habilidade das pessoas comuns para fazer julgamentos independentes como a dependência de motivação externa para o comportamento ético são incompatíveis com as noções liberais contemporâneas de individualidade e cidadania. Mozi justifica suas imposições totalitárias ancorando o padrão na intenção do céu. A autoridade para o padrão reside em uma fonte transcendente, até além das decisões do imperador: "é o Céu que decide o que é certo para o Filho do Céu" (capítulo 26: "A vontade do céu", trad. Watson 1963: 80). Às vezes, Mozi adota uma abordagem mais humanista e recorre ao interesse do céu por toda a humanidade. Nesse argumento, o perfil do céu muda de modo correspondente, passando de uma autoridade moral transcendental a um agente amoroso que cuida do bem-estar pessoal de cada ser humano: "Ora, o Céu ama o mundo universalmente e procura dar benefício mútuo a todas as criaturas. Não existe nem um fio de cabelo que não seja obra do Céu" (capítulo 27: "A vontade do céu", trad. Watson 1963: 88).

Parece que o interesse principal de Mozi não é especificar a natureza do céu, mas simplesmente apresentar uma autoridade máxima para o padrão, *yi*. E, como o céu deseja *yi*, os humanos por implicação também deveriam desejá-lo: "E Mo-tzu disse: Seja obediente. Seja cuidadoso. Assegure-se de fazer o que o Céu deseja e evite o que o Céu abomina" (capítulo 28: "Intenção do céu", trad. Mei 1929: 151). O argumento para *yi* (aqui traduzido por "retidão") como o padrão é sua eficácia em promover a boa ordem: "Quando há retidão no mundo, então o mundo é bem ordenado; mas, quando não há retidão, então ele está em desordem" (capítulo 27: "A vontade do céu", trad. Watson 1963: 84). Em poucas palavras, *yi* é valorizado como um meio para um fim; ele ajuda na realização da ordem sociopolítica. O céu é o *fa*

---

54. Devemos, é claro, questionar o valor de tal objetivo.

paradigmático, o agente que realiza *yi*. A característica singular de *tian* é seu interesse imparcial por todos: "Obedecer a vontade do céu é ser universal e se opor à vontade do céu é ser parcial (no amor)" (capítulo 28: "Intenção do céu", trad. Mei 1929: 155). Aqui, outro aspecto do *tian* de Mozi emerge: o céu, o agente paradigmático, é com efeito o observador ideal. O céu vê tudo de modo imparcial e age com base nisso. Para os humanos, manter o padrão é adotar a perspectiva de imparcialidade do céu.

A outra aplicação significativa de padrões, *fa*, aparece na discussão de Mozi sobre os critérios para avaliação. Há três critérios (*san fa*) de acordo com os quais todas as asserções, práticas e ações devem ser avaliadas. Contudo, é difícil especificar exatamente o campo de aplicação desses testes, pois Mozi parece aplicar os três critérios a argumentos, bem como a ações e feitos. Os três *fa* são *precedente, veracidade empírica* e *utilidade*:

(1) *Precedente* – Mozi frequentemente discute as ações dos reis sábios do passado e os resultados delas. Dois aspectos importantes desse critério devem ser observados. Primeiro, a discussão de precedente muitas vezes se torna um debate sobre os resultados das ações dos reis sábios. Isso significa que esse teste está efetivamente incluído no terceiro, o da utilidade. Segundo, este critério parece bastante arbitrário, como vemos no uso seletivo de Mozi de exemplos para provar um argumento específico: este rei específico implementou x e isso teve bons resultados; outro rei implementou y e teve resultados negativos. Por outro lado, devemos notar que o uso seletivo de exemplos é uma estratégia padrão ao se argumentar com precedentes.

(2) *Veracidade empírica* – O dito ou a ação é conferido em comparação com as experiências das pessoas comuns, "os olhos e ouvidos da multidão" (capítulo 37: "Crença no destino"). Este critério pesa muito menos para Mozi do que o primeiro e o terceiro critérios.

(3) *Utilidade* – Esta é de longe a reflexão mais importante para Mozi. Se um item não satisfizesse este teste, mesmo se tivesse passado pelos dois primeiros, Mozi o rejeitaria (por exemplo, no caso da música, que satisfaz os dois primeiros critérios, mas não o terceiro). A rejeição do fatalismo é o exemplo mais claro de como este critério é aplicado: o fatalismo tem muitas desutilidades, entre elas: uma falta de comprometimento com a produtividade econômica. A recorrência de Mozi a

esse critério foi uma inovação na filosofia chinesa antiga. Ao estabelecer a utilidade como critério fundamental, ela suprimiria a consideração dos dois primeiros critérios, precedente e veracidade empírica, especialmente se houvesse alguma inconsistência entre a utilidade e os outros dois critérios. O mais importante, contudo, é que, ao enfatizar a utilidade como básica, Mozi estava rejeitando os recursos à tradição e à autoridade que eram estratégias de argumentação comuns na filosofia chinesa antiga.

A discussão de Mozi do ritual funeral reflete quanto ele é comprometido com o critério da utilidade. Ele até mesmo deriva outros valores a partir da utilidade (nesse caso, as virtudes confucianas tradicionais *ren*, *yi* e *xiao*):

> Em minha opinião, se, seguindo os princípios e adotando as instruções dos que defendem funerais elaborados e lutos prolongados, pode-se de fato enriquecer os pobres, aumentar a população e trazer estabilidade e ordem para o estado, então tais princípios estão em conformidade com a benevolência [*ren*] e a retidão [*yi*], e são deveres filiais [*xiao*]. Os que fazem planos para o estado não podem senão recomendá-los, e o homem benevolente que procura promover o que é benéfico para o mundo não pode senão adotá-los e fazer com que as pessoas os louvem e os sigam por todas as suas vidas. (Capítulo 25: "Moderation in Funerals", trad. Watson 1963: 66)

Para Mozi, dizer que algo é útil por si só não faz sentido. Em um interessante debate sobre essa questão, ele faz referência a uma perspectiva confuciana do tópico. O confuciano argumenta que a música é realizada pela própria música; isso se fia em um *duplo entendimento*, pois "música" e "alegria" são designadas pelo mesmo caractere chinês. O confuciano está dizendo "música é música" e "música é alegria". Mozi argumenta especificamente que não se pode recorrer a uma coisa em si para proporcionar sua justificativa:

> Mozi perguntou a um confucionista por que os confucionistas se dedicavam à música. Ele respondeu: "A música é buscada pela própria música". Mozi disse: "Você ainda não me respondeu. Suponha que eu perguntasse por que construir casas. E você respondesse: 'é para manter o frio afastado no inverno e o calor, no verão, e para separar homens de mulheres'. Então você teria me contado uma razão para construir casas. Agora estou perguntando por que se dedicar à música. E você responde que a música é buscada pela própria

música. Isso é comparável a: 'Por que construir casas?' 'Casas são construídas pelas próprias casas'". (Capítulo 48: "Gong Meng", trad. Mei 1929: 237)

Os três testes constituem a estrutura de argumentação subjacente a toda a filosofia de Mozi; todos os seus dez tópicos foram de fato submetidos a esses três testes. Por exemplo, ao rejeitar rituais fúnebres extensivos e elaborados, Mozi argumenta que, enquanto havia precedentes para eles (bem como precedentes para práticas frugais), claramente não seria para o benefício da sociedade que os primeiros seriam encorajados e praticados (capítulo 25: "Economia nos funerais"). Por isso, os rituais fúnebres extensivos e elaborados, como defendido pelos confucianos, deveriam ser proibidos.

A estratégia de aplicar esses testes é simplesmente medir os itens em relação a certas referências. O processo de medição auxilia uma pessoa a discriminar (*bian*) entre, por exemplo, o que é útil e o que não é. As diferentes áreas de investigação para Mozi – que vão da ética à técnica – exigem os mesmos métodos de verificação. Sua epistemologia é simples e não distingue os diferentes tipos de conhecimento – como de fato ele compara a vontade do céu com o compasso do fabricante de rodas e o esquadro do carpinteiro (capítulo 27: "A vontade do céu"). Mozi especificamente compara os três testes ao gnômon, a estaca de altura padrão usada pelo astrônomo para medir as sombras do Sol (capítulo 35: "Rejeitando a crença no destino").

Essas analogias refletem a concepção de deliberação ética de Mozi. Seu retrato da humanidade é praticamente uma versão reduzida da visão confuciana de cultivo moral e autodesenvolvimento. Parece que Mozi simplesmente inferiu o raciocínio moral a partir da perícia técnica. A principal aplicação disso é que a moralidade se torna uma habilidade de reconhecer padrões e encaixar. Consequentemente, a concepção moísta de conhecimento não diz respeito ao acúmulo de informação, mas sim às aplicações práticas de coisas e ideias. Conhecer uma coisa é ser capaz de distingui-la – selecioná-la – dentre outras (*bian*). É interessante notar que os termos chineses *bian* (辯: disputa, desacordo) e *bian* (辨: distinguir, diferenciar) são homófonos. Mozi lança mão de *bian* (distinguir) para resolver os problemas de *bian* (desacordo). Esse conceito *bian* (distinguir) captura a essência da epistemologia moísta. Sob esse aspecto, conhecer é ter uma habilidade de fazer distinções.[55] A investigação de um conceito

---

55. Hansen (1992: 104ss) discute extensamente a habilidade de reconhecimento de padrões e de fazer distinções na filosofia moísta.

específico consistiria em investigar suas aplicações. Obviamente é sobre essas bases epistemológicas que os três critérios de Mozi são estabelecidos.

Aqui, devemos observar que Mêncio reconhece os elementos-chave da filosofia moísta e em 7B:5 parece estar se dirigindo à dependência de Mozi em relação à habilidade. Mêncio critica a aparente simplicidade do *bian* de Mozi, dizendo que ela é meramente a aplicação de um padrão a um problema ou questão. Há muito mais do que o aparente na aplicação do padrão (*fa*), porque apenas uma pessoa habilidosa (paradigmática) pode fazê-lo de modo apropriado. Mêncio argumenta que "um carpinteiro ou um fabricante de carruagens pode dar a um homem o círculo e o esquadro, mas não pode torná-lo habilidoso no uso deles" (trad. Legge 1893-1895: 480).

Talvez essa seja a passagem que articula mais claramente o desacordo *Ru-Mo* fundamental sobre a importância das pessoas paradigmáticas. Os confucianos estavam interessados em cultivar indivíduos instruídos, que, por sua vez, ensinariam os outros. Mas os moístas estavam interessados em medidas padrão da ação correta. Sob essa luz, pode ser que a descrição pobre da humanidade sustentada por Mozi seja em parte a causa da desaprovação do Moísmo em outras escolas de pensamento e estudiosos posteriores. Em certa medida, isso também reflete a afinidade da psique chinesa com uma descrição mais rica da comunidade humana e de seu envolvimento e aprendizado.

A despeito de seu fracasso como escola, especialmente se comparado à filosofia confuciana, não devemos ignorar as implicações da filosofia moísta na argumentação filosófica da filosofia chinesa. Os testes introduzem um novo elemento importante da argumentação filosófica na filosofia chinesa antiga: o da consistência ou constância.[56] De acordo com esse princípio, o fato de uma afirmação ser feita por um rei ou por uma pessoa comum é irrelevante para sua validade; a autoridade pessoal não é um critério dos testes de Mozi. A ideia de autoridade pessoal é diferente da autoridade com base no mérito identificada na seção "Identificação com o padrão do superior". A autoridade do superior se dá não em virtude de seu *status* ou de algum outro fator contingente, mas porque ele é comprometido com a maximização do benefício social. O apoio de Mozi à autoridade com base no mérito é similar à insistência de Confúcio de que os que não estão comprometidos com o povo não devem ter um cargo público,

---

56. Hansen (1992: 110-115) vê a constância como uma contribuição importantíssima da filosofia moísta; na verdade, "constância" é o termo que ele seleciona para retratar essa característica da filosofia moísta. Hansen discute suas implicações filosóficas em detalhe.

e também ao argumento de Mêncio de que um governante mau não era um rei (*Livros de Mêncio* 1B:8). Outra razão pela qual a constância (de critérios) é importante é porque os testes podem ser aplicados por *qualquer um*, produzindo o mesmo resultado. Há um exemplo surpreendente de como Mozi citou algumas das ideias de Confúcio apesar de ele ser seu rival intelectual. O intercâmbio inequivocamente revela a ênfase moísta no valor da ideia ser dissociado de seu proponente:

> Mo-tzŭ [Mozi], ao disputar com Ch'eng-tzŭ [Chengzi], citou algo de Confúcio. Ch'eng-tzŭ disse: "Você não é confuciano, por que cita Confúcio?" Mo-tzŭ disse: "Isso é algo que está muito certo e para o qual não há substituto..." (*Mo-tzŭ*; citado em Graham 1978: 25)

As discussões moístas sobre *bian* tiveram um enorme impacto nas reflexões dos pensadores então contemporâneos e posteriores, inclusive Mêncio, os daoístas, Yang Zhu e Zhuangzi.[57] Não seria implausível sugerir que, se a filosofia de Mozi não tivesse sido eclipsada por temas confucianos, o debate filosófico chinês teria avançado muito mais significativamente nas áreas da argumentação e do raciocínio filosófico, da epistemologia e da filosofia da ciência.

Sugestões para leituras posteriores

Mo Tzu: Basic Writings. Trad. Burton Watson. New York: Columbia University Press, 1963.

The Ethical and Political Works of Mo Tzu. Trad. Yi-pao Mei. London: Arthur Probsthain, 1929.

Graham, Angus C. "A Radical Reaction: Mo-Tzu". In: *Disputers of the Tao: Philosophical Argument in Ancient China*. La Salle: Open Court, 1989, p. 33-53.

Hansen, Chad. "Mozi: Setting the Philosophical Agenda". In: *A Daoist Theory of Chinese Thought*. New York: Oxford University Press, 1992, p. 95-152.

Nivison, David. "Two Roots or One?", *Proceedings and Addresses of the American Philosophical Association*, v. 53, n. 6, ago. 1980, p. 739-761.

Schwartz, Benjamin. *The World of Thought in Ancient China*. Cambridge: Belknap Press of Harvard University Press, 1985.

---

57. Ver Schwartz (1985: 169-170) para uma discussão detalhada das influências da filosofia moísta em outros pensadores.

5. Primórdios da filosofia daoísta: o *Dao De Jing* como tratado metafísico

A filosofia do *Daodejing* é discutida neste capítulo e no próximo. Um conceito-chave deste texto é o *dao*, comumente traduzido por "senda" ou "caminho". *Dao* é um conceito notoriamente difícil, provavelmente o mais complexo da filosofia chinesa, em virtude de seu uso tanto em termos genéricos quanto específicos e das suas aplicações em uma ampla gama de domínios, inclusive no religioso, no humanista e no naturalista. As discussões nestes dois capítulos esclarecerão algumas das concepções do *dao* no contexto do *Daodejing*. Ainda assim, como veremos, o texto em si, sendo um escrito composto que não foi compilado de acordo com uma doutrina ou "escola" em particular, é também notoriamente enigmático. Por isso, a filosofia do texto é, em certo nível, uma questão interpretativa. Contudo, importantes estudos modernos e contemporâneos tratam do exame filológico e textual de como seções específicas do texto ou seus conceitos-chave se relacionam com outras doutrinas e textos do mesmo período. Estudos do *Daodejing* têm se intensificado, pois versões mais antigas do texto foram descobertas em Mawangdui (em 1973) e Guodian (em 1993). Ao texto remanescente, anotado por Wang Bi (226-249 a.C.), atribuiu-se uma data de composição mais antiga, c. 250 a.C. Contudo, as tiras de bambu de Guodian foram datadas de aproximadamente 300 a.C. e os pergaminhos de seda de Mawangdui, de 200 a.C. ou antes. Essas descobertas acrescentaram mais material às questões de complexidade textual, bem como ao interesse de estudo.[58]

Este capítulo explora uma série de temas associados a uma compreensão metafísica do *dao*, isto é, um conceito de *dao* como a realidade última situada em contraste total com o humano, o cotidiano e o convencional. A concepção do *dao*, denotando a realidade que transcende a vida comum – não muito diferente da distinção realidade-aparência da metafísica de Platão –, é a interpretação dominante do conceito de *dao* na filosofia daoísta, especialmente na maioria das traduções inglesas do texto. Duas razões para isso estão associadas à sua interpretação no que se refere a ideias que eram dominantes e prontamente disponíveis durante a época em questão. A primeira, é a exposição de Wang Bi da filosofia do *Daodejing*, que enfatizava o *dao* como um conceito metafísico; a interpretação de Wang Bi foi influente durante o período dos Reinos Combatentes e daí em diante.[59] A segunda, diz respeito à interpretação do *dao* nos estudos modernos. Estudiosos, como Feng Youlan (Fung Yu-lan, 1895-1990), que estudou

---

58. Por exemplo, as tiras de bambu nas quais os textos de Mawangdui estão inscritos são arranjadas de tal forma que os últimos 44 capítulos (de 81) do texto reconhecido, o *De Jing* (clássico *De*), são colocados primeiro. Isso desafia a organização da versão remanescente, que havia sido classificada por estudiosos como o *Dao Jing* (clássico *Dao*), abrangendo 37 capítulos, e os 44 restantes como o *De Jing* (Lau 1963). Para reconhecer as diferenças textuais das duas versões, um tradutor do *Daodejing* de Mawangdui nomeou sua tradução de *Dedaojing* (Henricks 1989). A versão de Guodian incorpora material que é encontrado em 31 dos 81 capítulos da versão remanescente. Essa versão é significativamente diferente da versão remanescente. Alguns estudos existentes do *Daodejing* acabaram sendo questionados, pois surgiram novas considerações a respeito da questão da originalidade. Há que se encontrar algum equilíbrio em relação à importância relativa dessas versões. De um lado, o posicionamento do texto na história intelectual chinesa é importante para sua interpretação. De outro, contudo, uma versão mais antiga não garante autenticidade. Teria havido uma tradição de copiar textos para estudo e memorização, e ambas as versões poderiam, na verdade, ser aproximações do original, se, de fato, houve um *Daodejing* autêntico e "original" (Hansen 1992, capítulo 6, nota 7: 400).

59. O comentário de Wang Bi sobre o *Daodejing* dominou os estudos por muitos anos, em parte porque ele impunha ao texto uma leitura confuciana, não desafiando a ideologia confuciana dominante. Além disso, sua interpretação do *Daodejing*, quando comparada com outras, oferecia aos estudiosos modernos uma interpretação filosoficamente interessante do texto (Ver Ariana Rump (1979) para um tradução do texto). O outro comentário influente foi o de Heshanggong (um pseudônimo, ou figura lendária, retratado como professor do imperador Wen (179-157 a.C.), do período Han), cuja compreensão do *Daodejing* estava enraizada no contexto intelectual Han que fundia elementos do pensamento religioso, político e cosmológico. Como resultado, seu comentário sobre o texto era mais religioso e místico do que filosófico. Alan Chan conduz uma comparação consagrada e detalhada dos dois comentários em *Two Visions of the Way* (1991).

filosofia ocidental, definiram o *dao* em termos metafísicos (Fung 1952: 177). Trabalhos pioneiros, tais como o de Fung, estabeleceram a base de trabalho para estudiosos ocidentais interessados em filosofia chinesa, e para a filosofia comparativa de modo mais geral.

O capítulo seguinte lida com uma interpretação diferente do conceito de *dao*. Ele entende o *dao*, junto com outros conceitos do *Daodejing*, inclusive e sobretudo o *wuwei* (não ação), como conceitos éticos. De acordo com essa análise, o *Daodejing* está envolvido em uma análise metaética das práticas e dos valores existentes. Ambas as interpretações do *dao*, a metafísica e a ética, envolvem rejeições cruciais de ideais e buscas da vida humana como era então concebida. As interpretações não são mutuamente excludentes, e uma pode ser vista à luz da outra para gerar uma compreensão mais ampla da filosofia do *Daodejing* e de seu lugar nos debates da filosofia chinesa antiga.

As origens da filosofia daoísta e os primeiros textos daoístas

Os antigos pensadores daoístas propuseram mudanças radicais nos ideais e nas práticas da sociedade contemporânea. Eles rejeitavam as preocupações estreitamente humanas das filosofias das outras escolas, suas visões sobre governo e seu convencionalismo inflexível. A hostilidade da filosofia daoísta para com as práticas e normas existentes levou o pensador chinês moderno Hu Shih (1891-1962) a rotular Laozi, o alegado fundador do Daoísmo, de rebelde.[60] Wing-tsit Chan alega que "a civilização chinesa e o caráter chinês teriam sido totalmente diferentes se o livro *Lao Tzu* nunca tivesse sido escrito".[61] Quanto ao seu impacto filosófico, a filosofia daoísta acentuou as fraquezas das filosofias confuciana, moísta e legalista e incitou uma investigação mais completa de suas ideias e valores fundamentais. Ela também influenciou a natureza da argumentação filosófica chinesa em seu uso de metáforas e imagens sugestivas. Mas talvez a característica mais significativa da filosofia daoísta seja sua distintiva concepção de oposição e raciocínio dialético.

Os dois textos pré-Qin (antes de 221 a.C.) que receberam maior atenção dos estudiosos são o *Daodejing* e o *Zhuangzi*. Há outros textos daoístas originados do mesmo período; o *Liezi* é considerado de fácil

---

60. Observado por Chan 1963b: 6.
61. Ibid.: 3.

acesso apesar de não ser tão representativo da filosofia daoísta, ou tão filosoficamente interessante.⁶² Em relação à datação do *Daodejing* e do *Zhuangzi*, a visão ortodoxa é que o primeiro antecede o segundo. Contudo, há uma possibilidade de que o *Daodejing*, ou pelo menos algumas de suas seções, tenha sido escrito depois que o *Zhuangzi* foi compilado.⁶³ A datação desses textos é difícil porque há pouca evidência de uma escola de pensadores do *dao* que se reuniam para discutir uma ideologia comum, como ocorria com os confucianos. Os antigos pensadores daoístas eram um grupo muito mais amorfo.⁶⁴ De fato, a expressão escola-*dao* (*daojia*) só foi utilizada no século I a.C. pelo historiador Sima Qian (145-86? a.C.).⁶⁵ Também tradicionalmente se sustentou que os dois textos pertencem a uma instituição contínua: o *Daodejing* representa o Daoísmo em seus primeiros estágios formativos, enquanto o *Zhuangzi* captura o teor de uma filosofia daoísta mais madura, desenvolvida.⁶⁶ Essa visão foi instigada por pensadores Han que classificaram o *Daodejing* e o *Zhuangzi* como os dois textos definitivos da tradição filosófica daoísta inicial (*daojia*). Mas a maioria dos estudiosos contemporâneos agora acredita que a filosofia do *Zhuangzi* é crucialmente diferente, e não meramente um desenvolvimento posterior do *Daodejing*. A tendência de tratar os dois textos de um ponto de vista contínuo e homogêneo deve ser evitada, pois há diferenças importantes em seu objeto de estudo, seu tratamento de questões e seu método de argumentação. Também deve-se tomar o cuidado de distinguir o Daoísmo do desenvolvimento posterior de um ramo religioso dele durante a dinastia Han, *daojiao* (*dao* religião/ ensino). O *daojiao* incorpora elementos de crença religiosa que incluem revelação a mestres celestiais, "doutrinas, rituais, deuses e o objetivo último de ascensão aos céus dos imortais".⁶⁷

---

62. Angus C. Graham argumenta que ele é "de longe o mais facilmente inteligível dos clássicos do Taoísmo" (1960: 1). Contudo, um de seus capítulos, o "capítulo Yangzhu", enuncia uma perspectiva negativa da vida social e sugere a resignação; isso pode explicar sua falta de popularidade tanto na imaginação chinesa quanto entre os estudiosos. Chan (1963a: 309-313) discute as características da filosofia deste texto.
63. Schwartz 1985: 186.
64. Hansen 1992: 202.
65. Sima Qian, *Shiji* (*Records of the Grand Historian*), citado em Chan 1963a: 136.
66. Isso foi sugerido pela primeira vez no *Hou Hanshu* (*History of the Later Han Dinasty*), citado em Chan 1963a: 177-179. O próprio Chan parece concordar com essa visão, sugerindo que a relação filosófica Zhuangzi-Laozi é em certos aspectos como a de Mêncio-Confúcio. Em outra parte (1963b: 22), Chan observa que, "falando de modo geral, as diferenças entre Lao Tzu e Chuang Tzu são uma questão de grau e não de tipo".
67. Kohn 1996: 52. Ver também Robinet 1997.

O *Daodejing* foi tradicionalmente associado à figura de Laozi, um contemporâneo mais velho de Confúcio.[68] Mas estudiosos contemporâneos concordam que suas partes são diversificadas demais em tópico e estilo para terem sido escritas por uma só pessoa.[69] Análises filológicas e linguísticas demonstram que o *Daodejing* foi mais provavelmente um texto compilado no decorrer de um período significativo durante o período pré-Qin. A compilação desorganizada de pedaços curtos no *Daodejing* reflete a diversidade de interpretações do conceito de *dao*. Ele foi aplicado a uma série de debates diferentes relacionados ao misticismo, à saúde e à longevidade, à política, ao governo, à metafísica, à epistemologia e à ética.

Dao como realidade: a busca por uma nova realidade

O verso de abertura do *Daodejing*, "O Tao de que se pode falar não é o Tao eterno" (trad. Chan 1963b: 97), expressa a aspiração daoísta pelo que é eterno e verdadeiro:

道	可	道	非	常	道
dao	*ke*	*dao*	*fei*	*chang*	*dao*

Há três ocorrências do caractere *dao*, mas todas elas têm diferentes significados. O segundo *dao* é um verbo, que significa transmitir ou comunicar. O primeiro *dao*, um nome, é o *dao* comunicável, corriqueiro. O terceiro *dao*, também um nome, é qualificado por *chang*. *Chang* tem uma série de significados possíveis, entre eles: duradouro, imutável, verdadeiro e absoluto. O terceiro *dao* está além do alcance do *dao* corriqueiro, aquele que *pode* ser falado. De acordo com essa interpretação, *dao* é a realidade subjacente que escapa à transmissão e talvez até à compreensão.

A tradução comum do verso em inglês também encoraja uma compreensão metafísica do conceito *dao*. Para satisfazer os requisitos gramaticais do inglês, os tradutores são solicitados a inserir um artigo determinado – "um" ou "o" – antes de *chang dao*. Se qualificarmos *chang dao* com "o", implica que há apenas uma realidade. Alternativamente,

---

68. Esta visão era dominante porque foi articulada pelo influente historiador Sima Qian no *Shiji (Records of the Grand Historian)*. Sima apresenta Laozi como um historiador encarregado de arquivos. Confúcio se encontra com Laozi e, seguindo sua conversação, descreve o último, em termos reverenciais, como um "dragão" (Watson 1971: 63).

69. A visão de que o *Daodejing* possa ter sido composto durante o século VI a.C. também foi dissipada com debates agora enfocando se o texto foi composto antes do século III a.C.

se o qualificarmos com "um", damos a entender que há pelo menos uma realidade.[70] É especialmente a tradução de *dao* como "o *dao*" que assevera a singularidade do *dao* como um termo que denota realidade. Isso faz uma profunda diferença filosófica na doutrina do *Daodejing*, pois ela pode ser construída apoiando o monismo (no caso de "o *dao*") ou o pluralismo (no caso de "um *dao*"). Em qualquer caso, o resultado é objetificar o conceito *dao*. O estudioso Wing-tsit Chan observa que "enquanto em outras escolas Tao [*dao*] significa um sistema ou verdade moral, nesta escola ele é o Um, que é natural, eterno espontâneo, sem nome e indescritível" (1963a: 136).[71]

A inefabilidade do *dao* também frustra as tentativas de compreender o conceito. Charles Fu identifica seis dimensões do *dao*: realidade material ("realidade e manifestação"), origem, princípio, função, virtude e técnica (1973). Essas seis dimensões são, efetivamente, diferentes modos de conceituar o *dao*; elas não são categorias mutuamente excludentes. Mas por que o *dao* não pode ser comunicado? Também nos é dito em *Daodejing* 1 que o *dao* é sem nome (*wu ming*): "O sem nome é a origem do céu e da terra" (trad. Chan 1963b: 97). No *Daodejing*, a falta de nome do *dao* é associada a seu mistério (*xuan*; capítulos 1, 51). O *Daodejing* não oferece razões explícitas para o mistério do *dao*, pois isso acarretaria uma anulação de sua própria asserção em *Daodejing* 1. A realidade como *não a conhecemos* é vaga e não polida, comparada a um bloco de madeira não entalhado (capítulos 15, 19, 28, 33, 37, 57). De acordo com *Daodejing* 1, há dois *dao*s, um verdadeiro (*chang dao*) e outro aparente, superficial ou impermanente (o *dao* de que se *pode* falar). Passagens no *Daodejing* sugerem que *chang dao*, concebido como a totalidade da realidade, é maior que a soma das partes individuais (capítulo 14). Isso porque as relações entre as entidades individuais também são parte importante do *dao*. Entidades individuais inevitavelmente agem e influenciam mutuamente os outros; o todo resultante é dinâmico, em incessante transformação. As interações dinâmicas e influências mútuas entre todas as coisas que compõem o *dao* contribuem com sua inefabilidade e seu mistério (capítulos 14, 16, 39, 42). No *Daodejing*, há uma fina

---

70. Hansen aponta as diferenças cruciais entre essas duas interpretações do *dao* (1992: 215ss.).
71. D. C. Lau sugere que o uso de *dao* para substituir *tian* como a entidade máxima é uma inovação posterior, dos Reinos Combatentes (1963: 22). Lau também observa que, no *Zhuangzi*, o céu permanece o máximo; isso poderia significar que certas seções do *Daodejing* são posteriores aos capítulos interiores do *Zhuangzi*.

(não dita) linha entre metafísica e epistemologia: o *dao* (realidade) é intricado e abrangente, e, portanto, além da compreensão humana. A característica epistêmica do *dao*, sua *inominabilidade*, origina-se de sua condição metafísica, sua *falta de nome*. Charles Fu descreve a ligação entre o *dao* indescritível e o que isso significa para o conhecimento (humano): "[o *dao* é] ontologicamente não diferenciado e epistemologicamente não diferenciável [sic]".[72]

O *dao* como realidade última é, às vezes, caracterizado como a origem e a fonte de todas as coisas; o *dao* é a mãe (*mu*) e o ancestral (*zong*) de todos (capítulos 52, 4; ver também capítulos 1, 25), anterior mesmo ao céu e à terra (capítulos 14, 25). *Daodejing* 42 conta uma história dessa origem:

> O Tao [*dao*] produziu [*sheng*] o Um.
> O Um produziu os dois.
> Os dois produziram os três.
> E os três produziram as dez mil coisas...
> (Trad. Chan 1963b: 176)

O conceito *sheng* denota tanto nascimento como crescimento. O motivo biológico-generativo implica que o *dao* produz ou se desenvolve em múltiplas coisas, as "dez mil coisas" (*wanwu*). Como um conceito que significa crescimento, o *dao* proporciona sustento: "[o *dao*] está para o mundo assim como o rio e o mar estão para os riachos e os córregos" (trad. Lau 1963: 91). Essa imagem cria um senso de que todas as coisas dependem do *dao*. A esse respeito, o *Daodejing* defende a reunião (*fu*; capítulos 28, 64) de todas as coisas com o *dao* ou o retorno (*fan*; capítulos 25, 65) a ele.

Mas devemos observar que o relato no *Daodejing* da origem e fonte é na melhor das hipóteses vago. Não está claro se o *dao* deve ser entendido como a fonte *material* de todas as coisas, ou se é um *princípio* comum inerente em todas as coisas ou, aliás, se poderia ser ambos. A primeira compreensão, que o *dao* é a fonte material de todas as coisas, é essencialmente uma filosofia da natureza sobre alguma matéria primária fundamental. Há, contudo, pouco material na filosofia chinesa antiga que sugira deliberações desse tipo, mesmo nas discussões do conceito de *qi* (energia, espírito).[73] O entendimento do *dao* como o princípio associado à origem é filosoficamente mais

---

72. Charles Fu 1973: 373.
73. Exploraremos o conceito de *qi* em maior detalhe na discussão da filosofia do *Yijing*, no capítulo 10.

profundo, sendo associado a noções de dependência e sustento. A produção e o sustento de todas as coisas são articulados em uma metáfora de foles em *Daodejing* 5, apesar de que nesta passagem o céu e a terra é que são comparados a foles:

> Céu e Terra não são humanos.
> Eles consideram todas as coisas como cães de palha [...]
> [...] Como Céu e Terra são como um fole.
> Quando vazio, nunca se exaure.
> Quando ativo, produz ainda mais [...]
>
> (Trad. Chan 1963b: 107)

Wang Bi descreve as características do fole e lhe dá um sentido de sustento duradouro:

> O lado de dentro do fole é vazio, sem sentimento e sem ação. Portanto, enquanto vazio, não pode nunca ser exaurido e, quando movido (usado), nunca será gasto. No espaço vasto e extenso entre céu e terra, elas [as miríades de coisas] são deixadas por si. Portanto, eles [céu e terra], como um fole, não podem ser exauridos. (Trad. Rump 1979: 18; anotações do tradutor)

Há um contraste paradoxal entre vacuidade (*xu*) e ainda assim nunca ser exaurido (ver também capítulos 1, 45). A ideia de vacuidade é frequentemente associada ao conceito *wu*, comumente traduzido como "não ser" ou "nada" (capítulos 1, 40). Mas a tradução de *wu* como não ser pode ser enganosa porque esta última tem uma série de significados estabelecidos na filosofia ocidental e especialmente na filosofia continental. Ela pode ser erroneamente concebida como referindo-se à não existência e como antitética ao conceito de "ser" (*you*). Assim como na história da origem, há limitações se interpretarmos *wu* e *you* apenas em termos materiais. *Wu* significará simplesmente "não existe" e *you*, "existe"; isso é pouco mais do que um realismo ingênuo. Na filosofia daoísta, *wu* e *you* são opostos interdependentes e dialéticos, talvez mais bem entendidos como aspectos do *dao*:

> O não ser e o ser de Lao Tzu [Laozi] são comparados ao grande oceano e a totalidade das ondas; eles são duas maneiras de ver o mesmo "Tao" [*Dao*] ontologicamente não diferenciado. (Fu 1973: 374)

Charles Fu observa que *you* e *wu* são interdependentes do mesmo modo que a realidade e sua manifestação: o oceano é inseparável de suas ondas e vice-versa. Essa análise evita um entendimento simples dos conceitos apenas no que diz respeito à existência material. Fu destaca as implicações éticas do *wu-you* daoísta em como os humanos percebem seu mundo: *ou* ver a floresta *ou* a flora e a fauna, mas não ambos. Em *Daodejing* 11, *wu* refere-se ao que não é valorizado pelo olho humano: é "nada" ou "vácuo" porque é visto como inútil. Mas o capítulo desafia esse fenômeno ao enfatizar *wu*:

> Trinta raios são unidos em volta do cubo para fazer uma roda,
> Mas é de seu [*wu*] que a utilidade da carruagem depende.
> A argila é moldada para formar um utensílio,
> Mas é de seu [*wu*] que a utilidade do utensílio depende.
> Portas e janelas são recortadas para fazer uma sala,
> Mas é de seu [*wu*] que a utilidade da sala depende.
> Portanto, transforme [*you*] em vantagem, e transforme [*wu*] em utilidade.
>
> (Trad. Chan 1963b: 119)

Tanto *wu* como *you* são aspectos do *dao* que devemos aprender a ver. Aqui, outro aspecto integrante da filosofia daoísta emerge. Mesmo como um conceito metafísico, o *dao* incorpora um conteúdo paradigmático, orientador de ações. Isso parece ser uma característica padrão da filosofia chinesa antiga. Já encontramos essa indistinção conceitual entre uma entidade paradigmática e seu padrão normativo (o modo ideal de sua existência) tanto no pensamento confuciano quanto no moísta. Os pensadores que debatiam não estavam cientes dessa suposição, como se evidencia em seus debates sobre o uso correto dos nomes (*zhengming*). No Daoísmo, a indistinção entre uma entidade paradigmática e seu padrão normativo significariam que o *dao* é tanto a realidade última quanto o princípio paradigmático da vida. Nós discutimos como poderíamos pensar sobre o *dao* como realidade metafísica, mas como devemos entender o *dao* como um princípio da vida humana? Em outras palavras, quais são as consequências práticas do *dao* paradigmático? De acordo com Wang Bi, a abordagem do céu e da terra é toda abrangente, e ainda assim não intrusiva:

> Céu e terra deixam o que é natural (Tzu-jan [*ziran*], assim como o ser) por si. Eles nada fazem e nada criam. A miríade de coisas se dirige e se ordena por si. Portanto, eles não são benevolentes. Quem é benevolente irá criar coisas, estabelecer coisas, conceder benefícios a elas e influenciá-las. Ele dá favores e faz alguma coisa. Quando ele cria, estabelece coisas, concede benefícios às coisas e as influencia, então as coisas perderão seu ser verdadeiro [...]. Animais comem palha, apesar de a terra não reproduzi-la para ele. Homens comem cães, apesar (de o céu) não produzir cães para eles. Se nada é feito para a miríade de coisas, cada uma agirá de acordo com sua função, e tudo é então autossuficiente. (Trad. Rump 1979: 17)

Wang Bi não tem dúvida de que os caminhos do céu e da terra orientam as ações. Nesse comentário sobre o *Daodejing* 5, devemos tomar lições dos eventos do mundo natural. Essas lições articulam o contraste entre projetos no mundo humano e eventos espontâneos no mundo da natureza. Há um verso na passagem que [diz que] o céu e a terra tratam todas as coisas como cães de palha. Wang Bi traduz a expressão "cães de palha" como "palha e cães" para denotar os diferentes tipos no mundo natural e sua fragilidade. Nada está imune às forças de mudança externa, inclusive a humanidade. Nesse sentido, *wanwu*, todas as coisas (literalmente as dez mil coisas) estão em igualdade. D. C. Lau tem uma compreensão diferente de cães de palha. De acordo com ele, "No capítulo *T'ien yun* do *Chuang tzu,* diz-se que cães de palha eram tratados com a maior deferência antes de serem utilizados como oferenda, mas acabavam descartados e pisoteados tão logo tivessem servido a seu propósito" (1963: 61). Para Lau, o destino dos cães de palha é entendido no contexto do desenrolar dos eventos naturais pelos quais todas as coisas têm seu momento e falecem quando seu momento passa. Nos ciclos da natureza, nada é eterno ou preferido.[74] É interessante que as duas concepções diferentes de "cães de palha" chegam a conclusões similares: a alegoria expõe a suposição injustificada da prioridade humana e suas consequências desastrosas.

Ambas as análises conjugam uma cautela em relação ao antropocentrismo, com uma apreciação do mundo natural. O conceito daoísta *ziran* é muitas vezes traduzido como "natureza" e usado para significar aspectos do mundo natural. Esse sentido de *ziran* não é diferente do *phusis* grego, que se refere aos tipos naturais e às relações que vigoram entre eles. *Ziran* como "natureza" enfatiza uma perspectiva naturalista. De acordo com essa compreensão, o *dao* está alinhado mais intimamente com os eventos (aparentemente) espontâneos do mundo natural do que com as maquinações artificiais do mundo humano:

> A Natureza [*ziran*] diz poucas palavras.
> Pela mesma razão um redemoinho não dura uma manhã inteira.
> Nem uma tempestade dura um dia inteiro.
> O que os produz?
> É o Céu e a Terra (Natureza).
> Se nem o Céu e a Terra podem fazê-los durar muito,
> Quanto menos pode o homem? [...]
> 			(Capítulo 23, trad. Chan 1963b: 141)

---

74. Ames e Hall 2003: 85.

Tomar essas maneiras como modelo, em outras palavras, imitar a natureza, é reduzir os elementos de artifício e maquinação na vida humana. Somos requisitados a replicar as maneiras da natureza? Tal consciência da natureza pode primeiramente parecer predisposta em relação ao ambiente natural. Contudo, há uma série de dificuldades associadas a essa suposição. Primeiro, a visão do *Daodejing*, expressa na metáfora "céu e terra", não valoriza explicitamente o ambiente natural. Ao contrário, parece ser uma filosofia de indiferença. Por exemplo, *Daodejing* 5 expressa a indiferença do céu e da terra para com todas as coisas. Benjamin Schwartz discute essa tensão no *Daodejing*, no que ela se relaciona com o estudo da natureza:

> Podem-se, de fato, apontar as semelhanças entre a natureza de Lao-tzu [Laozi] e certos aspectos do naturalismo "científico" ocidental dos séculos XVIII e XIX. Os processos da natureza não são guiados por uma consciência teleológica, e, a despeito do *pathos* sugerido pelo uso da imagem da mãe com suas associações de nutrição, o *tao* [*dao*] não é conscientemente providencial. (1985: 201)

O segundo problema diz respeito a como devemos interpretar o termo "natureza". Isso porque não há indicação no *Daodejing* sobre quais características da natureza devem ser tomadas como modelo. Algumas questões difíceis surgem dessa interpretação de *ziran* como natureza, ou como um interesse por ela. Elas incluem:

(1) Sobre quais aspectos da natureza a sociedade humana deve ser modelada? O *Daodejing* identifica quietude (*jing*), suavidade (*rou*), aquiescência (*ruo*), não assertividade (*buzhen*) e simplicidade (*pu*) (capítulos 8, 16, 19, 22, 28, 31, 32, 36, 37, 43, 45, 64, 66, 76, 78). Mas como saberemos produzir esse conjunto específico de características em vez das que pertencem ao crescimento, decaimento e predação?

(2) Qual perspectiva naturalista devemos adotar? A perspectiva biocêntrica (centrada na vida), a ecocêntrica (centrada na ecologia) ou os esquemas conceituais holísticos, para citar uns poucos, têm interesses finais significativamente diferentes.

(3) Quais aspectos da vida humana são "naturais" e quais são "artificiais"? A reprodução é "natural"? Os ambientes construídos são "naturais"? A organização política e social é "natural"?

A máxima de observar e imitar a natureza é muito vaga; quais aspectos da natureza devem ser imitados é um ponto controverso. Todavia, a presença da expressão *ziran* no *Daodejing* impeliu alguns estudiosos a valerem-se dela em apoio a uma consciência ambiental.[75] Esse é o terceiro problema, a aplicação precipitada de *ziran* em discussões do ambiente natural. Ramachandra Guha em "Radical American Environmentalism and Wilderness Preservation: A Third World Critique" [Ambientalismo americano radical e preservação da vida selvagem: uma crítica ao terceiro mundo] nos lembra que:

> A detecção de um "amor à natureza selvagem" e das "primeiras agitações de uma sensibilidade ecológica" no pensamento daoísta refletem uma leitura seletiva dos textos daoístas, bem como uma conjectura a respeito da intenção e das posturas dos primeiros daoístas em relação a questões ambientais [...] tais interpretações utópicas do pensamento daoísta precisam ser mais bem justificadas em face dos desastres ecológicos da história chinesa.[76]

Além disso, Randall Peerenboom previne contra interpretações simplistas daquilo que é natural. De acordo com Peerenboom (1991), a interpretação da mensagem do *Daodejing* como apoiadora do primitivismo naturalista leva à trivialidade: ou os seres humanos pertencem à esfera do reino do natural, nesse caso a máxima de ser natural como o *dao* é supérflua; ou não, nesse caso a máxima de ser natural é um objetivo mal direcionado.

Mas devemos ter em mente que a filosofia daoísta pode ser lida em diferentes níveis, tanto literais quanto sugestivos. O modo sugestivo é mais interessante filosoficamente. Podemos compreender a visão toda abrangente do *dao* não em uma ordem naturalista, mas recomendando uma forma diferente, talvez mais inclusiva, de compreender o mundo. Essa noção do *dao* será explorada no capítulo seguinte. A próxima seção examina a visão da oposição no *Daodejing*. As distintivas noções daoístas de contraste e complementação são a estrutura básica da filosofia daoísta.

Opostos: contraste e complementação

O *Daodejing* apresenta uma ampla lista de opostos, incluindo longo/curto, alto/baixo, som/voz, frente/trás, usar/esgotar, ser/não ser, bem/mal, brilhante/opaco, nítido/sem distinção, curvo/reto, vazio/cheio, desgastado/renovado, pesado/leve, tranquilo/apressado, masculino/feminino, branco/preto, quente/frio, forte/fraco, contrair/expandir,

---

75. Ver, por exemplo, Po-Keung Ip (1983) e Peter Marshall (1992).
76. Em Andrew Brennan 1995: 239-252.

destruir/promover, agarrar/dar, macio/duro, perfeito/incompleto, habilidade/desajeito, eloquência/gagueira, agir/sem ação, fazer/sem atividade, grande/pequeno, muitos/poucos e difícil/fácil (capítulos 2, 6, 11, 20, 22, 26, 28, 29, 36, 43, 45, 63). Ele chama a atenção para ambos os termos dos pares contrastantes. Em cada caso, há uma reviravolta dos valores e normas existentes (força, poder e habilidade). Contudo, eles não são abandonados. Os termos opostos são muitas vezes colocados em delicado equilíbrio como, por exemplo, em *Daodejing* 28: "conheça o masculino, mas persista no feminino" (tradução minha). Cada termo carrega seu próprio significado, porém também é definido pelo outro:

> Para contrair, é necessário primeiro expandir.
> Para enfraquecer, é necessário primeiro fortalecer.
> Para destruir, é necessário primeiro promover.
> Para agarrar, é necessário primeiro dar.
> Isso é chamado de luz sutil.
> O fraco e o terno sobrepujam o duro e o forte [...]
> (*Daodejing* 36, trad. Chan 1963b: 164)

Há um sentido de fluxo entre os dois extremos, primeiro contraindo, depois expandindo, então de volta à contração novamente. Há diferentes maneiras de se entender a interação entre os termos de cada par contrastante (ver capítulos 7, 22, 26, 36, 40, 41, 45, 58, 63, 66). A interação pode ser descrita como um balanço para a frente e para trás, ação de gangorra, mudança cíclica ou um ciclo de desenvolvimento e declínio. O conceito de reversão, *fan* (por exemplo, capítulo 40), é também importante para compreender a noção daoísta de contraste e complementação:

> Reversão é a oposição do oposto: é a derivação do oposto a partir de uma posição extenuada. (Cheng 1977: 216)

De acordo com essa visão, compreender seus opostos contrastantes ajuda na definição de um termo. Em outras palavras, as comparações revelam as características distintas de um conceito ou entidade. Por exemplo, o significado do termo "frio" é intensificado quando este é compreendido em contraste com seus opostos: não meramente "quente", mas também, em diferentes graus, "congelando", "tépido" e "fervendo". O significado de um termo em particular, aprofundado em relação a seu oposto, é uma asserção interessante. Pois comumente supõe-se que mais de uma mesma coisa – em vez de seus opostos – irá acentuá-la. Visando à argumentação, consideremos a altura de uma pessoa: a suposição comum é que, quanto mais alta é uma pessoa, mais proeminente é sua altura. De acordo com a concepção daoísta de opostos, quando uma pessoa alta é contrastada com pessoas mais baixas, sua altura é acentuada. A descrição de A. C. Graham da reversão no *Daodejing* destaca a necessidade dos dois termos contrastantes:

> Para *Lao-tzu* [Laozi] [...] a reversão *não* é uma mudança de preferir A a B, visando tornar-se fraco, macio, abaixo, em vez de forte, duro e acima. Dado que todo esforço humano é contra puxar para baixo em direção a B, essa direção é uma primeira aproximação ao Caminho do processo espontâneo, a ser ajustado, em seguida, ao impulso para cima, após a renovação do fundo fecundo de B. *A reversão esmaga a dicotomia de A e B*; ao preferir ser submisso, o sábio não para de ser orientado em direção à força, pois ele reconhece que sobreviver submetendo-se a um poder crescente é a estrada para a vitória sobre ele, quando seu clímax tiver passado. (1989: 228-229; itálicos meus)

Uma característica significativa da oposição daoísta é a dissolução da dicotomia entre os dois termos contrastantes. Contudo, o resultado da dissolução não é a identificação de A com B ou vice-versa, nem é a obliteração de um dos termos. Mas devemos também notar que a análise de Graham não aborda explicitamente a pesagem desigual dos termos contrastantes no texto. No *Daodejing*, termos como quietude, escuro, inferior (Capítulos 16, 26, 39) são identificados como a raiz de seus termos correspondentes. Não podemos deixar de perceber a preferência no *Daodejing* pelo fraco, não assertivo e tranquilo. A esse respeito, Schwartz confirma a "assimetria" de valor no *Daodejing* levantada por D. C. Lau:

> Lau apontou a "assimetria" óbvia e surpreendente na visão de Lao-tzu [*Laozi*] do feminino *versus* masculino, fraco *versus* forte, macio *versus* duro e passivo *versus* ativo. Em todos os casos, o primeiro termo da díade é definitivamente "preferido". Ele desfruta de um *status* "ontológico" mais alto, assim como a água é preferida à pedra; ela busca lugares baixos, e é, em um sentido mais profundo, mais forte que a pedra.[77]

---

77. Schwartz 1985: 203, discutindo Lau (1958).

Lau também sustenta que a ligação entre os opostos contrastantes pode ser caracterizada analogamente a um escorregador de crianças: "Escala-se laboriosamente até o topo, mas, uma vez lá em cima, o movimento para baixo é rápido, abrupto, inevitável e completo" (Lau 1963: 27). O contraste entre as concepções de oposição de Lau e de Graham é interessante: Lau apresenta uma reviravolta simples de valores convencionais,[78] enquanto Graham cria uma nova maneira de ver a oposição.

Há outras maneiras interessantes de explorar as aplicações da oposição daoísta; por exemplo, Antonio Cua aprimorou a noção de *complementação*. Ele se vale dos personagens de Herman Hesse, Narcissus e Goldmund, que exemplificam dois extremos: Narcissus procura desenvolver ainda mais sua mente estudiosa e Goldmund busca a satisfação sensual.[79] Em seu relacionamento íntimo, eles reconhecem um no outro diferenças profundas em suas buscas e comprometimentos. Ainda assim, eles não procuram mudar o outro ou se tornar como ele: "não é nosso propósito nos tornar um no outro; é reconhecer um ao outro, aprender e ver o outro e honrá-lo pelo que ele é; cada um o oposto e o complemento do outro" (citado em Cua 1981: 125). Na análise de Cua, os opostos acentuam o contraste, mas mesmo assim não eliminam o outro. Os opostos são distintos, contrastantes e ainda interdependentes. Entre as características da complementaridade que surgem dessa análise estão:

(1) *Reconhecimento e aceitação*: cada um reconhece, e aceita, a individualidade e a integridade do outro. Não há desejo de moldar ou alterar o outro.

(2) *Embelezamento do outro, não duplicação*: em seu relacionamento íntimo, os dois não procuram se tornar um como o outro. Sua distinção individual é destacada em contraste ao outro; nesse sentido, um é enriquecido pelo outro.

---

78. A mera reviravolta de normas existentes, por exemplo, para substituir a preferência pelo masculino por uma preferência pelo feminino, é uma maneira irrefletida de lidar com uma inquirição sobre questões sociais e éticas (Lai 2000: 139). Hansen argumenta contra essa abordagem não sofisticada, "em que as atribuições e os valores convencionais favorecem o superior, o forte, o sábio, o dominante; os dizeres de Laozi nos ajudam a apreciar o valor do mais baixo, do fraco, do ignorante, do submisso. Os tradicionalistas valorizam o masculino; Laozi enfatiza o feminino [...] [contudo] sua posição teórica deve ser muito mais sutil do que meramente reverter a orientação convencional e empurrar de maneira dogmática o discurso negativo do *dao*" (1992: 223).

79. Herman Hesse, *Narcissus and Goldmund*. Trad. Ursula Molinaro. New York: Bantam Books, 1971. Citado em Antonio Cua 1981: 123-140.

(3) *Reciprocidade*: não é a meta de Narcissus e Goldmund simplesmente estabelecer seu relacionamento sobre elementos de similaridade. Seu relacionamento é construído sobre uma apreciação recíproca das diferenças entre eles.

(4) *Ressonância*: este aspecto vale-se do conceito de *ganying* (ressonância mútua), uma teoria chinesa clássica de influência e resposta mútuas. De acordo com essa teoria, as entidades não existem em contextos isolados, nem são separadas de outras entidades. Mudanças em outros indivíduos e no ambiente moldarão um indivíduo particular, assim como as ações desse indivíduo afetarão os outros e o ambiente ao redor deles.

Essa visão de complementação não redutiva é significativa porque tem importantes consequências práticas. De acordo com Cua, a visão daoísta de complementação incita uma mudança de atitude, embasada em "uma expansão do horizonte intelectual e uma reestruturação da visão pessoal da vida" (Cua 1981: 127).[80] Em termos práticos, uma pessoa com essa postura não procura simplesmente similaridade, uniformidade ou conformidade. Ela também não busca assimilar, suprimir ou dominar o outro. A interpretação da complementação se encaixa bem dentro da estrutura da filosofia daoísta, pois essas características são facilmente alinhadas à não assertividade, quietude e à simplicidade. Na seção seguinte, exploremos a estrutura filosófica do Daoísmo e a função dessas posturas dentro dela. Elas são alinhadas ao conceito daoísta *de*, um princípio-chave da filosofia daoísta, pouco enfatizado.

De e a integridade do indivíduo

Até recentemente, estudos sobre o *Daodejing* enfocaram quase totalmente o conceito *dao*, e pouca atenção foi dada à sua contraparte, *de*.[81] Isso parece estranho especialmente porque *de* é mencionado especificamente no título do texto, *dao de jing* (tratado). *De* é comum e é delicadamente traduzido como "moralidade", "bondade" ou "virtude".[82] Vemos isso, por exemplo, na introdução de D. C. Lau

---

80. Essas características são discutidas em Lai 2000: 143; ver também a discussão sobre *ganying* na nota 23 do artigo.
81. Roger Ames discute isso em detalhe em "Taoism and the Nature of Nature" (1986), especialmente a seção IV: "Taoism Misnamed".
82. Ver, por exemplo, Giles (1959), Chan (1963b) e Lau (1963).

ao *Daodejing*. Ele discute uma interpretação fascinante de *de* na filosofia daoísta antiga, mas apressadamente diferencia-a de seus usos no *Daodejing*:

> No uso taoísta [daoísta], *te* [*de*] se refere à virtude de uma coisa (que é o que ela "obtém" do tao [*dao*]). Em outras palavras, *te* é a natureza de uma coisa, porque é em virtude de seu *te* que uma coisa é o que é. Mas no *Lao tzu* [*Laozi: Daodejing*], o termo não é particularmente importante, sendo muitas vezes usado em seus sentidos mais convencionais. (1963: 42)

Lau não explica por que ele excluiu a concepção anterior de *de* de seu uso no *Daodejing*. O "sentido convencional" de *de* é na verdade uma compreensão retrospectiva, pós-confuciana, do termo como bondade moral.[83] Essa compreensão de *de* é problemática também porque negligencia a rejeição convicta de valores morais contemporâneos no *Daodejing*.[84] Realmente parece que devemos pelo menos permitir ambas as interpretações de *de* no *Daodejing*. Se compreendermos *de* como a "virtude de uma coisa" – na primeira definição de Lau –, vemos que ele pertence a entidades individuais, e não ao fenômeno ou à prática da moralidade. Como isso se encaixa com o *dao*, a realidade fundamental, toda abrangente? Há uma relação contrastante, porém, interdependente, entre *dao* e *de*: *dao* diz respeito ao todo (realidade), enquanto *de* se refere a indivíduos (que compõem o todo). Wing-tsit Chan descreve uma relação derivativa entre *dao* e *de*: *dao* é a fonte única da qual cada entidade individual obtém suas características únicas, *de*:

> [...] *te* [*de*] é o Tao [*dao*] provido de todas as coisas individuais. Enquanto o Tao é comum a todos, é o que cada coisa obteve do Tao, ou seu *te*, que a faz diferente das outras. *Te* é então o fator individualizante, a corporificação dos princípios definidos que dão às coisas suas características ou qualidades determinadas (Chan 1963b: 11).[85]

De é um princípio de individuação e não uma virtude geral ou um conjunto de virtudes. Arthur Waley explica *de* comparando-o à clássica *virtus* grega – "um poder latente, uma virtude inerente a alguma

---
83. J. L. Duyvendak (1954), Arthur Waley (1958) e Max Kaltenmark (1969) tomam o cuidado de distinguir *de* de qualquer senso de moralidade humanamente inventado.
84. Ver capítulos 5, 18, 19, 20, 38.
85. Esta interpretação de *de* também se vale do significado tradicional do caractere chinês, que está ligado a seu homófono, *de*, que significa obter.

coisa".[86] Essa concepção clássica de virtude não é necessariamente correlacionada à bondade moral. Portanto, pode ser mais construtivo traduzir *de* para o inglês como "poder", pois isso não tem a conotação de bondade moral. Tanto Waley quanto Max Kaltenmark traduzem *de* como "poder". Kaltenmark oferece uma análise convincente de *de*, pois leva em conta vários significados de *de* em seu uso daoísta inicial. Seu estudo também é particularmente interessante porque se dirige explicitamente à questão da neutralidade ética:

> [*de*] sempre implica uma noção de eficácia e especificidade. Diz-se que toda criatura que possui um poder de qualquer tipo, natural ou adquirido, tem *Te* [*de*] [...]. [*Te*] tem significados variados, que vão desde potência mágica a virtude moral. Mas o último é um significado derivado, pois originalmente *Te* não era necessariamente bom [...]. Todavia, *Te* é geralmente usado no bom sentido: é uma potência interior que influencia favoravelmente os que estão próximos a seu possuidor, uma virtude que é beneficente e vivificante. (1969: 27-28)

Para Kaltenmark, *de* é quintessencialmente um conceito relacionado ao bem-estar e à realização individual. Sua compreensão de *de* permite comparações interessantes a serem feitas entre *de* e ideias da filosofia grega antiga, inclusive a teoria de Platão das formas e suas instanciações, e a noção de essência de Aristóteles. Para exemplificar como *de* opera como um princípio individuante em relação a *dao*, podemos investigar *dao* e *de* em *Daodejing* 51:

> *Dao* produz entidades.
> *De* as fomenta.
> A matéria lhes dá forma física.
> [...] *Dao* as produz, mas não toma posse delas.
> [...] Ele as guia, mas não as controla.
> Isso é chamado de *de* profundo (trad. minha, adaptada de Chan 1963b: 190).

Os papéis complementares de *dao* e *de* são importantes porque há uma certeza de que enfocar uma perspectiva holística não implica negligenciar os interesses individuais. O *dao* não é redutível ao espaço vazio nem é meramente a soma total de todas as coisas e eventos. É o ambiente dentro do qual todas as coisas e eventos estão necessariamente situados. Ele nutre as dez mil coisas, e o faz de modo

---

86. Waley 1958: 31-32. Waley também sugere que *de* não é diferente do *karma* indiano. Ver também Duyvendak 1954.

imparcial (*Daodejing* 23, 5). Chung-ying Cheng contrasta de maneira eficaz uma noção superficial do termo "ambiente" com seu sentido daoísta mais profundo:

> [De acordo com um sentido superficial do termo, ambiente significa] simplesmente "as cercanias", a periferia física, as condições materiais e as circunstâncias transientes [...]. [Contudo, ambiente] não pode ser tratado como um objeto, é mais que o visível, mais que o tangível, mais que o externo, mais que uma questão de período quantificado, tempo ou extensão de espaço. Ele tem uma estrutura profunda, bem como um processo profundo, como o conceito do Tao [*dao*] indica.
> (Cheng 1986: 353)

Dao é o contexto condicionante que em parte molda os indivíduos e eventos. *De* é essa distinção, integridade ou excelência de cada coisa individual, que pode ser percebida apenas no contexto do todo, o *dao* ideal. Isso significa que os indivíduos só podem atingir a realização total *em seus loci específicos* – seus lugares dentro do *dao*. Mas, se aceitarmos essa descrição do *dao* como o ambiente condicionante, também devemos vigiar para que os interesses individuais não sejam negligenciados. A esse respeito, o conceito correlativo, *de*, é especialmente importante para manter um elemento de autodeterminação individual. Essas duas características – integridade do indivíduo (*de*) e seu lócus condicionante (*dao*) – são sustentadas em um equilíbrio muito bem afinado. Se as condições do ambiente são excessivamente restritivas, a integridade do indivíduo será injustificavelmente comprometida. Por outro lado, referir-se à singularidade não é também sugerir uma existência separada, independente. O indivíduo procura e atinge o significado *dentro* de limites e afiliações relacionais e contextuais. Roger Ames descreve a tensão complementar entre *dao* e *de*: enquanto cada indivíduo em particular "determina condições dentro do âmbito e dos parâmetros de sua particularidade" (1986: 331), ele tem de fazê-lo dentro do contexto do todo, isto é, o *dao*. A caracterização do *dao-de* de Ames revela a tensão e a complementaridade entre os dois conceitos:

> [...] [*de*] denota o surgimento do particular em uma visão processual da existência. O particular é o despontar de um foco de potência *sui generis* que abrange e determina condições dentro do âmbito e dos parâmetros de sua particularidade [...]. Assim como qualquer ingrediente na panela do guisado precisa ser misturado com todos os outros para expressar mais completamente seu próprio sabor, também a harmonização com outras particularidades do ambiente é uma precondição necessária para o mais completo autodespontar

de um determinado particular [...]. [O particular] pode, por meio da harmonização e dos padrões de deferência, difundir-se para vir a ocupar a mesma área que outros particulares, absorvendo um campo cada vez mais amplo de "surgimento" dentro da esfera de sua própria particularidade. Isso então é o aspecto de "obtenção" ou "apropriação" do *te* [*de*]. (1986: 331)

O uso da analogia de sabores ao cozinhar é ainda mais surpreendente em um texto do século IV a.C., o *Zuo Zhuan*:

A harmonia genuína é como uma sopa
O marquês disse: "Apenas Ju está em harmonia comigo!" Yan Zi respondeu: "Ju meramente consente; como ele pode estar em harmonia com você?" "São eles diferentes", perguntou o marquês, "harmonia e consentimento?"

Yan Zi disse: "Eles são diferentes. A harmonia pode ser ilustrada pela sopa. Você tem a água e o fogo, vinagre, picles, sal e ameixas, com os quais vai cozinhar o peixe. Está pronto para ferver na lenha, e depois o cozinheiro mistura os ingredientes, equalizando harmonicamente os diversos sabores, de modo a fornecer o que estiver deficiente e retirar o que estiver em excesso [...]".[87]

Nessa analogia esclarecedora, faz-se uma distinção precisa entre harmonia e submissão (aqui referida como "consentimento"). Cada ingrediente individual contribui para o sabor resultante da sopa e ainda assim não perde sua identidade. Se o vinagre é acrescentado à sopa, o sabor do vinagre subsistirá na sopa. Ainda assim, em uma sopa bem feita, o sabor do vinagre se integra aos sabores específicos dos outros ingredientes, articulando um sabor agradável. Paradoxalmente, a importância de cada ingrediente reside em sua bem-sucedida liberação de sabores para se misturar com os outros e no fim enriquecer o todo. A proporção correta de cada ingrediente é necessária para se conseguir um sabor desejado.[88] Essa analogia inspira uma visão de cooperação

---

87. Duque Zhao, 20º ano-521 a.C.; adaptado da tradução de James Legge (1991), reimpressa a partir da cópia de 1893-1895 da Oxford University Press, V. 5: "The Ch'un ts'ew with the Tso chuen", p. 684, coluna 3d.

88. Usei o termo "sabor" em vez de "resultado" para evitar invocar um sentido de que o resultado final é determinado por algum cálculo mecânico. Com o uso desse termo, pretendo sugerir que este é um assunto relacionado em parte à qualidade estética. Roger Ames contrasta a "ordem estética" chinesa com uma "ordem lógica", que é uma característica significativa da filosofia anglo-americana (1986: 320-323), apesar de eu ter cautela ao traçar uma dicotomia clara demais entre as duas, pois isso poderia sugerir que a filosofia chinesa é alógica ou ilógica.

que transpõe a lacuna entre a singularidade independente e o Eu obliterado. Ela também resiste às dicotomias eu-outro e indivíduo-todo. Essa estrutura conceitual repousa na visão de complementação contrastante, e estende tal visão. Os opostos contrastantes não são necessariamente antitéticos, mas podem, na verdade, melhorar o Eu. De modo similar, a distinção de um indivíduo também pode ser medida não simplesmente em seus méritos individuais, mas também de acordo com seu impacto no todo. Isso, por sua vez, é avaliado de acordo com o lugar do indivíduo dentro de seu ambiente contextual e de suas relações com outros indivíduos. Esse tema da interdependência e da cooperação foi estendido nas filosofias, especialmente a do período Han, para incluir todas as formas de existência, bem como as entidades e os seres cósmicos.[89] De um ponto de vista ético, essa estrutura conceitual tem uma série de implicações importantes, especialmente em comparação com aquelas estruturas que presumem a estabilidade e a independência dos indivíduos:

(1) As entidades individuais são moldadas por eventos e processos em seus ambientes contextuais. Isso significa que o *lugar* do indivíduo é uma parte integrante do Eu. Os opostos polares do Eu e da comunidade são integrados dentro desse esquema. A comunidade não é antitética para o Eu, mas é o lócus dentro do qual o indivíduo se expressa e se realiza significativamente.

(2) Não há entidades autônomas que existam independentemente; as decisões e ações dos indivíduos afetam os outros, assim como as decisões e ações dos outros afetam o Eu. Dessa forma, os indivíduos são inevitavelmente participantes de suas comunidades. Ainda assim, é possível avaliar a natureza da participação individual, o controle dela e os limites para ela. A característica que distingue essa perspectiva daoísta sobre participação é que ela destaca tanto a vulnerabilidade quanto a responsabilidade dos indivíduos como participantes de uma comunidade.

(3) As relações entre entidades são primárias e não redutíveis aos indivíduos, eventos ou mesmo processos. Na filosofia confuciana inicial, também há ênfase nos relacionamentos. Contudo, no caso confuciano inicial, a ênfase é quase inteiramente na comunidade e nos relacionamentos humanos. A filosofia daoísta amplia a rede para incluir relações entre todas as entidades – as dez mil

---

89. Isso é discutido no capítulo 10.

coisas (*wanwu*), por assim dizer. Tal estrutura poderia funcionar particularmente bem em uma ética ambiental contemporânea: todas as espécies e seres dentro do ambiente natural contribuem para seus ambientes naturais e extraem deles; eles abusam de outros, assim como sofrem abusos; eles partilham da mesma biosfera; e suas existências são profundamente entrelaçadas.[90]

(4) A mudança é uma característica proeminente da existência. As mudanças ocorrerão inevitavelmente – seja como um resultado da ação individual, das ações dos outros, das mudanças em relacionamentos e em eventos, e de processos nos ambientes naturais e sociais. Nenhum indivíduo está imune à mudança; essa é a teoria da transformação mútua. Sucede-se disso que a causa, os eventos e os processos são complexos por causa da natureza intricada do indivíduo, dos relacionamentos e da comunidade.

A descrição do *dao* neste capítulo se concentra em sua interpretação como conceito metafísico. Como um termo que denota uma realidade subjacente mais profunda, o *dao* transcende as perspectivas humanas. A perspectiva do *dao* estende sua deliberação sobre questões além do humano, e nesse sentido foi uma resposta importante às ideias dos confucianos, moístas e legalistas. Podemos também nos valer de suas introvisões ao abordarmos questões contemporâneas. A estrutura conceitual gerada pela perspectiva de toda abrangência do *dao* também provoca um reexame das suposições, posturas e perspectivas contemporâneas. Falta clareza à concepção do *dao* no *Daodejing*; em parte é por isso que o *Daodejing* é muitas vezes percebido como um precursor imaturo de filosofias mais profundas da dinastia Han e, em particular, da filosofia do *Zhuangzi*. Por outro lado, introvisões podem ser extraídas das ideias do *Daodejing*, como demonstrado neste capítulo. No próximo capítulo, examinaremos a filosofia do *Daodejing* e o conceito de *dao* à luz dos conceitos *wuwei* (método não intrusivo) e *ziran* (espontaneidade).

Sugestões para leituras posteriores

The Way of Lao Tzu (*Tao-te ching*). Trad. Wing-tsit Chan. New Jersey: Prentice Hall, Library of Liberal Arts, 1963.

---

90. Ver, por exemplo, Cheng (1987), Hall (1987), Ames (1986) e Lai (2003a).

Lao Tzu and Taoism. Traduzido por Max Kaltenmark. Traduzido do francês por Roger Greaves. Stanford: Stanford University Press, 1969.

Cua, Antonio. "Opposites as Complements: Reflections on the Significance of Tao", *Philosophy East and West*, v. 31, n. 2, p. 123-140, 1981.

Fu, Charles Wei-hsun. "Lao Tzu's Conception of Tao", *Inquiry*, n. 16, p. 367-394, inverno de 1973.

Lau, Dim-cheuk. "The Treatment of Opposites in Lao-tzu", *Bulletin of the Society for Oriental and African Studies*, n. 21, p. 344-360, 1958.

6. Primórdios da filosofia daoísta: *Dao*, linguagem e sociedade

Como vimos, o conceito de *dao* pode ser compreendido – como predominantemente era – referindo-se a uma realidade subjacente mais profunda. Essa descrição do *dao* é muitas vezes sustentada em conjunto com a visão de que o *dao* é uma realidade monística. Isso significa que a realidade é, em última análise, uma entidade singular, ainda que constituída de uma numerosa variedade de todas as coisas (as dez mil coisas). É claro, a correlação não deve ser tomada como uma necessidade; alguém poderia sustentar que o *dao* se refere a uma coleção de diferentes *verdades* ou *realidades*. Contudo, a filosofia do *Daodejing* confere apoio à ideia do *dao* como a realidade única, singular. Há referências específicas ao "um": "Tao produziu o um" (capítulo 42, trad. Chan 1963b: 176; ver também capítulos 14, 39). O *dao* tem uma natureza toda abrangente (capítulos 16, 21, 25, 34, 35). Além disso, os temas do retorno e da reversão (capítulo 40) sugerem uma restauração da unidade original – o bloco não entalhado (capítulo 57) – que é superior às formas de vida existentes. As discussões do capítulo anterior tinham base na suposição de que o *dao* é uma realidade monística: a complementação de polaridades, o conceito de não ser, as virtudes aquiescentes do *Daodejing*, o conceito *de* que sustenta o indivíduo dentro do todo e a transcendência da perspectiva mundanamente humana são aspectos do *dao* único.

Mas é possível também compreender o caractere *dao* denotando um ensinamento ou um caminho; por isso temos a tradução popular do *dao* como "caminho". Em sua aplicação tradicional no contexto filosófico chinês, *dao* era um conceito genérico que se referia às diferentes doutrinas – o *dao* budista (caminho ou ensinamento), o *dao* confuciano e o *dao* daoísta –, cada escola apresentando um ensinamento diferente: o *dao* do céu (*Daodejing* 9, 77; *Analectos* 5:13), o *dao* de um pai (*Analectos* 1:11), o *dao* de um rei sábio (*Analectos* 1:12) e o *dao* de Confúcio (*Analectos* 6:12, 6:17). Se nos colocássemos "acima" das diferentes pretensões à verdade de cada uma dessas doutrinas, nós as veríamos como uma seleção de ensinamentos, cada uma asseverando sua própria verdade. Nesse caso, diríamos que há muitos *dao*s – tantos quantos há doutrinas. O *Daodejing* rejeita esses outros *dao*s (doutrinas), especialmente o confuciano, porque este instila a submissão por meio de práticas e conceitos normativos. Do ponto de vista do *Daodejing*, as pessoas que são um produto de tal cultura agem apenas de maneiras formulistas. A postura do *Daodejing* é metaética, avaliando os objetivos e métodos da moralidade convencional. Desse ponto de vista, os conceitos *dao*, *wuwei* e *ziran* são associados a preocupações com as normas convencionais, as expectativas e com a forma como elas restringem o pensamento e o comportamento.

Dao, linguagem e doutrinação

Como ocorre com muitos caracteres chineses, o termo *dao* tem um significado duplo. Vimos no capítulo anterior que o *dao* pode ser interpretado como realidade metafísica. Contudo, se compreendermos o *dao* como caminho ou ensinamento, podemos ver que ele não é uma realidade singular, universal, mas sim uma doutrina e talvez até um processo ou método de alcançar essa percepção. A ideia de movimento é especialmente palpável no caractere chinês *dao*, pois seu componente à esquerda, 辶, significa viagem. *Dao* refere-se não apenas ao objetivo, mas aos *caminhos* para se atingir o objetivo. Devemos também perceber que esse aspecto do *dao* não se preocupa com a questão do monismo ou do pluralismo (se há uma realidade ou muitas, ou um ensinamento ou muitos), pois o enfoque é sobre a natureza da atividade em si, e não seu número. A tradução de *dao* para o termo inglês *way* [caminho; modo, maneira] também ajuda a compreender o aspecto de atividade. "Caminho" pode se referir a um método em particular, como em "Este é *o modo* de se fazer isso" [*This is* the way *to do it*] ou pode se referir à senda que deve ser tomada, como em "*O caminho* para chegar lá é..." [The way *to get there is*...]. Essas duas aplicações de *way* são consistentes com seu uso no contexto filosófico chinês antigo. Cada uma das escolas filosóficas defendia *maneiras* particulares de retificar a inquietação sociopolítica. Além disso, algumas das escolas se referiam ao *dao* do céu para justificar uma perspectiva transcendente ou toda abrangente.

Se entendermos que o *dao* se refere a um "ensinamento", interpretaríamos os conceitos da filosofia daoísta, em parte, como uma resposta às ideias das outras escolas de pensamento. De acordo com essa visão, a filosofia daoísta se envolve com as outras escolas em questões a respeito da organização social, do governo e da ética. Ela rejeita as propostas das outras escolas porque elas são intrusivas e regimentais demais. Além disso, são artificiais, arbitrárias e convencionais. A filosofia daoísta propõe em seu lugar uma abordagem *wuwei*, não intrusiva. Ela considera os valores e métodos confucianos especialmente problemáticos em sua afirmação e busca por *status*, cultivo e autoridade moral:

> Quando o grande Tao [*dao*] declinou,
> A doutrina da humanidade [*ren*] e retidão [*yi*] surgiram.
> Quando o conhecimento e a sabedoria apareceram,
> Emergiu grande hipocrisia.
> Quando as seis relações familiares não estão em harmonia,
> Haverá a defesa da piedade filial e do amor profundo às crianças.
> Quando um país está em desordem,
> Haverá o louvor aos ministros leais [...]
> (*Daodejing* 18, trad. Chan 1963b: 131)

> Abandone a sapiência e descarte a sabedoria;
> Então as pessoas se beneficiarão cem vezes mais.
> Abandone a humanidade [*ren*] e descarte a retidão [*yi*];
> Então as pessoas retornarão à piedade filial e ao amor profundo.
> Abandone a habilidade e descarte o lucro;
> Então não haverá mais ladrões ou assaltantes.
> Contudo, essas três coisas são ornamentos [*wen*] e não são adequadas.
> (*Daodejing* 19, trad. Chan 1963b: 132)

Ren e *yi*, duas das virtudes confucianas centrais, são vistas como soluções apenas remediadoras e não ideais utópicos, como os confucianos alegam. Na verdade, elas são obstruções para atingir as metas de piedade filial e amor. A sapiência e a retidão (ou o correto), dois critérios do bom governo confuciano, não beneficiam o país. O *Daodejing* considera essas aspirações confucianas centrais como meramente ornamentais. Quais são as razões para sugerir isso, podemos perguntar? Do ponto de vista daoísta, é porque essas instituições são desnecessariamente restritivas e por isso tendem a sufocar a vida da comunidade. Uma passagem bem conhecida do *Daodejing* diz isso explicitamente: "Quanto mais tabus e proibições houver no mundo, mais pobres serão as pessoas" (57, trad. Chan 1963b: 201). O raciocínio por trás dessa asserção é o seguinte: quando as pessoas são ensinadas a se comportar de certas maneiras, esperando-se isso delas, elas se conformarão àqueles modos *e não cogitarão outras possíveis maneiras de agir*. As implicações perigosas das normas "ensinadas" vão ainda mais fundo, pois elas estão implicitamente codificadas na linguagem. Por isso, quando alguém aprende o significado do *termo* "beleza", por exemplo, também aprende o *conceito* de "belo". A noção do que constitui a beleza é na maioria dos casos internalizada por quem aprende, e por isso molda sua atitude. Chad Hansen argumenta isso de modo sucinto:

> Aprender distinções sociais envolve a internalização das preferências da sociedade. Ao distinguir entre ter e faltar, aprendemos a preferir ter. Ao distinguir entre belo e feio, aprendemos a preferir o belo. Aprender nomes molda nossas atitudes comportamentais, nossos desejos. Isso é porque aprendemos nomes imitando seu uso ao orientar as escolhas em contextos comuns. Não aprendemos em aulas de recitação. Por isso aprendemos a deixar os nomes nos orientarem para fazer as mesmas escolhas que nossos modelos sociais (professores) fazem. Nosso aprendizado consiste em aumentar diariamente nosso domínio do sistema de nomes [...]. A linguagem é uma ferramenta no projeto da sociedade de moldar nossas motivações comportamentais. (Hansen 1992: 212–213)

O uso dos nomes para instilar atitudes é um aspecto central do Confucionismo; é enfatizado especialmente na filosofia do *zhengming* (uso correto dos nomes) de Xunzi. Ele acreditava que, quando se ensinavam às pessoas termos que codificavam as convenções comportamentais normativas, elas iriam gradualmente internalizar essas normas. Isso é para Xunzi um aspecto básico da regulamentação social. A passagem no *Daodejing* que considera a linguagem como um instrumento de controle social poderia facilmente ter pertencido aos argumentos de Xunzi sobre o *zhengming*. Mas há, é claro, uma diferença crucial: enquanto

Xunzi defende o uso da linguagem como um instrumento da ordem sociopolítica, *Daodejing* 12 rejeita seu uso:

> As cinco cores fazem com que os olhos se ceguem.
> Os cinco tons fazem com que os ouvidos se ensurdeçam.
> Os cinco sabores fazem com que o paladar se estrague. [...]
> (Trad. Chan 1963b: 121)

Ensinar a um(a) aprendiz os termos das cinco cores, os nomes dos cinco tons musicais ou os cinco vocábulos de sabor não é, como geralmente se presume, estender seu conhecimento. Ensinar a um(a) aprendiz as cinco cores é também ensiná-lo(a) a vê-las como seu professor ou a sociedade as vê. O mesmo pode ser dito dos nomes dos tons, termos de cor e, por extensão, de todos os vocábulos em uma linguagem. O *Daodejing* observa a natureza paradoxalmente *cegante* da educação. De acordo com essa análise, *aprender* uma linguagem é ser *ensinado* a ver as coisas de um modo particular: instila-se um *dao* em particular no indivíduo:

> Quando todas as pessoas do mundo conhecem a beleza como beleza,
> Surge o reconhecimento da feiura.
> Quando todos conhecem o bem como bem,
> Surge o reconhecimento do mal. [...]
> (*Daodejing* 2, Trad. Chan 1963b: 101)

Há um forte componente ético nessa análise; a linguagem é vista simplesmente como uma ferramenta de doutrinação. Se aceitarmos essa explicação da filosofia daoísta, também desejaremos perguntar se ela propõe alguma solução. Alguém poderia sugerir um desligamento total em relação à linguagem, apesar de parecer ingênuo pensar que a vida é preferível – ou mesmo viável – sem a linguagem. Alternativamente, um abandono parcial da linguagem poderia ser sugerido, embora também pareça improvável que isso possa erradicar o problema. Se o problema reside no uso da linguagem, o uso reduzido apenas diminuirá, mas não resolverá, o problema. Outra sugestão envolve olhar mais profundamente para por que e como a linguagem pode ser usada para manipular as pessoas. Desse ponto de vista, o uso da linguagem como uma ferramenta de doutrinação é um sintoma de um mal-estar mais profundo na sociedade. O problema é moral e o remédio daoísta para isso reside em uma abordagem não intrusiva na vida.

Wuwei

O conceito *wuwei*, literalmente traduzido como "não ação", apresenta muitas dificuldades para os intérpretes da filosofia daoísta em razão de sua ambiguidade. A interpretação literal "não ação" também é desinteressante porque produz consequências desagradáveis. Será que o *Daodejing* está advogando não ter ação alguma ou retirar-se da vida da sociedade? Será que esta é a resposta às normas convencionais e às expectativas que sufocam os indivíduos e regulamentam suas buscas? Essa compreensão de *wuwei* sugere passividade e talvez também um primitivismo do tipo descrito em *Daodejing* 80:

> Que haja um pequeno país com umas poucas pessoas.
> Que haja dez vezes e cem vezes mais tantos utensílios
> Mas que eles não sejam usados.
> Que as pessoas valorizem altamente suas vidas e não migrem para longe.
> Mesmo que haja navios e carruagens, ninguém viajará neles.
> Mesmo que haja flechas e armas, ninguém as exibirá.
> Que as pessoas novamente deem nós em cordões e os usem (em vez de escrever). [...]
>
> (Trad. Chan 1963b: 238)

A definição de *wuwei* em passividade, e contrastada com a atividade, não é útil. Se o *Daodejing* está correto a respeito das fontes de inquietação da sociedade, não deveria aconselhar seus leitores a *fazer* alguma coisa para retificá-las em vez de reclinarem-se ou retirarem-se da vida social? A ideologia da passividade – que é responsável por uma tradução popular de *wuwei* como "seguir com o fluxo" – só pode ser atraente para os que têm um fascínio romântico pela aquiescência como modo de vida.

Se entendermos que o *Daodejing* está advogando a erradicação das normas e práticas convencionais, então o *wuwei* também deve ter um aspecto ativo. Angus Graham enfatiza a importância de reter os sentidos de abster-se de tipos particulares de ação e de agir para remover limites convencionais: *wuwei* é, paradoxalmente, tanto "não fazer nada" como "não fazer senão [...]" (1989: 232).[91] De acordo com essa visão, *wuwei* tem dois componentes contrastantes,

---

91. A respeito da "força paradoxal" de sua tradução, Graham escreve: "dizer que o comportamento do sábio em um momento é 'não fazer nada' e em outro 'não fazer senão [...]' parece [...] um lembrete taoísta característico de que nenhuma palavra que se use jamais se encaixará com perfeição" (1989: 232).

um positivo (que censura as normas e práticas existentes) e o outro negativo (que se abstém de manipular ou subjugar os outros). Mas, apesar de o *Daodejing* ser bastante claro sobre os tipos de ações que devem ser evitados, há significativas ambiguidades em relação ao que deve ser feito ou atingido. Benjamin Schwartz sugere que o sentido positivo de *wuwei* envolveria uma reviravolta do "pensamento e ação deliberados, analíticos e direcionados a objetivos em um mundo plural", um mundo que adere a uma consciência *youwei* (oposto de *wuwei*) (Schwartz, 1985: 190).[92]

Uma consciência *youwei* planeja, projeta, age e manipula. *Youwei* pertence a uma intencionalidade específica direcionada a uma noção de conquista e de progresso histórica e socialmente circunscrita. Uma filosofia que se interessa pela manipulação das pessoas por meio da linguagem e outras ferramentas de doutrinação social deveria buscar remover ou pelo menos reduzir a criação de tal consciência. A ideia de *wei* como consciência, ou como uma perspectiva particular sobre o mundo, é uma interpretação interessante, pois abrange um aspecto ético. É uma interpretação que se vale do significado do termo *wei*: ele pode significar *agir* (tentar ou realizar objetivos socialmente definidos) ou pode se referir a um juízo pessoal (isto é, como uma pessoa *vê* uma situação em particular). Chad Hansen traduz este segundo sentido de *wei* como "julgar" [*deem*, em inglês] (1992: 212-214). De acordo com essa visão, *wei* é adotar uma certa perspectiva – óculos interpretativos com os quais se vê o mundo. A postura do *Daodejing*, segundo Hansen, é rejeitar todas as formas de "julgamento" que estejam condicionadas pelos valores e pelas normas convencionais. *Wuwei* é "agir sem julgar" – agir de uma maneira que não é condicionada por normas e valores convencionais ou a eles restrita:

> *Wei*[fazer;julgar] não é "proposital" no sentido de ação voluntária, consciente, racional ou livre. Ao contrário, para Laozi, *wei* sinaliza padrões de resposta socialmente induzidos, aprendidos – o oposto da resposta espontânea ou autônoma. (1992: 212-213)

Essa interpretação de *wei* transcende a caracterização passiva-ativa. Ela permite uma compreensão de *wuwei* não apenas para rejeitar

---

92. Schwartz entende a tensão *wuwei-youwei* nos textos *Laozi* (*Daodejing*) e *Zhuangzi* como uma reação à atividade especificamente moísta direcionada a objetivos, que "é baseada em um conhecimento analítico acurado dos fatores ligados à situação próxima e em uma 'pesagem' acurada de tais fatores" (1985: 190). Em resposta às metas e aos métodos moístas, o sábio daoísta exercita uma ação não intrusiva e não interferente no governo do império.

comportamentos condicionados, mas também para promover os efeitos mais positivos do comportamento não condicionado e espontâneo.

Edward Slingerland une ambos os significados de *wei*, a não ação comportamental (*wuwei*) e a "não consideração" cognitiva (*wuyiwei*) (2003: 89ss) em *Daodejing* 38:

> [...] A pessoa de virtude superior é sem ação (wu-wei) *e* não leva nada em consideração [*wuwei er wuyiwei* 無為而無以為] [...]
> (Slingerland 2003: 81; itálicos meus)

A tradução de Slingerland de *wuwei er wuyiwei* demonstra efetivamente como as categorias conceituais podem circunscrever o pensamento, afetando a ação. Ele também argumenta que o *wuyiwei* cognitivo – o que Hansen traduziu como "julgamento" – é mais fundamental que o *wuwei* comportamental. A essa luz, a *rejeição* dos modos *youwei* e a *defesa* dos modos *wuwei* não são dois projetos separados. A análise de Slingerland é interessante e perspicaz, notavelmente porque evita, com sucesso, a dificuldade de traduzir essa expressão, encontrada especialmente pelos que traduzem *wuwei* como "sem ação" ou "não ação". As duas seções seguintes examinam aplicações específicas de *wuwei* nas áreas do governo e da busca por conhecimento.

Wuwei e o governo

O conceito de *wuwei* é mais pronta e comumente associado ao estilo daoísta de governo e liderança. Ele pode ser compreendido de uma série de maneiras em relação ao governo. Pode ser compreendido como referindo-se ao estilo de governo, suas estruturas organizacionais, seus objetivos e até mais amplamente à sua visão da vida humana na sociedade. Ele zomba dos marcadores convencionais de sucesso, inclusive *status* social, riqueza e desigualdade econômica, já que produzem conflito, desordem, inveja e crime (*Daodejing* 3, 4). Mas o *Daodejing* não afirma até onde devemos ir na rejeição dessas valorações convencionais de uma vida digna. O texto terá pouca relevância contemporânea se o compreendermos como um tratado sobre anarquismo primitivo, que advoga um estado de coisas como o descrito em *Daodejing* 80. Talvez o *Daodejing* busque apenas reduzir ao mínimo os projetos de civilização, inclusive os avanços tecnológicos. Pode até ser um texto sobre política e estratégia de guerra, com base em sua defesa de uma estratégia de "curvar-se para conquistar".[93] A

---

93. Schwartz (1985: 210–215) discute essas diferentes interpretações da estratégia *wuwei*.

dificuldade de compreender o conceito *wuwei* infiltra-se em como podemos compreender as visões daoístas sobre o governo. No primeiro exemplo, já parece haver uma divergência entre advogar um governo que não faz nada e promover a ideia da liderança (daoísta). O que o sábio daoísta deve *fazer*? Benjamin Schwartz expressa seu desconforto com a ideia de liderança daoísta:

> É verdade que o comportamento do sábio governante parece envolver contradições não resolvidas. Ele parece criar de modo bastante deliberado uma utopia que levará o mundo de volta à simplicidade do *tao*. A restauração do primitivo deve ser um projeto consciente. Aqui, novamente, temos o problema do esforço moralista, que introduz uma inconsistência básica em toda a visão de Lao-Tzu. Não pode haver moralidade humana sem preferência, sem rejeição e sem escolha deliberada. As próprias "políticas" do sábio governante que negam a civilização parecem ser um exemplo de *yu-wei* [*youwei*]. A contradição permanece não resolvida. (1985: 213)

No nível mais fundamental, *wuwei* envolve uma rejeição de um estilo de governo ou instituições que oprimem e ameaçam o povo (*Daodejing* 30, 31, 42, 53, 69, 72, 74). Seu ressentimento da corrupção também é palpável (*Daodejing* 53, 75). *Wuwei* também pode ser compreendido como um governo que não impõe restrições desnecessárias ao povo (*Daodejing* 57, 58) ou que não recorre aos tipos *errados* de medidas, tais como a promoção da sapiência (*Daodejing* 18, 19). Podemos até detectar no *Daodejing* temas consoantes com uma concepção democrática liberal de sociedade. Por exemplo, o sábio daoísta não tem "ideias (pessoais) fixas [...] ele considera as ideias das pessoas como suas" (*Daodejing* 49; trad. Chan 1963b: 186). O *Daodejing* critica as instituições então contemporâneas porque sua intrusão e regulamentação excessiva são sintomáticas de uma falta de confiança nas pessoas comuns: "É apenas quando [o governante] não tem fé suficiente nos outros que os outros não terão fé nele" (*Daodejing* 17 e repetido em 23; trad. Chan 1963b: 130).[94] Além disso, ele parece defender a igualdade entre as pessoas, especialmente em seu contraste entre o caminho (*dao*) do céu e o caminho da humanidade:

---

94. As duas passagens aqui contrastam com o tom dos *Analectos* confucianos 8:9, que não acreditam que as pessoas comuns possam ser levadas a compreender as metas do governo e da sociedade humana: "O mestre disse: 'Pode-se fazer com que as pessoas comuns sigam uma senda, mas não que a compreendam'" (Trad. Lau 1979a: 93).

> O Caminho do Céu é realmente como o dobrar de um arco.
> Quando [...] alto, traga-o para baixo.
> Quando está baixo, eleve-o.
> Quando é excessivo, reduza-o.
> Quando é insuficiente, suplemente-o.
> O Caminho do Céu reduz o que é excessivo e suplementa o que é insuficiente.
> O caminho do homem é diferente.
> Ele reduz o insuficiente para oferecer ao excessivo [...]
> (*Daodejing* 77, trad. Chan 1963b: 234)

Essas visões do governo parecem refletir não apenas o desencanto com as instituições existentes. Elas também parecem suspeitar profundamente das suposições sobre a natureza humana que eram correlacionadas a essas instituições, e que justificavam seu uso. Na raiz dessas insatisfações, vemos uma resistência à concepção de bem-estar humano, que é endossada e promovida pela sociedade. Essa compreensão de *wuwei* parece razoável e atraente no contexto contemporâneo, se pudermos fornecer uma explicação substancial dos bens sociopolíticos que o sábio daoísta deve promover. Há seguramente muito a se obter a partir do afastamento, de tempos em tempos, em relação à tradição herdada e às expectativas prevalecentes, a fim de repensar os objetivos de aspiração dos indivíduos ou os da sociedade. Mas devemos retornar aos comentários de Schwartz sobre o conceito de liderança política daoísta, pois há uma razão mais intricada para sua inquietação. Como *wuwei* no *Daodejing* é um conceito indefinido, ele pode produzir implicações muito diferentes. Colocando de modo simples, *wuwei* pode gerar uma série de diferentes modelos de liderança política. Até agora, vimos como *wuwei* pode se aplicar às ações ou compromissos daqueles que estão no poder. Mas *wuwei* pode também ser empregado na ideologia política para restringir as liberdades das pessoas comuns. Passagens como as de *Daodejing* 3 parecem expressar a visão de governo que mantém o povo em condições simples:

> [...] Portanto, no governo do sábio,
> Ele mantém seus corações vazios,
> Enche suas barrigas,
> Enfraquece suas ambições. [...]
> (Trad. Chan 1963b: 103)

Estudiosos tiveram de reconhecer que essa aplicação da vacuidade é ilimitada; essa passagem pode ser entendida como advogando uma estratégia política manipuladora. Contudo, a maioria dos estudiosos fez uma defesa da noção de vacuidade no que se refere a um estilo de vida mais simples, não adulterado.⁹⁵ Mas não podemos pôr de lado tão rapidamente a interpretação de *wuwei* como um ditame de submissão à ordem sociopolítica maior (Graham 1989: 289). Um governo *wuwei*, nesse caso, é um governo segundo o qual as pessoas devem "seguir com o fluxo", submeter-se à administração do governo. Diz-se que Shen Dao (c. 350-275 a.C.), um pensador legalista que influenciou tanto o Daoísmo quanto o Legalismo, permitia que "outras coisas o levassem consigo" (*Zhuangzi* 33, trad. Graham 2001: 279). De acordo com Schwartz, isso sugere submissão, "seguir o que não pode ser evitado"; efetivamente um chamado à submissão "às forças dinâmicas da ordem sociopolítica maior" (Schwartz 1985: 244). Além disso, os instrumentos legalistas de recompensa e punição para controlar as pessoas poderiam ser consequentemente justificados: a típica pessoa humana é simplesmente mecanicista em sua busca de recompensa e de evitar punição; as pessoas comuns são, portanto, "instrumento[s] previsíveis do *tao*" (Schwartz 1985: 246).⁹⁶ Aqui vemos os efeitos da ambiguidade de *wuwei*; pode-se recorrer a ele para apoiar modelos de governo drasticamente diferentes. O *Daodejing* oferece pouca orientação sobre como o conceito é empregado; será que o próprio texto está apresentando uma abordagem *wuwei*? Talvez possamos obter melhor compreensão do conteúdo substancial do *wuwei* em relação ao conhecimento.

Wuwei e o aprendizado

Uma série de passagens do *Daodejing* declara orgulhosamente a natureza enigmática do *dao* (*Daodejing* 1, 14, 21) e a correspondente obscuridade do conhecimento daoísta (*Daodejing* 16, 25, 41). As passagens são enfáticas em articular uma existência daoísta paradigmática associada à inefabilidade, simplicidade, falta de sentido e insignificância, todas as quais contradizem as buscas focadas e direcionadas da humanidade. No *Daodejing*, esse projeto envolve uma rejeição do

---

95. Por exemplo, Chan argumenta que "[l]iteralmente, vazio, *hsü* significa paz absoluta e pureza de mente, liberdade das preocupações e dos desejos egoístas" (1963b: 141). Schwartz também defende a simplicidade daoísta, observando que "a barriga refere-se à satisfação mais simples das necessidades biológicas básicas, enquanto o olho diz respeito à diferenciação cuidadosa das qualidades sensuais exteriores das coisas, tão necessárias ao prazer 'sofisticado'" (1985: 205).
96. Ver De Bary e Bloom (eds.). "Syncretic Visions of State, Society and Cosmos", *Sources of Chinese Tradition*, v. 1, p. 235-282, para uma boa amostra dos textos daoísta-legalistas de Huang-Lao.

aprendizado. Enquanto comumente se sustenta que o aprendizado é pelo menos um bem convencional – e talvez mais frequentemente compreendido como um bem categórico –, o *Daodejing* procura subverter a busca do aprendizado e seus efeitos:

> A busca do aprendizado é aumentar dia após dia.
> A busca do Tao é diminuir dia após dia.
> É diminuir e diminuir mais até alcançar o ponto de não e nenhuma ação [*wuwei*]. [...]
>
> (*Daodejing* 48, trad. Chan 1963b: 184)

Se aceitarmos a explicação dada até aqui da ambivalência – e talvez até a rejeição – daoísta da linguagem, também entenderemos por que ela precisa rejeitar a busca por conhecimento. As duas instituições, conhecimento e linguagem, estão irrecuperavelmente entrelaçadas: o conhecimento é expressado na linguagem e a linguagem fixa as sabedorias recebidas: "Quando todas as pessoas do mundo conhecem a beleza como beleza, surge o reconhecimento da feiura" (*Daodejing* 2, trad. Chan 1963b: 101). A definição de *wei* como "julgar" ajuda a iluminar essa passagem: o caminho do *dao* é exonerar-se das avaliações convencionais do mundo; por isso deve-se procurar *diminuir* as sabedorias convencionais. O objetivo desse exercício de "diminuir" é não julgar (*wuwei*) o mundo de acordo com as caracterizações moldadas pelo uso da linguagem. A insatisfação daoísta com o conhecimento reside em parte na arbitrariedade com que as distinções são feitas na linguagem, e em parte na aceitação irrefletida, convencional, de sua legitimidade. Do ponto de vista daoísta, é irônico que se apegue com tanta firmeza a um fenômeno determinado de modo tão arbitrário:

> Abandone o aprendizado e não haverá tristeza.
> Quanta diferença há entre "Sim, senhor" e "Claro que não"? [...]
> A minha é de fato a mente de um homem ignorante,
> Indiscriminada e torpe!
> As pessoas comuns são realmente brilhantes;
> Apenas eu pareço estar no escuro.
> As pessoas comuns veem diferenças e são bem definidas;
> Apenas eu não faço distinções
> Eu pareço vaguear como o mar;
> Como o vento que sopra aparentemente sem destino.
> A multidão toda tem um propósito;
> Apenas eu pareço ser teimoso e rústico. [...]
>
> (*Daodejing* 20; trad. Chan 1963b: 134)

O tema de uma mente não instruída, indiscriminada, também está ligado à ideia do *dao*, às vezes descrita como um bloco não entalhado que é bruto, não sofisticado e simples (*Daodejing* 15, 28, 57). Atos de nomeação e identificação, e de atribuir função e utilidade, fomentam uma concepção particular de *telos* e valor; aprendemos a valorizar o recipiente enquanto sua verdadeira utilidade reside em seu vazio (*Daodejing* 11; ver também 25, 32). A filosofia daoísta observa a paradoxalidade dos valores convencionais: aqueles que são considerados sofisticados e refinados são na verdade projetos regurgitados e formulistas. Interessantemente, compreender esse paradoxo nos leva a encontrar outro: a simplicidade (*pu*) advogada no *Daodejing* é na verdade uma *sofisticada* tese metafilosófica sobre as deficiências das crenças e práticas convencionais. Podemos, nesse ponto, concluir nossa análise da concepção de aprendizado no *Daodejing* e sugerir que o valor do texto reside em tal consciência crítica e reflexiva. Na rejeição dos objetivos e métodos confucianos, o *Daodejing* demonstra a importância da distância crítica; ele nos ajuda a entender a influência da história e do coletivo sobre o indivíduo.

Todavia, não devemos deixar de mencionar que a rejeição do conhecimento também tem sido comumente associada a uma consciência intensificada do mundo natural. De acordo com essa visão, a apreciação do mundo ao nosso redor, não adulterada pelas expectativas predominantes, dá-se apenas como resultado de nossas observações diretas e pessoais dele. Essa análise vale-se de temas do *Daodejing* para enfocar a apreensão direta em oposição às formas condicionadas de ver e interpretar. *Daodejing* 5 articula a neutralidade do mundo natural: "Céu e Terra não são humanos (*ren*). Eles consideram todas as coisas como cães de palha" (trad. Chan 1963b: 107). Poderíamos perguntar se tal observação imparcial da natureza é similar em algumas maneiras à observação desapegada, que é uma parte importante da investigação científica. Joseph Needham, o historiador de ciência e civilização na China, comenta sobre a "ataraxia" no Daoísmo que se adequa à abordagem da investigação científica.[97] Schwartz entende que "ataraxia" significa "indiferença serena às vicissitudes e aos terrores do mundo e uma aspiração de olhar para a natureza sem juízos de valor" (Schwartz 1985: 202).

O interessante sobre esse entendimento da investigação é que ele oferece uma compreensão da epistemologia daoísta muito diferente da descrita anteriormente. De acordo com a explicação do aprendizado descrita antes, o valor da filosofia no *Daodejing* reside

---
97. Discutido por Schwartz (1985: 202-205).

em sua atividade *reflexiva* e sua distância crítica em relação à tradição e ao costume. Mas será que a visão descrita aqui, de observação não preconceituosa, poderia impossibilitar a reflexão, talvez até a compreensão intuitiva, pré-filosófica, que vemos na metáfora da criança (*Daodejing* 10, 20)? Schwartz discorda que o texto esteja promovendo a investigação objetiva, pois há esmagadora evidência de que ele tem preferências pelo feminino, não assertivo, simples e tranquilo; "a natureza que aparece no Lao-tzu é a natureza de nossa experiência ordinária e nada mais" (1985: 203). Há pouco material para apoiar a visão de que o *Daodejing* advoga uma abordagem científica, livre de valores, para o entendimento do mundo. Isso nos leva à questão do comprometimento ético no *Daodejing*: será que o texto oferece uma abordagem alternativa ao valor e ao significado humanos? Se a cultura predominante fomenta indivíduos irrefletidos e as normas convencionais impedem o desenvolvimento humano, o que uma abordagem *wuwei* oferece, se é que oferece algo?

A ética de *ziran* e wuwei

O *Daodejing* alinha um conjunto de metáforas comumente associadas à submissão e à inferioridade. Ele enuncia sua preferência por características como feiura, escuridão, submissão, tranquilidade, feminilidade e fraqueza, asseverando a primazia destas sobre os valores convencionalmente sustentados (*Daodejing* 8, 11, 26, 28, 36). Mas muito também deixa de ser dito sobre como essas características devem ser percebidas. Essa ambiguidade não ajuda, especialmente porque poderia parecer que tudo que o *Daodejing* tem a oferecer é uma subversão simplista das normas convencionais. Virar um sistema de valores de cabeça para baixo não resolve as dificuldades associadas às pressões conformistas da cultura popular e ao papel da linguagem de reforçar essas convenções. Em resumo, os problemas estruturais associados ao pensamento e aos comportamentos condicionados por *wei* não são abordados em uma ética de humildade.[98]

---

98. Argumentei em outra parte que devemos abordar a questão da feminilidade no *Daodejing* com muita cautela, especialmente se a feminilidade está associada a um conjunto de características que incluem a submissão. A filosofia daoísta poderia ser empregada na filosofia feminista na noção daoísta de complementaridade. Esta última proporciona um poderoso esquema conceitual dentro do qual as noções tanto de feminilidade quanto de masculinidade podem ser articuladas. Ver Karyn Lai, "The *Daodejing*: Resources for Contemporary Feminist Thinking", *Journal of Chinese Philosophy*, v. 27, n. 2, p. 131-153.

Parte da resposta a essa questão se encontra na interpretação do conceito de *ziran*. No capítulo anterior, observou-se que *ziran* é muitas vezes traduzido como "natureza" para designar entidades do mundo natural e as relações entre elas. O sistema ético originado dessa concepção de *ziran* modela-se segundo os caminhos da natureza; ele desafia o controle humano e encarna "padrões espontâneos, rotinas, ciclos, ritmos e hábitos" (Schwartz 1985: 202). A resposta ética que correspondente a um mundo desse tipo é *wuwei*: não interferência ou deixar as coisas serem. É assim que Chan entende a ética paradigmática do sábio daoísta: "ele apoia todas as coisas em seu estado natural [*ziran*] mas não em nenhuma ação [*wuwei*]" (*Daodejing* 64; 1963b: 214). Xiaogan Liu, um estudioso daoísta contemporâneo, identifica *ziran* como o valor central na ética daoísta (Liu 1999). Ele argumenta que este é um sistema no qual as relações interpessoais são caracterizadas pela naturalidade e paz e que, em última análise, a ética é redutível ao relacionamento básico entre as pessoas e a naturalidade:

> [...] apesar de terra, céu e o caminho serem conceitos muito importantes na filosofia de *Laozi* [...] eles são apenas conceitos intermediários ou transicionais: são necessários para fins retóricos e expositivos, mas a ênfase reside verdadeiramente nas duas extremidades do espectro – pessoas e naturalidade – e no relacionamento entre estas duas. O que isso revela é que as pessoas – e particularmente o governante – devem emular a naturalidade.
> (Liu 1999: 220-221)

Mas uma deficiência da abordagem de Liu – e na verdade de todas as abordagens que recorrem a uma ética com base na "naturalidade" – é que ela fracassa em esclarecer o que deve ser emulado na naturalidade. Há muitas concepções contraditórias do mundo natural, e não é claro quais características devemos seguir e até onde devemos ir ao aplicá-las nas sociedades humanas. A explicação de Liu presume que há uma concepção predeterminada, convencionada, de naturalidade e, além disso, que a vida deve ser conduzida de acordo com suas especificações. Mas isso, é claro, cria imediatamente um problema em nossa compreensão de *wuwei*: em vez de nos afastar do comportamento condicionado, a aderência ao que é "natural" *circunscreve* o que devemos fazer.

Há, contudo, outra interpretação de *ziran*, não como substantivo, mas como adjetivo; ambas as traduções são historicamente acuradas. Como adjetivo, *ziran* designa espontaneidade – o modo como a entidade é⁹⁹ – "o que é assim por si mesmo" (Waley 1958: 174). Essa compreensão de *ziran*, diferente da anterior, não recorre ao mundo natural. Em vez disso, baseia-se em uma noção daoísta do Eu, em que este é livre para se articular dentro das condições de seu ambiente. As duas interpretações de *ziran*, como "natureza" e "espontaneidade", parecem ter implicações opostas. Ser *ziran* (natural) é seguir uma senda de desenvolvimento prescrita, que é "natural". Em contraste, ser *ziran* (espontâneo) é ser livre de coerção indevida:

> Um aspecto importante de tzu-jan [*ziran*] é que o movimento das coisas deve vir de uma vida interna das coisas e nunca resultar da engenharia ou do condicionamento por um poder externo. (Cheng 1986: 356)

O foco central de *ziran* como espontaneidade é o indivíduo em um ambiente ou em um estado de coisas particular, em vez de no mundo natural.¹⁰⁰ As diferenças entre as duas interpretações de *ziran* são particularmente pronunciadas quando consideramos a tese do *Daodejing* 25 do mundo natural:

> [...] O homem se modela conforme a Terra.
> A Terra se modela conforme o Céu.
> O Céu se modela conforme o Tao.
> E o Tao se modela conforme a Natureza.
>
> (Trad. Chan 1963b: 144)

E alternativamente da espontaneidade:

> [...] Os humanos emulam a Terra.
> A Terra emula o Céu.
> O Céu emula o *dao*.
> O *dao* emula a espontaneidade.¹⁰¹

O que está no cerne de *ziran* como espontaneidade é um princípio ou característica em vez de uma entidade ou organismo (o mundo

---

99. A "ideia de ser assim como o indivíduo é" origina-se de uma combinação de seus dois termos, *zi* referindo-se a "si" e *ran* referindo-se a "assim como". *Ran* tem dois significados, um associado ao fogo e outro, a uma condição de existência, "tendo em vista que isso é assim". O *Shuowen Jiezi* (十篇上, p. 480) expressa essa "qualidade de ser assim como" por 如此 (*ruci*).
100. Alan Fox argumenta que tal liberdade individual espontânea é uma característica fundamental da filosofia daoísta ("Reflex and Reflexivity: *Wuwei* in the *Zhuangzi*", *Asian Philosophy*, v. 6, n. 1, p. 59-72, 1996).
101. Adaptado da tradução de Ames e Hall (2003: 115).

natural). Nesse caso, que papel *ziran* tem na rejeição daoísta dos valores e das práticas convencionais? Como ele orienta a ação? Conforme se aplica aos indivíduos, o "ser assim como o indivíduo é" retrata a realização ótima do indivíduo no contexto. Mas a espontaneidade no sentido daoísta não significa liberdade irrestrita. A ideia de *ziran* como "assim como é" não é uma filosofia que promove a autodeterminação completa. Em vez disso, ela deve ser entendida como um conceito que incorpora as relações fundamentais das entidades e a implantação destas em seus ambientes contextuais. Desse modo, não é difícil ver como a espontaneidade pode ser aplicada tanto aos indivíduos quanto aos estados de coisas. Em relação aos últimos, ela denota os relacionamentos entre entidades, os efeitos que elas têm umas sobre as outras e sua contínua transformação mútua.

Se aceitarmos essa análise de *ziran*, podemos também entender *wuwei* como uma apreciação da espontaneidade (do outro). Dentro de uma estrutura que enxerga os indivíduos como interdependentes, o reconhecimento da espontaneidade, da distinção e da separação do outro acarreta uma resposta ética de não interferência ou uma ausência de interferência indevida – *wuwei*. A não interferência tem muitas implicações éticas significativas. Estas incluem evitar os ideais absolutistas, inflexíveis e as metodologias ditatoriais e unilaterais, bem como promover aqueles que engendram uma medida de autodeterminação individual. *Ziran-wuwei* descreve uma estrutura ética que está embasada no respeito pela espontaneidade individual. Não deveria ser assumido que a prática de *ziran-wuwei* é "natural" para a humanidade e, portanto, vem facilmente. De fato, ela requer uma sabedoria profunda acoplada a habilidades particulares. No *Daodejing* 64, vemos a articulação mais explícita da ética *ziran-wuwei*:

> Aquele que adota a ação [*wei*] convencionalmente prescrita fracassa
> Aquele que controla as coisas as perde.
> Portanto, o sábio adota [*wei*] a ação não condicionada e não controladora [*wuwei*] e, portanto, não fracassa.
> Ele não procura controlar nada e, portanto, não perde nada [...]
> Ele aprende a estar despojado das normas convencionais e de suas perspectivas condicionadas associadas [*xue buxue*],
> E retorna à especificidade e à multiplicidade originais (dos indivíduos)
> Assim ele encoraja todos a serem espontâneos e a não agirem de acordo com respostas aprendidas e condicionadas.
>
> (Trad. minha)

Essa interpretação de *ziran-wuwei* é notoriamente diferente da ética normativa, pois vale-se da autopercepção e da apreciação do outro. Essa abordagem engendra uma atitude de abertura aos outros, em vez de uma imposição de normas convencionais a serem aplicadas universalmente, em todos os indivíduos e situações. Ela se fia na sensibilidade moral e na responsividade ao outro, e vê isso como fundamental para a moralidade. Essa visão do que é fundamental fica em contraste absoluto com os critérios da filosofia moral ocidental tradicional, inclusive os de imparcialidade, objetividade e universalidade.[102] Os filósofos morais da tradição ocidental estão cientes das inadequações desses critérios de moralidade, como demonstrado na vasta literatura. Todavia, não podemos simplesmente abandoná-los, porque eles são de fato parte integrante da moralidade e do raciocínio moral. Talvez as reflexões éticas daoístas sobre *ziran-wuwei* possam intensificar a aplicação desses critérios. O diálogo entre as duas tradições poderia produzir uma ética consistente e confiável, que *também* busque reconhecer e encorajar a espontaneidade nas ações e decisões humanas.

Sugestões para leituras posteriores

Chang, Chung-yuan. *Tao, a New Way of Thinking*. New York: Perennial Library, 1975.

Hansen, Chad. "Laozi: Language and Society". In: *A Daoist Theory of Chinese Thought*. New York: Oxford University Press, 1992.

Schwartz, Benjamin. "The Ways of Taoism". In: *The World of Thought in Ancient China*. Cambridge: The Belknap Press of Harvard University Press, 1985.

Slingerland, Edward. *Effortless Action: Wu-wei as Conceptual Metaphor and Spiritual Ideal in Early China*. Oxford: Oxford University Press, 2003.

---

102. Os argumentos de Bernard Williams e J. J. C. Smart. *Utilitarianism: For and Against*. Cambridge: Cambridge University Press, 1973; e John Kekes. "Morality and Impartiality", *American Philosophical Quarterly*, 18, p. 295-303, 1981, fornecem uma boa imagem instantânea dessas considerações.

7. Os Mingjia e os moístas posteriores

> Durante o século IV a.C., começou a ocorrer aos chineses que as palavras se movem em um mundo próprio delas, uma região ligada apenas do modo mais casual e precário ao mundo da realidade [...]. Ora, havia razões particulares, ligadas à história e ao caráter não apenas da língua chinesa, mas também da escrita, que fizeram dessa fissura entre língua e realidade um assunto não meramente de investigação filosófica desapegada [...] mas uma questão ardente da época.
>
> (Waley 1958: 59-60)

Waley chama este fenômeno de "Crise da Linguagem". Sua descrição sugere que foi como se uma onda de consciência tivesse se espalhado entre os pensadores da China. Eles começaram a questionar a natureza da linguagem e sua ligação com a realidade. Como aponta corretamente Waley, há uma peculiaridade da língua chinesa que complica ainda mais as questões de correspondência entre a linguagem e a realidade. Cada caractere chinês (ou nome: *ming*) tem um significado específico, e o modo como os caracteres são combinados, por exemplo, para formar um nome composto ou uma proposição, é um assunto importante. Também era crucial entender como esses "nomes" poderiam refletir a realidade com precisão. Tanto a discussão confuciana de corrigir nomes (*zhengming*) quanto a preocupação moísta com padrões (*fa*) tentam lidar com essas questões, determinando a aplicação correta dos nomes para regulamentar a sociedade. Em oposição, pensadores associados ao *Daodejing* defendem maior consciência da convencionalidade da linguagem e seu poder manipulatório. Os debates sobre nomes se estendem em uma série de áreas filosóficas que podemos descrever como metafísica, epistemologia e filosofia da linguagem. As discussões dos Mingjia (terminologistas) e dos pensadores moístas posteriores cobriam áreas que eram tratadas apenas superficial ou tangencialmente por outros pensadores do período dos Reinos Combatentes.

Durante a dinastia Han, Sima Tan (m. 110 a.C.), que estava escrevendo uma história do pensamento chinês, identificou um grupo de pensadores que ele apelidou coletivamente de Mingjia.[103] Esse grupo de pensadores também é às vezes mencionado como logicistas, sofistas, dialéticos, terminologistas e nominalistas por causa da variedade de seus tópicos de discussão, de seu estilo de debate e da abertura dos textos subsistentes à interpretação. O título Mingjia é importante porque indica que boa parte das discussões centrava-se em nomes (*ming*) e na ligação destes com o mundo real. Alguns desses pensadores eram conhecidos como Bianzhe (disputadores) durante o período dos Reinos Combatentes. Eles eram conhecidos por sua especialidade em discussão (*bian*), que tinha a intenção de resolver desacordos. Os Bianzhe acreditavam que os desacordos poderiam ser resolvidos se as distinções fossem esclarecidas. Por isso, tinham muito cuidado ao definir os nomes, seu escopo e referentes. Os Bianzhe eram pouco estimados por muitos de seus contemporâneos, pois eram considerados retóricos e apreciadores do sofisma. Parecia faltar comprometimento ético e importância prática às suas ideias. Xunzi reclamou deles:

> [...] eles gostam de tratar de ensinamentos estranhos e cansar as pessoas com ideias curiosas. Eles são muito críticos, mas não se importam com a utilidade disso; eles debatem, mas de modo não prático. Eles fazem muito barulho, mas realizam pouco; suas doutrinas não podem ser o elo unificador do bom governo. Ainda assim, o que eles apoiam parece razoável; seus ensinamentos são plausíveis o suficiente para enganar e desencaminhar a multidão ignorante – assim são Huei Shih [Hui Shi] e Teng Si [Deng Xi]. (*Works of Hsuntze*, capítulo 6, trad. Dubs 1966: 79)

---

103. Sima Tan havia começado o projeto de compilar um registro narrativo da história chinesa. Ele não completou o projeto, mas seu filho, Sima Qian (c. 145-90 a.C.), o fez. Intitulado *Shiji* (*Registros históricos*), a obra cobre mais de 2 mil anos de história chinesa até a regência do imperador Wu (156-87 a.C.) na dinastia Han.

Os comentários de Xunzi refletem as preocupações que muitos tinham em relação aos debates dos Bianzhe. Contudo, como veremos neste capítulo, essas críticas enfocam apenas os aspectos mais triviais dos interesses dos Bianzhe. Há uma série de razões relacionadas para a subestimação de suas ideias tanto na história do pensamento chinês quanto nos estudos até os dias de hoje. Seus tópicos de discussão eram considerados irrelevantes para as questões associadas à inquietação sociopolítica do período dos Reinos Combatentes. Pensava-se comumente que as discussões dos disputadores desviavam-se dos debates dominantes sobre padrões éticos, bom governo e estratégia política (as questões *práticas*). Apesar de um bom número dos Bianzhe (como Deng Xi) estar interessado em sofismas, outros consideravam seriamente os métodos de argumentação e critérios para justificação. Na verdade, o próprio Xunzi utilizava alguns desses métodos em seus próprios escritos (Graham 1978: 21). A despeito da percepção dos confucianos e outros de que as discussões de *bian* tinham pouca importância prática, os Bianzhe acreditavam que a discussão chegaria às raízes das questões sociopolíticas, esclarecendo o *status* dos nomes e sua ligação com o mundo real. Infelizmente, o controle totalitário do imperador Qin desde 221 a.C. pôs um fim às discussões intelectuais; o ressurgimento da investigação intelectual na dinastia Han subsequente enfocava predominantemente o Confucionismo. Em grande parte, o clima político e social do Qin ao Han determinou os limites da discussão filosófica nos períodos que se seguiram. A perda da maioria dos textos associados aos Bianzhe também compõe a dificuldade de compreender suas doutrinas de modo mais completo.

Muitos dos temas discutidos pelos Mingjia também foram levantados pelos moístas posteriores. Não conhecemos essas personalidades moístas posteriores e sabemos sobre suas ideias principalmente por meio dos seis últimos capítulos do texto *Mozi*, capítulos 40-45. Há uma relação íntima entre os pensadores moístas posteriores e os Mingjia; ambos os grupos de pensadores deliberavam sobre tópicos similares e desenvolveram seus pontos de vista utilizando formas argumentativas comparáveis, apesar de suas conclusões serem diferentes. Por isso, encontramos alguns textos tradicionais que categorizam o pensamento moísta posterior dentro da Escola dos Nomes e, às vezes, outros que classificam todos eles como pensadores moístas posteriores (Hu Shih [Hu Shi] 1928; cf. Mei 1953: 406). A filosofia moísta posterior também sofreu um destino similar, pois minguou em popularidade. Que as deliberações tanto dos Mingjia quanto dos moístas posteriores tenham sido eclipsadas é uma perda de proporções incalculáveis na história da filosofia chinesa. Além das questões políticas e éticas, os moístas posteriores também debatiam uma série de áreas dentro do que poderíamos chamar de ciências práticas: geometria, mecânica, causalidade, espaço, tempo, ótica e até economia (Fraser 2003: xvii). Suas ideias e métodos filosóficos preenchem uma lacuna muitas vezes percebida no pensamento intelectual chinês. Os debates do período pré-Qin são representados predominantemente – alguns diriam *representados excessivamente* – pelos pontos de vista daoísta e confuciano sobre ética e governo. Os moístas posteriores estão interessados primariamente em questões sobre conhecimento e verificação, adequação de nossa compreensão do mundo e de nossas representações dele na linguagem, e estrutura da linguagem em relação ao pensamento e à realidade. A predominância do Confucionismo e do Daoísmo na filosofia chinesa antiga, e a subestimação da lógica, do raciocínio e da argumentação, do raciocínio científico, da filosofia da linguagem e da epistemologia, são parcialmente responsáveis pelas deficiências desses campos nesse período remoto do pensamento chinês. Uma discussão detalhada das ideias desses pensadores revela elementos do pensamento filosófico muito mais intimamente aparentados aos da filosofia ocidental. Nossa discussão também demonstrará a gravidade da omissão de permitir que essas ideias sejam simplesmente deixadas de lado.

Os debates dos Mingjia

De acordo com a *História da antiga dinastia Han*,[104] há sete textos associados à Escola dos Nomes, que supostamente levam os nomes de seus autores. Desses sete, dois são corrompidos e muito provavelmente falsificações (*Deng Xi* e *Yin Wen*) e quatro não existem mais (*Cheng Gongsheng, Huang Gong, Mao Gong* e *Hui Zi*) (Makeham 2003: 492-493; Johnston 2004: 271). As ideias de Hui Shi (Hui Zi) são citadas no texto *Zhuangzi* e também nas *Obras de Hsun Tzu*. O *Gongsun Longzi* é o único texto que sobrevive em sua forma original, contudo, apenas em parte.

Os Bianzhe em sua época eram vistos como "pessoas que faziam declarações paradoxais, que estavam prontas para disputar

---

104. A *História da antiga dinastia Han* (*Qian Han Shu*) foi iniciada por Ban Biao (3 d.C.-54 d.C.) e completada por seu filho, Ban Gu (32-92 d.C.) e sua filha, Ban Zhao (35-100 d.C.). O texto cobre a história da dinastia Han de 206 a.C. a 25 d.C.

com outros e que afirmavam de propósito o que os outros negavam e negavam o que os outros afirmavam" (Fung 1948: 81). Eles pareciam desfrutar dos efeitos de suas asserções paradoxais que desafiavam o senso comum e que eram desconcertantes para os outros. Para seus oponentes, eles davam a impressão de que estavam interessados apenas em vencer disputas; Zhuangzi disse sobre Hui Shi (370?-310? a.C.) que ele "desejava fazer um nome para si vencendo discussões; é por isso que se tornou tão impopular" (*Zhuangzi*, capítulo 33, trad. Graham 2001: 285). Wing-tsit Chan expressa as preocupações deles em termos mais positivos: "Eles eram o único grupo devotado a problemas como existência, relatividade, espaço, tempo, qualidade, realidade e causas [...] eles representam a única tendência na China Antiga voltada ao intelectualismo pelo próprio intelectualismo" (Chan 1963a: 232). Deng Xi (m. 501 a.C.) foi um funcionário público sênior no estado de Zheng e é conhecido por ter formulado um código penal de leis e por ter se envolvido em litígios (Makeham 2003: 492). Seus debates sobre a interpretação das leis e as definições dos termos são característicos do estilo retórico e do sofisma que eram tão desprezados pelos outros (Ibid.; Harbsmeier 1998: 287). Ele era aparentemente tão bem versado no sofisma que poderia tornar os padrões de certo e errado insustentáveis, unindo o que era tido como possível (*ke*) e não possível (*buke*).

A agilidade retórica de Deng Xi pode ser a característica mais óbvia dos Bianzhe em tempos pré-Qin. Mas esta não é a característica mais filosoficamente interessante ou mais importante desse grupo de pensadores. Na verdade, o título concedido a eles de modo retrospectivo, Mingjia, identifica o tema central de seus debates. Suas discussões sobre nomes (*ming*), termos compostos e as relações entre linguagem e realidade tinham ligações importantes não apenas com os tópicos das discussões moístas posteriores, mas também com as visões de Xunzi, Laozi e Zhuangzi.

Hui Shi

Hui Shui foi um colega próximo de Zhuangzi, e este parece ter visitado seu túmulo (*Zhuangzi*, capítulo 24). O texto *Zhuangzi* observa que Hui Shi, como os moístas, defendia o interesse amplo, universal, por todos (*Zhuangzi*, capítulo 33). Apesar de Xunzi associar Hui Shi a Deng Xi (*Obras de Hsun Tzu*, capítulo 6), não há provas de que Hui Shi encorajava o sofisma (Fung 1952, v. 1: 195). Contudo, ele era conhecido por seus difíceis paradoxos e analogias, e um observador menos sofisticado poderia associar questões paradoxais a sofismas, aparentemente levantadas para provocar perplexidade. Contudo, Hui Shi parece ter tido uma compreensão mais profunda de seu método de argumentação, como vemos na anedota seguinte. O rei de Liang critica Hui Shi por sua dependência em relação ao raciocínio analógico, e ele defende seu método de forma convincente:

> – Quando você fala de negócios, senhor, gostaria que você simplesmente falasse diretamente, sem analogias.
> – Suponhamos que temos um homem que não conhece o *tan* –, disse Hui Shih [Hui Shi]. – Se ele diz: "Quais são as características de um *tan*?", e você responde: "Como um *tan*", isso será comunicado?
> – Não será.
> – Se então, em vez disso, você responder: "Um *tan* em suas características é como um arco, mas com uma corda feita de bambu", ele saberá?
> – Poderia saber.
> – É inerente na explicação – continuou Hui Shih – que, ao usar o que ele sabe para comunicar o que ele não sabe, você faz com que o outro homem o saiba. Que sua Majestade agora diga "sem analogias" é inadmissível. (*Shuo Yuan*, citado em Graham 1989: 81)

A resposta de Hui Shi contorna a questão de definições objetivas. Na verdade, sua própria resposta é uma analogia. Na ausência de um *tan* real, argumenta Hui Shi, uma definição "por gênero" não servirá (Graham 1989: 81). Em vez disso, teremos de nos valer de correspondências e paralelos entre o conhecido (arco) e o desconhecido (*tan*) para esclarecer o desconhecido.

Listas curtas dos paradoxos de Hui Shi são apresentadas nas *Obras de Hsun Tzu* e no *Zhuangzi*. Alguns dos paradoxos no capítulo 3 das *Obras de Hsun Tzu* coincidem com os do *Zhuangzi*, alguns não parecem ser paradoxos de modo algum e outros são difíceis de decifrar, pois o texto está corrompido. A maior parte do que podemos dizer sobre Hui Shi origina-se dos paradoxos no *Zhuangzi*. Aqui, há uma lista de dez paradoxos atribuídos a Hui Shi, e outros 21 sobre os quais os Bianzhe debatiam. Os dez paradoxos parecem conclusões de argumentos elaborados, apesar de não conhecermos os argumentos. Eles apontam a falibilidade dos julgamentos e os padrões de medida. Os dez paradoxos são:

1. O maior não tem nada além de si; é chamado de grande unidade. O menor não tem nada dentro de si; é chamado de pequena unidade.
2. Aquilo que não tem espessura não pode ter volume algum, e ainda assim em extensão pode cobrir mil *li* [cerca de 600 quilômetros].
3. O céu é tão baixo quanto a terra; montanhas e pântanos estão no mesmo nível.
4. Quando o sol está no meio-dia, está se pondo; onde há vida, há morte.
5. Uma grande similaridade é diferente de uma pequena similaridade; isso é chamado de similaridade e diferença menor. Todas as coisas são similares umas às outras e diferentes umas das outras; isso é chamado grande similaridade e diferença.
6. O sul não tem limite e ainda assim tem um limite.
7. Uma pessoa vai ao estado de Yüeh [Yue] hoje e chega lá ontem.
8. Anéis unidos podem ser separados.
9. Eu conheço o centro do mundo: é ao norte do estado de Yen [Yan] (no norte) e ao sul do estado de Yüeh (no sul).
10. Ame todas as coisas de modo extensivo. Céu e terra formam um corpo. (Chan 1963a: 233-234)

Esses paradoxos expressam ceticismo em relação à medida e podem ser entendidos como respostas reativas às tentativas, especialmente de Mozi e dos pensadores confucianos e legalistas, de fixar e padronizar os referentes de nomes (*ming*) para manipular as pessoas comuns. Eles asseveram a relatividade das medidas e dos padrões de tamanho, dimensão, altura, direção, localização e tempo. Alguns deles enfocam o modo como as medidas mudam de acordo com a posição do observador; Chad Hansen classifica esses termos "de indexação" (Hansen 1992: 262). Outras proposições apontam para a infinita divisibilidade de espaço e tempo (Graham 1989:79), não diferente dos elementos no paradoxo de Zeno. Os estudiosos tentaram classificar essas proposições de acordo com uma série de categorias. Isso inclui uma tese recente de Reding de que eles se relacionam com os debates políticos daquela época.[105] Contudo, devemos observar com alguma cautela que há limites para essa tarefa interpretativa, por razões que Fung Yu Lan expressa com precisão:

---

105. Jean-Paul Reding. *Les fondements philosophiques de la rhétorique chez les sophistes grecs et chez les sophistes chinois*. Bern: Peter Lang, 1985, citado em Graham 1989: 78.

Esses paradoxos representam apenas as conclusões finais a que chegam os dialéticos, deixando-nos sem meios para conhecer os passos do raciocínio pelos quais eles chegaram a essas conclusões. Logicamente falando, pode-se chegar à mesma conclusão a partir de diferentes premissas, de modo que, se conhecemos apenas a conclusão, é impossível saber a partir de quais das muitas premissas possíveis ela foi alcançada. Portanto, um estudo estritamente histórico dos paradoxos de Hui Shih e dos outros dialéticos é impossível, visto que somos deixados totalmente livres para fornecer nossas próprias premissas e explicações para essas conclusões bastante independentes das que foram realmente usadas. (Fung 1952, v. 1: 192)

Apesar do argumento de Fung, é evidente que essas proposições indicam em algum nível a discrepância entre uma realidade imutável, unificada (proposições 1, 10), de um lado, e nossas percepções dela, de outro. A interpretação de Hu Shih [Hu Shi] das dez proposições foi influente. Ele sugere que a proposição dez é na verdade a "moral" das proposições: é a conclusão sustentada pelas outras nove. A décima proposição é a única com implicações éticas, estabelecida sobre as outras nove asserções, metafísicas (Hu Shih 1928: 113). Desse ponto de vista, o método de Hui Shi é engenhoso. As nove proposições precedentes chamam a atenção à relatividade das medidas (e dos nomes usados para descrevê-las), antes de passarmos para o plano de trás para afirmar, com a proposição 10, uma unicidade absoluta e imutável (cf. Fung 1948: 85). De acordo com essa interpretação, os paradoxos de Hui Shi podem ser entendidos como um argumento sobre a inadequação da compreensão humana de uma realidade mais profunda, unificada. Sob essa luz, o autor de *Zhuangzi* 33 parece ter captado a preocupação de Hui Shi com as múltiplas manifestações das coisas, apesar de, infelizmente, não ter compreendido totalmente a intenção de suas palavras. O texto contrasta a erudição de Hui Shi com a falta de resolução em seu pensamento:

Hui Shih [Hui Shi] respondia sem hesitar, replicava sem pensar, tinha explicações para toda a miríade de coisas, nunca parava de explicar, dizia mais e mais, e ainda pensava que não havia dito o suficiente, que tinha alguma maravilha para acrescentar [...]. Hui Shih era incapaz de se satisfazer [prosseguir em uma única direção], ele nunca se cansava de se espalhar por toda a miríade de coisas, e terminou com nada mais do que uma reputação por ser bom em discussões. Que pena que os talentos de Hui Shih foram desperdiçados e nunca deram em nada, que ele nunca deixou de perseguir a miríade de coisas! Ele tinha tanta possibilidade de fazer sua voz durar mais que seu eco, seu corpo ultrapassar sua sombra. Triste, não foi? (Trad. Graham 2001: 295)

Mais percepções de Hui Shi serão discutidas no capítulo seguinte, em conjunção com a filosofia de Zhuangzi.

Gongsun Long

Gongsun Long (n. 380 a.C.?) é reconhecido como autor do famoso debate do Cavalo Branco, no qual é declarado: "Cavalo branco não é cavalo". Seis capítulos do texto associado a Gongsun Long, que leva seu nome, subsistem. Dos seis capítulos (cinco capítulos e uma introdução curta), é provável que apenas as discussões "Cavalo Branco" (capítulo 2) e "Apontando para as coisas" (capítulo 3) foram escritas antes do período Han. A introdução fornece alguns detalhes da vida de Gongsun Long, e os capítulos 4-6 ("Mudança", "Duro e branco" e "Nomes e realidades") foram mais provavelmente escritos depois, contendo material também abordado nos textos moístas posteriores (Graham 1990a: 125-166).

Como Hui Shi e os moístas, Gongsun Long era um pacifista (Hu Shih 1928:110). Apesar de o *Gongsun Longzi*, diferente dos fragmentos de Hui Shi, incluir argumentos prolongados, ele está corrompido em muitos pontos. Não é fácil decifrar a importância do referencial filosófico mais amplo de Gongsun Long, no qual o Cavalo Branco e outras discussões se encaixam. Há muitas interpretações de estudiosos da doutrina de Gongsun Long, que passa pela metafísica, pela filosofia da linguagem, pela lógica e pelo sofisma. Um dos dois capítulos autênticos, "Apontando para as coisas", é extremamente obscuro, e as numerosas análises de seus temas tendem a variar de acordo com as perspectivas dos intérpretes. Estudos mais recentes do *Gongsun Longzi* tentam entender sua filosofia à luz dos debates existentes do período. Chad Hansen situa os debates dos Mingjia e dos moístas posteriores em sua discussão da lógica da língua chinesa (1983a); A. C. Graham rearranja o texto do capítulo "Cavalo Branco" e estabelece que a tarefa central do *Gongsun Longzi* era delinear parte e todo (1990a);[106] Ian Johnston apresenta uma tradução do *Gongsun Longzi* como um texto unificado, apesar dos capítulos corrompidos,

---

106. Esta leitura permite uma ligação mais estreita entre as discussões de Gongsun Long e Hui Shi, pois as conclusões de Hui Shi podem ser tomadas para indicar a multiplicidade das partes dentro de um todo unificado.

para esclarecer sua doutrina em conjunção com deliberações moístas posteriores (2004).

O debate do Cavalo Branco é central no pensamento de Gongsun Longzi, e nós o exploraremos com alguns detalhes. No capítulo do Cavalo Branco, Gongsun Long debate (*bian*) com um interlocutor sobre o tópico "cavalo branco não (é) cavalo", e proporciona uma série de razões por que ele considera que isso seja admissível (*ke*). Visando à brevidade, reproduzi apenas as respostas de Gongsun Long. Há cinco argumentos ligados, e alguns deles se sobrepõem:

§1: "Cavalo" denota forma; "branco" denota cor. O que denota cor não denota forma. Portanto, diz-se, um cavalo branco não é um cavalo. (Mei 1953: 421)

A resposta de Gongsun Long parece enigmática porque ele aparenta não ter captado os significados da identidade e do pertencimento a uma classe (Graham 1989: 82). Seguramente, o escopo de "cavalo branco" é mais estreito do que o escopo de "cavalo" – aliás, aquele é um subconjunto de "cavalo" – e por isso "cavalo branco" *é* "cavalo". Em vez disso, Gongsun Long separa cor e forma e parece apenas ter provado que a cor branca não é um cavalo. Ele parece não ter entendido que um cavalo de *qualquer cor* é ainda um cavalo. Mas talvez possa se dizer mais sobre sua tentativa de diferenciar forma de cor. Os estudiosos comumente descrevem essas características, a condição do branco e a condição do cavalo, em predicados, atributos ou universais abstratos. Esse entendimento é em parte apoiado pela interpretação do capítulo "Duro e branco" como um tratado sobre atributos. Se Gongsun Long estava de fato discutindo essas características da língua, esse argumento poderia ser sobre a distinção entre a condição de branco e de cavalo, ou poderia ser uma tentativa de traçar uma linha entre os predicados ou os conceitos da condição de branco e de cavalo, e cavalos que existem realmente (*shi*).[107]

§2: Quando se quer um cavalo, podem-se trazer todos os amarelos ou negros. Mas, quando se quer um cavalo branco, não se podem trazer amarelos nem negros. Se um cavalo branco fosse um cavalo, então o que se queria nos dois casos seria o mesmo. Se o que se quisesse fosse o mesmo, então um cavalo branco não seria diferente de um cavalo. Se o que se quisesse não fosse diferente, então por que

---

107. A última interpretação nos permite também traçar algumas ligações com o capítulo "Nomes e realidades" do *Gongsun Longzi*, que trata da ligação entre nomes (*ming*) e realidade (*shi*).

cavalos negros e amarelos são satisfatórios em um caso, mas não no outro? O que é satisfeito e o que não é satisfeito evidentemente não é o mesmo. Ora, cavalos negros e amarelos continuam os mesmos, e ainda assim eles atenderão aos requisitos de um cavalo, mas não atenderão aos requisitos de um cavalo branco. Por isso deve estar claro que um cavalo branco não é um cavalo. (Mei 1953: 421-422)

A segunda resposta de Gongsun Long enfoca os termos "cavalo branco" e "cavalo". Os termos não são coextensivos se seus referentes são diferentes. Isso é intuitivamente correto. Contudo, a discussão assume uma abordagem realista ingênua da linguagem: os termos são idênticos apenas se o cavalo real satisfizer tanto "cavalo branco" quanto "cavalo". É claro, pode ser que um cavalo de cor branca seja trazido e satisfaça ambos os termos. Mas isso é apenas acidental, pois há toda possibilidade de que um cavalo não branco seja trazido. Os referentes de cavalo branco, ou negro, ou amarelo, são diferentes, e o referente de "cavalo" não preenche necessariamente "cavalo branco", "cavalo negro" ou "cavalo amarelo".

> §3: Cavalos, é claro, têm cor. Portanto, existem cavalos brancos. Se cavalos não tivessem cor, existiriam meramente cavalos. Como poderíamos especificar cavalos brancos? Mas um cavalo branco não é um cavalo. Um cavalo branco é um cavalo unido com a brancura, ou a brancura unida com o cavalo. Portanto, diz-se, um cavalo branco não é um cavalo. (Mei 1953: 422)

Essa resposta sugere que cavalo branco é um subconjunto de cavalo. Mas é claro que essa asserção é claramente negada em todo o capítulo. Aqui, há alguma alusão à separação (inicial) da condição de cavalo e de branco, de tal forma que a condição de cavalo é uma coisa, e a condição de branco é outra, e a condição de cavalo branco uma terceira.[108]

> §4: Sustentar que um cavalo é diferente de um cavalo amarelo é diferenciar um cavalo amarelo de um cavalo. Diferenciar um cavalo amarelo de um cavalo é considerar um cavalo amarelo como não um cavalo. Agora, considerar um cavalo amarelo como [não] (sic) cavalo, e ainda assim sustentar que um cavalo branco é um cavalo, seria como voar em um lago ou colocar os caixões interno e externo em lugares separados. Essa seria a conversa mais perversa e o argumento mais desconcertado do mundo. (Mei 1953: 422-423)

---

108. A linha de argumentação aqui poderia também se referir ao tema no capítulo "Duro e branco", no qual dureza e brancura são separadas.

Essa resposta reitera as ideias dos dois argumentos anteriores. Ela se vale de uma analogia entre correspondências de nome-realidade. Diferenciar entre cavalo amarelo e cavalo é também considerar que cavalos amarelos não são cavalos.

> §5: A brancura que não se fixa sobre qualquer objeto pode simplesmente ser negligenciada. Mas, ao falar do cavalo branco, referimo-nos a uma brancura fixada sobre seu objeto. A brancura que é fixada sobre um objeto não é apenas brancura como tal. O termo "cavalo" não envolve qualquer escolha de cor. Portanto, amarelos e negros, todos atenderão aos requisitos. O termo "cavalo branco" envolve a escolha de cor. Amarelos e negros são todos rejeitados por causa de sua cor. Apenas cavalos brancos servirão. O que não exclui qualquer cor não é o mesmo que o que exclui certas cores. Portanto, diz-se, "um cavalo branco não é um cavalo". (Mei 1953: 423)

A forma "cavalo" é separada de sua cor, "branco". Na passagem, está claro que a condição de cavalo não especifica qualquer cor. Além disso, a passagem parece conceber as cores não em termos abstratos (ela não se *fixa*), mas apenas em respeito a instanciações particulares de coisas que são de cor branca. Apenas na "condição de cavalo branco" a brancura se manifesta. Aqui, novamente, podemos ver alguma ligação entre filosofia da linguagem e epistemologia.

A tradução de Y. P. Mei do *Gongsun Longzi*, usada aqui, reflete um entendimento particular dos temas do pensamento de Gongsun Long. A interpretação de Mei sugere que Gongsun Long estava discutindo sobre atributos e como eles são expressos na linguagem (Mei 1953, nota 7: 436). A discussão considera os atributos de cor e forma, tratando da relação entre atributo e sujeito, especialmente em nomes compostos, como "cavalo branco" ou "cavalo amarelo". Em uma variedade de análises, as condições de cavalo e de branco são explicadas por termos universais, por predicação (por exemplo, Hu Shih 1928: 127) ou por classes ou conjuntos lógicos (Chmielewski, citado em Hansen 1983a:143). Essas várias formas de entender a filosofia de Gongsun Long se tornaram as abordagens ortodoxas, porque elas foram capazes de interpretar as ideias de Gongsun Long na filosofia da linguagem e na metafísica da filosofia ocidental. A interpretação de Fung Yu-lan de que a discussão do cavalo branco deve ser entendida à luz dos universais platônicos foi influente. De acordo com essa visão, cavalo branco não é cavalo porque as condições de branco e de cavalo são diferentes da "condição de cavalo branco" (Fung 1952, v. 1: 203; Chan 1963a: 233). Os universais separados, as condições de branco e de cavalo, não são coextensivos (isto é, eles têm um escopo diferente), assim como dureza e brancura (Capítulo "Duro e branco"; Fung 1952, v. 1: 207). Os universais apontam (*zhi*) as coisas reais, particulares, do mundo (Capítulo "Nomes e realidades"; Fung 1952, v. 1: 211).[109] A descrição de Fung dos universais e os outros que explicam a filosofia de Gongsun Long em termos de atributos, predicação, classes e conjuntos, partilham uma característica comum. Eles sustentam que as condições de branco e de cavalo são conceitos ou categorias abstratas além da linguagem e do mundo real.

Houve sérios desafios a essa abordagem ortodoxa. A objeção principal a essa estrutura interpretativa é que não há outra prova na literatura do período de que os pensadores chineses refletiam sobre universais abstratos, entidades mentais ou categorias lógicas. Chad Hansen enfatiza que "não há papel nas teorias filosóficas chinesas como os desempenhados por termos como *significado, conceito, noção* ou *ideia* da filosofia ocidental" (1983a: 31). Entre outras coisas, isso significa que os pensadores chineses antigos presumiam uma relação de um para um entre nomes e realidade, uma visão que Hansen chama de "nominalismo" (Ibid.). De acordo com o nominalismo, a tarefa da epistemologia é distinguir entre objetos ou "coisas" existentes, isto é, distinguir umas das outras (Ibid.: 32). A descrição de Hansen da filosofia de Gongsun Long como "nominalismo" reside em parte em sua análise da língua chinesa. A tarefa de associar nomes a coisas pode parecer bastante crua, mas não distingue entre nomes incontáveis (como "areia" ou "água") e nomes contáveis (como em "um gato" ou "muitos gatos"). Ele argumenta que isso é porque os *ming* (nomes) são nomes incontáveis – o que ele chama de "nomes de massa" em chinês. Nomes de massa, como "areia", determinam a "coisa" areia. De modo similar, o nome de massa "cavalo" em chinês pode se referir à "espécie concreta ou a alguma parte, rebanho, grupo ou a um cavalo individual específico, dependendo do contexto" (Ibid.: 36). De acordo com esse ponto de vista, o "cavalo branco" de Gongsun Long é "a soma das coisas [coisa-cavalo e coisa-branco] nomeadas por cada termo componente (Ibid.: 160).

---

109. Essa explicação também esclarece o conceito *zhi* (apontar; designação) no capítulo "Apontando para as coisas", pois *zhi* são descritos como universais que se manifestam em coisas reais no espaço e no tempo (Fung 1952 v. 1: 205, 211).

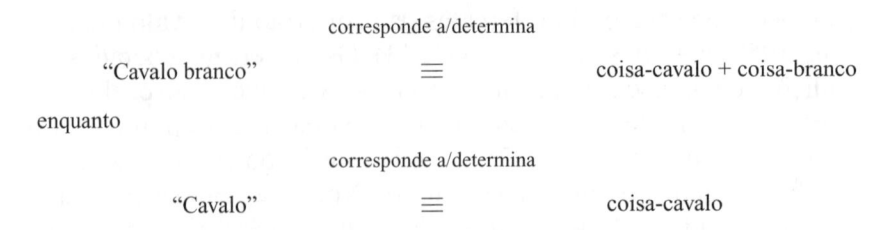

	corresponde a/determina	
"Cavalo branco"	≡	coisa-cavalo + coisa-branco

enquanto

	corresponde a/determina	
"Cavalo"	≡	coisa-cavalo

Por isso "cavalo branco não é cavalo" é admissível.[110]

Apesar de a hipótese de Hansen não ser aceita com unanimidade, sua análise de nomes de massa na língua chinesa gerou atenção por parte dos estudiosos. Graham recorre a essa hipótese e sugere um entendimento do debate do Cavalo Branco no que diz respeito às partes e aos todos. O termo composto "cavalo branco" (*todo*) é uma combinação de uma parte, cavalo, com outra parte, branco (Graham 1990a: 198). De acordo com essa explicação, "cavalo" e "branco" não são ideias universais que podem ser instanciadas em cavalos brancos, reais. Em vez disso, recorremos à similaridade ou à diferença entre termos; nesse caso, "cavalo" não é similar a "cavalo branco". Na verdade, "cavalo" é apenas parte de "cavalo branco" e inadequadamente substitui o todo, o nome composto, "cavalo branco". Nas palavras de Graham, isso é como uma sinédoque[111] no inglês – por exemplo, dizemos "minha lâmina confiável" [*my trusty blade*] no lugar de "espada" [*sword*], onde lâmina é apenas uma parte de espada (Ibid.). Analogamente, chamar um cavalo branco de cavalo é nomear apenas uma de suas partes; a parte "cavalo" *não pode substituir adequadamente* o todo, "cavalo branco".[112]

A tese de Hansen enfoca uma visão particular da linguagem e sua ligação com a realidade. O nominalismo de Gongsun Long deve

---

110. Hansen argumenta que "se um nome tem dois termos componentes, o nome composto deve preservar a relação dos nomes com suas coisas. Termos compostos devem *sempre* ser mais gerais (ou devem ser tratados como algo diferente dos termos compostos). Todos os verdadeiros termos compostos nomeiam a soma das coisas nomeadas por cada termo componente" (1983a: 159-160).

111. Sinédoque é uma figura de linguagem em que a palavra usada para uma parte de uma coisa é utilizada para se referir à coisa toda.

112. Graham também aplica a estrutura interpretativa parte-todo à sua discussão do capítulo "Apontando para as coisas" do *Gongsun Longzi* (1990a: 210-215). De acordo com ele, há alguma ambiguidade no termo apontar (*zhi*), pois ele poderia se referir ao ato de apontar ou à coisa que está sendo apontada. Se tomarmos *zhi* como um verbo, podemos dizer que *zhi* é apontar alguma parte do mundo. Graham argumenta que apontar também requer uma coisa que está sendo apontada, uma coisa que é parte do mundo. Essa análise reúne os conceitos de nome (*ming*), apontar (*zhi*) e realidade (*shi*).

ser entendido à luz das concepções da linguagem sustentadas por outros pensadores chineses antigos (Hansen 1983a, 1992). A análise de Graham procura situar a filosofia de Gongsun Long na história intelectual chinesa. Portanto, ela enfatiza as aplicações dos termos compostos e como eles se relacionam com imagens da realidade. Dadas as deficiências textuais, é difícil determinar que interpretação deve ser preferida. E há outros tratamentos detalhados das opiniões de Gongsun Long, tais como o de Johnston (2004). Essas diferentes interpretações do pensamento de Gongsun Long são importantes, pois exploram diferentes maneiras pelas quais suas ideias podem contribuir com novos entendimentos da filosofia chinesa antiga. Devemos também ter em mente que, a despeito da falta de material textual, as discussões de Gongsun Long expressam uma consciência dos termos compostos na língua chinesa. A importância dessas reflexões não deve ser subestimada, pois elas instigam uma série de perguntas fundamentais relacionadas sobre linguagem e realidade.

Os moístas posteriores

Existem apenas breves referências por nome aos moístas posteriores no *Zhuangzi* e no *Han Fei Tzu* (Graham 1978: 22-23). O pensamento moísta posterior é expresso nos capítulos 40-45 do texto *Mozi*. Os seis capítulos compreendem:

Capítulos 40-41 (*Cânones*): Primeiro, "superior", e segundo, "inferior". Cada um desses *Cânones* tem a extensão de uma sentença ou duas. Eles lidam com "procedimentos de descrição, ética, ciências e lógica" (Graham 1978: 24).

Capítulos 42-43 (*Explicações dos Cânones*): capítulos "superior" e "inferior". Essas explicações são um pouco mais longas do que os *Cânones*. Elas desenvolvem ou tentam proporcionar argumentos para as ideias presentes nos *Cânones*.

Capítulos 44-45 (*Daqu* [*Grande seleção*] e *Xiaoqu* [*Pequena seleção*]): *Daqu* e *Xiaoqu* contêm fragmentos sobre ética, semântica e lógica. Dois títulos são incluídos nesses fragmentos, *Expondo os Cânones* (*Yu Jing*) e *Nomes e objetos* (*Ming Shi*), apesar de que não parece haver muita ligação entre esses títulos e os tópicos de discussão dos dois capítulos. Enquanto o *Xiaoqu* é coerente na maior parte, o *Daqu* contém muitos fragmentos.

Esses seis últimos capítulos do texto *Mozi* passaram por consideráveis reviravoltas do destino e é um milagre que eles ainda existam. O texto inteiro desapareceu em cerca de 221 a.C., o começo da dinastia Qin. Contudo, ele ressurgiu durante a dinastia Han e foi então incluído na coleção da Biblioteca Imperial Han (Ibid.: 65). Houve algumas referências ao texto durante os séculos III e IV d.C. por neodaoístas que estavam interessados em discussões e sofismas. Contudo, algum tempo antes do fim da dinastia Sui (581-618 d.C.), circulou um texto severamente mutilado do *Mozi* (compreendendo apenas os capítulos 1-13), o que tirou o texto mais completo de circulação. Por sorte, a maior parte do *Mozi* foi preservada na patrologia daoísta; ele foi recuperado durante a dinastia Ming (1368-1644) e publicado na íntegra em 1445 (Ibid.: 68-69).

Os capítulos moístas posteriores foram comprometidos mais drasticamente por dois grandes erros de cópia. Em uma versão anterior, os caracteres eram escritos verticalmente em tiras de bambu que haviam sido divididas nas metades de baixo e de cima. Um leitor teria lido os caracteres verticalmente, ao longo das colunas da metade superior, depois verticalmente, ao longo das colunas da metade inferior. Em algum ponto da história do texto, um copista leu o texto e copiou cada coluna direto até embaixo, a partir do topo de cada tira, sem saber que eram duas fileiras (Hansen 1992: 236-237). Isso tornou o texto, já obscuro, impossível de ler. Houve um segundo erro de cópia. Os *Cânones* (capítulos 40-41) e as *Explicações dos Cânones* (capítulos 42-43) eram textos de referência cruzada; o primeiro caractere de cada um dos *Cânones* foi escrito ao lado de sua tira correspondente nos capítulos de *Explicação*. O erro na cópia ocorreu quando esses caracteres de indexação foram incluídos como parte do texto, confundindo assim a estrutura semântica e gramatical dos enunciados (Graham acredita que isso aconteceu antes do período Han (1978: 65)).[113]

A partir do século XVIII, os estudiosos começaram a ler os capítulos moístas posteriores como um tratado com algumas introvisões importantes. Eles reconheciam que os capítulos foram escritos depois dos capítulos anteriores do texto *Mozi* e os interpretavam à luz das ideias discutidas pelos Bianzhe. Eles reconstruíram suas seções e anexaram as *Explicações dos Cânones* aos *Cânones* (Ibid.: 70). Em uma reviravolta

---

113. Graham apresenta uma lista de estudiosos na China, a partir de 300 d.C., que haviam contribuído para a reconstrução do texto. Os pensadores proeminentes incluem Lu Sheng (c. 300 d.C.) e Sun Yirang (1848-1908) (Graham 1978: 67-72).

irônica, a inserção dos caracteres de indexação no texto pelo copista ajudou muito a desemaranhar esses erros: os caracteres indicavam o início de cada fragmento original e também estabeleciam a relação íntima entre os *Cânones* e as *Explicações* (Hansen 1992: 237). No início do século XIX, o *corpus* moísta posterior também veio a ser valorizado como um texto que cobria tópicos de matemática, geometria, astronomia, ótica e mecânica (Graham 1978: 70-72). Uma onda de interesse pela ocidentalização durante essa época gerou maior interesse por esse texto, pois percebeu-se que ele tinha muitos paralelos com o pensamento ocidental. Uma série de estudiosos modernos, inclusive Liang Ch'i Ch'ao (Liang Qichao: 1873-1929) e Hu Shih (Hu Shi: 1891-1962), foram perspicazes ao estabelecer ligações sino-ocidentais enquanto mantinham um comprometimento com as ideias filosóficas chinesas. Hu Shih tratou das inovações moístas na argumentação como o fundamento de seu tratado, *O desenvolvimento do método lógico na China Antiga*. Nesse livro, Hu Shih parece fazer se desculpar pela predominância da doutrina confuciana e promove a filosofia moísta como um veículo para o progresso e o entendimento intercultural:

> Acredito que o ressurgimento das escolas não confucianas é absolutamente necessário porque é nessas escolas que podemos esperar encontrar o solo apropriado para transplantar os melhores produtos da ciência e da filosofia ocidental. Isso é especialmente verdadeiro em relação ao problema da metodologia. (Hu Shih 1928: 8)

Em 1978, Angus Graham publicou um volume pioneiro sobre os textos moístas posteriores, compreendendo análises e traduções. Enquanto a ampla maioria dos estudos do texto tratou de seções separadas, Graham fez um estudo extensivo dele em sua totalidade. Seu trabalho inclui uma detalhada análise estrutural e gramatical da língua chinesa, uma análise filológica, a datação das seções, o rearranjo de algumas seções e as emendas textuais. Apesar de os estudiosos discordarem de alegações específicas no livro, há uma concordância unânime de que essa edição é a melhor disponível hoje, por seu rigor de estudo e pela representação das opiniões presentes nesses textos.

Argumentação e disputa: *Bian*

Este significado muito superficial de *bian* refere-se à discussão como uma competição. É a argumentação do tipo pelo qual Deng Xi era conhecido: argumentar para vencer uma discussão. O capítulo 2 de *Zhuangzi* expressa um senso de desespero em relação à disputa confuciana e moísta, na qual ambos procuram obter a supremacia. Um segundo uso de *bian* é mais inclusivo, referindo-se ao debate em geral acerca de uma série de tópicos. O texto *Mozi* usa *bian* para esclarecer e articular conhecimento e compreensão sobre uma ampla gama de áreas de estudo, não apenas na ética e na filosofia política, mas também nas ciências naturais. Uma terceira aplicação de *bian*, mais distintiva, era uma característica singular das discussões dos moístas. Mozi discutia a determinação de *fa*, padrões, para esclarecer o entendimento das pessoas sobre aquilo que era esperado. Os moístas posteriores continuaram e desenvolveram esse processo, procurando distinguir o que poderia ser afirmado (*ke*) ou não (*buke*), o que era similar (*tong*) ou diferente (*yi*), isto (*shi*) ou não isto (*fei*), assim (*ran*) ou não assim (*buran*).[114] Esse uso específico de *bian* (disputa) vem de seu homônimo, *bian* (discriminação). O caractere *bian* (discriminação) nos ajuda a entender a natureza de *bian* (disputa 辯). *Bian* (discriminação 辨) inclui o caractere para "faca" e pode ser entendido como se referindo às distinções claras, finas, entalhadas por uma faca. Se entendermos *bian* (disputa) também como discriminação, apreenderemos suas aplicações moístas características.

Os moístas posteriores faziam distinções com base na similaridade (*tong*) e na diferença (*yi*). Cânones A86-7[115] estabeleceu quatro tipos de igualdade e diferença.

> Haver dois nomes, mas um objeto é a igualdade de "identidade".
> Não estar fora do total é igualdade "como unidades".
> Ambos ocuparem o aposento é a igualdade de estarem "juntos".
> Ser o mesmo em algum respeito é igualdade de ser "de um tipo".
> (A86: Explicação de *tong*, Graham 1978: 334)
>
> Os objetos necessariamente sendo diferentes se os nomes são dois é ser "dois".
> Não ligado ou unido é "não unidades".
> Não no mesmo lugar é "não junto".
> Não o mesmo em um certo aspecto é "não de um tipo". (A87: Explicação de *yi*, Ibid.)

---

114. Poderíamos sugerir que eles visavam estabelecer critérios para fazer essas distinções. Contudo, como veremos mais à frente no capítulo, se eles de fato tinham essa meta, não foram bem-sucedidos em atingi-la.
115. As referências às seções do texto moísta posterior usadas neste capítulo seguem a numeração em *Later Mohist Logic, Ethics and Science*, de Graham (1978).

Os parágrafos estabelecem critérios para classificar igualdade e diferença: identidade (por exemplo, de um cachorro com um filhote), partes que pertencem a um todo ou a indivíduos de uma classe (por exemplo, diferentes cabeças de gado serem parte do rebanho), partes constituintes ou componentes de uma coisa (por exemplo, um aposento cheio de coisas diferentes) e seres de um tipo (Graham 1978: 335-336). Para os moístas, esses modos de traçar similaridades e estabelecer diferenças ajudam em *bian*. Os *Cânones* estabelecem tipos diferentes de disputa que variam em generalidade. Em A73, há uma aplicação simples de um "ou" exclusivo, pela qual uma coisa é boi ou não boi: "carecer do que distingue um boi é ser um não boi" (Graham 1978: 318). A74 é mais preciso em distinguir as alternativas: "boi" e "não boi" não podem ambas se encaixar no fato (*dang*), "se ambas não se encaixam, necessariamente uma delas não se encaixa" (Ibid.: 318). O que se encaixa é descrito de acordo com o paradigma (*fa*). Os critérios para cada *fa* se assemelham em alguma medida àqueles nas essências ou propriedades essenciais gregas antigas. Mas o *fa* moísta não é meramente um conceito de definição, contra o qual se checa a precisão das instâncias ou instanciações. Curiosamente, *fa* pode referir-se a uma ideia ou conceito de uma coisa, ou a uma instância real dela. Os moístas não priorizavam o conhecimento conceitual em detrimento do conhecimento prático. Quando fornecem um exemplo para *fa*, os moístas posteriores se referem a um círculo, que tem três *fa* diferentes: "a ideia, o compasso, um círculo, todos os três podem servir como padrão" (A70; Graham 1978: 316). A epistemologia moísta admite um conjunto de critérios mais amplo que compreende as características essenciais ou definidoras de uma coisa. Os moístas posteriores tentavam articular características com respeito a *lei*, um tipo específico. Eles queriam fixar o tipo, isto é, determinar o escopo e limites de cada *lei*: "Ser o mesmo em algum aspecto é a igualdade em relação a ser 'de um tipo'" (A86; Graham 1978: 334).

Mas como fixamos os tipos? A primeira tarefa, que passa por questões epistemológicas e metafísicas, é identificar os aspectos relevantemente similares ao comparar duas ou mais coisas. Por exemplo, será que selecionamos "quadrúpede" ou "vivo" (B2) em nossas comparações de tipos naturais? "Quadrúpede" não distinguirá boi de cavalo, mas distinguirá cavalo de pássaro. O problema, é claro, é que os critérios relevantes mudam dependendo do que está sendo comparado. Os moístas posteriores e Hui Shi compartilhavam interesses sobre a diversidade e a variabilidade dos padrões. Contudo, diferentemente de Hui Shi, eles não estavam felizes em aceitar a falta de conhecimento claro sobre as distinções. Eles se preocupavam com a arbitrariedade: dizer que bois têm chifres e cavalos não, e aplicar chifres como a característica distintiva entre os dois *lei*, não servirá (B66). Os moístas posteriores estão cientes dos problemas agudos de comparação e classificação: como é que "estendemos de tipo a tipo (*tui lei*)" (B2; Graham 1978: 350)? Graham sustenta de maneira convincente que *tui* é uma forma de argumento analógico e não indutivo:

> O moísta está interessado na descrição consistente, não em fazer uma inferência a partir do conhecido para chegar ao desconhecido. Se as cavidades na cabeça da criatura de fato contêm olhos podem não lhe ter interessado em absoluto; a questão é que, se você diz, a respeito de um cervo *milu*,* que ele tem quatro olhos, precisa dizer o mesmo de todos. (Graham 1978: 351)

Asseverar outra coisa, que um cervo *milu* tem quatro olhos e outro não, enquanto se refere a quatro olhos como a característica distintiva do cervo *milu*, é cometer o tipo de arbitrariedade deplorada no *Cânone* B66. Os moístas diagnosticaram com precisão a raiz do problema ao fazer distinções: quando dizemos, por exemplo, que bois têm incisivos e cavalos têm rabos, como podemos *saber* que de fato eles *não* são distintivos de cada um deles? Talvez a resposta simples resida em uma combinação de observações empíricas do mundo e na aplicação da lógica indutiva. A resposta mais complexa, é claro, requer a especificação dos critérios para similaridades ou dissimilaridades relevantes. Mas os moístas posteriores não os forneciam; eles não diziam por que não era adequado distinguir bois e cavalos com base em incisivos e rabos, respectivamente. A despeito de suas análises perceptivas dos problemas epistemológicos, algo que os distinguia entre as escolas de filosofia chinesa, os moístas posteriores tinham mais perguntas do que respostas. Suas descrições dos métodos de traçar distinções são aleatórias e não sistemáticas, parecendo mais um catálogo de disputas do que uma análise sistemática de lógica ou padrões em argumentação.[116] Graham observa que, apesar de eles

---

* N.T.: O *Elaphurus davidianus*, cujo nome popular é cervo-do-padre-david, é um cervídeo originário da China, considerado extinto em meio selvagem.
116. Graham argumenta que a suma moísta é um manual: "para se tornar um moísta totalmente educado é preciso aprender como aplicar nomes de modo consistente, como escolher entre cursos de ação, como investigar as causas de fenômenos físicos, como deduzir *a priori* a partir das definições de nomes" (Graham 1978: 31).

tomarem a geometria como paradigmática do pensamento claro e exato, nunca desenvolveram uma disciplina de prova geométrica. Eles se contentavam com simplesmente ilustrar certas relações e regularidades obtidas por meio do recurso a paradigmas geométricos (1989: 60). De modo similar, *bian* poderia ter sido desenvolvido em uma teoria do silogismo, mas isso também não ocorreu. Vemos mais exemplos disso em suas discussões de termos compostos e dificuldades de linguagem.

Linguagem, nomes e proposições

O *Cânone* A80 lista três fontes de conhecimento: ouvir dizer, experiência pessoal e explicação. Normalmente não esperaríamos que ouvir dizer fosse classificado junto com a experiência pessoal. Os moístas posteriores estão cientes de sua natureza duvidosa e ainda assim consideram-no como uma fonte de conhecimento. Por outro lado, experiências em primeira pessoa são problematizadas, pela razão de que cada pessoa "pode ter visto não tudo, mas apenas algum [aspecto da coisa]" (Graham 1978: 329). Explicação (*shuo*) ou demonstração é o método de esclarecimento utilizado ao longo dos *Cânones* e das *Explicações*. Shuo não é um argumento para a alegação feita em seu *Cânone* correspondente. Ela normalmente proporciona exemplos, ou desenvolve, para apresentar uma alegação mais substancial.

O *Cânone* A80 também nomeia quatro objetos de conhecimento. Estes são: nomes (*ming*), coisas (inclusive entidades e eventos), associar o nome à coisa e ação. O conhecimento dos dois primeiros objetos, nomes (*ming*) e coisas (*shi*), são tipos mais teóricos de conhecimento comparados aos dois últimos, que são aplicações práticas de conhecimento. Ser capaz de associar um nome a uma coisa é um processo de múltiplas camadas. É necessário saber como distinguir coisas, como distinguir um tipo de outro, e aplicar os nomes apropriados a elas. Associar nomes a coisas (*he*) é uma habilidade (*cai*) (A3; A25). O quarto tipo de conhecimento, ação (*wei*), é responder apropriadamente a coisas denotadas por nomes específicos. Os moístas valorizavam o conhecimento prático mais do que o conhecimento teórico ou discursivo. Eles ilustram a importância do "saber fazer" no uso da linguagem referindo-se à dificuldade do cego:

> Agora um cego pode dizer: "Aquilo que brilha com radiância é branco, e aquilo que é como fuligem é preto". Mesmo os que podem ver não podem rejeitar essas definições. Mas, se você colocar uma

coisa branca e uma preta diante de um cego e pedir-lhe para distingui-las, então ele fracassa. Portanto, eu digo: "Um cego não sabe o que é branco e o que é preto", não porque não pode denominá-los, mas porque não pode distingui-los. (*Mo Tse*, capítulo 39, em Hu Shih 1928: 66)

O cego pode entender os nomes, mas ele não sabe como *usá-los para fazer distinções*. Essa tarefa é mais complicada quando consideramos a questão dos nomes compostos: se é difícil especificar critérios para distinguir diferentes tipos (*lei*), e difícil associar nomes a coisas, como associamos "cavalo branco" a cavalos brancos verdadeiros? Já deparamos com a luta de Gongsun Long com o nome composto "cavalo branco". Os moístas posteriores estendem a discussão para levar em conta séries de nomes mais extensas, isto é, nomes que são encadeados juntos para formar proposições, como em "um cavalo branco é um cavalo". É claro, uma proposição é algo mais do que uma série de nomes, cada um ligado independentemente à sua própria "porção" de realidade. A esse respeito, o capítulo *Xiaoqu* pode ser considerado o mais importante da filosofia da linguagem moísta – na verdade, da filosofia da linguagem chinesa antiga – porque introduz a ideia original de proposição (*Nomes e objetos*: NO3, Graham 1978: 471). Ele também traz uma lista de similaridades e diferenças entre proposições. Essa lista inclui ilustrar, traçar paralelos, citar o precedente do oponente e raciocínio analógico (NO11; 12).[117] O *Xiaoqu* classifica cinco tipos de inferências em proposições. Esses cinco são "isto (*shi*) e assim (*ran*)", "isto e não assim", "não isto e assim", "um universal e um não", e "um isto e um não isto". Examinaremos os dois primeiros tipos de inferências para obter um vislumbre do entendimento moísta do paralelismo nas proposições.

O primeiro tipo de inferência, "isto e assim", permite um caso direto de predicação. A frase "um cavalo branco é um cavalo", quando predicada, produz "cavalgar um cavalo branco é cavalgar um cavalo" (NO14, trad. Graham 1978: 485). Uma proposição paralela nessa mesma passagem estabelece o conceito moísta de interesse por todos, *jianai*: "Jack é uma pessoa. Amar Jack é amar pessoas./ Jill é uma pessoa. Amar Jill é amar pessoas" (Ibid.). Jack e Jill (Huo e Zang) são nomes depreciativos para escravos e escravas. Amar os inferiores, como Huo e Zang, é, seguramente, amar a humanidade.

---

117. Hu Shih (1928) apresenta um relato detalhado desses critérios à luz das inferências analógicas e outras inferências indutivas, em seu capítulo sobre "Indução" (p. 99-108).

Expressões do segundo tipo, "isto e não assim", incluem: "O irmão mais novo dela é um homem belo, mas amar o irmão mais novo dela não é amar homens belos" (NO15, trad. Graham 1978: 487). Apesar de o irmão mais novo (*di*) dela ser um homem belo (*meiren*), o amor pelo irmão mais novo dela (*ai di*) é semanticamente distinto de amar um homem belo (*ai meiren*). Usando essa estrutura, os moístas traçam uma analogia para argumentar que matar assaltantes é permissível: "apesar de assaltantes serem pessoas, amar assaltantes não é amar pessoas [...] matar assaltantes não é matar pessoas" (Ibid.). Podemos enxergar prontamente as estruturas paralelas desses dois conjuntos de inferências. Contudo, a analogia não é de fato requerida para sustentar a alegação moísta de que matar assaltantes (*shadao*) não é matar pessoas (*sharen*). Se examinarmos os significados das duas expressões em chinês, "matar ladrões" e "matar pessoas", *shadao* significa "executar um assaltante", enquanto *sharen* significa "assassinato". A alegação moísta na verdade se vale desses dois *nomes compostos diferentes*, e não da predicação. Na verdade, o argumento é semântico e gira em torno dos diferentes significados das duas expressões no uso comum da língua. O paralelo analógico por si só é uma justificativa insuficiente para traçar uma conclusão de tipo "isto e não assim" para "matar ladrões não é matar pessoas".

Ao começar a considerar os cinco tipos de inferências no *Xiaoqu*, podemos ficar com a impressão de que os moístas posteriores estavam seguindo em direção a estruturas silogísticas, de acordo com as quais poderíamos ser capazes de categorizar diferentes tipos de inferências. Não há, contudo, provas disso. Os moístas posteriores não discutem os critérios para classificação nos cinco tipos de inferência. Vemos isso no caso "matar ladrões não é matar pessoas"; como Graham observa, "não há nenhuma coerção lógica para colocar a proposição na categoria que o moísta escolheu para ela" (Graham 1978: 489). De modo mais importante, o fato de uma inferência específica pertencer a qualquer um dos cinco tipos é determinado em última análise pelos *significados, não pela sintaxe*, dos nomes compostos e proposições. Na frase "matar ladrões não é matar pessoas", os significados de *shadao* e *sharen* são determinados por convenção; a disputa envolvia o estabelecimento dessas convenções de significado, de modo que apenas uma delas devesse se encaixar. Xunzi acusou os moístas posteriores de "desordenar os nomes por causa da confusão no uso dos nomes" (Graham 1978: 43), destacando assim o caráter insatisfatório do apelo à convenção para resolver disputas. Poderíamos também perceber um senso de desapontamento nas deliberações dos moístas posteriores acerca da epistemologia e da linguagem. Por um lado, eles são perceptivos sobre a natureza das dificuldades do uso da língua. Ainda assim, por outro lado, tal consciência crítica não leva à análise sistemática. Parece que algo que poderia ter culminado em discussões mais substanciais de lógica e filosofia da linguagem fracassou, concluindo meramente com a afirmação simplista dos significados convencionais. Mas pode ser que estejamos esperando o impossível, pois a língua chinesa, sendo composta de caracteres, não se presta facilmente à análise gramatical sistemática. O que as discussões moístas mostram, *de fato*, é que a similaridade na estrutura gramatical não garante a correspondência semântica ou analógica. Além disso, os critérios para aplicar *ming* (associar caracteres únicos à realidade) são diferentes dos critérios para termos compostos e proposições. Essas características particulares da língua chinesa podem ter impelido os moístas posteriores a se concentrar na análise semântica em vez da análise lógica.

Discussões científicas

Os *Cânones* discutem uma seleção de temas das áreas de estudo de geometria, ótica e mecânica. Os tópicos dessas áreas incluem dimensão, alinhamento, circularidade e medida (A52-69), espaço, tempo e duração (B14-16), luz, sombras, espelhos e imagens (B17–24), e pesos, forças, inclinação, polias e rodas (B25-29). Suas discussões demonstram que eles dedicavam uma atenção significativa a eventos e fenômenos do mundo, como, por exemplo, na discussão de sombras em B21:

> Cânone: O tamanho da sombra. Explicado por: declive e distância.
>
> Explicação: Quando o poste se inclina, a sombra é mais curta e maior; quando o poste está de pé, a sombra é mais comprida e menor. Se a chama é menor que o poste, a sombra é maior que o poste. Não é apenas em razão de ser menor, mas também por causa da distância. (Trad. Graham 1978: 379)

Em suas observações do mundo, e descrições delas, os moístas posteriores identificam causas (*gu*) e distinguem entre diferentes tipos de causas. O *Cânone* A1 especifica a diferença entre uma condição necessária e uma condição necessária e suficiente:

Cânone: "A [*gu*] (razão/causa) de alguma coisa é o que ela precisa obter antes de ocorrer.

Explicação: "Razão menor": tendo isto, não será necessariamente assim: não tendo isto, necessariamente não será assim. Esta é a unidade <*que precede todas as outras* (?)>. (Como ter um ponto de partida.)

"Razão maior": tendo isto, será necessariamente <assim>: não tendo <isto, necessariamente não será> assim. (Como quando o aparecimento ocasiona a visão.) (Trad. Graham 1978: 263).[118]

A razão menor é uma condição necessária, ao passo que a razão maior é uma condição necessária e suficiente. Graham sugere que os moístas posteriores teriam entendido as relações causais como necessárias (Ibid.: 301). Estando interessados no mundo observável e em como ele "funciona", eles procuravam relações causais em fenômenos específicos. Suas observações do mundo também os levaram dos limites de nossa compreensão da causalidade: "Se o colapso do lutador se deve a beber vinho ou ao Sol do meio-dia, não se pode saber: 'circunstâncias coincidentes'" (B10, trad. Graham 1978: 360). Nesse caso, há mais de uma causa possível e isso complica a determinação de sua verdadeira causa. Graham aponta que, apesar de os *Cânones* fazerem muitas referências à doença (A76, 77, 85; B9, 10, 34), os moístas, estando interessados na certeza, não se estendiam sobre esses tópicos (Ibid.: 56). Ele sugere que isso é porque as discussões em andamento sobre doença e remédio eram muito carregadas de complexidade. Por isso eles se valiam de exemplos de ótica e mecânica, nos quais podiam recorrer a fenômenos que possuíam causas prontamente identificáveis.[119] Tendo em mente esses interesses, também obtemos um vislumbre dos pontos de vista deles sobre tempo, duração e mudança. Os *Cânones* também definem necessidade, *bi*, como "o sem fim" (Ibid.: 299). O que é necessário não deve mudar com o tempo:

> Para o moísta, o mais profundo e perturbador dos problemas é a relação entre conhecimento e mudança temporal [...] ele vive em

---

118. As inserções são feitas por Graham, pois os caracteres e as séries de caracteres no texto subsistente são ilegíveis.
119. Graham acrescenta: "a explicação dos objetos, que é paralela à explicação dos nomes nas discussões, requer fenômenos com causas que sejam facilmente isoladas e claramente demonstráveis" (1978: 56).

uma era de rápida transformação social, na qual a autoridade antiga não é mais um guia adequado para a conduta. Ele desenvolveu o ensinamento moral de Mo-tzu [Mozi] em um elaborado sistema ético justificado não pela autoridade, mas pelos procedimentos de disputa; ele acredita que, sozinho entre os sábios, Mo-tzu ensinou princípios que são necessários [*bi*] e, portanto, invulneráveis ao tempo. "Os juízos dos sábios, empregue mas não trate como necessário. O 'necessário', aceite e não duvide" (A83). "Mesmo se não houvesse homens em absoluto no mundo, o que nosso mestre Mo-tzu disse ainda valeria." (EC2, Graham 1978: 33)

Sua busca de exatidão e necessidade relaciona-se de modo desconfortável com suas observações sobre a variedade e a diferença no mundo. Diferentemente dos confucianos, que podiam fiar-se em uma ordem normativa preeminente (articulada no conceito de *tian*, céu), ou de outros que postulavam uma realidade transcendente, os moístas procuravam estabelecer a estabilidade em um mundo mutante e diverso, sem referência a um reino transcendente. Os textos moístas posteriores refletem essa dificuldade fundamental. Suas deliberações proporcionam enormes quantidades de detalhe, e ainda assim eles nunca chegam a generalizações ou princípios mais úteis sobre o modo como o mundo é ordenado ou como a linguagem pode ser aplicada. Suas discussões nas ciências parecem apenas descrever uma série de observações. Isto é, eles proporcionam uma taxonomia de fenômenos específicos no mundo observável, sem tentar também elaborar os princípios gerais que se aplicam de modo relevante a casos similares. Benjamin Schwartz descreve suas deliberações nos seguintes termos:

> Existem as explorações reais de ótica, mecânica e física. Existe a preocupação com a definição geométrica e com o tratamento matemático dos fenômenos óticos [...]. Eles estão profundamente comprometidos com a busca de causas particulares separadas para efeitos separados. (1985: 168)

As explorações deles nos diferentes campos científicos tinham um enfoque intensamente prático. Isso estava acoplado a uma preocupação com a pluralidade que, para eles, parecia desafiar abstrações e universais, particularmente aqueles codificados na linguagem. Em resumo, eles estavam preocupados com a incompatibilidade entre a pluralidade e a complexidade no mundo real, e a aparente simplicidade da linguagem. Uma questão predominante em suas mentes era: "Como os nomes, *ming*, podem capturar a realidade de modo adequado?". Quando entendemos essa inquietação, também começamos a compreender por que suas discussões sobre a linguagem não resultavam na articulação de regras silogísticas, suas discussões sobre proposições não se moviam em direção ao desenvolvimento de critérios para a inferência, e suas discussões de fenômenos científicos não resultavam na formulação de princípios gerais. Diferentemente de Hui Shi, que também lidava com a questão da pluralidade e das diferenças, os moístas posteriores se recusavam a reduzir a multiplicidade a uma unidade última:

> Não existe nenhum impulso "reducionista" para postular alguma "substância" última, com propriedades mínimas de massa e movimento, em cujos termos toda a variedade do mundo pode ser explicada [...] eles permanecem pluralistas resolutos [...][120] (Schwartz 1985: 168)

Em sua abordagem dos debates e sua resolução de problemas, os moístas posteriores pareciam comprometidos com uma visão de senso comum da realidade. Dessa forma, suas discussões dos fenômenos científicos são paralelas às suas visões sobre a linguagem e os debates: o que confirma *shi-fei* em disputa (por exemplo, se cavalo branco é cavalo) é o uso convencional da linguagem, assim como a observação empírica confirma ligações causais. Eles tinham cuidado para evitar ideias enganosas ao tratar de doença e cosmologia, inclusive as ideias de *yin* e *yang*. Sua única menção da teoria das cinco fases (*wuxing*) foi para desmistificá-la e explicá-la em termos puramente causais (B43). Eles continuavam resolutamente comprometidos com o mundo observável e resistiam ao que os outros ao redor deles estavam fazendo: eles não se envolviam em abstrações teóricas nem propunham grandes teorias metafísicas ou cosmológicas para inserir seus dados empíricos dentro delas. Nesse sentido, seu projeto é principalmente científico (em suas observações e descrições do mundo), e não protocientífico (no sentido de interpretar dados empíricos de acordo com uma estrutura metafísica ou cosmológica) (Graham 1989: 162).

---

120. Graham descreve a aversão moísta posterior aos universais desta forma: "O moísta não pensa em um reino de universais no qual cada nome pode ter sua própria contraparte ponto a ponto; ele pensa em muitos nomes se adequando a um objeto mutável, o nome daquilo que é ("pedra"), e nomes daquilo que diz respeito a isso, seja por meio de sua duração ('branco') ou temporariamente ('grande' até a pedra ser quebrada)" (NO1, 1978: 35).

Praticando *jianai*: moralidade utilitária

A seção dos escritos moístas posteriores que trata da ética, o *Daqu*, foi gravemente mutilada. Contudo, ainda é possível detectar a continuidade e o desenvolvimento do conceito de *jianai*, o interesse universal, desde as seções iniciais do texto *Mozi*. Nos escritos posteriores, há mais deliberação sobre como *jianai* pode ser realizado na prática. Há uma mudança distinta na definição de benefício (*li*) que é, ao mesmo tempo, mais realista e mais básica. Enquanto as seções anteriores do *Mozi* definem benefício como riqueza agregada, números de população e ordem social, os *Cânones* a definem como felicidade e desagrado:

> *Li* (benefício) é o que alguém gosta de obter. (A26, trad. Graham 1978: 282)
>
> *Hai* (dano) é o que alguém não gosta de obter. (A27, Ibid.)

Isso parece hedonista. Mas, se examinarmos cuidadosamente, o enunciado não defende a felicidade pela felicidade, mas como um componente – talvez uma característica distintiva – do bem utilitário. Há também um senso mais desenvolvido de como as medidas de felicidade são elaboradas. Os moístas interpretavam o termo *quan* como o processo de "cálculo" envolvido no raciocínio prático utilitário. *Quan* é mais sutil do que gostar ou não gostar de algo diretamente (A84). De forma mais realista, podemos gostar ou não gostar de algo depois de pesar seus benefícios e/ou danos à luz de alternativas: "pesar leve e pesado entre as coisas tratadas como unidades [de um todo] é o que se quer dizer por 'pesar'" (*Expondo os Cânones*: EC8; trad. Graham 1978: 46). No mesmo fragmento de *Expondo os Cânones*, é fornecido um exemplo no qual alguém tem de escolher entre as duas alternativas de perder a vida ao recusar-se a lutar, ou perder o braço ao lutar. É claro que não se deseja perder o braço, mas, à luz de toda a situação, a escolha é óbvia. Isso sugere uma percepção mais profunda do utilitarismo, pois ele leva em consideração não apenas concepções absolutas de bem, mas também preferências dentro dos limites da situação.

As discussões moístas posteriores também permitem o benefício a si próprio (EC7). Elas até sugerem um senso de valor próprio na declaração: "Amar a si mesmo não é para fazer uso de si mesmo. Não é como amar um cavalo" (A7, Trad. Graham 1978: 48). Não é claro, contudo, se podemos estender com sucesso essa ideia ao conceito de valor próprio no pensamento moderno. Considerando a questão mais ampla da "felicidade de quem?", os moístas posteriores proporcionam uma resposta ponderada a seus críticos. Eles integram os conceitos de *lun lie*, proximidade relacional, e *fen*, dever para com outros específicos, com a noção do interesse universal por todos. De acordo com o dever (*fen*) pessoal, deve-se fazer mais para outros particulares; isso inclui credores, governantes, superiores, idosos, anciões e parentes. As proporções do dever são alocadas de acordo com a proximidade relacional (EC9-10, Graham 1978: 46). Por outro lado, os moístas mantêm o interesse pelos outros: devemos nos preocupar tanto com os pais dos outros quanto com os nossos próprios (EC12).

A abordagem mais moderada da ética utilitária nos escritos posteriores também destaca a principal dificuldade do *jianai*. Não ocorre apenas que as demandas de *jianai* não recoam na prática comum. Permanece a questão de como devemos equilibrar os dois: fazer mais para indivíduos em particular e o interesse por todos os outros. Os confucianos antigos eram firmes em sua insistência sobre a primazia das relações íntimas. Os moístas posteriores tentavam localizar o valor da moralidade em contribuições individuais ao bem-estar social mais amplo. Graham expressa a contribuição moísta aos debates antigos sobre moralidade: "Uma inovação notável da ética moísta posterior é que ela concebe a moralidade em termos não de relações sociais fixas entre pai e filho, governante e súdito, mas de indivíduos se beneficiando, uns aos outros e ao mundo" (Graham 1978: 51).

Filosofia da linguagem na China Antiga

Os Bianzhe adquiriram uma reputação negativa durante sua época por causa de alguns aspectos de seus debates. Talvez o que contribuiu para a recepção pouco entusiástica concedida às suas reflexões e, de fato, o manuseio descuidado de seus textos tenha sido uma combinação de estilo (argumentar para vencer o oponente) e tópico (a linguagem e seus termos de referência). Isso é um infortúnio, pois o desenvolvimento posterior de sua doutrina muito possivelmente teria levado a história intelectual chinesa a um caminho diferente. Alguns dos Bianzhe não estavam interessados em sofismas, mas em questões éticas, sociais e filosóficas da época. Eles debatiam a linguagem e sua funcionalidade na sociedade humana. Trabalhavam sobre questões que eram enormemente complexas e fundamentais, e isso pode ter parecido irrelevante para as preocupações da elite governante da época, que estava ávida para instilar a ordem social e ver os efeitos imediatos de suas medidas (Schwartz 1985: 170-171).

As preocupações dos moístas posteriores sobre *bian*, a disputa, eram essencialmente uma preocupação com o mundo real e com o modo como a linguagem poderia capturá-lo de forma adequada. Qual é a ligação entre *ming* (nomes) e *shi* (realidade)? Como o mundo é dividido em diferentes tipos (*lei*) e como a linguagem os distingue? Para os moístas posteriores, a disputa revolvia em torno de traçar distinções corretas: *shi-fei* (isto-não isto), *tong-yi* (mesmo-diferente) e *ran-buran* (assim-não assim). Hui Shi tomou uma posição extrema nesse debate e postulou que não havia base para traçar distinções. Para ele, a seleção de nomes era um exercício puramente arbitrário. Como veremos no capítulo seguinte, as opiniões de Hui Shi estão intimamente ligadas às de Zhuangzi. Gongsun Long continuou comprometido com o mundo dos objetos (coisas) e enfocou o modo como os nomes, inclusive nomes compostos, podiam discernir as coisas apropriadamente. Nosso conhecimento da filosofia de Gongsun Long é incompleto. Apesar de suas discussões parecerem desnecessariamente trabalhosas, é importante observar que ele estava entre os pensadores chineses antigos que tinham consciência de algumas das peculiaridades da língua chinesa e que desafiavam suposições do senso comum sobre linguagem.

Os moístas posteriores levaram a discussão mais além, considerando não apenas os termos compostos, mas também as proposições. Suas discussões sobre a língua (chinesa) são as mais desenvolvidas e detalhadas da filosofia pré-Qin. Como os outros Mingjia, eles estavam interessados no uso da linguagem e na aplicação dos nomes. Contudo, não estavam dispostos a aceitar as conclusões repentinas de Hui Shi de que não havia como traçar distinções. Eles buscavam modos pelos quais as distinções pudessem ser traçadas apropriadamente, entre o assim e o não assim. Mas suas investigações detalhadas levantam desacordos significativos que são difíceis de generalizar (por exemplo, a similaridade na estrutura da sentença não garante a similaridade na inferência semântica). De modo similar, suas explorações de assuntos científicos ficam aquém da análise. Ainda assim, devemos apreciar o detalhe em suas observações e o cuidado tomado para evitar conclusões apressadas sobre ligações causais. Seus projetos observacionais também parecem incontaminados pelas estruturas metafísicas ou cosmológicas preconcebidas, que eram muito comumente admitidas durante essa época. Poderíamos deplorar seu fracasso em desenvolver silogismos e princípios gerais, ou poderíamos apreciar seu comprometimento inflexível com a pluralidade e a complexidade do mundo. Os textos moístas posteriores nos possibilitam vislumbrar a dificuldade encarada por esses pensadores. Eles chamam nossa atenção para a dificuldade de delinear uma linguagem funcional que facilite a vida social, mas, ainda assim, que não simplifique em excesso a diversidade do mundo.

O projeto dos moístas posteriores abarcava uma ampla gama de disciplinas: epistemologia, ciência, economia, filosofia da linguagem, política e ética. Suas ideias sobre nomes, linguagem e o mundo observável estão intimamente entrelaçadas às suas visões sobre a sociedade e o governo. Como os confucianos, eles acreditavam que aplicar nomes corretamente era a chave para a ordem sociopolítica. Enquanto os confucianos procuravam atingir a ordem de acordo com sua teoria do *zhengming* (retificação de nomes), os moístas posteriores enfatizavam a importância de fazer distinções corretas; estas, por sua vez, funcionariam como padrões (*fa*). Para os moístas posteriores, disputar e fazer as distinções corretas eram atividades que tinham implicações não apenas para nossas observações do mundo natural, mas também para a ética e os domínios políticos. Xunzi reconheceu a significância profunda dos debates moístas. Ele argumentava que "confundir a nomenclatura correta" era parecido com perder tempo com medidas:

> Distinguir palavras e fazer distinções não autorizadas, confundindo assim a nomenclatura correta, fazendo com que as pessoas fiquem em dúvida, e ocasionando muitos litígios, era chamado de grande iniquidade. Era um crime, como usar credenciais falsas ou medidas falsas. (*Works of Hsun Tzu,* capítulo 22, trad. Dubs 1966: 282)

Para alguém que busca resultados rápidos, as discussões moístas posteriores parecem cheias de rodeios, pois fazem uma longa incursão nas aplicações apropriadas da linguagem antes de chegar às recomendações para retificar a ordem social. Em contraste, o uso de *fa* (código penal) pelos legalistas, que fazia com que as pessoas vivessem com medo, era imediatamente eficaz; isso pode também explicar em parte o eclipse da filosofia moísta desde o início da dinastia Qin (legalista) (221-206 a.C.) (Schwartz 1985: 170).

As discussões moístas posteriores sobre ética incorporavam alguns dos interesses de Mozi, inclusive aqueles relacionados ao nepotismo confuciano. Enquanto Mozi não tinha qualquer espaço para a preferência especial confuciana em seu conceito de *jianai*, os moístas foram além disso para integrar o interesse por outros particulares, com o benefício para si mesmo e para os outros. Eles sustentavam uma teoria consequencialista que entendia o benefício de um modo prático e realista, não em termos absolutos, mas de acordo com as escolhas disponíveis dentro de situações específicas.

O que também é notável sobre a teoria ética moísta – e de fato sobre a filosofia moísta de uma maneira mais geral – é uma consciência subjacente de que o apelo à autoridade, seja a de um sábio ou do céu, não poderia servir atemporal e categoricamente como a justificativa definitiva para as doutrinas. Os moístas posteriores contornavam as suposições predominantes e buscavam justificativas para suas opiniões com base em sua credibilidade: as questões eram resolvidas decidindo se eram casos de "isso ou não isso", ou "assim ou não assim". Vale notar que a argumentação nos textos moístas posteriores se refere apenas a doutrinas particulares e abstém-se de mencionar filósofos rivais por nome; do seu ponto de vista, o descrédito reside na doutrina e não no seu defensor. Graham observa que esses textos são incomuns dentre os escritos daquele período na China, dado que os textos moístas não promulgavam sua própria ideologia moísta. Ele afirma:

> Outros pensadores, de Confúcio a Han Fei tzŭ (Han Feizi), fracassam ou se recusam a separar o filosofar do moralizar e da persuasão prática. Mas a suma moísta posterior nunca prega; tudo o que ela tem a dizer sobre a moral é pura ética. [...] Essa impessoalidade é incomum na filosofia pré-Han, na qual os exemplos mais interessantes de disputa tendem a ser (ou a terem sido dramatizados como) debates face a face reais entre Mêncio e Kao-tzŭ [Gaozi], Hui Shih [Hui Shi] e Chuang-tzŭ [Zhuangzi]. (Graham, 1978: 24-25)

É uma perda de proporções incalculáveis que esses debates tenham parado de repente durante a dinastia Qin e por muito tempo depois. As forças políticas e sociais dominantes trabalhavam contra as preocupações dos Bianzhe acerca da disputa e contra as preocupações dos Mingjia sobre os nomes refletirem apropriadamente a realidade. Talvez, do ponto de vista do *status quo*, essas questões fossem simplesmente difíceis e confrontantes demais.

Sugestões para leituras posteriores

Later Mohist Logic, Ethics and Science. Tradução e comentários de Angus C. Graham. Hong Kong: Chinese University Press, 1978.

"The Kung-sun Lung Tzu with a Translation into English". Trad. Yi-Pao Mei. In: *Harvard Journal of Asiatic Studies*, v. 16, n. 3/4, p. 404-437.

Fraser, Christopher. "Introduction: Later Mohist Logic, Ethics and Science After 25 Years". In: Graham, Angus C. *Later Mohist Logic, Ethics, and Science*. Hong Kong: Chinese University Press, 2003.

Graham, Angus C. "The Sharpening of Rational Debate: The Sophists". In: *Disputers of the Tao*. La Salle: Open Court, 1989.

Hansen, Chad. *Language and Logic in Ancient China*. Ann Arbor: University of Michigan Press, 1983.

Hu, Shih. *The Development of the Logical Method in Ancient China*. Shanghai: The Oriental Book Company, 1928.

Makeham, John. "School of Names (*Ming Jia, Ming Chia*)". In: Antonia Cua (ed.). *Encyclopedia of Chinese Philosophy*. New York: Routledge, 2003, p. 491-497.

8. A filosofia de Zhuangzi

Os principais temas e estratégias argumentativas da filosofia de Zhuangzi possuem alguma semelhança com os do *Daodejing*. A filosofia de Zhuangzi é expressa em um texto que leva seu nome. Contudo, como no *Daodejing*, seções do *Zhuangzi* (ou *Chuang-Tzu*) foram compostas por autores diferentes e o texto compilado contém escritos reunidos ao longo de um período. No caso do *Zhuangzi*, os fragmentos datam de entre os séculos IV a II a.C. (Graham 2003a: 58), e persiste o debate sobre quando seções específicas poderiam ter sido escritas. Tradicionalmente, os dois textos, o *Daodejing* e o *Zhuangzi*, haviam sido agrupados como pertencentes a uma tradição, a tradição *Lao-Zhuang*.[121] Havia também algum consenso de que o *Daodejing* foi composto antes do *Zhuangzi*; e, do modo como eles se situam nessa relação, o *Daodejing* é um texto menos sofisticado, enquanto o *Zhuangzi* representa um Daoísmo desenvolvido, maduro. Por exemplo, Wing-tsit Chan observa:

> O Tao [*dao*] em Lao Tzu [*Laozi*] ainda é mundano, enquanto, em Chuang Tzu [*Zhuangzi*], ele se torna transcendental. Enquanto Lao Tzu enfatiza a diferença entre glória e desgraça, força e fraqueza, e assim por diante, e defende os valores mais ternos, Chuang Tzu identifica-os todos. Lao Tzu visa à reforma, mas Chuang Tzu prefere "Viajar além da esfera mundana". [...] Não é errado, afinal, relacionar conjuntamente Lao Tzu e Chuang Tzu, apesar de que se deve ter em mente que ele [Zhuangzi] certamente levou o Taoísmo [Daoísmo] a novas alturas. (Chan 1963a: 178)

---

121. Wing-tsit Chan observa que o *Hou Hanshu* (*História do fim da dinastia Han*) faz essa associação em uma seção composta por volta do século V (1963a: 178). Fung Yu Lan acredita que essa filosofia daoísta antiga possa ser caracterizada em três fases de desenvolvimento: o Daoísmo de Yang Zhu, o Daoísmo de Laozi e o Daoísmo de Zhuangzi. Ele argumenta que cada fase é um desenvolvimento mais sofisticado da anterior (Fung 1948: 65-66).

Há problemas com essa classificação tradicional dos textos, contudo. Pelo menos algumas seções do *Daodejing*, especialmente as que tratam de nomes (*ming*), teriam sido compostas, em decorrência dos debates sobre o conceito, por figuras-chave, tais como Hui Shi e Gongsun Long. A datação dos dois textos tem um impacto sobre o modo como podemos entender apropriadamente os temas em cada texto, sobre a relação entre os dois textos e como eles se posicionam em relação aos debates desse período em particular. Por exemplo, Schwartz sugere que podemos entender o Daoísmo em três "correntes" principais, interligadas (1985: 186-254). A primeira delas é a filosofia do *dao* e suas implicações práticas e conceituais, baseada principalmente no *Daodejing*. A segunda, associada essencialmente ao texto *Zhuangzi*, é caracterizada pelas questões epistemológicas levantadas em conjunção com os debates dos Mingjia. A terceira corrente enfoca as aplicações políticas da filosofia daoísta, como, por exemplo, o *wuwei*, por alguns pensadores legalistas.

Há também algumas questões textuais que afetam o modo como lemos o *Zhuangzi*. O texto subsistente compreende 33 capítulos, após uma grande revisão do texto de 52 capítulos por Guo Xiang (m. 312 d.C.). Guo Xiang excluiu 19 capítulos desse texto com base no que eles tinham de ligações tênues com a filosofia de Zhuangzi. Ele também dividiu os capítulos restantes em três grupos, os capítulos interiores (*neipian*), os exteriores (*waipian*) e os mistos (*zapian*). Guo Xiang acreditava que os capítulos interiores (1-7) refletiam principalmente os pontos de vista de Zhuangzi, enquanto os capítulos exteriores (8-22) e os mistos (23-33) foram escritos principalmente por outros que estavam cientes das discussões de Zhuangzi. Em algumas seções desses capítulos, o próprio Zhuangzi participa dos debates. Há também citações de passagens do *Daodejing* e referências a elas, bem como à figura de Lao Dan, que então se acreditava ter sido o autor do *Daodejing*; esses aspectos estão ausentes nos capítulos interiores. A classificação e o agrupamento dos 33 capítulos do texto subsistente ainda são assunto de debate. Em 1952, o estudioso chinês Guan Feng publicou um texto seminal sugerindo subdivisões subsequentes dos capítulos com base em elementos estilísticos e temáticos presentes em outras doutrinas do período dos Reinos Combatentes.[122] Depois de Guan Feng, Graham publicou em inglês uma reorganização definitiva do *Zhuangzi* com base em um extenso estudo textual, estilístico e temático (2003a). Graham acredita que os primeiros sete capítulos

---

122. Guan Feng. *Zhuangzi Zhexue Taolun Ji*, 1952.

do texto, sendo homogêneos em pensamento e estilo, foram escritos originalmente por Zhuangzi (essa também é a visão dominante nos estudos modernos e contemporâneos) (2001: 27). Ele organiza os 25 capítulos restantes em quatro grupos:

(1) O grupo "escola de Zhuangzi" (capítulos 17-22) compreende seções escritas por outros no estilo de Zhuangzi. Esses capítulos discutem os temas do *neipian* junto com outras ideias que são mencionadas também no *Daodejing*. Eles também incluem histórias sobre Zhuangzi.

(2) O grupo primitivista (capítulos 8-10, partes do 11, 12 e 14), idealiza o tipo de simplicidade prístina expressada em certas passagens do *Daodejing*, como, por exemplo, no capítulo 80. Em um clima similar ao do *Daodejing*, essas seções criticam os efeitos negativos das normas convencionais. Elas defendem o governo pela não ação (*wuwei*), que ajuda a encorajar a espontaneidade.

(3) O grupo yangista (capítulos 28-31) ataca a ambição mundana (política e moral) porque ela vai contra a preservação do ser genuíno (*bao zhen*). A doutrina de Yang Zhu de estimular a vida incluía um interesse pela longevidade; um modo de cultivar a longevidade era restringir o estímulo sensorial. Consequentemente, um yangista nunca faria nada para ameaçar os prospectos de uma longa vida. Apesar de os yangistas, como os confucianos, acreditarem em nutrir o Eu, no caso dos primeiros, o objeto da atenção era o Eu individual. Por isso, Mêncio foi um crítico severo da doutrina yangista. É interessante, portanto, observar que nesses capítulos do *Zhuangzi*, Confúcio é utilizado nas histórias como o principal defensor de um sistema que ameaça o cultivo da genuinidade (*zhen*).

(4) O grupo sincretista (capítulos 15, 33 e partes de 11-14) combina elementos da moralidade convencional confuciana e da prática administrativa legalista em uma estrutura daoísta. Os sincretistas antigos acreditavam que o governo deveria se apropriar do Caminho do Céu para que a sociedade humana pudesse se equiparar adequadamente aos padrões cósmicos. Esse tema foi popular especialmente durante a primeira metade da dinastia Han (206 a.C.-220 d.C.) e foi subsequentemente apelidado de

doutrina "Huang-Lao".¹²³ De acordo com Graham, o capítulo 33, "Abaixo no império", discute as diferentes teorias – *dao* – "*abaixo* da hierarquia administrativa à qual ele apropriadamente pertence" (2003a: 93). A filosofia de Zhuangzi é comparada às doutrinas concorrentes e Zhuangzi é criticado por sua falta de atenção aos assuntos práticos. Graham especula que esse capítulo sincrético poderia ter sido colocado no fim do texto como sua conclusão, e que isso poderia significar que esses sincretistas foram os compiladores do texto *Zhuangzi*. (2003a: 94, 99-101; 2001: 28)

Graham não situa o capítulo 16 nesse esquema. Seis outros capítulos (23-27, 32) contêm seções mistas cujos fragmentos severamente mutilados poderiam se encaixar em vários agrupamentos; Graham os apelida de "balaios de gatos" (1989: 173). Harold Roth desafiou a classificação de Graham dos vários fragmentos do texto com base em ligações mais amplas, especialmente entre as seções sincretistas e outros textos do período, tais como o *Guanzi* e o *Huainanzi* (Roth 1991a, 2003). Xiaogan Liu propôs uma nova estrutura para agrupar os capítulos do *Zhuangzi*; ele data a compilação do texto antes da dinastia Qin (221-206 a.C.) e sugere três grupos em vez dos quatro de Graham (Liu 1994). Os estudos de Roth e de Liu são acréscimos significativos aos estudos textuais do *Zhuangzi*. Assuntos similares contaminam o entendimento do *neipian*, os primeiros sete capítulos do texto *Zhuangzi*.¹²⁴ Apesar de não ser nossa tarefa examinar essas questões textuais e estilísticas em detalhe aqui, é importante entender que há diferentes teorias sobre as seções do *Zhuangzi* e que elas afetam o modo como poderíamos entender a filosofia de Zhuangzi no contexto de suas interações com outras doutrinas. Como estamos examinando a filosofia de Zhuangzi neste capítulo, nosso enfoque principal será o *neipian*, apesar de que algumas influências doutrinais cruzadas serão discutidas onde for apropriado.

Questões epistemológicas no *Qiwu Lun*

O capítulo 2 do *Zhuangzi*, "A classificação que iguala as coisas" (*Qiwu Lun*), é dedicado quase inteiramente às questões epistemo-

---

123. Schwartz discute a elasticidade dessa frase, pois ela foi usada para se referir a uma série de posições diferentes (1985: 237-254).
124. Bryan Van Norden (1996) apresenta um sumário conciso das diferentes interpretações do *neipian* até meados dos anos de 1990.

lógicas de Zhuangzi. Esse capítulo é o mais intensamente filosófico e tematicamente coerente de todos os capítulos do *neipian*. Nele, Zhuangzi reflete sobre a base das asserções feitas por teóricos concorrentes de sua época.[125] Ele desdenha as suposições absolutistas dos que promovem suas teorias como um antídoto universal e anistórico à inquietação sociopolítica existente. Mas, é claro, eles não podem estar todos certos, se cada teoria exclui todas as outras. Zhuangzi evoca essa tensão quando avalia a briga entre os confucianos e os moístas:

> [...] nós temos o "isto é, isto não é" dos confucianos e moístas, pelo qual o que é isto para um deles para o outro não é, o que *não* é para um deles para o outro é. (Capítulo 2, trad. Graham 2001: 52)

Do ponto de vista de Zhuangzi, a discussão está condenada desde o começo. Em um debate, o debatedor visa persuadir o outro a enxergar seu ponto de vista. Os moístas e confucianos são inflexíveis, alegando que seus respectivos pontos de vistas são o correto. Suas asserções de correção presumem tanto a objetividade quanto a universalidade de seus pontos de vista: os confucianos acreditam que sua solução para a inquietação é a melhor – talvez a única – solução, como os moístas acham a deles. Mas é claro que ambos não podem estar corretos. Seu debate é marcado pelo desacordo: o que é e o que não é; como observa Zhuangzi, o que "é" para um deles "não" é para o outro. Como poderíamos decidir qual dessas teorias é de fato a correta? Deveríamos reformular essa questão em duas mais específicas: a quem pedimos para julgar, e que critérios utilizamos no julgamento de tais questões? A respeito das primeiras questões, Zhuangzi ridiculariza os problemas associados à escolha de um juiz imparcial:

> Suponha que você e eu discutamos (*bian*). Se você me derrotar em vez de eu o derrotar, você está realmente certo e eu estou realmente errado? Ou nós dois estamos parcialmente certos e parcialmente errados? Uma vez que entre nós nem você nem eu sabemos o que é certo, os outros estão naturalmente no escuro. A quem devemos pedir para arbitrar? Se perguntarmos a alguém que concorda com você, uma vez que ele já concordou com você, como ele pode

---

125. Graham, que tem sido influente em promover o estudo da filosofia de Zhuangzi à luz das discussões de linguagem dos Mingjia e dos pensadores moístas posteriores, considera que esse é o capítulo mais importante do livro (2003b: 104). Sua análise trata das deliberações de Zhuangzi como respostas a esses debates, especialmente os articulados por Hui Shi e Gongsun Long.

arbitrar? Se perguntarmos a alguém que concorda comigo, uma vez que ele já concorda comigo, como ele pode arbitrar? Se pedirmos a alguém que discorda tanto de você quanto de mim para arbitrar, uma vez que ele já discordou de você e de mim, como ele pode arbitrar? Se pedirmos a quem concorda com você e comigo para arbitrar, uma vez que ele já concordou com você e comigo, como ele pode arbitrar? (Capítulo 2, trad. Chan 1963a: 189-190)

Zhuangzi não está dizendo apenas que um juiz imparcial é raro de encontrar. Na verdade, ele é cético em relação à existência de tal pessoa. Suas ruminações são céticas em relação à *expectativa de imparcialidade* na arbitragem. Em outras palavras, Zhuangzi reconhece que não há posição como o "ponto de vista de lugar nenhum", a visão angélica ou a perspectiva do olho de Deus. Ele até denuncia a toda abrangente "visão do olho do pássaro" no capítulo 1, "Vagueando sem destino" (*Xiaoyao You*). Zhuangzi estabelece um contraste surpreendente entre uma cigarra e uma pomba, de um lado, e um pássaro gigante, Peng, de outro. A cigarra e a pombinha riem do Peng porque as dimensões e capacidades do pássaro gigante são incompreensíveis para elas:

> A cigarra e a pombinha riem disso, dizendo: "Quando fazemos um esforço e voamos para cima, podemos chegar tão longe quanto as árvores olmo ou sapão, mas algumas vezes não conseguimos e simplesmente caímos no chão. Ora, como alguém pode ir 90 mil *li* para o sul!" (Capítulo 1, trad. Watson 1964: 24).

Essas pequenas criaturas não são triviais em sua falta de entendimento? Há alguma autoconsciência na caricatura de suas limitações. Mas sua consciência do mundo ao redor delas é restringida por sua inabilidade de conceber possibilidades além das experiências pessoais. Será que Zhuangzi considera as doutrinas dos outros pensadores triviais e limitadas, como as da cigarra e da pomba? Ele está defendendo a perspectiva do Peng?

> "Quando o P'eng [Peng] viaja para a escuridão do sul, as águas são agitadas por 3 mil *li*. Ele vence o redemoinho e se eleva a 90 mil *li*, partindo na ventania do sexto mês". Calor tremeluzente, partículas de poeira, coisas vivas soprando umas às outras – o céu parece muito azul. Essa é sua cor verdadeira, ou é por que ele está tão longe e não tem fim? Quando o pássaro olha para baixo, tudo que ele vê também é azul [...]. Se o vento não estiver acumulado fundo o

suficiente, ele não terá a força para suportar grandes asas. Portanto, quando o P'eng se eleva a 90 mil *li*, deve ter o vento debaixo dele dessa forma. Somente assim ele pode montar nas costas do vento, encarar o céu azul, e nada pode impedi-lo ou bloqueá-lo. (Trad. Watson 1964: 23-24)

O pássaro gigante pode ser grande e impressionante, e a cigarra e a pomba, trivialmente pequenas em comparação. Mas o Peng só é capaz de ter uma visão ampla, sendo incapaz de discernir detalhes mais sutis. Ele também tem apenas uma perspectiva parcial e sofre de limitações físicas: enquanto as pequenas criaturas não podem voar para longe, o pássaro gigante não pode levantar voo a menos que as condições do vento sejam fortes o suficiente para carregá-lo. Não existe nem um observador privilegiado nem um juiz ideal; Zhuangzi é cético em relação à habilidade dos indivíduos de adotar perspectivas destituídas de valores. Ou, em outras palavras, *não* há perspectivas destituídas de valores. Aqui, Zhuangzi lança um ataque metafilosófico às expectativas associadas à disputa (*bian*). Na verdade, a questão de *como* selecionar a teoria "correta" está mal direcionada. Isso se deve em parte às complicações epistemológicas associadas à seleção de um juiz imparcial. Há também preocupações acerca da riqueza e da diversidade abundante do mundo e sobre como os critérios para o julgamento (isso se relaciona à segunda questão colocada acima) poderiam falhar em refletir tal diversidade. Wang Ni, o cético, evoca um senso de desamparo quando nos confrontamos com a pluralidade do mundo:

> Quando um humano dorme na umidade, sua cintura dói e suas juntas endurecem; isso acontece com o pequeno peixe? Quando ele senta em uma árvore, treme e balança; isso acontece com o macaco? Qual desses três sabe o lugar certo para viver? Os humanos comem a carne de animais alimentados com feno e grãos, o veado come grama, cobras saboreiam centopeias, corujas e corvos desejam camundongos; qual dos quatro tem um senso apropriado de paladar? (Capítulo 2, trad. Graham 2001: 58)

A resposta de Wang Ni parece ter sido instigada por uma dúvida cética extrema: "Como sei que o que chamo de saber não é ignorância? Como sei que o que chamo de ignorância não é saber?" (Ibid.). No cerne dessas analogias está a resposta para a questão sobre como poderíamos selecionar a teoria correta: não há teoria "correta". Por esse ponto de vista, percebemos, com Zhuangzi, a historicidade e a natureza circunstancial das ideologias concorrentes. Essa passagem sobre as diferentes medidas de assuntos tanto importantes (bem-estar) quanto triviais (paladar) não é meramente sobre dificuldades epistemológicas em face de um mundo plural e diverso. É também, em parte, uma preocupação com a linguagem e sua relação com a realidade; uma questão que era uma grande preocupação dos pensadores moístas posteriores e dos que debatiam com eles. Se lidarmos com a questão retórica de Wang Ni, observaremos que não é meramente uma questão do conteúdo do conhecimento, mas realmente de linguagem e nomeação: como sei que o que *chamo* (*wei*) de saber não é ignorância? Seguindo seus exemplos da pluralidade desconcertante do mundo, Wang Ni volta sua atenção especificamente para o projeto moísta posterior de distinguir *shi-fei*:

> Em meu julgamento dos princípios de Boa-vontade e Dever, os caminhos do "é isso [*shi*], não é isso [*fei*]" estão inextricavelmente misturados; como eu poderia saber como discernir [*bian*] entre eles? (Ibid.)

A linguagem do parágrafo é familiar, como vimos, nos debates dos Mingjia e dos moístas posteriores. Isso pode ser entendido como uma resposta direta a um ponto de vista similar ao de Gongsun Long. Gongsun Long concordava com uma teoria de correspondência um a um entre nomes e realidade. Wang Ni demonstra a natureza simplista desse ponto de vista. É provável que Zhuangzi tenha incluído as deliberações de Wang Ni porque ele concorda com elas em algum nível. O próprio Zhuangzi aborda esses interesses no capítulo 2:

> Dizer não é soprar o hálito, dizer diz alguma coisa; o único problema é que aquilo que é dito nunca é definitivo. Será que nós realmente dizemos alguma coisa? Ou nunca dissemos nada? Se você pensa que isso é diferente do gorjear dos passarinhos novos, há prova da distinção [*bian*]? Ou não há prova alguma? [...] Pelo que o dizer é obscurecido, por algumas vezes "isto ser" e algumas vezes "isto não ser" [*shi-fei*]? [...] Qualquer que seja o ponto de vista, como dizer pode ser impermissível [*buke*]? (Graham 2001: 52)

A comparação de Zhuangzi da fala com o gorjear dos pássaros não é mero sofisma; ele admite que as palavras significam *algo*, mas ele também tem um problema com a suposição a respeito da natureza fundamental da linguagem. Um problema se relaciona com a suposição de que a linguagem está de alguma maneira ligada à realidade, talvez com base em uma correspondência de um a um; vemos isso, por exemplo, no programa confuciano, especialmente na teoria de Confúcio dos nomes (*zhengming*), dentro da qual ele defendia que o comprometimento e o comportamento de uma pessoa devem estar de acordo com seu título (*ming*). Para reiterar, tal correspondência de um a um simplifica demais a diversidade do mundo. Ela também pode mascarar a questão de como esses padrões normativos (confucianos) poderiam ser justificados. Em segundo lugar, Zhuangzi discorda da abordagem adotada por alguns pensadores Mingjia que recorrem ao exame dos termos para resolver desacordos. Essa abordagem presume alguma combinação de suposições, inclusive que os significados dos nomes são objetivos, que eles têm uma relação fixa com o mundo e que um entendimento mais preciso deles resolverá os desacordos.[126]

Há uma série de maneiras com que Zhuangzi poderia responder de modo plausível a essa suposição sobre a linguagem. Vemos uma combinação delas no *Zhuangzi*. Por isso, elas não são mutuamente excludentes. Uma abordagem é enfatizar a diversidade do mundo, como vemos na descrição de Wang Ni dos diferentes padrões para diferentes (tipos de) indivíduos. Isso representa um problema para a nomeação: será que a linguagem captura adequadamente a complexidade e a diversidade do mundo? Essa questão também é levantada no *Daodejing* (em *Daodejing* 1 e 5, por exemplo). A questão sobre a adequação da linguagem instiga questões mais fundamentais sobre a linguagem em si: será que o esclarecimento dos termos irá *realmente* nos proporcionar um retrato mais preciso ou "verdadeiro" da realidade? Será que o esclarecimento – o processo de distinguir (*bian*) – também tem poder persuasivo suficiente para mudar os pontos de vista dos debatedores? Enquanto o próprio Zhuangzi pode não ter proposto essas questões, especialmente a última, é importante observar que essas são algumas perguntas que surgem de um entendimento do debate entre Zhuangzi e os Mingjia.

Há outro problema, relacionado mas diferente, associado à visão de que os nomes são objetivos. Essa resposta não se arrisca a entrar em questões ontológicas (sobre coisas que existem e sobre a diversidade do

---

126. Fung Yu Lan sugere que Hui Shi e Gongsun Long representam duas versões contrastantes da teoria dos Mingjia: "Hui Shih [Hui Shi] e Kung-sun Lung [Gongsun Long] representavam duas tendências da Escola dos Nomes [...]. Hui Shih enfatizava o fato de que as coisas reais são mutáveis e relativas, enquanto Kung-sun Lung enfatizava o fato de que os nomes são permanentes e absolutos" (1948: 83). Devemos observar aqui que Fung reconhece que Hui Shi é um relativista em relação à realidade, apesar de outro ponto de vista influente sustentar que Hui Shi sustentava uma concepção monista da realidade (Hu Shih 1928). Ver a discussão sobre Hui Shi no capítulo 7.

mundo). Ela é um ataque mais direto à suposição da objetividade; destaca a arbitrariedade do processo de nomeação:

> Quando [as pessoas dizem] "tudo bem", então [as coisas estão] todas bem. Quando [as pessoas dizem] "não está tudo bem", então [as coisas] não estão todas bem. Uma estrada se torna tal quando as pessoas andam por ela, e as coisas se tornam assim e assim [para as pessoas] porque as pessoas as chamam assim e assim. Como elas se tornaram assim? Elas se tornaram assim porque [as pessoas dizem que elas são] assim. Como elas se tornaram não assim? Elas se tornaram não assim porque [as pessoas dizem que elas] são não assim. (Capítulo 2, trad. Chan 1963a: 183-184; expressões entre colchetes inseridas pelo tradutor)

Essa passagem enfatiza a arbitrariedade e a convencionalidade da linguagem, um tema que também é proeminente na filosofia do *Daodejing*. Deveríamos também observar, a partir da discussão do capítulo anterior, que os termos "tudo bem" (*ke*) e "assim" (*ran*) são principalmente conceitos dos debates moístas posteriores: a linguagem é significativa à medida que captura o que é assim (*ran*), assevera o que é possível (*ke*) e afirma qual é o caso (*shi*). Mas esses movimentos atribuem excessiva objetividade e caráter absoluto à linguagem. Graham lucidamente propõe o problema para os moístas posteriores, como Zhuangzi poderia vê-lo: "Como posso provar que a linguagem é significativa sem usá-la sob a suposição de que ela o é?" (Graham 1989: 200).

Um terceiro tipo de resposta evoca a pluralidade de perspectivas, como vimos na história do Peng, o pássaro gigante, e da cigarra e da pomba. Diferente do primeiro tipo de resposta, esse terceiro tipo não está necessariamente comprometido com a pluralidade do mundo. Enquanto o primeiro é principalmente uma questão ontológica, o terceiro é uma questão epistemológica: seu ponto principal é que há diferentes maneiras de entender situações e eventos. Do ponto de vista de Zhuangzi, a principal razão para tais variações é que as experiências dos indivíduos conduzem a interpretação dos eventos. Imagens de perspectivas limitadas abundam no *Zhuangzi*: a cigarra de verão ou inseto de verão que não entende a primavera ou outono (capítulos 1, 17), a rã no poço, cuja perspectiva está confinada pelo lugar onde mora (capítulo 17), e a tartaruga gigante que teve grande dificuldade em tentar encaixar apenas uma perna dentro do poço (capítulo 17). Em todos esses exemplos, os personagens são limitados por suas condições físicas e ambientes. Em *Zhuangzi* 17, as perspectivas limitadas da rã do poço e do inseto de verão representam a estreiteza dos pontos de vista dos pensadores em debate:

> Você não pode discutir o oceano com uma rã de poço – ela está limitada ao espaço em que vive. Você não pode discutir o gelo com um inseto de verão – ele está vinculado a uma única estação. Você não pode discutir o Caminho com um estudioso rígido – ele está acorrentado em suas doutrinas. (Trad. Watson 1964: 97)

Podemos esperar concordância entre "estudiosos rígidos"? Disputas sobre o afirmável ou não (*ke-buke*), se uma coisa é "isso" ou "não isso" (*shi-fei*), não resolverão desacordos. A partir das alegorias de Zhuangzi, temos a sensação de que cada perspectiva é uma perspectiva "alojada"; em outras palavras, cada indivíduo só pode compreender o mundo a partir de dentro de seu lugar. De acordo com Graham, o argumento de Zhuangzi é, com efeito, um método de disputa; Graham chama isso de "dizer a partir de um alojamento".[127] Dizer algo "a partir de um alojamento" é apresentar uma visão a partir do ponto de vista de alguém. Para compreender tal "dizer", uma pessoa precisa se alojar na perspectiva da pessoa que o proclama. Na linguagem da argumentação, poderíamos falar que "dizer a partir de um alojamento" é um argumento *ad hominen*. Em uma formulação extrema desse argumento perspectivista, Zhuangzi afirma que todos os pontos de vista são em última análise indexadores:

> Não há nada que não seja o "aquilo" e não há nada que não seja o "isto". As coisas não sabem que são o "aquilo" de outras coisas; elas só sabem o que elas próprias sabem. (*Zhuangzi* 2, trad. Chan 1963a: 182)

Zhuangzi utiliza o termo de indexação "aquilo" [*bi*] para denotar o que é exterior ao ser. A partir da perspectiva de um indivíduo, que é a perspectiva "isto" (*shi*), tudo o mais é "aquilo". Mas, é claro, nenhum indivíduo é universal ou permanentemente um "isto" ou um "aquilo" ou um "eu" ou um "você". Meu "isto" é seu "aquilo", e vice-versa. Se seguirmos o raciocínio de Zhuangzi sobre o caráter indexador das perspectivas, todas as alegações têm uma característica *ad hominen*; elas são em última análise reflexões do Eu. O caráter de indexação

---

127. Graham descreve três tipos de estratégias em conjunto com o capítulo 2 do *Zhuangzi*. Os outros dois são "dizer ponderado" e "dizer excedente". Graham observa que essas três estratégias são discutidas por Zhuangzi em sua avaliação das estratégias de argumentação (Graham 2001: 25-26).

confunde a suposição a respeito da objetividade da linguagem. Em outra parte do *Zhuangzi* (no capítulo 23, em que Graham considera conter temas misturados), o caráter de indexação de perspectivas é explicado com impressionante clareza:

> Um "é isto" que julga discrimina *isto* por uma referência conforme isto muda. Vejamos o que acontece agora quando você fala sobre *isto* conforme isto muda. Isso é para tomar a "vida", como a raiz de você, e a perspicácia, como sua autoridade, e utilizá-las para seguir guiando a carruagem "isto é, isto não é". Eles realmente existem para você, nomes e substâncias, e ao utilizá-los para se guiar você se faz refém. (Trad. Graham 2001: 104)

Será que Zhuangzi sustenta que todas as afirmações, por sua própria natureza, são *ad hominen*? Ou os argumentos limitados por perspectivas são apenas um tipo de argumento a ser contrastado com enunciados de fatos, por assim dizer? Mesmo se for o caso de que apenas uma porção das afirmações é condicionada por perspectivas, como nós as distinguimos, e como poderíamos avaliar sua validade? Se Zhuangzi sustenta que há muitas perspectivas, e que cada perspectiva pode ser avaliada apenas em seu próprio quadro de referência, será que ele está comprometido com o relativismo? Não seremos capazes de responder a todas essas questões aqui, isso porque Zhuangzi raramente apresenta suas conclusões na afirmativa. Mas um exame do debate dos estudiosos sobre a filosofia de Zhuangzi iluminará algumas dessas questões em certa medida.

Interpretações do ceticismo de Zhuangzi

Aonde o ceticismo de Zhuangzi nos leva? Ele é um relativista? Precisaremos examinar as respostas de Zhuangzi a Hui Shi para entendermos os pontos de vista de Zhuangzi. Como vimos no capítulo anterior, Hui Shi havia adquirido uma reputação por causa de sofismas, pois ele deliberava sobre paradoxos difíceis, tais como "O céu é tão baixo quanto a terra; montanhas e pântanos estão no mesmo nível" (Chan 1963a: 233-234). *Zhuangzi* 33, a conclusão sincretista do texto, observa que Hui Shi tinha uma reputação apenas por causa da disputa e que ele "perseguia a miríade de coisas" (Trad. Graham 2001: 295). Muitos dos paradoxos de Hui Shi têm um tom relativista. Como Zhuangzi respondia a Hui Shi?[128] De acordo com uma história

---
128. Fung Yu Lan apresenta uma lista interessante de similaridades entre os paradoxos de Hui Shi e as ideias de Zhuangzi (1952: 196-197).

no *Zhuangzi*, quando Zhuangzi passou pelo túmulo de Hui Shi, ele observou a perda de Hui Shi como a perda de um parceiro em um ato de duas pessoas: "Desde que o mestre [Hui Shi] morreu, não tive ninguém para usar como parceiro, ninguém com quem conversar sobre as coisas" (*Zhuangzi* 24, trad. Graham 2001: 124). Zhuangzi considerava Hui Shi um parceiro sem paralelo, mas precisamos perguntar mais sobre a natureza de suas afinidades filosóficas. A esse respeito, uma série de estudiosos se concentrou em uma conversação entre Hui Shi e Zhuangzi em *Zhuangzi* 17:

> Chuang Tzu [Zhuangzi] e Hui Tzu [Huizi] estavam passeando pela represa do rio Hao quando Chuang Tzu disse: "Veja como as carpas miúdas saem e lançam-se para onde querem! É disso que os peixes realmente gostam!"
> Hui Tzu disse: "Você não é um peixe; como sabe do que os peixes gostam?"
> Chuang Tzu disse: "Você não é eu, então como sabe que eu não sei do que os peixes gostam?"
> Hui Tzu disse: "Eu não sou você, então certamente não sei o que você sabe. Por outro lado, você certamente não é um peixe, então isso ainda prova que você não sabe do que os peixes gostam!"
> Chuang Tzu disse: "Vamos voltar à pergunta original, por favor. Você me perguntou como sei do que os peixes gostam, então você já sabia que eu sabia quando fez a pergunta. Eu sei isso por ficar aqui ao lado do Hao". (Trad. Watson 1964: 110)

Zhuangzi parece ter falado por último nesse debate. Mas as respostas divertidas de um para o outro apontam para um debate mais profundo, que os estudiosos interpretaram de várias maneiras. As interpretações incluem:

(1) Zhuangzi é meramente um lógico inepto que falha em compreender as questões de Hui Shi; o intercâmbio dos dois marca um diálogo fútil entre Zhuangzi, o místico, e Hui Shi, o lógico.[129]

(2) Hui Shi é apenas um acessório para Zhuangzi nessa história. A meta principal dela é demonstrar a sabedoria profunda de Zhuangzi sobre a natureza experiencial, participativa, do

---

129. De acordo com Chad Hansen, essa é uma interpretação dominante do diálogo (2003: 145, 147).

conhecimento (Ames 1998b).[130] Uma explicação como essa trataria da ideia de saber como (*Como* Zhuangzi sabe que o peixe é feliz?) em vez de saber que (isto é, saber se as condições da verdade de sua alegação foram satisfeitas).

(3) Tanto Zhuangzi quanto Hui Shi reconhecem a subjetividade das perspectivas. A discussão de ambos demonstra a lógica falha de Hui Shi: se ele é cético em relação à alegação de Zhuangzi sobre a felicidade dos peixes, então, de acordo com o mesmo princípio da subjetividade das perspectivas, Hui Shi não pode ele mesmo fazer alegações sobre o proclamado conhecimento de Zhuangzi da felicidade dos peixes. (Hansen 2003)

(4) O diálogo pode ser entendido como um exemplo brilhante do raciocínio analógico, discutido especialmente pelos moístas posteriores. (Teng 2006)

Essas interpretações do intercâmbio entre Zhuangzi e Hui Shi nos proporcionam uma compreensão mais profunda da filosofia de Zhuangzi. Em suas perguntas a Zhuangzi, Hui Shi diz que as experiências são subjetivas e, portanto, Zhuangzi não tem acesso àquela felicidade do peixe em particular, nem à felicidade dos peixes em geral. Essa conversação pode ser vista como uma extensão dos dez paradoxos de Hui Shi que expressam sua posição relativista. Será que Zhuangzi *acrescenta* alguma coisa ao ponto de vista relativista de Hui Shi? Talvez eles compartilhem uma preocupação com o sortimento que o mundo lhes apresenta. Talvez, enquanto Hui Shi enfoca a natureza relativa dos termos de comparação, como, por exemplo, que não há nada que seja absolutamente grande ou pequeno, Zhuangzi dá uma razão para as comparações relativistas; ele sugere que estas poderiam dever-se a variações nas perspectivas. A explicação de Hansen do diálogo do peixe feliz é influente; ele entende o diálogo em diferentes perspectivas, do peixe, de Zhuangzi e de Hui Shi. Todas essas perspectivas são individuais e a asserção de que Zhuangzi *não pode* conhecer a felicidade dos peixes efetivamente se contradiz, porque ela também assevera que a pessoa que faz o julgamento *pode* saber o que Zhuangzi pode ou não saber.

A interpretação de Hansen do diálogo do peixe feliz é uma extensão de sua tese mais ampla sobre a filosofia de Zhuangzi, de que ela endossa uma multiplicidade de perspectivas e, ao fazê-lo,

---

130. Ames não afirma explicitamente que Hui Shi tem um papel apenas incidental, mas sua discussão trata quase inteiramente da concepção de conhecimento de Zhuangzi.

defende o "relativismo perspectivista" (1983b). De acordo com esse ponto de vista, seria inconsistente para Zhuangzi, ao mesmo tempo, asseverar que sua perspectiva é a única *legítima*: "A metaperspectiva de Zhuangzi não leva ao conhecimento não perspectivista das coisas. Ela não é uma janela para a coisa em si, mas para a desconcertante gama de possibilidades" (Hansen 1992: 284-285).[131] A visão de que Zhuangzi é um relativista é plausível, dado que Zhuangzi muitas vezes começa sua investigação colocando em dúvida uma posição em particular, na forma de uma pergunta retórica: "Há alguma diferença?" Ele então se desliga do debate, apresentando a posição oposta: "Ou não há diferença?" Essas perguntas evocam uma aura de desligamento não julgante, que é uma característica das posições relativistas.[132] Por outro lado, devemos observar que o *Zhuangzi neipian* afirma positivamente modelos de conhecimento que são mais intuitivos, como as habilidades de açougueiro do cozinheiro Ding (*Zhuangzi* 3). Philip Ivanhoe argumenta de modo persuasivo que os personagens no *Zhuangzi*, inclusive o cozinheiro Ding e sua destreza de mestre, o entalhador Qing que esculpe maravilhosos suportes para sino, o carpinteiro de rodas Bian que "molda rodas com habilidade inefável", são as visões positivas de Zhuangzi do Caminho (1993: 643). Ele observa: "Em seus exemplos de indivíduos habilidosos, Zhuangzi abandona completamente o argumento perspectivista e revela o fundamento de sua visão normativa" (Ibid.: 652).

As perguntas de Zhuangzi têm um tom cético. Mas é importante investigar a extensão de sua dúvida. Lisa Raphals argumenta que Zhuangzi, no *Qiwu Lun,* utiliza métodos céticos em sua argumentação, mas isso não implica uma negação do conhecimento (Raphals 1996). Claramente, Zhuangzi era cético em relação à objetividade dos nomes. Nesse sentido, ele é cético em relação ao significado, à linguagem e à ligação desta com o mundo (ver Ivanhoe 1993). Nesse mesmo

---

131. Hansen também argumenta que sua explicação ajuda a preencher a lacuna entre as interpretações da filosofia de Zhuangzi como místico, de um lado, e como cético, de outro. De acordo com Hansen: "O cético franze o cenho criticamente e experimenta o fracasso do conhecimento absoluto como um desapontamento. O místico se deleita na própria incompreensibilidade deste. Colocado na linguagem emocional, o *hrmmf* cético e o *aah* místico são respostas à mesma compreensão dos limites das linguagens [...]. Não há diferença na substância ou quantidade, mas uma grande diferença na reação emocional deles" (1992: 284-285). Devemos refletir, contudo, se a diferença reside apenas nos diferentes estados psicológicos dos proponentes de cada uma, como sugere Hansen.
132. Entre outros estudiosos que discutem essa questão incluem-se Henry Rosemont Jr. (1988) e Philip Ivanhoe (1996). Rosemont Jr. acredita que Zhuangzi é um relativista, enquanto Ivanhoe argumenta contra essa posição.

sentido, poderíamos argumentar que ele era um cético epistemológico, pois duvidava seriamente da abordagem dos pensadores Mingjia para resolver desacordos por meio da disputa (*bian*). Ele não duvidava de que *todo* conhecimento era dubitável, mas de que algumas suposições sobre ele e alguns modos específicos de buscá-lo estavam errados. Ele não era um cético radical em relação à linguagem, pois também reconhecia sua importância prática:

> Uma estrada se torna tal quando as pessoas andam por ela, e as coisas se tornam assim e assim [para as pessoas] porque as pessoas as chamam assim e assim. Como elas se tornaram assim? Elas se tornaram assim porque [as pessoas dizem que elas são] assim. Como elas se tornaram não assim? Elas se tornaram não assim porque [as pessoas dizem que elas] são não assim. (*Zhuangzi* 2; trad. Chan, 1963a: 183-184)

Será que Zhuangzi tem quaisquer pontos de vista sobre a realidade ou a verdade? Em nossa discussão da filosofia do *Daodejing*, vimos que uma interpretação dominante do *dao* caracteriza-o em um conceito metafísico, como uma realidade primordial subjacente mais profunda. Será que os capítulos *neipian* partilham essa concepção da realidade? Essa é uma pergunta difícil de responder em relação à filosofia de Zhuangzi, porque há poucas, se é que há, afirmações ou sugestões nesse sentido nas deliberações de Zhuangzi. Schwartz sugere que a pergunta que sustenta o ceticismo de Zhuangzi é, na verdade, uma pergunta ontológica sobre o lugar da humanidade dentro das dez mil coisas: qual é a "realidade das entidades individuais" diante da pluralidade? (Schwartz 1985: 222).[133] Contudo, se seguimos a linha de raciocínio de Hansen, temos de concluir que Zhuangzi *não pode* se comprometer com uma concepção monista da realidade. Isso faz de Zhuangzi um tipo específico de cético metafísico, pois ele sustenta que há muitas perspectivas que são igualmente *válidas* em vez de *verdadeiras*: as perspectivas da cigarra, da pomba e do pássaro gigante, bem como as da rã do poço e da tartaruga marinha, são igualmente válidas. Para expressar isso em termos filosóficos contemporâneos, as condições de validade para cada perspectiva variam de acordo com uma

---

133. Schwartz escreve: "Alguém pode desfrutar o espetáculo dos fenômenos da natureza sem levantar questões sobre o '*status* ontológico' de tais fenômenos em si. Suspeita-se que é precisamente o interesse de Chuang-tzu pelo homem, como uma das dez mil coisas, que o leva a se preocupar mais com a questão: Qual é de fato a realidade das entidades individuais?" (1985: 222).

série de fatores – talvez mais do que possam ser listados exaustivamente – que moldam a perspectiva. Em suma, se aceitarmos a explicação de Zhuangzi como um relativista perspectivista, não podemos também propor de forma consistente que Zhuangzi defendia uma concepção única do *dao* como a realidade absoluta ou verdadeira (Hansen 1992: 285-292). Zhuangzi deve, em outras palavras, ser cético em relação a uma concepção monista da realidade.

Isso nos deixa com um último e importante tipo de ceticismo, a saber: o ceticismo ético. Há um consenso entre os estudiosos de que Zhuangzi não é um cético em relação à ética. Este é muito claramente o caso para os que acreditam que Zhuangzi sustenta o método intuitivo, iluminado, do *zhenren*, a pessoa genuína cultivada (ver, por exemplo, Yearley 1996, Roth 1999). A concepção do *zhenren* incorpora importantes qualidades éticas, religiosas, políticas, sociais, e psicológicas. A partir de uma perspectiva diferente, apesar de também concluir que Zhuangzi não é um cético em relação à ética, Graham argumenta que Zhuangzi não tem "nenhuma vertigem" em seu ceticismo (1989: 186). *Nós* poderíamos nos preocupar com o ceticismo ético, porque acreditamos que escolhas devem ser feitas, mas "só há angústia no ceticismo ético se alguém se sentir forçado a escolher sem ter base de escolha" (Ibid.). Isso pode soar implausível – pois, é claro, a escolha é um critério fundamental da ação moral – até percebermos que Graham está apontando para a espontaneidade no discurso ético daoísta. Em termos convencionais, quando tomamos decisões éticas, *escolhemos*, à medida que podemos, exemplificar qualidades morais, tais como honestidade, sinceridade e compaixão. Mas os pescadores, cozinheiros, carpinteiros e similares de Zhuangzi *respondem espontaneamente e não são restringidos por padrões convencionais de certo e errado*. Se Zhuangzi é de todo um cético em relação à ética, ele o é em relação às normas éticas convencionais, suas práticas correspondentes e sua implementação na sociedade humana. Na próxima seção, examinaremos aspectos da pessoa daoísta cultivada que incorpora habilidades intuitivas – aptidões – ao responder espontaneamente.

Cultivando a aptidão

O capítulo 3 do texto subsistente do *Zhuangzi* começa com uma advertência agourenta sobre a natureza limitante do conhecimento convencional:

> Minha vida flui entre confins, mas o conhecimento não tem confins. Se usamos o confinado para perseguir o não confinado, há perigo de que o fluxo cesse; e, quando ele cessa, exercitar o conhecimento é o mais puro perigo. (Trad. Graham 2001: 62)

O conhecimento convencional restringe um "fluxo" de vida mais genuíno e pode até provocar o seu fim. Este é um capítulo curto – em grande parte mutilado – a respeito de "O que importa na nutrição da vida" (*Yangshen Zhu*, trad. Graham 2001: 62). Como indicado em seu parágrafo de abertura, seu enfoque é livrar-se das normas convencionais, pois elas interferem no desenvolvimento apropriado do Eu. Sob esse aspecto, ele partilha a preocupação de algumas das passagens do *Daodejing* a respeito de linguagem e convencionalidade (por exemplo, *Daodejing* 2, 12). Contudo, o *Zhuangzi* também defende uma "nutrição da vida", tema que é ausente no *Daodejing*. No *Zhuangzi*, a razão para desfazer camadas de condicionamento cultural e convencional é que elas são um impedimento para expressões mais espontâneas e aparentemente mais intuitivas do Eu; esses impedimentos ameaçam o Eu genuíno. Essas linhas de pensamento assemelham-se às da filosofia de Yang Zhu, e podemos sentir um gosto desta última nos capítulos yangistas do texto *Zhuangzi* (capítulos 28-31). Ainda assim, a filosofia de Zhuangzi é característica por sua descrição de uma aptidão, uma habilidade de viver a vida ao máximo. O ponto focal de *Zhuangzi* 3 é uma analogia do trabalho de açougueiro que elucida como fomentar tal aptidão na vida do indivíduo:

> Um bom cozinheiro muda sua faca uma vez por ano – porque ele corta. Um cozinheiro medíocre muda sua faca uma vez por mês – porque ele despedaça. Tenho esta minha faca há 19 anos e cortei milhares de bois com ela, e ainda assim a lâmina está tão boa como se tivesse acabado de sair do rebolo. Há espaços entre as juntas, e a lâmina da faca realmente não tem espessura. Se você inserir o que não tem espessura em tais espaços, então há muito espaço – mais do que o suficiente para a lâmina folgar nele. É por isso que após 19 anos a lâmina de minha faca ainda é tão boa quanto quando ela saiu do rebolo pela primeira vez.
>
> Contudo, sempre que chego a um lugar complicado, avalio as dificuldades, digo a mim mesmo para ficar alerta e ser cuidadoso, mantenho meus olhos no que estou fazendo, trabalho bem devagar e movo a faca com a maior sutileza, até que – flop! – a coisa toda se despedaça como um torrão de terra esfarelando no chão. Fico

lá segurando a faca e olho por todo o meu redor, completamente satisfeito e relutante em seguir adiante, e então limpo a faca e a ponho de lado. (Trad. Watson 1964: 47)

O cozinheiro Ding demonstra uma habilidade cultivada de açougueiro que é desenvolvida, refinada e manifesta durante e por meio da atividade. Que afortunado alguém seria se ele ou ela tivesse a aptidão do cozinheiro Ding em lidar com as situações da vida! A escolha do açougueiro como um exemplo de aptidão é interessante. Claramente, a aptidão é muito diferente das sabedorias profundas e da inteligência requerida para reger a nação ou aconselhar o governante, ou se envolver em disputas sobre a melhor forma de governo. Talvez Zhuangzi esteja tentando estabelecer um modelo de vida (comum) bem distinto da vida política. Mas é aí que os yangistas e os sincretistas se separam. Entre os yangistas, há muito debate sobre se a pessoa cultivada deveria se envolver na vida política; mas, mesmo que possam ser interpretados como defendendo o envolvimento político, eles sustentavam uma profunda desconfiança acerca das ideologias e da infraestrutura então existentes. Os sincretistas, por outro lado, não apenas viam o envolvimento político como um corolário necessário da vida cultivada, eles acreditavam que o cultivo do Eu era um processo que culminava no desenvolvimento de habilidades e estratégias para reger as pessoas. É importante compreender essa distinção fundamental entre as duas ideologias ao ler e interpretar as seções do *Zhuangzi*.

A analogia do cozinheiro Ding é a única sobre a aptidão nos "capítulos interiores" do *Zhuangzi*. Em outras partes do texto, e especialmente no capítulo 19 yangista, há muitos outros exemplos parecidos: a habilidade inefável do carpinteiro de rodas (capítulo 13, que tem seções sincretistas), do balseiro experiente (capítulo 19), do corcunda catador de cigarras (capítulo 19) e do entalhador e seus maravilhosos suportes de sino (capítulo 19). Todos esses símiles subvertem as imagens convencionais de sabedoria erudita e poder. Esse contraste intencionado é afirmado explicitamente no caso do carpinteiro de rodas; ele questiona o *status* das sabedorias antigas articuladas em um livro que o duque Huan está lendo. O carpinteiro de rodas, Bian,[134] argumenta que a aptidão não pode ser ensinada – ele falhou em ensinar suas habilidades para seu filho – e, portanto, é

---

134. Há bastante brincadeira no texto *Zhuangzi*; note que *bian* significa "plano", um nome irônico para um carpinteiro de rodas.

cético quanto a se obter introvisões ao ler um livro. O carpinteiro de rodas diz:

> Se eu cinzelo a roda devagar demais, o cinzel escorrega e não agarra; se rápido demais, ele emperra e fica preso na madeira. Nem devagar demais, nem rápido demais; eu sinto na mão e respondo do coração, a boca não pode colocar em palavras, há uma aptidão nisso em alguma parte que não consigo passar para meu filho e que meu filho não consegue aprender comigo. Foi assim que, ao longo dos meus 70 anos, envelheci cinzelando rodas. Os homens de antigamente e suas mensagens intransmissíveis estão mortos. Então, o que meu senhor está lendo são os resíduos dos homens de antigamente, não é?
> (Trad. Graham 2001: 140)

Há outra passagem nos "capítulos interiores" que trata do caráter inexprimível da habilidade das "palavras". No capítulo 6, "O professor que é o ancestral máximo" (Trad. Graham 2001: 84-93), uma distinção é traçada entre compreender o Caminho (*dao*) e ter a habilidade (*cai*) de um sábio; ambas as coisas são necessárias para a sapiência. Nossa discussão até agora identifica dois aspectos do contraste entre o conhecimento convencional e a aptidão. Primeiro, a aptidão é pessoal, experiencial e (portanto) incomunicável, diferente da convenção, que é compartilhada. Talvez haja alguma ligação entre essa ideia e a estrofe de abertura do *Daodejing*, "o *dao* que pode ser comunicado não é um *dao* duradouro" (tradução minha). Essa questão também destaca as diferenças doutrinais entre os daoístas e os pensadores Mingjia. Aquilo que *pode* ser comunicado em palavras – *ming* (nomes) – não pode ser *outra coisa senão* convencional. A linguagem é uma característica integrante da civilização humana; ela estabelece e propaga as posturas e as crenças dominantes. Por isso, do ponto de vista de Zhuangzi, os pensadores Mingjia teriam parecido particularmente ingênuos em acreditar que uma altercação sobre nomes é a causa fundamental do desacordo; há muito que não pode ser dito.

O segundo contraste importante entre o conhecimento convencional e a aptidão é que o primeiro pode inibir a expressão da aptidão, que é uma expressão espontânea do Eu. Mas *o que* exatamente é espontâneo? É a natureza humana inerente (*xing*), ou, mais especificamente, a mente-coração (*xin*)? Zhuangzi, na verdade, não faz referências à natureza humana. Ele também suspeita do *xin* por causa de seu papel exagerado no discurso moral da época. No "Ensaio sobre ver as coisas como iguais", Zhuangzi expressa incredulidade em relação à sugestão de que o coração é a sede dos juízos de certo e errado (*shi-fei*):

> Das cem juntas, nove aberturas, seis vísceras, todas presentes e completas, qual delas eu deveria reconhecer como mais congênita a mim do que outra? Vocês, pessoas, estão satisfeitas com elas todas? Ao contrário, vocês têm um órgão favorito entre eles [...]. Se você seguir pelo coração completado e tomá-lo como sua autoridade, quem não tem tal autoridade? Por que deveria ser apenas o homem que sabe como as coisas se alternam e cujo coração aprova seus próprios juízos a ter tal autoridade? O tolo tem um, assim como ele tem. Pois haver "isto é, isto não é" antes de eles serem formados no coração seria "Ir a Yüeh [Yue] hoje e ter chegado ontem". (Trad. Graham 2001: 51)

Zhuangzi lança um argumento contra os que propõem que a mente-coração é o órgão que tem uma capacidade inerente para a discriminação moral; entre os que sustentam tal visão, incluem-se Mêncio e Xunzi.[135] A prova empírica mostra outra coisa, argumenta Zhuangzi, pois o tolo, caracterizado como alguém que não consegue fazer tais distinções, também tem uma mente-coração. Os confucianos poderiam, é claro, responder que o tolo pode ter uma mente-coração, mas falhou em aplicá-la ou cultivá-la. Mas o ponto mais fundamental de Zhuangzi é esse: não há capacidade intuitiva inerente para se tomar decisões e presumir que há uma – e *apontar* uma –, serve apenas para obscurecer um modo de vida mais genuíno:

> O coração/mente humano [...] tem a capacidade fatal de arrogar para si os atributos de uma entidade totalmente individualizada, totalmente isolada, "o coração totalmente completado ou individualizado" (*ch'eng xin*) [*cheng xin*] que mediante um tipo de autoencapsulamento é capaz de estabelecer um Eu próprio desligado do fluxo do *tao*. (Schwartz 1985: 229)

Somos levados a pensar se Zhuangzi pretendia substituir *xin*, a mente-coração, pelo *dao*.[136] O *dao* é essencial na humanidade; para Zhuangzi, os sentimentos (*qing*), e não o conhecimento, são expressões do *dao*. "Alegria, raiva, pesar, deleite, preocupação,

---

135. Ver Graham 2003b: 115.
136. Graham afirma que, para Zhuangzi, o *dao* toma o lugar do "verdadeiro governante" (2003b: 115). Por outro lado, Hansen argumenta que a refutação de Zhuangzi do *xin* de Mêncio não é para substituir o *xin* pelo *dao*, mas sim para rejeitar qualquer asserção de uma capacidade intuitiva inerente (1992: 277-280).

arrependimento, inconstância, inflexibilidade, modéstia, intenção, sinceridade, insolência" (*Zhuangzi* 2; trad. Watson 1964: 32-33). As imagens desses sentimentos primais é descrita deliciosamente nessa passagem: eles são como "vapor condensando-se em cogumelos" (trad. Graham 2001: 50). Como com a filosofia do *Daodejing*, sentimos aqui um retorno às expressões mais básicas, pré-civilizadas e não treinadas da humanidade. O *Zhuangzi* relaciona a mente-coração aos efeitos negativos da civilização e, portanto, defende o "jejum da mente-coração". No *Zhuangzi* 4, Confúcio (que no texto *Zhuangzi* é usado ironicamente como um representante do pensamento daoísta) ensina seu discípulo Yan Hui como "fazer o jejum de sua mente-coração". O primeiro passo é substituir ouvir com os ouvidos por ouvir com sua mente-coração. Mas ouvir com a mente-coração deve ser por sua vez substituído por ouvir com o *qi* ("energias", Graham 2001: 68; "espírito", Watson 1964: 54).[137] Benjamin Schwartz sugere que, para Zhuangzi, o *qi* é uma "realidade mística que serve [...] para ligar o mundo do múltiplo, determinado e discreto ao mundo do não ser" (1985: 218). Ele também observa que isso poderia ter ligações com técnicas de meditação. Em vista desse comentário, devemos observar que muitos dos personagens no *Zhuangzi* que têm uma "aptidão" ou habilidade são pessoas que "esquecem". Há uma imagem famosa em *Zhuangzi* 6, "O professor que é o ancestral máximo", na qual Yan Hui fez um progresso tão significativo em "sentar-se e esquecer" (*zuowang*) que Confúcio pede a Yan Hui para aceitá-lo como seu discípulo. Podemos presumir plausivelmente que o que essas figuras zhuangzianas paradigmáticas esquecem é seu condicionamento sociocultural – por isso precisam "fazer jejum" de sua mente-coração. O que precisa ser esquecido é a cultura de isolar favoritos, de tratamento preferencial. Ela engendra inconsistências e buscas triviais. A pessoa que esquece – que em *Zhuangzi* 19 é comparada a um homem bêbado[138] – fica em contraste com uma pessoa que está completamente submersa nas normas da época.[139] Zhuangzi descreve o "herói" trágico de tal cultura:

---

137. Exploraremos esse conceito mais à frente no capítulo.
138. "Quando um homem bêbado cai de uma carroça, a despeito da velocidade da queda, ele não morre. Em seus ossos e juntas ele é o mesmo que outros homens; mas, ao deparar com o dano, ele é diferente, porque o sobrenatural está inteiro nele" (Trad. Graham 2001: 137).
139. Deve haver comparações interessantes entre o herói trágico de Zhuangzi e o valoroso da vila de Confúcio em *Analectos* 13:24 e *Livros de Mêncio* 7B:37.

Algumas vezes colidindo com coisas, algumas vezes curvando-se perante elas, ele corre seu curso como um corcel galopante, e nada pode pará-lo. Ele não é patético? Suando e trabalhando até o fim de seus dias e nunca vendo sua realização, exaurindo-se completamente e nunca sabendo onde procurar descanso, você pode deixar de apiedar-se dele? [...] A vida do homem sempre foi um lamaçal assim. (*Zhuangzi* 2; trad. Watson 1964: 33)

A liberação da necessidade de perseguir objetivos estabelecidos pela tradição cultural do indivíduo deve ser energizante. Zhuangzi contrasta as disposições do grande conhecimento (*dazhi*) e do pequeno conhecimento (*xiaozhi*): "A grande compreensão é ampla e sem pressa; a pequena compreensão é restrita e ocupada. Grandes palavras são claras e límpidas; pequenas palavras são estridentes e briguentas" (*Zhuangzi* 3; trad. Watson 1964: 32). A pequena compreensão é limitada e restritiva, e preocupada com trivialidades. De acordo com Ivanhoe, a filosofia do "perspectivismo" de Zhuangzi permite que as pessoas "se libertem das garras da tradição e da mente racional" (1993: 646) para "perceber e ficar de acordo com um esquema ético inerente ao mundo" (Ibid.: 646-647). Presumivelmente, o "esquema ético inerente ao mundo" é diferente da "tradição". O que é importante na interpretação de Ivanhoe é a espiritualidade da liberação zhuangziana (Ibid.: 646). *Zhuangzi* 6, "O professor que é o ancestral máximo" (Trad. Graham 2001: 84-93), descreve as características e a profundidade do "homem verdadeiro" sobrenatural (*zhenren*). As implicações religiosas ou espirituais da filosofia de Zhuangzi são afirmadas por uma série de outros estudiosos. Raphals recorre a terminologias, tais como "iluminação" e "despertar", para descrever o "grande conhecimento" de Zhuangzi (1996: 30); Schwartz descreve a filosofia de Zhuangzi como "gnose mística" em alguns poucos pontos de sua análise (1985: 215-237);[140] Allinson apresenta uma tradução dos "capítulos interiores" do *Zhuangzi* de acordo com sua tese de que a filosofia de Zhuangzi engendra uma transformação espiritual (1989); Yearley descreve a atividade e a vida da pessoa sobrenatural em um estado espiritual que se envolve com, e ainda assim transcende, muitos aspectos dessa vida mundana, inclusive a moralidade (1996); Slingerland entende o *wuwei* no nível fundamental como um conceito

---

140. Schwartz também afirma que há no *Zhuangzi* uma metáfora, que é "quase uma tese", conforme a qual há metáforas de um criador das coisas, um princípio criativo e um governante verdadeiro (1985: 226-227).

religioso (2000);[141] e Roth argumenta que Zhuangzi recomenda uma tranquilidade mística profunda por meio da contemplação meditativa (1999).[142]

Devemos ponderar se a iluminação espiritual para Zhuangzi é uma busca individual que pode envolver o desligamento reclusivo dos assuntos do mundo. A filosofia de Zhuangzi tem sido caracterizada como individualista por uma série de razões: as perspectivas distintivas de diferentes indivíduos, a apreensão individualizada, subjetiva, de uma aptidão, e o cultivo da "grande compreensão". É verdade que, na análise final, cada indivíduo deve adquirir essa aptidão e transcender a "pequena compreensão" por si só. Contudo, devemos enfatizar que a meta da liberação de Zhuangzi requer (e acarreta) a liberdade não da vida no mundo, mas de suas convenções e ideologias. Slingerland argumenta que essa concepção de liberdade não diz respeito ao estabelecimento do governo individual ou de interesses individuais. Ele observa que "Enquanto a espontaneidade no Ocidente é tipicamente associada à subjetividade, o oposto pode ser dito do tipo de espontaneidade manifestada no *wu-wei*: ela representa o grau mais alto de objetividade, pois é apenas no *wu-wei* que a mente corporificada do indivíduo se conforma a algo maior do que o indivíduo – a vontade do Céu ou a ordem representada pelo Caminho" (2000: 311).[143] Para Slingerland, o *wuwei* de Zhuangzi é um ideal espiritual, especialmente porque promove a harmonização com a ordem objetiva, normativa, do Cosmos.

Também podemos justificar a transformação espiritual como um processo mais amplo, mais inclusivo, no conceito de *qi*. Vimos anteriormente que Zhuangzi no capítulo 4 defende o jejum do coração-mente a fim de sustentar o *qi*. O conceito de *qi* ocorre em outros textos do período dos Reinos Combatentes, especialmente

---

141. A esse respeito, Slingerland critica interpretações da filosofia de Zhuangzi que não refletem de modo apropriado a atenção de Zhuangzi ao desenvolvimento da habilidade. De acordo com Slingerland, a habilidade-conhecimento de Zhuangzi não é meramente uma escolha de estilo de vida. Reduzir a filosofia a uma discussão de construções convencionais é destituí-la de importância metafísica. Slingerland menciona em particular as explicações de Robert Eno e Chad Hansen sobre o pensamento de Zhuangzi (2000: 313-314).
142. Há uma tradição estabelecida da prática mística e religiosa daoísta que se vale de uma série de fontes textuais daoístas. Estudos que incluem *Taoism: Growth of a Religion* (1997), de Isabelle Robinet, e *The Taoist Experience* (1993), de Livia Kohn, tratam centralmente dos aspectos religiosos do pensamento daoísta. Essas investigações exercem um papel importante na literatura de pesquisa daoísta, ao reunir perspectivas filosóficas e religiosas sobre o Daoísmo.
143. Slingerland refere-se ao argumento de Graham (ver Graham 1983: 9-13).

no *Guanzi*, um texto composto compilado ao longo de um período, apesar de levar o nome do legalista Guan Zhong (683-642 a.C.). O "treinamento interior" (*neiye*) do *Guanzi* trata extensivamente do cultivo do *qi*.[144] Graham sugere que tal concepção de nutrir o *qi*, que inclui técnicas de meditação, atenção à postura e moderação na dieta, é similar à sustentada por Mêncio, que também se refere a nutrir o *qi*, que é "como uma enchente" (*Mencius* 2A:2, em Graham 1989: 100). Graham descreve a noção de *qi* nesse período como um "fluido energético" unificador e todo abrangente (1989: 101). O *qi* vitaliza o corpo, em particular a respiração, e circula fora do corpo como ar; seu significado é similar ao "*pneuma* grego 'vento, ar, sopro'" (Ibid.). Um desenvolvimento interessante relacionado ao conceito de *qi* foi a evolução do termo *shen* (que anteriormente denotava um ser "espiritual") como uma característica que poderia ser manifesta na esfera humana. Em outras palavras, *shen* foi usado para se referir ao atributo de um ser ou ato específico, em vez de a seres espirituais. Nesse sentido, *shen* é a percepção sobrenatural que inspira o "assombro pelo divino" (Ibid). Tal percepção envolve saber como se livrar dos grilhões que restringem o fluxo espontâneo do *qi* entre o indivíduo e a ordem cósmica mais ampla. Encontramos um bom exemplo disso no *Zhuangzi* 19, um capítulo yangista, na descrição que o entalhador faz de sua aptidão:

> O entalhador Ch'ing [Qing] cinzelava a madeira para fazer um suporte para sinos. Quando o suporte para sinos ficou pronto, os observadores ficaram impressionados, como se fosse sobrenatural, fantasmagórico [...]. [O entalhador explica seu segredo:] "A destreza para [fazer o suporte de sinos] se concentra, as distrações externas se derretem, e só então entro na floresta da montanha e observo a natureza da madeira como o Céu a faz crescer. A capacidade do corpo atinge seu ápice; e só então tenho uma visão completa do suporte de sinos, só então ponho minha mão nele. Caso contrário, desisto da coisa toda. Então junto o que é do Céu ao que é do Céu. Seria essa a razão pela qual o instrumento parece sobrenatural?" (Trad. Graham 2001: 135)

Uma pessoa que obteve essa percepção sobrenatural ainda tem algum interesse na esfera mundana? A pergunta sobre o envolvimento da pessoa cultivada nos assuntos do mundo já era uma questão

---

144. Harold Roth proporciona uma excelente análise crítica do *Guanzi* e enfatiza ligações-chave entre os dois textos, o *Guanzi* e o *Zhuangzi* (1991b, 1999).

vividamente debatida durante esse período. Estamos interessados aqui em duas questões diferentes, mas interligadas; a primeira diz respeito ao envolvimento geral com o mundo, a segunda é mais específica e lida com os assuntos políticos do Estado. Em relação à primeira questão, podemos dizer com segurança que Zhuangzi não defende o desligamento do mundo. As metáforas e os exemplos usados por todo o texto na verdade revelam uma consciência profunda do mundo natural, que é obscurecida ou negligenciada quando se está viajando dentro dos limites seguros estabelecidos pela sociedade e pela convenção. Os exemplos da aptidão recorrem a vocações comuns e ações que sustentam e estabelecem a vida no mundo: a habilidade do açougueiro, a natação, a carpintaria, a pescaria e similares. Os sujeitos desses exemplos não estão estabelecidos na consciência transcendental, meramente realizando movimentos de homens que vivem no mundo; eles são *especialistas* nessas atividades e envolvem-se com o mundo em todas as suas imperfeições (Schwartz 1985: 235). Eles diferem em sua indiferença em relação às vicissitudes da vida, e até a morte (*Zhuangzi* 7). Tal adaptabilidade sustenta o indivíduo por meio de diferentes condições e circunstâncias e, portanto, é concebida principalmente em aptidão: "A arte taoísta de viver é uma responsividade supremamente inteligente que seria minada pela análise e pela escolha, e [...] apreender o Caminho é um 'saber como' não verbalizável, e não um 'saber que'" (Graham 2001: 186). Roger Ames vale-se do conceito de *shi* (situação, ímpeto, manipulação) para expressar como a liberdade de Zhuangzi envolve desaprender distinções para funcionar de modo eficaz em diferentes circunstâncias (1998b: 227). Isso traz à mente a rejeição das ideologias moísta e confuciana. Zhuangzi as rejeita não porque elas não sejam de modo algum aplicáveis a qualquer situação, mas porque os confucianos e os moístas presumem que sejam universalmente verdadeiras ou corretas e aplicáveis em *toda* situação. Poderíamos dizer que, da perspectiva de Zhuangzi, os confucianos e moístas não estavam dispostos a adaptar suas ideologias e talvez também fossem incapazes de cultivar uma aptidão para adaptarem-se espontaneamente a diferentes circunstâncias.

O estudioso Kuang-Ming Wu (1982) incorpora de modo eficaz um senso de brincadeira ao articular a filosofia de Zhuangzi; ele argumenta que a filosofia de Zhuangzi instiga seu leitor diretamente a se envolver em uma autorreflexão crítica. Wu afirma que tal autorreflexão tem implicações importantes para o envolvimento de um indivíduo com os assuntos do mundo, especialmente porque ela ajuda a produzir a eficácia espontânea ao lidar com as situações mutáveis. Alan Fox, que argumenta que Zhuangzi "afirma [a vida no mundo] como maravilhosa e agradável", também é muito mais cauteloso em relação aos pretensos ouvintes de Zhuangzi (1996: 69). Fox observa que não está claro no *Zhuangzi* se todos *deveriam* ter essas habilidades e percepções, ou se eles *poderiam* tê-las, ou mesmo se *qualquer um* poderia tê-las (1996: 70; ênfase de Fox).

A respeito da questão do envolvimento no governo, Schwartz expressa o problema sucintamente, citando o caso do "sentar e esquecer" de Yan Hui: "O problema para todos os homens de gnose [de Zhuangzi] é como evitar o governo" (1985: 232). Quando Yan Hui "fez jejum de sua mente" com sucesso, ele não ficou apenas purgado de seu ego, esquecendo seus estratagemas, ele também perdeu interesse no empreendimento do governo (Ibid.: 233). Em um nível, poderíamos entender a situação de Yan Hui como um exagero que faz pouco da seriedade de Confúcio em relação ao empreendimento confuciano – nessa história, Confúcio pedia para ser aceito como discípulo de Yan Hui. De modo alternativo, podemos talvez entender mais corretamente a iluminação de Yan Hui à luz da filosofia yangista da autopreservação, pois é altamente provável que houvesse influências yangistas até nas seções do *Zhuangzi* que não são definidas especificamente como yangistas na origem. Mêncio (em *Books of Mencius* 3B:9) coloca Yang Zhu como um egoísta por excelência. Essa visão da ideologia de Yang Zhu persistiu através do tempo, mais provavelmente por causa da dominação do Confucionismo, da dinastia Han em diante. Mas, se examinarmos outros textos do período, como o *Huainanzi*, a filosofia de Yang Zhu parece menos trivial.[145] Ela não incorpora apenas temas morais e espirituais profundos, ela também teve um papel importante em meio aos debates políticos da época. Graham articula o lugar do yangismo na história intelectual e social chinesa:

> Uma filosofia que habilite os membros da classe governante a resistir às esmagadoras pressões morais para tomar posse [de cargos do governo] permaneceria uma necessidade constante na China imperial. O yangismo foi a mais antiga, a ser suplantada no devido tempo pelo Taoísmo e, desde os primeiros séculos d.C., pelo Budismo [...]. Para o yangista, *hsing* [*xing*: natureza humana] é principalmente a capacidade, que pode ser prejudicada pelo excesso

---

145. Ver, por exemplo, Roth 1999.

ou pelo dano vindo do exterior, de viver o termo da vida que o Céu destinou para o homem. (1989: 56)

Talvez o *Zhuangzi* tenha integrado dentro de sua ideologia uma reticência yangista sobre se envolver nos processos políticos. Talvez haja algum reconhecimento de que o poder pode corromper os melhores elementos da humanidade. Parece que o yangismo, e a filosofia de Zhuangzi até certo ponto, evita os cargos do governo, apesar de não evitá-los pelas razões articuladas por Mêncio. Schwartz observa que, no *Zhuangzi*, há a consciência de que "A ordem política não pode remediar a condição humana, que é enraizada na própria mente individual. A própria esfera política reflete essa consciência enganadora. Ela continua sendo parte da mobília de um mundo não redimido [...]. O próprio Chuang-tzu, ao que parece, evita os cargos do governo como a praga" (1985: 233).

À luz desses comentários parece especialmente irônico que o texto do *Zhuangzi* inclua tanto linhagens yangistas quanto sincretistas, pois suas visões sobre os cargos políticos e os processos governamentais estão fundamentalmente em desacordo. Enquanto a filosofia yangista era, na melhor das hipóteses, ambivalente em relação à sociedade política, a ideologia sincretista procurava integrar noções convencionais de poder e autoridade das filosofias legalista e confuciana a concepções daoístas de aptidão, enfocando particularmente o *wuwei*. O resultado de tais tentativas pode ser alarmante, como, por exemplo, no caso da noção de *shi*. Na filosofia de Zhuangzi, o termo refere-se à agilidade e à eficácia ao lidar com diferentes circunstâncias, enquanto no pensamento legalista *shi* se refere mais estreitamente ao modo como o governante pode manter sua autoridade manejando bem as situações. Herrlee Creel descreve a linha tênue entre as imagens negativas e positivas do cultivo da percepção e da aptidão daoístas. Veremos a filosofia daoísta a uma luz positiva se compreendermos sua mensagem no que diz respeito ao cultivo pessoal de percepções e habilidades para lidar com as contingências da vida. Contudo, a imagem pode mudar drasticamente se a aptidão se relacionar à manipulação do populacho, e o deslizamento de um para o outro, que Creel chama de Daoísmo "contemplativo" e "propositado", pode ser fácil demais:

> [...] está muito bem falar de não se importar com a opinião do mundo, de não se esforçar, ser perfeitamente quiescente, ficar contente com a posição mais baixa do mundo, e assim por diante. Mas os seres humanos se cansam desse tipo de coisa. E a maioria dos taoístas eram humanos, não [sic] importa quanto eles tentassem não ser.

Assim, encontramos em suas obras repetidas afirmações querendo dizer que, ao não fazer nada, o sábio taoísta na verdade faz tudo; ao ser totalmente fraco, ele sobrepuja o forte; ao ser completamente humilde, ele acaba dominando o mundo. Isso não é mais Taoísmo contemplativo. Ele se moveu para o aspecto "propositado". (1953: 110)

No capítulo seguinte, examinaremos em maior detalhe os desenvolvimentos do pensamento legalista que incorporaram temas daoístas. A nota de Creel serve como um lembrete arrepiante de que a potência que não é embasada apropriadamente em comprometimento ético pode acarretar um extenso desastre humano, do tipo que ocorreu na China durante a dinastia Qin.[146]

As implicações da filosofia do *Zhuangzi*

O ceticismo em relação à linguagem no *Zhuangzi* aponta para uma característica inescapável da vida humana que é manifesta na linguagem. Há um ciclo vicioso inexorável na propagação das normas prescritivas, unido à internalização dessas normas pelos indivíduos, que, por sua vez, as ensinam e exigem que os outros as sigam. Zhuangzi é agudamente consciente das insuficiências da linguagem, bem como de sua poderosa influência na moldagem da consciência humana. Há um paradoxo profundo que emerge das deliberações de Zhuangzi: o sucesso da linguagem como ferramenta para a comunicação reside em parte em sua simplicidade. Ainda assim, a simplicidade pode ser uma fonte de desespero e frustração, porque pode fomentar a inexatidão e a generalização excessivas. Os significados das palavras não são estáticos, mas estão sempre mudando relativamente por meio de seu uso pelos indivíduos.

As questões epistemológicas levantadas por Zhuangzi são fascinantes, especialmente quando compreendemos seu lugar na história intelectual chinesa. Onde Confúcio toma formas comportamentais normativas como parte da ordem natural, Xunzi sugere que elas são um dispositivo – uma ferramenta poderosa para regular o comportamento. Onde os pensadores Mingjia buscam estabelecer a certeza por meio dos nomes, os moístas posteriores demonstram a complexidade profunda dos nomes na estrutura da língua chinesa. Onde o *Daodejing* trata da linguagem como um fenômeno social que desvia as pessoas de suas metas e buscas, o *Zhuangzi* é crítico não tanto do uso da linguagem,

---

146. A extensão do despotismo, da manipulação e do terror na China durante a dinastia Qin será discutida no capítulo seguinte.

mas sim das suposições associadas ao seu uso. Zhuangzi não se envolvia com a epistemologia especulativa por si só. Conforme esses debates progrediam, ficava cada vez mais óbvio que a linguagem, sendo o principal instrumento da comunicação humana, era uma importante ferramenta política. Dos textos dos Reinos Combatentes, talvez o *Zhuangzi* seja o que deixa essa ligação mais explícita.

A partir de uma perspectiva ética, também vemos um esclarecimento gradual que precede o Iluminismo europeu, que ocorreu muitos séculos depois. Os pensadores que debatiam ficavam progressivamente mais conscientes de que era difícil justificar uma concepção de moralidade baseada em alguma fonte transcendente que fosse independente da humanidade. O desenvolvimento de tal consciência na filosofia chinesa antiga, e os paralelos entre os temas aqui tratados e no Iluminismo europeu, são assuntos importantes para futuras pesquisas, pois aprofundarão nosso entendimento da ética filosófica.

Enquanto os pensadores dos Reinos Combatentes questionavam a base transcendente da moralidade, eles no entanto continuavam a se envolver com questões sobre a espiritualidade e suas implicações cósmicas mais amplas. Sua atenção ao cultivo da espiritualidade incorpora um interesse profundo pela integração da humanidade com os fenômenos cósmicos e naturais. Enquanto existe uma substancial e excelente literatura sobre a espiritualidade na filosofia chinesa antiga,[147] há espaço para a pesquisa interdisciplinar sobre os benefícios, psicológicos e espirituais, de tal perspectiva para a humanidade.[148]

Precisamos considerar três pontos filosóficos gerados pela atenção de Zhuangzi à habilidade. O primeiro ponto é um enfoque sobre um mundo no qual a diversidade é abundante e irredutível; os moístas posteriores também estavam cientes desses aspectos do mundo, por isso enfatizavam a inadequação da linguagem ao capturar tal diversidade. O segundo ponto é que nesse mundo diverso as linhas da causalidade não são

---

147. Ver as publicações de Livia Kohn, Isabelle Robinet, John S. Major, Sarah Allan e Harold Roth.
148. Slingerland (2003), Wu Kuang-Ming (1982, 1990, 1996) e Jullien François (1999, 2004) apresentaram excelentes explicações das implicações práticas do *wuwei* (eficácia, espontaneidade) na filosofia chinesa. Wu e François também se aventuram a entrar em comparações entre as filosofias ocidental e chinesa. Essas explicações inspiradoras da filosofia chinesa sugerem que a pesquisa interdisciplinar em filosofia, religião e psicologia produzirá conclusões de considerável magnitude. Stephen Stich e Stephen Laurance et al. estão envolvidos em um projeto intercultural e interdisciplinar de larga escala, pesquisando as ligações entre cultura, mente e cognição. Disponível em: <http://www.philosophy.dept.shef.ac.uk/culture&mind/>.

sempre totalmente especificáveis ou previsíveis (isso pode ser responsável pela falta de desenvolvimento de uma abordagem científica e sistemática do mundo na filosofia chinesa). Para Zhuangzi, era importante para os indivíduos saberem como lidar com os aspectos erráticos e imprevisíveis dos fenômenos do mundo: cada cigarra é diferente, mas o bom apanhador de cigarras sabe como apanhar todas; cada boi é diferente, mas o bom açougueiro sabe como trinchar cada um nas juntas; peças de madeira são diferentes, mas o bom entalhador sabe como trabalhar cada peça para entalhar um item primoroso a partir dela. A aptidão é particularmente importante ao lidar com um mundo em mudança, especialmente para transformar uma situação difícil em uma vantagem. Aqui, relembramos o termo *shi*, que abrange habilidades estratégicas para manipular diferentes situações.[149] O terceiro ponto relaciona-se ao modo como os indivíduos estão situados em um mundo múltiplo e em constante mudança, e como eles agem e interagem com outros dentro dele. A filosofia de Zhuangzi enfoca como diferentes quadros de referência podem determinar o pensamento e a compreensão de um indivíduo. Isso levanta importantes questões metafísicas sobre o conhecimento e os limites da investigação e, de fato, acerca da meta da própria filosofia. As questões epistemológicas de Zhuangzi colocam em dúvida a descrição do conhecimento como tendo base principalmente no conteúdo. Nessa visão, "o conhecimento é sempre um tipo de interpretação, e não uma cópia ou uma representação".[150] O perspectivismo de Zhuangzi desafia a separação do conhecimento, como conteúdo, da compreensão, e, como Ames observa, contesta "a independência do mundo conhecido em relação ao conhecedor" (1998b: 220). Futuras pesquisas em epistemologia nas filosofias ocidental e chinesa podem oferecer interessantes introvisões sobre as suposições culturais comparativas e podem também enriquecer nossa concepção de filosofia e da busca da sabedoria.

---

149. *A arte da guerra* (*Bingfa*) [N.E.: Sugerimos a leitura de *A arte da guerra: Espiritualidade para o conflito*, de Sun Tzu, Madras Editora], um tratado sobre estratégia militar composto durante o fim do período da primavera e do outono e atribuído a Sun Zi (c. 544-496 a.C.), é bem conhecido por estratégias que são orientadas e preparadas para mudar no contexto da guerra. Que essas estratégias são aplicáveis além das guerras é atestado pelo fato de que há muitas adaptações populares delas nos cenários de negócios e administração contemporâneos.

150. Zhang Dongsun. *Zhishi yu wenhua: Zhang Dongsun wenhua lunzhu jiyao*. Ed. Zhang Huinan. Beijing: Zhongguo Guangbo dianshi chubanshe, 1995, p. 172ss. Citado em Ames 1998b: 221.

Sugestões para leituras posteriores

Chuang-Tzu: The Inner Chapters. Trad. Angus C. Graham. Indianapolis: Hackett Publishing Co, 2001.

Fox, Alan. "Reflex and Reflectivity: *Wuwei* in the *Zhuangzi*", *Asian Philosophy*, v. 6, n. 1, p. 59-72, 1996.

Ivanhoe, Philip. "Zhuangzi on Skeptcism, Skill and the Ineffable *Dao*", *Journal of the American Academy of Religion*, v. 61, n. 4, p. 639-654, 1983.

Roth, Harold. "Psychology and Self-Cultivation in Early Taoistic Thought", *Harvard Journal of Asiatic Studies*, v. 51, p. 599-650, 1991.

Wu, Kuang-ming. *Chuang Tzu: World Philosopher at Play*, American Academy of Religion Studies in Religion, n. 26, New York: Crossroad Publishing Co, 1982.

Yearley, Lee. "Zhuangzi's Understanding of Skillfulness and the Ultimate Spiritual State". In: Ivanhoe, Philip; Kjellberg, Paul (eds.). *Essays on Skepticism, Relativism and Ethics in the Zhuangzi*. Albany: State University of New York Press, 1996, p. 152-182.

9. Filosofia legalista

Em maior ou menor medida, os debates durante os períodos da Primavera e do Outono e dos Reinos Combatentes desafiavam as crenças e as práticas do *status quo*. Vimos o caso do Confucionismo, que sustentava muitos aspectos da vida tradicional e ainda assim levantava questões sobre possibilidades para realizações autodirigidas e sobre a base da autoridade política. O Daoísmo rejeitava muito mais facetas da vida convencional e prática, mas retinha uma visão da vida boa para as pessoas comuns. O pensamento legalista é singular em sua rejeição dos princípios fundamentais da vida então contemporânea. Ele rejeitava a importância dos relacionamentos nos aspectos da vida, especialmente na esfera pública, a influência da burocracia, a fomentação institucional da consciência ética e, talvez, acima de tudo, a ideia de um governo compassivo que existia para o bem do povo. Herrlee Creel, um historiador do pensamento chinês, argumenta que a filosofia legalista foi, "em grau considerável, uma filosofia de contrarrevolução" (1953: 135). Creel argumenta que os legalistas rejeitavam a visão cada vez mais popular de que o governo existe para as pessoas (promovida pela maioria das outras escolas, especialmente pelos confucianos) e, em seu lugar, propunha o governo a bem do governante.

A classificação de Sima Tan, historiador da dinastia Han, da filosofia legalista como uma "escola" (*fa jia*: escola de lei) é enganosa de diversas de maneiras. Primeiro, não há fundador identificável do pensamento legalista, apesar de Han Fei (c. 280-233 a.C.) ser seu proponente mais sistemático. Em segundo lugar, nem todos os pensadores considerados legalistas realmente discutiram a lei penal (*fa*) como um tema fundamental.[151] Terceiro, há significativa

---

151. Por exemplo, pensa-se amplamente em Shen Buhai como um proponente-chave do pensamento legalista, apesar de Creel, que estuda a filosofia de Shen em grande detalhe, argumentar que "Shen Pu-hai [Shen Buhai] não foi um legalista [porque] [...] é improvável que qualquer um que estivesse seriamente preocupado com a administração pudesse duvidar [do lugar da] lei na administração do governo". (Creel 1974: 135)

discordância entre os estudiosos em relação às ideias de quem e que temas melhor caracterizam a ideologia do Legalismo. Entre os que articularam as ideias legalistas, ou que influenciaram a filosofia legalista de maneiras significativas, incluem-se Guan Zhong (m. 645 a.C.), Shang Yang (m. 338 a.C.), Shen Buhai (m. 337 a.C.), Shen Dao (c. 350-275 a.C.) e Han Fei. A impressão que temos ao ler os textos legalistas é que havia um debate vívido e uma escrupulosa reflexão sobre a ideia da lei penal e suas aplicações. Ideias e temas existentes proporcionaram o pano de fundo contra o qual a filosofia legalista cresceu: a ênfase confuciana na liderança paradigmática, a discussão moísta dos padrões,[152] os debates sobre a linguagem em várias das escolas, as teorias da natureza humana e do papel do governo, e os debates sobre a autoridade política e o papel da burocracia. Havia muitas correntes cruzadas: por exemplo, apesar de os legalistas rejeitarem com veemência aspectos do Confucionismo, Xunzi, o pensador confucianista, foi professor tanto de Han Fei quanto de Li Si (280?-208? a.C.). Li Si foi primeiro-ministro e estrategista político durante o período Qin de regência legalista. Também encontramos nos escritos de Han Fei tentativas de sintetizar estratégias legalistas com o *wuwei* (não ação) daoísta (Nivison 1999: 801). Apesar de essas duas filosofias serem profundamente contraditórias em alguns pontos, o pensamento Huang-Lao, como veio a ser chamado, incorporava o *wuwei* daoísta na estratégia de governo do governante legalista (De Bary e Bloom 1999: 241-256). Por exemplo, Han Fei argumentava que a ordem seria sustentada pelas leis e pelos ministros aplicando punições onde necessário, enquanto o líder se esconde atrás do sistema de leis e punições. O líder legalista era aconselhado a ser sombrio e inescrutável, e aparentemente sem ação (*wuwei*), de modo que pudesse manter o poder e o controle sobre seus ministros e o povo.

Um aspecto interessante da filosofia legalista, que raramente vemos em outras tradições chinesas, é que uma proporção significativa dos pensadores era de fato consultada pelo governo da época. Shang Yang foi um chanceler do estado Qin e Shen Buhai um chanceler do estado Han perto do fim do período dos Reinos Combatentes (Bodde 1986: 74). Han Fei foi conselheiro do estado Han pouco antes de sua anexação pelo Qin em 221 a.C. Não é surpresa que esses estrategistas

---

152. Schwartz (1985: 329) observa que certos elementos do pensamento moísta (rejeição do *li* e motivação interior, ênfase na utilidade, papel das recompensas e punições) podem ter preparado o terreno para a filosofia legalista, embora as diferenças entre as duas tradições não devam ser subestimadas.

políticos tenham produzido material escrito sobre o governo. Contudo, o tratamento do assunto em questão é frequentemente direcionado por suas ambições políticas e não pela reflexão filosófica. Por isso Schwartz, por exemplo, retrata o Legalismo como uma "ciência comportamental" (1985: 321) e "ciência da organização sociopolítica" (Ibid.: 335), enquanto Creel a descreve como uma "teoria da burocracia" (em Schwartz Ibid.: 336). Angus Graham descreve o Legalismo como "uma ciência amoral do estadismo" (Graham 1989: 267). Entre os textos legalistas desse período, os escritos de Han Fei eram os mais criticamente autoconscientes. Han Fei reuniu vários componentes da filosofia legalista e tentou articular seu raciocínio para integrá-los da forma que fez. Segue-se que o pensamento legalista, suas aplicações e eventual fracasso podem ser mais bem compreendidos à luz de alguns eventos que ocorreram e de medidas que foram tomadas pelos que estavam no poder durante o período dos Reinos Combatentes e da dinastia Qin. Por exemplo, as penalidades severas impostas para ofensas menores, e a atmosfera de medo e opressão, eram aspectos da regência Qin que foram irremediavelmente ligados à filosofia legalista nas mentes das gerações subsequentes do povo chinês. Assim, precisamos entender as características da filosofia legalista em parte examinando suas implicações para o povo chinês durante e após a dinastia Qin.

Três temas básicos: código penal, técnica e poder

Han Fei é tido como o sintetizador da filosofia legalista (Fung 1948: 157; Chan 1963a: 252; Schwartz 1985: 339-343), pois ele reuniu conceitos-chave articulados em textos mais antigos e os integrou em uma filosofia abrangente da ordem social, da autoridade política e da eficiência burocrática. Ele também é identificado unanimemente como o pensador que define a filosofia legalista, o "representante culminante", nas palavras de Fung Yu-Lan (Fung 1948: 157). O *status* das ideias de Han Fei, e o texto associado a ele, *Han Fei Zi*,[153] são importantes para determinar que outros textos e pensadores se encontram dentro do âmbito da filosofia legalista. Em outras palavras, o que constitui a filosofia legalista é determinado em parte pelas ideias que Han Fei reuniu da série de doutrinas legalistas (é também em parte definido

---

153. A tradução mais abrangente das obras de Han Fei para o inglês é de W. K. Liao. *The Complete Works of Han Fei Tzu: A Classic of Chinese Political Science*, v. 1 e 2. London: Arthur Probsthain, 1939.

pelos estrategistas políticos que estavam interessados especialmente em manter o poder do governante). Isso explica o problema a que se aludiu anteriormente, que o título "filosofia legalista" é debatível. O problema não se deve apenas à aplicação retrospectiva do título pelos historiadores, mas também à imprecisão quanto à natureza e às características da filosofia legalista.[154] Todavia, é possível identificar uma série de temas que, juntos, apresentam um retrato bastante confiável dos debates que preocupavam aqueles que propunham o controle do povo pelo Estado, utilizando o código penal e as instituições comparáveis para induzir a condescendência. Han Fei integrou três temas básicos, código penal (*fa*), política ou técnica (*shu*) e poder (*shi*), em sua proposta de governo eficaz. Ele se valeu da noção de Shang Yang de *fa*, da discussão de Shen Buhai sobre *shu* e das sugestões de Shen Dao sobre *shi*. Discutiremos esses conceitos um por um.

Fa: padrões e código penal

Dois importantes esclarecimentos devem ser feitos em relação ao conceito de *fa* em seu uso legalista. Primeiro, *fa* nas discussões entre pensadores das várias escolas significava "padrão", como vimos, por exemplo, na filosofia de Mozi. Ele discutia os padrões usados na perícia profissional e estendia sua aplicação ao comportamento paradigmático que incorporava o *jianai*, interesse imparcial de cada pessoa por todos os demais. Encontramos até nos *Analectos* referência aos padrões: aos 70 anos, Confúcio era capaz de seguir seu coração, sem ultrapassar os limites do esquadro (do carpinteiro) (2:4). Han Fei também se refere a esse entendimento mais amplo do *fa* como padrão; como Mozi, ele estende a aplicação dos padrões da vida comum ao comportamento humano: a bússola magnética, os esquadros de medição, as balanças, os níveis, os cordão pintado, e o certo e o errado no comportamento humano (*Han Fei Zi*, capítulo 6, "Tendo regulamentos"). Nessa seção de seu ensaio, Han Fei alterna entre dois significados de *fa*: em seu sentido mais amplo, como um método de medição e, em seu sentido mais estreito, legalista, como código penal. A lei é um sistema no qual certo e errado são medidos: "governar o Estado pela lei é louvar o certo e repreender o errado" (Ibid., trad. Liao 1939, v. 1: 45). Frequentemente serão encontradas alternâncias entre *fa*^{padrão} e *fa*$^{código\ penal}$ nos textos associados aos pensadores legalistas.

---

[154]. J. J. L. Duyvendak (1928: 66-71) discute o modo como diferentes historiadores categorizaram diferentes pensadores e textos como pertencentes à Escola da Lei (*fajia*).

A ideia de códigos penais e sua implementação precedia as discussões legalistas sobre *fa*código penal.[155] Shang Yang foi um ministro do duque Xiao (381-338 a.C.) do estado de Qin, e é conhecido por ter instituído várias reformas que ajudaram a fazer o estado progredir de uma entidade pequena e retrógrada para uma com significativo valor militar (Duyvendak 1928: 1-40). Diz-se que ele era muito interessado no estudo do código penal (Duyvendak 1928: 8). Há referências ao uso de punições desde 513 a.c. no estado de Qin.[156] Guan Zhong (683-642 a.C.), que é discutido nos *Analectos* confucianos (3:22; 14:9; 14:16; 14:17), defendia medidas que foram subsequentemente articuladas por outros pensadores legalistas, entre elas: o poder centralizado, o estabelecimento da burocracia e a imposição de códigos uniformes para os aspectos da vida econômica e social.[157] Há também registros de punições associadas a códigos penais que eram draconianas e horríveis; entre elas, incluíam-se rigorosas punições corporais, tais como cortar a perna, cortar o nariz, marcar a ferro quente e castrar (Bodde 1963: 379). O caractere chinês para punição, *xing*, incluía o caractere da faca e existia antes do uso legalista de *fa* como um sistema de código penal (Schwartz 1985: 323).

A doutrina de Shang Yang do *fa*código penal incorporava leis severas para as quais as punições excediam em grande medida os respectivos crimes. Shang Yang enfatizava que a medida desproporcional da punição em relação ao crime deteria tanto as ofensas pesadas quanto as leves, por isso asseguraria o controle do governante sobre as pessoas:

> Na aplicação de punições, as ofensas leves deveriam ser punidas pesadamente; se as ofensas leves não aparecessem, as ofensas pesadas não viriam. Diz-se que isso é abolir as penalidades por meio das penalidades, e, se as penalidades são abolidas, as coisas irão bem. (*Book of Lord Shang*, capítulo 3, par. 13; trad. Duyvendak 1928: 258-259)

Há uma tendência dos estudiosos de seguir Han Fei na ampliação do lugar de *fa*código penal no sistema de Shang Yang. Na verdade, devemos ter em mente que *fa*código penal era apenas uma porção do programa

---

155. Schwartz discute fontes textuais mais antigas que antecipam *fa* ("Anticipations of Legalism", 1985: 323ss.).
156. Há uma passagem no *Zuo Zhuan*, de 513 a.C., na qual Confúcio teria expressado desalento em relação à instituição dos códigos penais e das punições (James Legge, trad. (1893-1895) v. 5: *Tso Chuan Chu-su*, 53, 6b-7a: 732).
157. Schwartz 1985: 324-325.

de mudança sociopolítica mais completo de Shang Yang. É importante entender alguns detalhes do programa de Shang Yang para apreender totalmente sua noção de *fa*$^{\text{código penal}}$. O *Livro do senhor Shang* (*Shangjun Shu*) é a fonte das ideias de Shang Yang, apesar de Duyvendak, que preparou a tradução mais completa do texto em inglês, acreditar que pouco, se é que algo, do que Shang Yang poderia ter escrito permanece como parte do texto traduzido (1928: 144-146). Ainda assim Duyvendak valoriza o estudo do livro, porque algumas de suas passagens abordam temas de discussões legalistas anteriores que foram mais desenvolvidas no tempo devido (Ibid.: 159). Com base nesse texto, e em outras fontes históricas,[158] sabemos que Shang Yang havia proposto um programa completo para a reforma sociopolítica. Suas propostas incluíam reforma econômica e agricultural, fortalecimento militar e envolvimento na guerra, e administração política e reforma institucional.

O *Livro do senhor Shang* é extremamente completo em sua abordagem do controle das pessoas. Há uma preocupação em regular os aspectos diminutos da vida política, econômica e social: colheitas e qualidade das safras, preço do grão, compra e venda do grão, atividade mercantil e conduta no mercado (Duyvendak 1928: 176-184). Até o estabelecimento do preço da comida é discutido (Ibid.: 179). Se considerarmos intrusivos esses aspectos do regulamento do governo, ficaremos desconcertados com a brutalidade ao lidar com o pessoal militar:

> Na batalha, cinco homens são organizados em um esquadrão; se um deles é morto, os outros quatro são decapitados. Se um homem for capaz de capturar uma cabeça, então ele é eximido dos impostos. (*Book of Lord Shang*, capítulo 5, par. 19, trad. Duyvendak 1928: p. 295-296)

No texto, a determinação das situações é caracterizada pela medição de acordo com *fa*^{padrões}. Para Shang Yang, o fato de o governante estar totalmente no controle implica não deixar qualquer espaço para reviravoltas inesperadas. Deixar qualquer coisa aberta à contingência é uma fraqueza. Esse é o fundamento da abordagem de Shang Yang do *fa*$^{\text{código penal}}$. No capítulo "Estabelecer leis", afirma-se que "Quando medidas e cifras são instituídas, a lei pode ser seguida" (capítulo 3,

---

[158]. *Shiji* de Sima Qian (trad. Burton Watson (1961)) descreve a vida e as realizações de Shang Yang com algum detalhe. Duyvendak (1928: 1-40) refere-se à menção de Shang Yang em outros textos históricos.

par. 9, trad. Duyvendak 1928: 243). A determinação e aplicação de padrões em todas as áreas da vida era simplesmente um processo de medição: avaliar uma ação ou situação de acordo com os padrões apropriados de medição, então punir ou recompensar de acordo.

Han Fei foi impressionado pela meticulosidade da abordagem de Shang Yang, a qual denominava "fixar os padrões" (*dingfa*).[159] Era necessário para o governante estabelecer os padrões a fim de controlar as pessoas. Esse era um assunto crucial por causa da população da China, que havia alcançado 57 milhões em 2 d.C.[160] Shang Yang compreendeu essa questão vários séculos antes do censo: "Ao se administrar um país, o problema é quando as pessoas estão espalhadas e quando é impossível consolidá-las" (*Livro do senhor Shang*, capítulo 1, par. 3, trad. Duyvendak 1928: 193). Em seu principal ensaio defendendo o governo pelo *fa* (estabelecer padrões e impor punições para o não cumprimento desses padrões), Han Fei começa com a referência às mudanças nos números da população: "Na era da Antiguidade remota, os seres humanos eram poucos enquanto os pássaros e animais eram muitos [...] [agora] as pessoas se tornaram numerosas e os suprimentos escassos [...] as pessoas brigam tanto que [...] a desordem é inevitável" (capítulo 49, "Cinco pragas", trad. Liao 1939, v. 2: 273-277). Han Fei argumenta que o crescimento da população necessita de um governo de um tipo diferente do proposto pelos confucianos: não se poderia confiar que grandes quantidades de pessoas fossem virtuosas. O enfoque de Han Fei sobre os números (da população) não é incomum no pensamento político da época, como veremos mais tarde na discussão de Shen Buhai sobre a estratégia política.

O programa de Shang Yang para a padronização aplicava-se não apenas à conformidade comportamental, mas também a um nível mais profundo do pensamento das pessoas. Ele discutia a doutrinação das pessoas para buscarem apenas os bens sancionados pelo governante. O parágrafo 9 do texto "Estabelecendo leis" é uma seção que se envolve com a manipulação psicológica das pessoas por meio da implementação do *fa*$^{\text{código penal}}$. Isso envolveria a imposição

---

159. O capítulo 43 do *Han Fei Zi* é intitulado "Ding Fa" (fixar os padrões).
160. Esses eram os números de censo mais antigos, discutidos por Hans Bielenstein (1947), "The Census of China during the Period 2-742 A.D.", *Bulletin of the Museum of Far Eastern Antiquities*, Stockholm, XIX, p. 125-163, citado em Herrlee Creel, 1974: 116.

de recompensas e punições com base em leis disseminadas.[161] Han Fei louva o uso do *fa*^{código penal} para "unificar os costumes das massas" (*yimin*) (*Han Fei Tzu*, capítulo 6, trad. Liao 1939, v. 1: 45); nada poderia ser mais eficaz para o controle político.

O controle do povo é o interesse principal do *Livro do senhor Shang*. Essa ideologia coloca o governante em desacordo com o povo, e assim fica em total contraste em relação à visão confuciana de governo benevolente, especialmente na filosofia de Mêncio. Na estimativa de Han Fei, o programa de Shang Yang era completo em relação ao controle das massas pelo *fa*^{código penal}. Contudo, era também necessário complementá-lo com o controle da burocracia por parte do governante. Han Fei valeu-se das ideias de Shen Buhai para esclarecer as discussões sobre a nomeação de burocratas e o controle do poder destes.

Shu: a técnica de administrar a burocracia

Shen Buhai foi um bem-sucedido ministro sênior (registros históricos indicam que ele foi chanceler) de Han durante o período em que o marquês Zhao deteve o poder (361?–333 a.C.) (Creel 1974: 21-24). De acordo com uma série de registros históricos e também com Han Fei, a técnica política era a característica central da doutrina de Shen Buhai:

> [...] os meios pelos quais criar cargos de acordo com as responsabilidades, manter serviços vigentes controláveis de acordo com títulos oficiais, exercer o poder sobre a vida e a morte e examinar as habilidades dos funcionários públicos. É o que o senhor dos homens tem em seu poder. (*Han Fei Zi*, capítulo 43, "Deciding between Two Legalistic Doctrines", trad. Liao 1939, v. 2: 212)

Shen acreditava que era crucial para todo governante ter controle total de seus conselheiros, em vista dos muitos governantes que haviam se tornado meros marionetes deles durante os períodos da primavera e do outono e dos Reinos Combatentes. Ele discutiu as técnicas políticas que levariam ao resultado desejado, não por meio de um retorno à asseveração do poder do rei ou dos sábios, mas pelo

---

161. Punição e recompensa eram as duas "alças" do governo. Han Fei discutiu essas ferramentas complementares para instilar a ordem política (em *Han Fei Zi*, capítulo 7, "The Two Handles"). Punições e recompensas eram utilizadas, respectivamente, para desencorajar ou encorajar certos comportamentos e ações. As recompensas deveriam ser utilizadas para promover ações que demonstrassem lealdade para com o governante.

estabelecimento de um sistema que pudesse medir objetivamente as habilidades e as realizações dos funcionários públicos. Dessa forma, o governante de Shen se assemelha ao governante de Hobbes, que é o guardião do contrato social, sendo o único que não está sujeito a seus estatutos. Apesar de ser simplista ao deixar a autoridade do governante sem restrição, as ideias de Shen são modernas no sentido de que se afastaram da confiança em relações interpessoais e da burocracia patrimonial para o estabelecimento da infraestrutura institucional. Por isso, Schwartz descreve a teoria de Shen da burocracia como "um evento muito significativo na história mundial do pensamento social" (1985: 336). Há, é claro, muitas diferenças importantes entre as estruturas administrativas sugeridas por Shen e as das sociedades liberais contemporâneas. De modo muito notável, as reformas institucionais de Shen visam à prestação de contas e à estabilidade sociopolítica apenas indiretamente; seu interesse supremo é manter o poder do governante. Shen tinha profundas suspeitas em relação aos burocratas, talvez justificavelmente (Creel 1974: 61); ele destacava os perigos do inimigo de dentro:

> A razão pela qual um governante constrói imponentes paredes internas e paredes externas, e observa com cuidado o barramento de portas e portões, é se preparar contra a vinda de invasores e bandidos. Mas quem assassina o governante e toma seu estado não necessariamente força sua passagem escalando muralhas difíceis e batendo em portas e portões barrados. Ele pode ser um dos próprios ministros do governante, que gradualmente limita o que é permitido ao governante ver e restringe o que lhe é permitido ouvir, até que finalmente o ministro usurpe seu governo e monopolize seu poder de comandar, possuindo seu povo e tomando seu Estado. (*Fragmentos de Shen Pu-hai*, trad. Creel 1974: 61, 344)

Acredita-se que Shen Buhai escreveu um livro de dois capítulos, apesar de este estar perdido agora. Nosso acesso a suas ideias é principalmente por meio da citação delas por outros pensadores do período.[162] Ao lermos esses fragmentos, começamos a apreender a profundidade da compreensão de Shen sobre a administração política. O governante é dependente da especialidade de seus conselheiros, mas admitir ou revelar sua dependência é perigoso. Shen retrata a posição

---

162. Herrlee Creel escreveu a discussão mais abrangente das ideias de Shen, que inclui uma análise dos fragmentos que são associados a Shen: *Shen Pu-hai: A Chinese Political Philosopher of the Fourth Century B.C.* (1974).

do governante como não invejável. Ela é uma posição profundamente alienante e essencialmente dependente dos burocratas, mas requer um semblante de independência e superioridade. O modo como o governante mantém sua autoridade sobre seus funcionários está no cerne da ideologia de Shen. Han Fei identifica o conceito central de Shen como *shu*, técnica, apesar de não haver referências ao termo nos fragmentos. Isso não quer dizer que Shen não discuta *shu*, dada a parcimônia dos fragmentos reminiscentes. *Shu*, a técnica do governante, é secreta. Pois revelar a dependência pessoal em relação aos conselheiros é simplesmente intensificar e expor as fraquezas pessoais. Ainda assim, em grande parte, *shu* não é oculta, pois é executada no sistema de fixar nomes (*xing ming*). Essa teoria enfoca a definição de tarefas e responsabilidades específicas que se relacionam a cargos específicos, isto é, os títulos designados aos funcionários devem corresponder às suas responsabilidades. Isso na verdade não é inteiramente novo. Os confucianos defendiam a imposição normativa dos títulos (*zhengming*); Xunzi, em particular, enfatizava o poder do governante de inventar e impor padrões de comportamento por meio de títulos. A filosofia daoísta vê com suspeita esse método de conseguir o controle do povo em sua crítica mais geral ao uso comum da linguagem. Assim, dentro do ambiente desses debates, o uso de Shen dos títulos para articular e estabelecer padrões não era novo.

Contudo, o novo no *xing ming* era que os títulos deveriam ser aplicados *objetivamente* tanto na seleção de funcionários para os cargos como na avaliação de sua eficácia em suas respectivas posições. Em termos práticos, a articulação de uma "descrição de trabalho" (Schwartz 1985: 338) e a manipulação de promoções e rebaixamentos, com base em critérios objetivos, sustentam o poder supremo do governante como único árbitro da função burocrática. Essa explicação da administração política não permite qualquer inconsistência entre, de um lado, a promulgação dos critérios objetivos e, de outro, a autoridade irrestrita do governante sobre o sistema inteiro. É claro, tal problema surge apenas se o objetivo primário da infraestrutura institucional for introduzir transparência e prestação de contas. Em contraste, a meta dos legalistas era estabelecer e manter a autoridade do governante; desse ponto de vista, fazia total sentido que o governante não devesse ficar amarrado no sistema nem em suas regras.

Uma característica interessante do *xing ming* é o método de tabular de acordo com os critérios disseminados e determinados pelo governante. O método de tabular também está presente de certa forma no *dingfa* de Shang Yang, segundo o qual os critérios são estabelecidos e os atos de funcionários públicos específicos checados em comparação com esses critérios. Ter um conjunto de critérios é implementar um método de avaliação objetiva para reduzir a variação das opiniões e dos pontos de vista subjetivos. Contudo, os critérios não eram objetivos em si mesmos, pois eram determinados pelo governante. O método legalista de tabular era especialmente importante para a agenda legalista, porque visava erradicar a diferença de opinião tanto entre os funcionários públicos quanto entre as pessoas comuns. Implementar $fa^{padrões}$ é uma tentativa de aniquilar a diferença, assim como o propósito da instalação de $fa^{código\ penal}$ é garantir a conformidade de comportamento. A imposição de *fa*, em ambos os seus significados, era o método pelo qual o governante podia controlar os números vastos. Creel sugere uma ligação entre *shu*, técnica, e seu homófono, *shu*, que significa números (Creel 1974: 125-128).[163] Ele sugere que há uma ligação mais profunda entre o entendimento de estatísticas e a aplicação da fixação de nomes: "É necessário saber não meramente quantos, mas quantos *o quê*? A resposta à pergunta – o quê? – é um nome, *ming*. Esses nomes são *categorizações*" (Creel 1974: 113).

Deliberações meticulosas sobre entender números para alcançar o controle são características do pensamento legalista. Contudo, devemos também observar que alguns fragmentos atribuídos a Shen Buhai incorporam referências ao *wuwei* daoísta. Em uma passagem, a fusão de ideias é expressa de modo tão eloquente que faz até o governante legalista-daoísta parecer benevolente:

> O governante é como um espelho, que meramente reflete a luz que vem a ele, não fazendo nada por si, e ainda assim, por causa de sua mera presença, beleza e feiura se apresentam à vista [...]. O método do governante é o da aquiescência completa. Ele funde seus interesses pessoais com os do bem público, para que ele não aja como um indivíduo. Ele não age; ainda assim, como resultado de sua não ação [*wuwei*], o mundo é levado a um estado de ordem completa. (*Shen Pu-hai Fragments*, trad. Creel 1974: 63-64; 351-352)

---

163. Aparentemente, *shu* (números) era usado comumente durante o período Chunqiu, "com significados como 'número', 'cifra', 'vários', 'frequente', 'enumerar' e 'repreender' (isto é, enumerar as falhas)" (Creel 1974: 126). O mesmo caractere também era usado no período dos Reinos Combatentes para se referir à técnica. Mas, no período Zhanguo, o uso do caractere *shu* (técnica) tornou-se significativamente mais frequente e se referia exclusivamente a estratégia política.

Essa passagem parece estar em desacordo com certos elementos-chave da filosofia de Shen. A ideia de que o governante "funde seus interesses pessoais com o bem público" sobressai visivelmente contra as técnicas de administração política defendidas por Shen: o governante esconde seus motivos e ações (Ibid.: 63). A natureza sigilosa da técnica do governante é crucial para seu sucesso em manter o poder. Enquanto *xing ming* ajuda o governante em sua escolha e avaliação de conselheiros, manter a inescrutabilidade deixa-o *independente* da burocracia. Shen é astuto no tratamento de uma importante questão de administração política. Creel explica sua percepção:

> Quando Shen insistia que o governante devia ser completamente independente, estava discordando de um dos princípios mais antigos e sagrados da filosofia política ortodoxa da China [...]. A ideia de que os governantes devem receber conselho de seus ministros respeitosamente, e segui-lo com cuidado, estava presente [...] talvez até antes da dinastia Chou [...]. Nem todos os governantes davam atenção ao conselho de seus ministros, mas quase todos eles achavam conveniente fingir que o faziam. (Creel 1974: 64-65)

Obtemos um senso ainda mais agudo do nível de controle que os pensadores legalistas ansiavam alcançar quando suplementamos o *fa* de Shang Yang e o *shu* de Shen Buhai com o *shi*, poder, de Shen Dao.

Shi: poder

Shen Dao estava em Jixia com outros pensadores durante o período dos Reinos Combatentes, e foi talvez quando ele estava lá que se expôs às ideologias das diferentes escolas. Shen Dao envolveu-se amplamente com a filosofia daoísta e foi reconhecido como um dos precursores do "Daoísmo maduro" (Hansen 1992: 204-210). Como sua doutrina integrava o pensamento daoísta e o legalista, também acredita-se que ele estava associado à ideologia Huang-Lao. A doutrina dessa ideologia, se é que há uma, é debatida porque não há clareza em relação a seus textos, pensadores ou origens. Acredita-se que "Huang" no título se refira ao Imperador Amarelo, a encarnação da sapiência "gnóstica", iluminada, desapegada (Schwartz 1985: 248). O título "Huang-Lao" tem sido aplicado às sínteses do pensamento legalista e daoísta e frequentemente alinhado às preocupações legalistas com a manutenção do poder. Contudo, os estudiosos observam a importância de compreender os alcances mais amplos do pensamento Huang-Lao, pois ele está intimamente ligado a elementos do *Daodejing*, do *Zhuangzi* e de outros textos do período (Schwartz 1985: 242-250; Graham 1989: 374, 379).[164]

Apenas fragmentos dos escritos de Shen Dao ainda sobrevivem,[165] e as discussões mais extensas de suas ideias nos textos canônicos antigos estão no *Han Fei Zi* e no *Zhuangzi*.[166] Han Fei cita Shen Dao como principal proponente do *shi*, poder político. *Shi*, *fa* e *shu* são muitas vezes entendidos como os três componentes fundamentais da doutrina legalista (Fung 1952, v. 1: 318). O conceito de *shi* – que se sobrepõe aos significados de conceitos que incluem "posição", "base de poder", "carisma", "autoridade" e "aquisição política" – é o que Shen Dao considera necessário para o controle da nação por parte do governante. Não é fácil apreender o que Shen Dao entende por *shi*. O conceito parece se referir, de forma geral, ao modo como o governante mantém a autoridade, isto é, seu domínio político sobre o povo. Isso é representado, em termos positivos, como "[apoio] das massas" e, em termos negativos, como "[subjugar] as massas" (*Han Fei Zi*, capítulo 40, trad. Liao 1939, v. 2: 200). A aplicação do termo por Shen Dao também pode ser influenciada por sua concepção do *dao* e, portanto, pode flutuar dependendo de se entendemos seu *dao* como uma realidade transcendental, mística, ou uma realidade histórica, factual, dentro da qual os indivíduos devem aceitar o que não pode ser mudado (Hansen 1992: 206-209). Em conjunto com a primeira concepção do *dao*, *shi* poderia significar o carisma do governante ardiloso para manter sua autoridade; de acordo com o segundo, *shi* poderia se referir à habilidade do governante para lidar com a realidade política e social.

Han Fei criticou a concepção de *shi* de Shen Dao. Ele representou a visão de Shen Dao como sustentando o *shi* com base na distinção entre *shi* e o governo pela virtude: "Confiar na posição e no *status* é suficiente, e [...] não vale a pena correr atrás da virtude e da sabedoria"

---

164. Graham (1989: 100-103) também discute esses aspectos místicos e esotéricos da doutrina Huang-Lao que enfocam o "Treinamento Interior", no texto *Guanzi*. A complexidade dos estudos aumentou desde que vários textos associados ao Imperador Amarelo foram desenterrados em Mawangdui, na China, em 1973 (p. 374).
165. Os fragmentos foram organizados por P. M. Thompson em *The Shen Tzu Fragments* (1979), um grande exercício que envolveu a combinação de ideias dos textos antigos e reflexões sérias sobre autoria, inclusive se Shen Dao escreveu ele mesmo um livro.
166. Xunzi também discute a doutrina de Shen Dao, apesar de parecer que ele confundiu as doutrinas de Shen Buhai e de Shen Dao, considerando o primeiro como proponente principal do *shi* (Graham 1989: 268).

(*Han Fei Zi*, capítulo 40, trad. Liao 1939, v. 2: 199). Shen Dao adota a postura legalista que rejeita o paradigma existente do governo virtuoso sustentada na maioria das outras escolas – até o Moísmo, que tinha regras disciplinares estritas em relação ao não cumprimento do *jianai*, procurava essencialmente assegurar o bem comum. A virtude não é confiável, diz Shen Dao, apenas porque pode haver "minhocas" (os maus e os corruptos), bem como "dragões" (modelos de virtude). Portanto, a base de poder é o que sustenta a ordem e o controle, independentemente da virtude e da habilidade dos governantes individuais. Apesar de isso não ser afirmado explicitamente no ensaio de Han Fei, podemos perceber uma alusão a um padrão – dessa vez na infraestrutura do governo – que, sem hesitação, apoia o governante em sua posição.

Han Fei lança duas críticas ao *shi* de Shen Dao, uma de um ponto de vista confuciano e outra de sua própria perspectiva legalista. Na primeira argumentação, a voz do confuciano argumenta que a liderança virtuosa é mais fundamental do que o poder político: não é preferível se uma pessoa de virtude ficar sobre essa base de poder? Shen Dao pode estar correto ao dizer que a base de poder é importante, mas não é tão crucial quanto à *habilidade e ao comprometimento ético* dos indivíduos, que podem usar o poder com sucesso. Schwartz articula o problema com lucidez:

> Sem autoridade, o governante não pode ser a fonte suprema de todos os códigos impessoais e mecanismos de controle que mantêm toda a ordem social. Claro, é verdade que, quando o sistema está funcionando, o próprio sistema acentua o manto de mistério e o senso de distanciamento que cerca a figura do governante, mas afinal é a aura simbólica de autoridade, que cerca a figura do governante, que torna possível a implementação do sistema [...]. Em um sistema que eliminaria a iniciativa pessoal como fonte do comportamento social, tudo acaba dependendo de uma pessoa simbólica. (Schwartz 1985: 340)

Han Fei sustenta a importância da autoridade, mas aponta que ela é derivativa e não fundamental. Em outras palavras, ele não está disposto a aceitar que o poder político seja um fenômeno que, em última análise, repousa sobre o carisma de um indivíduo. Han Fei argumenta que a base de poder é meramente uma instituição e, portanto, precisa ser estabelecida:

> A base de poder é algo com um único nome, mas com inúmeras variações. Se ela necessariamente se originou do espontâneo, não haveria sentido em falar sobre a base de poder. Quando falo sobre

a base de poder, falo de algo instituído pelo homem [...] a questão é que [a base de poder] não é algo que um único homem pudesse instituir. (*Han Fei Zi*, capítulo 40, citado em Graham 1989: 280)

Isso nos leva à questão com a qual Han Fei mais se importa, e que diz respeito ao papel do *shi* dentro de seu programa legalista. Han Fei argumenta que *fa* é aquele elemento crucial que escora o poder do governante: "Quando, ao seguir a lei, eles ocupam a base de poder, há ordem; quando, ao rejeitar a lei, eles perdem a base de poder, há desordem" (Ibid.. 281). Talvez Han Fei esteja representando erroneamente a concepção de Shen Dao do *shi*, pois o *fa* tem um papel proeminente nos fragmentos de Shen Dao.[167] Em última análise, contudo, a posição de Han Fei é clara: é importante entender a autoridade política, mas é ainda mais importante entender sua fonte. Para Han Fei, *fa* tem prioridade sobre o *shi*.

Han Fei, o grande sintetizador

Han Fei pertenceu à casa governante do estado Han e acredita-se que compôs seus pensamentos para o rei dessa casa (rei An de Han (238-230 a.C.) ou rei Huan-Hui (272-239 a.C.)) (Watson 1964: 2). Ironicamente, foi o infame governante do estado rival Qin, Qin Shihuang (260-210 a.C.), que implementou as ideias de Han Fei mais amplamente. Han Fei sintetizou os três temas básicos, *fa*, *shu* e *shi*, entrelaçando-os em uma filosofia abrangente de controle político. Seus escritos sobressaem como a obra representativa da filosofia legalista. Isso se deve em parte à ausência de seções mais substanciais dos textos de outros pensadores legalistas. Mas Fung reconhece a qualidade da obra de Han Fei por seus próprios méritos: "[Han Fei Tzu foi] o último e maior teórico da escola legalista" (Fung 1948: 158). Fung está correto, tanto em relação à filosofia de Han Fei como também se fôssemos medir o sucesso de suas ideias no que se refere às realizações de Qin Shihuang durante seu período de reinado. O uso de padrões (*fa*) de peso e medida, moeda e escrita, para citar algumas poucas inovações, impulsionou enormemente o controle que o imperador Qin tinha do estado. Essas medidas também contribuíram significativamente para o desenvolvimento econômico e social da nação.

Ainda assim, a despeito de todas as realizações extraordinárias, o período da regência de Qin Shihuang foi um fracasso deplorável por casusa de sua brutalidade e da falta de interesse humanista.

---

167. Isso pode ter ocorrido porque ele sentiu que tinha de se alinhar a seu professor, Xunzi, pois Shen Dao era um dos rivais de Xunzi (Graham 1989: 268; 279).

Paradoxalmente, essa deficiência é com efeito um sucesso em termos legalistas, como escreve Han Fei:

> [Para um governante], derramar lágrimas amargas e não gostar de castigos é benevolência; ver a necessidade de infligir castigos é lei [...] as recompensas não devem deixar de ser grandes e certas, fazendo, assim, com que as pessoas as considerem lucrativas; as punições não devem deixar de ser severas e definidas, fazendo, assim, com que as pessoas as temam; e as leis não devem deixar de ser uniformes e firmes, fazendo, assim, com que as pessoas as compreendam. (*Han Fei Zi*, capítulo 49, trad. Liao 1939, v. 2: 281; 283-284)

Han Fei considera a lei e a administração da burocracia como os pilares principais do pensamento legalista. Quando lhe pediram para avaliar a importância de cada uma em sua ideologia, ele disse que as duas são indispensáveis: uma como alimento e a outra, vestimenta (*Han Fei Zi*, capítulo 43, "Decidindo entre duas doutrinas legalistas"). Ele estende seu argumento aos pontos de vista de Shang Yang e Shen Buhai, criticando a incompletude de ambos. O terceiro tema, poder (*shi*), tem uma posição um pouco mais duvidosa no pensamento de Han Fei. Apesar de muitos estudiosos acreditarem que *shi* é um dos três fundamentos do Legalismo, Han Fei não insiste em sua centralidade, como o faz com os outros dois temas. No mínimo, ele aponta que *shi* não é fundamental; na verdade, *shi* deve estar baseado apropriadamente em *fa* para ser eficiente (*Han Fei Zi*, capítulo 40).

Han Fei também respeitava as ideias daoístas, comentando amplamente sobre uma série de passagens do *Daodejing* para esclarecer sua discussão da doutrina legalista (*Han Fei Zi*, capítulos 20, 21). Por exemplo, onde o *Daodejing* traça uma analogia entre governar uma nação e cozinhar um peixe – e o peixe não deve ser virado com muita frequência –, Han Fei argumenta que a metáfora instrui o governante a não mudar as leis com muita frequência (*Han Fei Zi*, capítulo 20, trad. Liao 1939, v. 1: 185). Mas o capítulo que melhor resume a doutrina de governo de Han Fei é o capítulo 49, "As cinco pragas". O capítulo trata de cinco "traças" – insetos que se alimentam de roupas ou livros –, que são uma grande ameaça para o governo.[168] As cinco ameaças identificadas por Han Fei e seus efeitos

---

168. Shang Yang também discute as ameaças ao controle governamental usando o termo "piolhos" (*shi*). Duyvendak traduz o termo como "parasitas"; Shang Yang designa uma série deles: benevolência, literatura, ritual, música, virtude, sofisma, retidão e relutância em lutar pelo próprio país (Duyvendak 1928: 85).

sobre o governo demonstram aspectos importantes de sua doutrina. São elas:

(1) A promoção de *ren* e *yi* (retidão) pelos estudiosos que insistem em seguir os modos dos reis antigos. Essas doutrinas são incompatíveis com *fa* e confundem o governante.
(2) Os esquemas frívolos dos ministros que têm o apoio de países rivais e que estão interessados apenas em favorecer seus interesses pessoais. Estes têm um custo para a nação.
(3) O estabelecimento de bandos de espadachins unidos por códigos e disciplina estritos. Estes desafiam militarmente o controle do Estado.
(4) Aqueles que oferecem subornos a homens influentes para evitar o serviço militar. Eles minam o poderio militar de uma nação.
(5) Os mercadores e artífices que vendem mercadorias inúteis e artigos de luxo. Eles acumulam riqueza privada, criam desejos nas pessoas e exploram fazendeiros (que são um ingrediente indispensável de uma nação robusta).

Podemos ver nesses pontos as preocupações de um pensador que estava tomado pelo medo de perder o controle. Duas questões parecem residir no centro das preocupações de Han Fei: o tamanho absoluto da população e a impossibilidade de confiar nas pessoas para agirem por qualquer outra razão que não seja o interesse próprio. A resposta de Han Fei a essas duas ansiedades era introduzir instituições e medidas que assegurariam a conformidade e garantiriam os resultados planejados. Mas essas medidas observáveis, como *fa*, não são as únicas características distintivas do pensamento legalista. Acima de tudo, a filosofia legalista posicionava o governante em desacordo tanto em relação às pessoas quanto à burocracia.

Debates na filosofia legalista

Natureza humana

Os confucianos debatiam a natureza da humanidade porque acreditavam que a questão ontológica – o que a natureza humana é originalmente – ajudaria a resolver a questão ética do bem humano. Sabemos pelas deliberações de Mêncio que havia outros que também acreditavam nessa abordagem. Talvez eles estivessem procurando no lugar errado, pois como é empiricamente possível verificar a qualidade ética da natureza humana "original", pré-socializada, se é que há uma? Na filosofia de Xunzi, percebemos um afastamento em relação a essa crença. Apesar de ele de fato ter proclamado que a natureza humana era originalmente egoísta, também enfatizou o *fa* em conjunto com valores confucianos. Essa foi uma expressão do ceticismo em relação à expectativa de se confiar na multidão para trabalhar por uma realização ordenada do bem comum. Do ponto de vista de Xunzi, o governo benevolente por si só era insuficiente para refrear os comportamentos antissociais; por isso, Mêncio estava errado. Mas Xunzi mesmo assim tinha uma preocupação com as pessoas que deviam cultivar a civilidade para que uma sociedade humana civilizada pudesse ser estabelecida.

Han Fei, seu pupilo, levou a falta de confiança na humanidade muito mais além. Ele não estava interessado na questão da natureza original da humanidade, mas sim em controlar o comportamento humano. Han Fei se recusa a envolver-se com questões ontológicas sobre a natureza humana, enfocando em vez disso as condições existenciais da vida:

> [...] os homens de antigamente faziam pouco dos bens, não porque não eram benevolentes, mas porque os bens eram abundantes; os homens de hoje brigam e saqueiam, não porque são brutos, mas porque os bens são escassos. (*Han Fei Zi*, capítulo 49, trad. Liao 1939, v. 2: 278)

Diferentemente de Mozi, que identifica a pluralidade de valores como a causa básica da desordem, Han Fei indica o conflito de interesses que resulta da escassez. Ele move o debate da teoria de valor para a ciência social. Em um sentido, seu enfoque é mais realista do que os debates avaliatórios dos confucianos e dos moístas. O Legalismo tem sido comparado ao Confucionismo nestes termos:

> As ideias confucianistas são idealistas, enquanto as dos legalistas são realistas. Essa é a razão pela qual, na história chinesa, os confucianistas sempre acusaram os legalistas de serem maus e vulgares, enquanto os legalistas acusaram os confucianistas de serem livrescos e não práticos. (Fung 1948: 165)

As concepções legalista e confuciana da natureza humana estão profundamente entrelaçadas com suas respectivas visões da natureza e dos objetivos do governo e, em última análise, da vida humana. As duas doutrinas, confuciana e legalista, são diametralmente opostas.

Cidadania: o papel das pessoas comuns

Os confucianos tinham o cuidado de que apenas os que tinham os tipos certos de habilidades e conhecimento poderiam liderar o povo (*Analectos* 8:9). Os moístas também tinham esse cuidado em suas discussões dos padrões (*fa*). O cinismo dos pensadores legalistas é mais proeminente em suas opiniões sobre as pessoas comuns. Han Fei comparava a inteligência das pessoas à de uma criança pequena: "Não se pode depender da inteligência das pessoas, assim como da mente do bebê" (*Han Fei Zi*, capítulo 50, trad. Liao 1939, v. 2: 309). Além disso, o governante não seria sábio ao considerar que elas respeitariam os interesses dele:

> [...] o sábio, ao governar o estado, não espera que as pessoas façam-lhe o bem, mas utiliza sua incapacidade de fazer-lhe mal. (*Han Fei Zi*, capítulo 50, trad. Liao 1939, v. 2: 306)

Vemos uma postura similar em Shang Yang, que redigiu pensamentos sobre "A eliminação da força [do povo]" (parágrafo 4) e "Enfraquecer o povo" (parágrafo 20). Ele também projetou esquemas para controlar as pessoas: Shang Yang advertia que o governante deveria forçar as pessoas a duas ocupações principais, a agricultura e a guerra ("Agricultura e guerra", parágrafo 3). Sendo assim, o estado será forte. Organizar a maioria do povo para a produção agrária fará com que ele seja "simples" (Duyvendak 1928: 186).

Três aspectos da cidadania contribuíam para o cinismo legalista. O primeiro é a percebida falta de habilidade das pessoas; o segundo, a impossibilidade de confiar nelas; e o terceiro, seu simples número. Para os legalistas, a população era – como ainda é na China de hoje em dia – uma força formidável a ser levada em conta. Os números eram uma ameaça à autoridade política do tipo proposto pelos pensadores legalistas, especialmente se o governante não pudesse confiar nas pessoas. Nas mãos de Shang Yang e Han Fei, o uso do *fa* incluía e fortificava o antagonismo entre o Estado e seu povo. Han Fei, em particular, até consegue incorporar a filosofia daoísta não conformista para justificar a subjugação das pessoas comuns. Comentando sobre o *Daodejing* 59, Han Fei argumenta que o governante deveria evitar que as pessoas comuns desenvolvessem e exercitassem suas habilidades de juízo crítico:

Portanto, o governo das pessoas, como é dito no texto de Lao Tzu, deveria ser adequado ao grau de movimento e repouso, *poupando o trabalho de pensar e se preocupar*. A assim chamada obediência ao céu não significa alcançar os limites da sutileza e do brilho nem exaurir as funções de sabedoria e conhecimento. Se qualquer um se arriscar a tal extremo e exaustão, terá de usar muito de sua energia mental. Se ele usar muito de sua energia mental, então os desastres da cegueira, surdez e insanidade cairão sobre ele. Daí a necessidade da frugalidade. (*Han Fei Zi*, capítulo 20, trad. Liao 1939, v. 1: 180; meus itálicos)

No que diz respeito à participação do povo nos processos políticos e no desenvolvimento social, os legalistas se aventuraram muito mais fundo no autoritarismo do que os confucianos. Schwartz expressa essa diferença confuciano-legalista desta forma:

No Confucionismo temos uma visão pela qual a ação das pessoas vivas (ainda que de uma elite de vanguarda) exerce um papel dominante em moldar a sociedade [...] no Legalismo teremos uma visão de uma sociedade na qual mecanismos "objetivos" de controle "comportamental" tornam-se instrumentos automáticos para atingir objetivos sociopolíticos bem definidos. Quando observados por essa perspectiva, os *Analectos* podem ser vistos de certa forma representando uma resistência cética, antecipatória, em relação a uma tendência para o que mais tarde será chamado de Legalismo – uma tendência que já estava em curso durante a vida do mestre. (1985: 328)

A hierarquia política confuciana – apesar de permitir às pessoas comuns uma participação apenas limitada – todavia reconhecia a natureza interdependente do governo e do povo em sua visão do bom governo (*Analectos* 2:21). A visão de que o povo *de fato* importa é notavelmente ausente na teoria legalista do governo. Como observado acima, a filosofia legalista tem sido chamada de "contrarrevolucionária", pois rejeita a norma predominante de que o governo existe para o povo (Creel 1953: 135). Duyvendak apresenta uma perspectiva histórica sobre essa mudança na ideologia. O conflito e o tumulto dos Reinos Combatentes incitaram alguns a buscarem poder; "O poder concreto, real, é no que esses governantes estão, acima de tudo, interessados. O poder se torna a nova fonte de sua autoridade" (Duyvendak 1928: 80). No pensamento legalista, o bem do Estado é sinônimo do bem para o governante.

O melhor homem e as melhores leis

Han Fei considera que o tempo dos reis sábios benevolentes é passado. A nova situação pede um rompimento com a tradição:

> [...] o sábio, avaliando a quantidade e deliberando sobre a escassez e a abundância, governa de modo apropriado. Assim, não é caridade infligir punições leves nem é crueldade alguma impor castigos severos: a prática está simplesmente de acordo com o costume da época. Assim, as circunstâncias mudam com a época, e as medidas mudam de acordo com as circunstâncias. (*Han Fei Zi*, capítulo 49, trad. Liao 1939, v. 2: 278)

Han Fei não poderia ter sido mais claro sobre a abordagem racional, calculada, do debate sobre o bom governo. Ele rejeita a inflexibilidade dos que defendem o costume e a tradição e sugere uma abordagem anistórica da crise sociopolítica. Han Fei usa uma parábola avisando sobre as consequências da falha em se adaptar:

> Havia, em Sung, um homem que lavrava um campo no qual ficava o tronco de uma árvore. Uma vez uma lebre, ao correr rápido, bateu no tronco, quebrou o pescoço e morreu. Por isso, o homem colocou seu arado de lado e observou aquela árvore, esperando obter outra lebre. Ele nunca pegou outra lebre e foi ridicularizado pelas pessoas de Sung. (*Han Fei Zi*, capítulo 49, trad. Liao 1939, v. 2: 276)

A situação modificada necessita de uma nova infraestrutura política. A articulação mais explícita da natureza do poder político ocorre na discussão de Han Fei da doutrina de Shen Dao (*Han Fei Zi*, capítulo 40). Como vimos anteriormente, Shen Dao propõe uma infraestrutura política – a base de poder – sobre a qual a autoridade do governante é estabelecida. Han Fei traça uma analogia no capítulo 40 entre a autoridade do governante e as nuvens sobre as quais o governante se senta. A nuvem é a base de poder que o sustenta. Até os governantes de habilidade limitada, as "minhocas", são capazes de "montar nas nuvens". Han Fei não duvida da importância do poder político. Mas ele intervém para esclarecer que o que torna a base de poder confiável é sua fundamentação em *fa*: Shen Dao é tolo em presumir que o poder proporciona sua própria garantia. O que assegura o poder é o sistema, e não o carisma. Shang Yang e Han Fei notaram a ineficácia do carisma como método político. A força de sua insistência é uma resposta à ênfase confuciana sobre os homens paradigmáticos no governo. O governo benevolente confuciano inspira o cultivo da virtude em seu povo na realização do bem comum: "A excelência da pessoa exemplar é o vento, enquanto a da pessoa mesquinha é a grama. Quando o vento sopra, a grama certamente se curva" (*Analectos* 12:19, trad. Ames e Rosemont Jr. 1998a: 158).

Shang Yang responde às duas principais questões associadas ao governo benevolente confuciano, a primeira sendo a da habilidade pessoal e a segunda, da influência da virtude. Ele rejeita ambas em um único argumento a favor do estabelecimento do código penal:

> [...] diz-se: "O benevolente pode ser benevolente para os outros, mas não pode fazer com que os outros sejam benevolentes; o correto pode amar os outros, mas não pode fazer com que os outros amem". A partir disso, sei que a benevolência e a retidão não são suficientes para governar o Império [...]. Um rei sábio não valoriza a retidão, mas valoriza a lei. (*Book of Lord Shang*, capítulo 4, par. 18, trad. Duyvendak 1928: 293-294)

A postura de Han Fei contra o governo benevolente é mais resoluta, pois ele alega que a regência benevolente acaba por minar o sistema de código penal e, portanto, ameaça o poder do estado (*Han Fei Zi*, capítulo 7, "As duas alças"; capítulo 19, "Sobre pretensões e heresias"). A regência benevolente está fundamentalmente em desacordo com a regência por *fa*. Han Fei demonstra isso com uma história que agora é uma popular anedota chinesa (*maodun* [significa incompatível; literalmente, lança e escudo]):

> Uma vez havia um homem vendendo alabardas e escudos. Ele louvava seus escudos por sua solidez, que era tal que nada podia penetrá-los. De repente, ele também louvou suas alabardas, dizendo: "Minhas alabardas são tão afiadas que podem penetrar qualquer coisa". Em resposta a suas palavras, as pessoas perguntaram: "Que tal usar suas alabardas para penetrar seus escudos?" A isso o homem não conseguiu dar qualquer resposta. (*Han Fei Zi*, capítulo 40, Liao 1939, v. 2: 203-204)

Essa história é, acima de tudo, uma rejeição da doutrina de seu professor Xunzi, o qual enfatiza *fa* e *li* como instrumentos complementares no bom governo. Será que Han Fei está correto, que as duas filosofias, Confucionismo e Legalismo, são fundamentalmente incompatíveis? O dragão não passeia pelas nuvens melhor que a minhoca, que acharia a tarefa impossível? O sistema pode ser essencial para manter o poder político, mas não requer um saber para estabelecê-lo? Schwartz expressa o problema filosófico subjacente ao *maodun* de Han Fei:

> Como as pessoas, que são muitas, são levadas a aceitar os comandos do governante, que é um, permanece o mistério supremo da autoridade [...]. Em um sistema que eliminaria a iniciativa pessoal como fonte de comportamento social, tudo acaba dependendo de uma pessoa simbólica [...]. A autoridade no sistema legalista deve, em última análise, ser uma autoridade estabelecida e não uma autoridade "carismática", considerando que o "carisma" nos leva de volta à ênfase perniciosa sobre o papel exaltado das pessoas individuais. (1985: 340)

O Legalismo coloca ênfase no sistema, na infraestrutura política. Essa infraestrutura é uma parte integrante do bom governo e faltava no Confucionismo, que parecia se fiar apenas no dinamismo do sábio governante paradigmático. Mas a infraestrutura política legalista não ia longe o suficiente, pois não permitia o escrutínio do governante – de modo não diferente do caso do soberano de Hobbes, que se senta acima do contrato social. Em alguns textos legalistas, especialmente aqueles cujos autores foram influenciados pelo pensamento daoísta (tais como o *Huainanzi*, escrito na dinastia Han), um sistema de averiguação foi incorporado à infraestrutura política, entre o governante e sua burocracia. Contudo, isso não valia para o governo legalista na dinastia Qin. Agora nos voltamos para a relação do governante com a burocracia.

Burocracia

O cargo do conselheiro era importante, pois preenchia duas funções principais na infraestrutura política legalista. Primeiro, ele apontava homens capazes para essas posições. Os confucianos, é claro, insistiam que esses homens também satisfizessem outro critério, o do mérito ético. Em suas discussões sobre *xing ming*, Shen Buhai acrescentou o elemento da objetividade no apontamento de conselheiros do governo e na avaliação de suas realizações. Segundo, os conselheiros tinham a tarefa de mediar entre o governante e o povo. Em *Analectos* 19:10, temos a impressão de que essa não é uma tarefa fácil:

> Zixia disse: "Somente quando os [*junzi*] conquistam a confiança das pessoas comuns é que as fazem trabalhar duro; de outra forma, as pessoas achariam que estão sendo exploradas. Somente quando elas conquistam a confiança de seu senhor, elas se queixam dele; de

outra forma, seu senhor se consideraria difamado." (Trad. Ames e Rosemont Jr. 1998a: 220)

Os confucianos, muitos dos quais pertenciam à classe *shi* (estudioso-funcionário público), e que sustentavam posições de conselho, estavam, é claro, preocupados em como poderiam realizar melhor suas responsabilidades. Os pensadores legalistas tendiam a tomar a perspectiva do governante, de acordo com sua crença de que o governo servia essencialmente para beneficiar o governante. Cobrimos em detalhe os receios de Shen Buhai com relação ao poder dos funcionários públicos sobre o governante. Duyvendak descreve o crescente poder dos oficiais durante o período dos Reinos Combatentes de uma forma que faz parecer quase necessário para o governante assegurar o controle absoluto:

> [...] [os governantes] se sentem impedidos em suas carreiras pelos velhos costumes e pelas instituições imemoriais, pelos privilégios das classes nobres, que são quase intransponíveis. Todas essas coisas pertenciam à velha ordem que estava passando, e inevitavelmente encontramos estadistas fortes, como diz-se que Shang Yang foi, envolvidos em reduzir os privilégios dos nobres. (1928: 80)

Shang Yang tinha uma preocupação prática, com o apoio dos privilégios dos nobres, que levaria a uma percepção mais ampla de que a vida da nobreza é uma busca compensadora. Isso poderia, por sua vez, levar à situação indesejável em que os lavradores abandonassem seu trabalho para buscar a vida pública. Os funcionários públicos eram, é claro, sustentados pelo estado, e Shang Yang os descreve de modo depreciativo como "aqueles que vivem ociosamente à custa dos outros" (*Livro do senhor Shang*, capítulo 1, par. 3, trad. Duyvendak, 1928: 191). Eles são um dos "piolhos" que ameaçam o Estado (*Livro do senhor Shang*, parágrafos 3 e 4). Shen Buhai discutiu as interdependências entre o governante e seus conselheiros: os conselheiros simplesmente não deveriam conhecer a extensão da dependência do governante em relação a eles. O governante precisa manipular os seguintes aspectos de seus relacionamentos com seus conselheiros: quais aspectos de seu conselho adotar, como responder a conselheiros específicos quando seu conselho não é adotado e como ocultar sua dependência em relação a eles.

A instituição dos padrões objetivos de Shen Bhai nas posições burocráticas é um elemento importante no desenvolvimento da burocracia da China. A noção de que a habilidade pessoal de assumir papéis oficiais é um assunto objetivo, quantificável, é um legado duradouro desses debates sobre os papéis dos conselheiros. Os Exames Imperiais da China, um sistema estabelecido para selecionar funcionários públicos de alto nível para a burocracia, durou 1.300 anos, de 605 a 1905. O afastamento em relação à regência patrimonial e ao nepotismo marca um desenvolvimento importante no pensamento político chinês. Mas a versão legalista da burocracia não tinha transparência e obrigação de prestação de contas, componentes básicos da burocracia moderna. Ao reunir as doutrinas de Shang Yang e Shen Buhai, Han Fei caracteriza a cidadania e a burocracia como ameaças paralelas ao poder do governante (*Han Fei Zi*, capítulo 43, "Decidindo entre duas doutrinas legalistas"). O governante fica em desacordo tanto com as pessoas comuns quanto com seus conselheiros. Ele inflige punições severas para manter os últimos na linha: "Recompensa e punição são as ferramentas afiadas do Estado. Se mantidas nas mãos do governante, elas controlam os ministros. Se mantidas nas mãos dos ministros, elas controlam o governante" (*Han Fei Zi*, capítulo 20, trad. Liao 1939, v. 1: 211). Os legalistas subvertem o conceito de objetividade ao garantir ao governante livre reinado sobre a burocracia. Vemos, na verdade, o uso de padrões objetivos meramente como uma ferramenta a serviço do governante.

Sigilo, poder e o controle do conhecimento

O poder do governante contra o povo era sustentado pelo uso de códigos penais objetivos, promulgados claramente. Essa estratégia devia ser mantida em segredo. O poder do governante é mais seguro quando *fa* é divulgado tanto quanto possível, enquanto a estratégia, *shu*, é mantida como um segredo bem guardado. Shang Yang e Shen Buhai também partilham a convicção de que o sigilo é essencial ao poder político. Han Fei articulava as proporções inversas entre a divulgação (de *fa*) e o sigilo (de *shu*):

> A lei é codificada em livros, mantida em gabinetes do governo e promulgada em meio aos cem sobrenomes. A diplomacia é escondida no seio e é útil para comparar diversos fatores motivadores da conduta humana e para manipular o corpo de funcionários públicos em segredo. Portanto, a lei não quer nada além de divulgação; a diplomacia detesta a visibilidade. (*Han Fei Zi*, capítulo 38, trad. Liao 1939, v. 2: 188)

Han Fei pinta um retrato desconcertante do governante, cuja estratégia é fortalecida por uma observação aguçada do povo: "Se a astúcia do superior é visível, as pessoas irão se proteger dela; se sua estupidez é visível, as pessoas irão confundi-lo [...]. Somente ao não fazer nada posso vigiá-las" (*Han Fei Zi*, capítulo 34, trad. Liao 1939, v. 2: 99). A supressão da informação disponível ao povo estava ligada a controles estritos sobre o aprendizado. Para Shang Yang, aprendizado e discussão, especialmente debates sobre *fa*, devem ser proibidos:

> O que quero dizer pela unificação da educação é que todos esses partidários de erudição, sofisma, astúcia, boa-fé, integridade, ritos e música, e cultura moral, quer suas reputações estejam imaculadas ou sujas, devem, por essas razões, não se tornar ricos ou honrados, não devem discutir punições, e não devem compor suas opiniões particulares independentemente e celebrar seus superiores. (*Book of Lord Shang*, capítulo 4, par. 17, trad. Duyvendak 1928: 282)

Permitir às pessoas um ponto de vista independente a partir do qual possam julgar os assuntos do Estado era simplesmente enfraquecer o Estado. Costumes ou tradições que competiam com a lealdade ao governante eram proibidos: "o filho dedicado do pai era um súdito rebelde do governante" (*Han Fei Zi*, capítulo 49, trad. Liao, v. 2: 286). O método mais completo de eliminar o conhecimento era restringir o aprendizado. A mensagem arrepiante de Han Fei chama atenção a isso:

> [...] no Estado do soberano iluminado não há literatura escrita em tiras de bambu, mas a lei é o único ensinamento; não há dizeres citados dos reis antigos, mas os magistrados são os únicos instrutores [...] (*Han Fei Zi*, capítulo 49, trad. Liao, v. 2: 291)

De acordo com Duyvendak, há registros indicando que Qin Shihuang leu esse capítulo de Han Fei e expressou um desejo de encontrá-lo. Duyvendak coloca parte da culpa do exercício de queimar livros de Qin na filosofia legalista:

> Isso não deixa dúvida de que foi o ensinamento anticultural da Escola da Lei que preparou a mente de [Qin Shihuang] para o feito pelo qual ele incorreu no ódio de todas as gerações posteriores: a Queima de Livros de 213 [a.C.]. (1928: 126)

Governo e desenvolvimento humano

A ideologia legalista era reducionista de diversas maneiras. Ao limitar seu interesse fundamental à questão do poder político, ela simultaneamente reduzia a visão de humanidade e da realização humana potencial. De acordo com essa visão, as pessoas eram instrumentos do poder estatal; elas tinham duas funções primárias: produção de alimento, de um lado, e expansão militar e defensiva, de outro. Outras buscas que iam contra essas duas funções básicas eram proibidas. O acúmulo de riqueza privada, particularmente por mercadores, era proibido. Também eram proibidos aspectos da cultura, da tradição, do aprendizado e da virtude. As virtudes confucianas, que valorizavam enormemente os relacionamentos, eram um alvo primário da filosofia legalista.

As punições cruéis que acompanhavam o código penal foram inventadas para assegurar que as pessoas vivessem com medo. Os horríveis castigos incluíam cortar uma pessoa ao meio (Duyvendak 1928: 14). Ironicamente, mortes terríveis parecem ser uma característica das vidas dos pensadores legalistas: o corpo de Shang Yang foi amarrado a quatro carruagens e despedaçado; Han Fei caiu em um esquema de Li Si, seu colega-pupilo, que foi o primeiro ministro a serviço de Qin Shihuang, e cometeu suicídio enquanto estava na prisão; e o próprio Li Si foi cortado ao meio em público sob a incitação de um eunuco, Zhao Gao (?-207 a.C.), durante o reinado de Qin Er Shi (229-207 a.C.).

Talvez o pior aspecto da filosofia legalista tenha sido o fato de que muitas de suas doutrinas foram, com efeito, implementadas no estado Qin, especialmente durante o reinado de Qin Shihuang. Quando Xunzi visitou Qin, algum tempo depois de 300 a.C., ele relatou que:

> [...] ele achou seu povo simples e rústico, com medo dos funcionários públicos e bastante obediente. Quanto aos funcionários públicos, eles também aplicavam-se estritamente aos negócios, indo de suas casas para suas repartições e de suas repartições direto para casa, não tendo interesses pessoais. Tanto o povo quanto os funcionários públicos, disse Hsun Tzu [Xunzi], eram do "tipo antigo", não tendo essas tolices modernas neles. (Creel 1953: 137)

O povo tinha "um medo profundo dos funcionários públicos e era obediente".[169] A medida da brutalidade infligida às pessoas comuns só para manter o poder da autoridade reinante é indizível. A diversidade e a qualidade do debate intelectual até o período Qin haviam sido cruelmente reduzidas na busca por aquele objetivo. Talvez as sensibilidades das gerações futuras de chineses impelissem-nas a livrar sua civilização dos textos escritos por esses pensadores. Isso pode ser responsável pela escassez dos textos legalistas: nosso estudo deles é muitas vezes limitado à menção da doutrina legalista em outras obras canônicas. As valiosas percepções da filosofia legalista também foram descartadas quando os estudiosos se distanciaram, psicológica e intelectualmente, dela. Por exemplo, a proposta Huang-Lao, para o sábio manter sua quietude *wuwei*, enquanto seus funcionários recebiam tarefas *youwe* de administração política, é um sistema plausível de delegação (Schwartz 1985: 249-250). Além disso, na China contemporânea, o uso do mesmo termo *fa* persiste em referência a seu sistema legalista. Infelizmente, isso pode significar que os vestígios do *fa* legalista, como símbolo do antagonismo entre governo e povo, são difíceis de serem apagados. Finalmente, a desolação associada à regência legalista na China pode ter colaborado para convencer seu povo de que a ideologia confuciana – oferecendo uma visão da civilização que produzia o bem comum – era visionária. Como veremos no capítulo seguinte, na dinastia Han, que seguiu a Qin, o Confucionismo foi instituído como ideologia do Estado.

Sugestões para leituras posteriores

Basic Writings of Han Fei Tzu. Trad. Burton Watson. New York: Columbia University Press, 1964.

Book of Lord Shang. Trad. J. J. L. Duyvendak. London: Arthur Probsthain, 1928.

Creel, Herrlee. *Shen Pu-hai: A Chinese Political Philosopher of the Fourth Century B.C.* Chicago: University of Chicago Press, 1974.

Schwartz, Benjamin. "Legalism: The Behavioral Science". In: *The World of Thought in Ancient China*. Cambridge: The Belknap Press of Harvard University Press, 1985, p. 321-349.

---

169. Wang Hsien-ch'ien. *Hsun Tzu Chi-Chieh*. Taipei: Shih-chieh, 1961, 19.12b, citado em Creel 1953: 133.

10. O *Yijing* e seu lugar na filosofia chinesa

O *Yijing* (*Livro das mutações*) é um texto antigo que incorpora seções que datam de cerca do século IX a.C. A seção mais antiga do texto inclui símbolos compostos por seis linhas cada, chamados "hexagramas". Ele também inclui interpretações de cada hexagrama (*guaci*: enunciado do hexagrama) e enunciados sobre cada uma das seis linhas de um hexagrama (*yaoci*: enunciado da linha). As seis linhas de um hexagrama ou são quebradas (– –), significando *yin*, ou inteiras (–), significando *yang*. O conceito *yin* representa um conjunto de características associadas à receptividade, ao passo que *yang* representa um conjunto de características associadas à firmeza. O enunciado de cada linha fornecia um prognóstico, bem como recomendações para a ação (Cheng 2003: 517). Os enunciados dos hexagramas e das linhas são atribuídos ao rei Wen de Zhou (1099-1050 a.C.), fundador da dinastia Zhou. Junto com os hexagramas, 64 no total, esses enunciados são a camada mais antiga do *Yijing*. Há duas outras camadas que são acréscimos posteriores ao texto. A ideia de usar hexagramas para representar grupos de conceitos e adivinhação precede a composição do *Yijing*. As duas dinastias anteriores, a Xia (c. 2070-1600 a.C.) e a Shang (c. 1600-1046 a.C.), tinham seus respectivos manuais de adivinhação chamados *Yi* de Xia e *Yi* de Shang (Cheng 2003: 517). Cada um dos hexagramas é uma compilação de dois trigramas, símbolos que consistem em alguma combinação de três linhas quebradas ou inteiras. Os oito trigramas são atribuídos ao herói cultural (confuciano), o sábio Fu Xi (c. 2800 a.C.) (Legge 1899: 32):

qian	dui	li	zhen	xun	kan	gen	kun
céu	corpo d'água	fogo, sol	trovão	vento, madeira	lua, nuvens, córregos	montanhas	terra

Os 64 hexagramas do *Yijing* são constituídos de todas as combinações e permutações dos oito trigramas, um conjunto de três linhas empilhado sobre outro. Durante o início do período Zhou, o *Yijing* era usado como manual para adivinhação. Varetas de adivinhação de talos de milefólio eram utilizadas para identificar o hexagrama correto relativo a uma questão específica. A adivinhação, durante o período Shang, era um sistema para consultar e influenciar ancestrais mortos; ela evoluiu durante o Zhou para um sistema para decifrar processos cósmicos e interpretar suas correlações com o mundo humano, pessoas individuais e eventos específicos (Lynn 1994: 1)

Houve acréscimos ao *Yijing* na parte final da dinastia Zhou (conhecida pelos historiadores como "Zhou oriental", *Dong Zhou*, de 770-256 a.C.). Esses acréscimos foram chamados de os dez "apêndices" ou "asas" (*Shi Yi*), que eram comentários sobre a primeira camada existente de hexagramas, julgamentos sobre os hexagramas e enunciados das linhas. Acreditava-se que todas as "Dez Asas" haviam sido compostas por Confúcio, embora os estudiosos modernos não estejam convencidos de que é esse o caso. Aproximadamente no início do período Han (c. 200 a.C.), as "Dez Asas" eram chamadas frequentemente de *Yi Zhuan* (Comentários sobre o *Yijing*) e o texto inteiro compreendendo os hexagramas, a primeira camada de comentários sobre os hexagramas, e os acréscimos posteriores da dinastia Zhou eram conhecidos como *Zhou Yi*. Durante esse mesmo período, o *Yijing* e outros quatro textos, o *Livro da poesia* (*Shi Jing*), o *Livro de história* (*Shu Jing*), o *Livro dos ritos* (*Li Ji*) e os *Anais da Primavera e do Outono* (*Chunqiu*), foram endossados como os "cinco clássicos" (*Wu Jing*) do Confucionismo. Essa coleção de textos expressou, e inseriu ainda mais, o Confucionismo na sociedade Han.

A importância filosófica do *Yijing* não reside em seu uso inicial como manual de adivinhação. Os comentários posteriores –

seus apêndices – exerceram um papel especialmente importante no desenvolvimento da filosofia chinesa do período dos Reinos Combatentes. O espírito do *Yijing*, que expressava um panorama de interdependência, transformação e ressonância, foi articulado de diversas maneiras por diferentes pensadores. Durante a dinastia Han, quando o método intelectual dominante era sintetizar conceitos e temas de diferentes doutrinas e escolas, esses temas, que subjaziam às visões do *Yijing,* eram aplicados a uma ampla gama de questões, inclusive cosmologia, astronomia, política, sociedade e suas instituições, ética, saúde e bem-estar pessoal. Ideias sobre ressonâncias entre a esfera cósmica e a esfera humana em suas diferentes manifestações continuaram a se desenvolver com o passar do tempo; esses desenvolvimentos foram influentes em moldar o Neoconfucionismo, a força filosófica dominante na China ao longo de toda a dinastia Qing (1644-1912).

O texto e os comentários

Cada hexagrama tem um nome que expressa seu significado central, e que, na verdade, denota todo um conjunto de conceitos associados. Entre os termos se incluem, por exemplo, *qian* (céu), *kun* (terra), *pi* (obstrução), *gu* (corrompido ou deteriorado), *fu* (retorno), *heng* (permanência), *huan* (dispersão) e *sheng* (ascendência). Cada um desses termos não está ligado estritamente a um único conceito, por duas razões importantes. A primeira é que cada hexagrama significa um estado transitório mais do que um conceito estático. Entidades que estejam passando por qualquer um desses estados podem mudar a qualquer momento. A segunda razão é que cada termo ou hexagrama carrega consigo um grupo de significados relacionados de alguma maneira. Por exemplo, o hexagrama *qian* (乾) denota o poder do céu, que é firme, ativo, criativo e provedor de luz; ele pode, portanto, ter qualquer um desses significados ou todos. Em suas associações com a esfera humana, ele se refere ao sábio governante masculino, cuja regência tem paralelo com a regência do céu. Ele é assim associado a *yang*, o conjunto central de características de firmeza, em oposição a *yin*, o cerne da receptividade. Na adivinhação, o intérprete precisa entender o conjunto de características associadas a cada um dos hexagramas. O *Yijing* proporciona descrições dos hexagramas, chamadas de enunciados ou julgamentos (*tuan*), que são muitas vezes concisas e enigmáticas. Por exemplo, na interpretação do hexagrama denominado *heng* (恆), o julgamento é como se segue:

```
☳
☴
```

> A perseverança é tal que se obtém a prevalência, e isso significa que não haverá culpa, sendo adequado praticar a constância aqui. Seria adequado a pessoa começar a fazer algo aqui. (Hexagrama 32, trad. Lynn 1994: 335)

A interpretação é necessária para se aplicar a característica relevante ou o conjunto de características, nesse caso, de *heng*, ao assunto específico em questão. Desnecessário dizer, esses julgamentos divinatórios teriam sido repletos de aleatoriedade e superstição, mesmo que admitíssemos que um intérprete experiente é um observador cuidadoso do mundo e faz estimativas informadas (Cheng 2003: 518-519).

A classificação do *Yijing* em camadas (três no total) sugere parcialmente o método e o conteúdo dos capítulos e parcialmente seu desenvolvimento cronológico. Como discutido antes, a primeira camada é constituída dos símbolos dos hexagramas, dos enunciados dos hexagramas e pelos enunciados das linhas. Acredita-se que a segunda camada tenha sido escrita ou pelo próprio Confúcio ou por um discípulo bastante familiarizado com suas ideias. Ela consiste em duas partes que são subdivididas em quatro capítulos. Essas duas partes são os *Comentários sobre os julgamentos* (*Tuan Zhuan*) e o *Comentário sobre as imagens* (*Xiang Zhuan*). A primeira parte trata dos significados dos hexagramas, enquanto a segunda parte enfoca os significados das linhas individuais. O material dessas duas partes é essencialmente confuciano em espírito (Lynn 1994: 2-3). Suas passagens sustentam o ideal confuciano de uma associação tripartida entre céu, terra e humanidade, e enfatizam a importância do *Yijing* para o governo eficaz e a ordem política.

Os seis capítulos que constituem a terceira camada são acréscimos posteriores, alguns dos quais foram datados aproximadamente do século III a.C. (Lynn 1994: 3). Juntos, os capítulos da segunda camada (quatro capítulos) e os da terceira constituem as "Dez Asas" ou *Yi Zhuan* (comentários sobre o *Yi*). O primeiro capítulo da terceira camada do *Yijing* é o *Comentário sobre as palavras do texto* (*Wenyan*). Ele consiste em dois fragmentos, um tratando do conceito *qian* (*yang* puro) e o outro do *kun* (*yin* puro); o comentário sobre os outros 62 hexagramas não existe mais. O *Wenyan* discute uma série de virtudes confucianas em *yang* e *yin*.

O segundo e terceiro capítulos da terceira camada, que são também os capítulos sexto e sétimo das "Dez Asas", são os mais filosoficamente profundos de todo o texto. Esses dois capítulos são seções de uma obra conhecida por dois nomes, como o *Grande comentário* (*Dazhuan*) ou como *Comentário sobre as frases anexadas* (*Xici Zhuan*). Há dois tipos de material coberto no *Grande comentário*; um trata da natureza e significado do *Yijing* e o outro, das observações específicas sobre os julgamentos e enunciados das linhas dos hexagramas individuais (Lynn 1994: 3). Esses dois capítulos são filosoficamente influentes porque explicam o lugar do *Yijing* não principalmente em seu uso na adivinhação, mas sim articulando algumas de suas suposições e raciocínio, enfocando especialmente a natureza integrada das esferas cósmica e humana.

Os três últimos capítulos das "Dez Asas" são acréscimos posteriores ao *Yijing*. Eles são o *Comentário sobre os trigramas* (*Shuogua Zhuan*), *Comentário sobre a sequência dos hexagramas* (*Xugua Zhuan*) e o *Comentário sobre os hexagramas em ordem irregular* (*Zagua Zhuan*). O *Comentário sobre os trigramas* inclui observações sobre os oito trigramas, explicando seus significados no que diz respeito aos conceitos de *yin-yang* e *wuxing* (cinco fases). Essa foi provavelmente uma composição do início do período Han. O *Comentário sobre a sequência dos hexagramas* justifica a ordem dos hexagramas. O *Comentário sobre os hexagramas em ordem irregular* é um capítulo curto que inclui observações sobre os significados dos hexagramas individuais, não na ordem em que aparecem na porção mais antiga do texto, mas mais frequentemente nos pares contrastantes (por exemplo, *qian* e *kun* são discutidos juntos). Apesar de os apêndices do *Yijing* terem sido escritos antes da dinastia Han, o enfoque mais reflexivo sobre os hexagramas e seu uso na adivinhação foi um desenvolvimento próprio do período Han.[170] Além disso, as discussões nos apêndices se concentram em interpretações cosmológicas do texto, o que significa

---

170. Graham acredita que os comentários posteriores teriam sido escritos no máximo no início da dinastia Han (1986:13). Ainda assim, antes da dinastia Han, referências ao *Yijing* e suas ideias eram escassas: a referência nos *Analectos* confucianos (7:17) às "Mudanças", *yi*, é questionável; Xunzi ignora o *Yijing* quando lista os cinco clássicos; os conceitos de *yin* e *yang* eram discutidos, mas não dentro de estruturas correlativas; o *wuxing* (cinco fases) foi mencionado nos *Cânones* moístas, no *Sunzi* e no *Han Fei Tzu* de maneira depreciativa (Graham 1986: 9).

que elas levam em conta fenômenos, como estrelas, estações, águas e montanhas, e correlacionam esses fenômenos a eventos do mundo humano. Por isso, é importante entender os apêndices do *Yijing*, que são suas seções mais interessantes e filosóficas, em comparação com algumas das principais características dos debates intelectuais do período Han.

Síntese abrangente e pensamento correlativo durante o período Han

A queda da dinastia Qin foi ocasionada por uma revolta organizada pelas pessoas comuns (De Bary e Bloom 1999: 228). Essas pessoas eram as vítimas da regência legalista Qin e, como tais, agiram imediatamente, à sua queda, para eliminar *fa* (código penal) e suas instituições. Contudo, foi também tarefa da casa governante Han planejar estruturas políticas, intelectuais e sociais para manter seu poder sobre o vasto Império estabelecido pelos Qin. Muitos dos debates intelectuais durante o período Han trataram do governo, traçando analogias, tais como aquelas entre a regência divina do céu na esfera cosmológica e a arte de governar inspirada do rei. Os governantes, que estavam interessados em legitimar sua regência e as medidas que tomavam, estavam ávidos para encorajar esses debates, adotando meios para prolongar sua regência, bem como sua própria longevidade. Como resultado, havia uma mistura peculiar das fontes das quais esses governantes se valiam, inclusive doutrinas de tradições filosóficas antigas, bem como práticas alquímicas e elixires prolongadores da vida. Com relação às primeiras, os governantes encorajavam a consolidação dos textos antigos. Lau e Ames descrevem a impressionante atividade associada à compilação coordenada dos materiais:

> A contribuição da dinastia Han para o estabelecimento de estruturas formais de crescimento intelectual é enorme: a proliferação de instituições oficiais, tais como bibliotecas imperiais e burocracias da corte, as primeiras tentativas de compilar histórias abrangentes, a edição e designação de um cânone literário e os primórdios da tradição de comentários no "estudo dos clássicos" *jingxue* 經學, o estabelecimento do duradouro sistema de seleção que propiciou à China seus funcionários públicos até a abolição final em 1905, a ascendência do Confucionismo como ideologia do Estado, que moldaria o conteúdo do currículo de seleção por toda a vida do Império, e assim por diante. (1998: 9)

Esses desenvolvimentos tiveram uma influência duradoura na tradição intelectual chinesa. A China do período Han havia emergido de um período de regência pelo medo e estava determinada a aprender com os erros do passado. No início do período Han, foram escritos textos que delineavam as falhas dos Qin; entre estes se incluíam "As falhas dos Qin" (*Guo Qin Lun*), de Jia Yi (201-168? a.C.), os *Registros do grande historiador* (*Shiji*), de Sima Tan, e a *História da antiga dinastia Han* (*Qian Hanshu*), um projeto iniciado por Ban Biao (De Bary e Bloom, 1999: 228-232). As duas histórias significativas do período, o *Shiji* e o *Qian Hanshu*, começam a contar e recriar um senso do passado para aprender com ele. Essas histórias articulavam um senso de respeito pelo passado e suas tradições; elas também estabeleciam o propósito e o estilo da escrita histórica na China Antiga. Elas eram em parte históricas e em parte didáticas, pois não apenas recontavam eventos do passado, mas também utilizavam-nos para apontar questões difíceis, paradigmas éticos e casos de decrepitude moral. Burton Watson expressa essa dupla função da escrita histórica, da qual o *Shiji* e o *Hanshu* são exemplos paradigmáticos:

> A função da história [...] é dupla: transmitir a tradição e proporcionar exemplos morais edificantes, como os incorporados nos clássicos. Essas duas tradições, uma que registra as palavras e feitos da história, outra que ilustra princípios morais por meio de incidentes históricos, percorrem toda a historiografia chinesa. (1999: 368)

Como os outros textos do período Han, esses relatos da história sintetizaram elementos de diferentes doutrinas para chegar a pontos de vista específicos. No *Shiji*, Sima Tan classificou as doutrinas filosóficas existentes em seis escolas (*jia*) de pensamento. As doutrinas de cinco dessas "escolas" (isto é, a Yin-Yang jia, Ru-jia (confucianos), Mo-jia (moístas), Fa-jia (legalistas) e Ming-jia (terminologistas)) são deficientes de uma maneira ou de outra. A sexta, a daoísta (Dao-jia), é a visão abrangente culminante na opinião de Sima Tan. Ele argumenta que essa visão "está embasada nas harmonias gerais da escola Yin-Yang, que seleciona o melhor dos Ju [Ru: confucianos] e dos moístas, escolhe o essencial das Escolas dos Nomes e da Lei" (Sima Tan, *Shiji*, capítulo 130, citado em Graham 1989: 379). Sima Tan se sentia à vontade emprestando elementos de diferentes tendências e doutrinas; esse método era amplamente usado pelos pensadores do período. Outro exemplo desse método está no capítulo 33 do texto *Zhuangzi*. Vimos em nossa discussão da filosofia de Zhuangzi que algumas seções do *Zhuangzi*, inclusive o capítulo 33, podem ser atribuídas aos sincretistas do fim do período dos Reinos Combatentes.[171] Nesse capítulo, há um levantamento e uma classificação de uma série de teorias, inclusive as de Mozi e dos moístas posteriores, de Shen Dao, de Hui Shi e até de Laozi e Zhuangzi. De acordo com o autor de *Zhuangzi* 33, todas essas opiniões são unilaterais e não chegam até "o Caminho do Céu e da Terra" (*tian di zi dao*). Se Graham estiver correto em relação ao autor sincretista do capítulo 33 do *Zhuangzi*, parece que o sincretista, como o termo implica, não hesitava em integrar elementos de diferentes doutrinas para formular sua visão. Na verdade, no início do capítulo 33, o autor lamenta que as diferentes doutrinas têm apenas partes da figura maior e verdadeira: "[...] abaixo, no Império, há muitos que encontram um único assunto para sondar e se deleitar nele como se este lhe pertencesse [...]. Contudo, eles não são inclusivos nem abrangentes; esses são homens que têm cada qual seu próprio pequeno canto" (trad. Graham 2001: 275). Sínteses como as de Sima Tan e do autor de *Zhuangzi* 33 exemplificam um estilo particular de argumentação que apresenta um panorama das doutrinas existentes, todas (na avaliação do autor) inadequadas, construindo uma articulação climática da visão do autor.

Na parte inicial do período Han, as doutrinas sincréticas tendiam a favorecer o Daoísmo como a doutrina que proporcionava uma estrutura para uma filosofia abrangente. A preferência pelo Daoísmo em detrimento do Confucionismo havia se estendido desde a dinastia Qin. Nós vimos, por exemplo, as tentativas dos pensadores legalistas, tais como Shen Buhai e Han Fei, de sintetizar elementos da filosofia daoísta em suas discussões da estratégia do governante para lidar com os funcionários e o povo. Por outro lado, o tema confuciano do governo benevolente foi rejeitado com veemência pelos legalistas. A síntese das filosofias legalista e daoísta é frequentemente denominada pensamento "Huang-Lao". "Huang" refere-se ao mítico Imperador Amarelo e "Lao", à filosofia de Laozi.[172] Há problemas acerca do

---

171. Graham sugere que esse capítulo foi escrito antes do *Shiji*, pois parece que não estava ciente de que havia uma "escola" daoísta. O autor desse capítulo trata das (deficiências das) doutrinas de Laozi e Zhuangzi separadamente, com uma clara preferência pela primeira (2001: 282).

172. Deveríamos interpretar essa expressão com cautela, porque descrever a ideologia Huang-Lao em Daoísmo e Legalismo é reducionista (ver Schwartz 1985: 237; Graham 1989: 374). Schwartz é cauteloso com relação à denominação "Huang-Lao" e ao modo como ela é definida (1985: 237-254), enquanto Graham enfatiza a possível extensão de suas influências, pois leva em conta sua ligação com outras doutrinas (1989: 374-376; 379-410).

entendimento do alcance do pensamento Huang-Lao, em parte por causa da falta de textos que discutam especificamente essa ideologia. A teoria também parece abranger uma série de elementos, inclusive as doutrinas associadas às opiniões de Laozi, ao Legalismo, à comparação de nome (*ming*) com "forma" (*xing*, apresentação ou forma), ao *wuwei* do governante, ao dualismo *yin-yang*, ao florescimento mútuo do governante e seus súditos, à terminologia confuciana como *ren*, *yi* e *junzi* (Graham 1989: 374).[173] A ideologia Huang-Lao foi muito influente na corte durante o século II a.C. O sucesso do Daoísmo foi assegurado em grande parte pelos que estavam no poder. Por exemplo, o imperador Jing (reinou de 157-141 a.C.) e o imperador Wu (reinou de 141-87 a.C.) foram cativados pelo que a ideologia Huang-Lao tinha a oferecer, inclusive especialmente os poderes sobre-humanos aparentes dos médicos, adivinhos e magos. Os praticantes de façanhas mágicas, *fangshi* (mestres dos métodos técnicos), também promoviam elixires de imortalidade (De Bary e Bloom 1999: 293).

Perto da segunda metade do Han, contudo, pensadores de tendência confuciana começaram a ter alguma influência sobre os que estavam no poder. Dong Zhongshu (195?-115? a.C.) foi especialmente bem-sucedido em seus esforços para acabar com o apoio do imperador Wu à ideologia daoísta. No *Chunqiu fanlu* (*Gemas Luxuriantes dos Anais das Primaveras e Outonos*), Dong e seus discípulos interpretaram os *Anais da Primavera e do Outono*, traçando relações entre a ordem moral do céu e a regra "central" transformadora do sábio.[174] O *Chunqiu fanlu* delineia correspondências detalhadas de natureza numerológica, anatômica e psicológica, entre o céu e a humanidade. Dong sustentava a tríade confuciana fundamental de céu, terra e humanidade,[175] e a superioridade da raça humana. Ele também se valeu de uma série de doutrinas e explicou essa trindade em termos de *yin-yang*, *qi* (essência vital) e passividade daoísta (Queen, em De Bary e Bloom

---

173. Em 1973, dois manuscritos de seda do *Lao-tzu* (a versão admitida é chamada de *Daodejing*) foram descobertos em uma tumba do período Han Antigo em Mawangdui. Um dos manuscritos de seda tinha quatro documentos anexados, chamados de *Huang-Lao Boshu* (Graham 1989: 374).
174. No *Chunqiu fanlu* 6:11a-16a, trad. Sarah Queen, apresentado em De Bary e Bloom (1999: 298-299). O *Chunqiu fanlu* era tradicionalmente atribuído a Dong Zhongshu, porém, agora se acredita que o texto é uma compilação de peças escritas por Dong Zhongshu, seus discípulos e críticos (De Bary e Bloom: 294).
175. A relação triádica entre céu, terra e humanidade é uma ideia fundamental em uma série de textos confucianos do período dos Reinos Combatentes, tais como o *Xiao Jing* (*Livro da piedade filial*) e o *Daxue* (*Grande aprendizado*). Ela se tornou um tema central na doutrina neoconfuciana de Wang Yangming (1472-1529).

1999: 295-310). A influência intelectual e política de Dong foi notável e teve um legado duradouro, pois seus esforços levaram diretamente ao estabelecimento de uma "ideologia com base textual, representada no primeiro cânone confuciano" (De Bary e Bloom 1999: 294). Esse cânone era chamado de *Wu Jing* (Cinco clássicos confucianos) e consistia no *Yijing*, no *Livro da poesia*, no *Livro dos ritos*, no *Shu Jing* e no *Chun Qiu*. O endossamento do cânone confuciano pelo imperador foi apenas uma indicação do sucesso do Confucionismo durante o fim do período Han. Em 136 a.C., foram criados cargos públicos para os literatos, conhecidos como os "Eruditos dos Cinco Clássicos", e, em 124 a.C., uma faculdade imperial foi estabelecida para treinar futuros funcionários nesses clássicos (Ibid.). De fato, os literatos confucianos do período Han se tornaram "os professores e guardiões da literatura antiga, na origem, não exclusivamente confuciana, mas abarcando o melhor da herança literária da China [...] uma vez estabelecida como ensino estatal, com o sistema de admissão e a faculdade imperial para assegurar a sua continuidade, ela se tornou quase um segmento do sistema imperial em si" (De Bary e Bloom 1999: 317-318).

Fora a tendência de sintetizar elementos de diferentes ideologias, os pensadores do período Han procuravam entender fenômenos do mundo humano em suas concordâncias e ligações com os processos e os fenômenos cósmicos, inclusive os do céu e da terra, outros corpos planetários, a atmosfera e o clima, e até seres espirituais e celestes. A esse respeito, os registros históricos, o *Shiji* e o *Hanshu*, são como outros textos do período. Os historiadores interpretavam a história como parte do processo de desdobramento do mundo: "Os estudiosos do período Han, influenciados pelas teorias de *yin-yang* e das cinco fases, concebiam a história como uma sucessão cíclica das eras, procedendo em uma ordem fixa. Não apenas essa sucessão, mas toda a história, era uma manifestação do processo universal de nascimento, crescimento, deterioração e renascimento, sendo realizado constantemente no curso dos eventos humanos" (Watson 1999: 368). Embora a expressão *yin-yang* ocorresse anteriormente em textos como o *Livro da poesia* e o *Zuo Zhuan*, ela era usada apenas para expressar complementaridade, e não para abranger o conceito de mudança. Por exemplo, no *Livro da poesia*, que data de cerca do século X a.C., *yin* é usado em conjunto com chuva (seção *Guofeng*, *Beifeng* (livro 3, ode 10), trad. Legge 1935: 55), enquanto *yang* é usado com o sol que seca o orvalho (seção *Xiao Ya*, *Baihua* (livro 2, ode 10), Ibid: 276). No poema 250 (seção *Da Ya*, *Sheng Min* (livro 2, ode 6), Ibid.: 488), *yin* e *yang* são usados novamente, de modo complementar, para denotar os lados sombreado e ensolarado de uma montanha, capturando a sucessão regular de sombra e luz do sol de acordo com a posição do sol. Até no *Daodejing*, onde o *yin-yang* é mencionado (capítulo 42), não há sugestão explícita de correlação ou enfoque cosmológico (Schwartz 1985: 355). Ainda assim, esses usos antigos de *yin-yang* são importantes porque os dois polos, *yin* e *yang*, não são antagônicos (Major 1993: 28). Nesse sentido, eles reforçam uma característica importante da estrutura conceitual da filosofia chinesa, que enfatiza interdependências e correlações. Em seus usos no período Han, *yin-yang* foi concebido como um padrão alternante que explicava a mudança. Ele era frequentemente associado a *wuxing* (cinco elementos ou cinco fases) para esse propósito.

Como o *yin-yang*, o conceito e as aplicações de *wuxing* foram desenvolvidos durante o período Han. Antes do Han, havia discussões sobre categorias numerológicas que procuravam explicar analogias ou correspondências simples ao longo das diferentes esferas de existência. Contudo, não havia menção específica de *wuxing*. Por exemplo, o *Zuo Zhuan* menciona quatro estações, cinco sabores, cinco cores, cinco tons, seis doenças e seis *qi* (condições climáticas).[176] Pode ser que os cinco materiais (*wucai*) mencionados duas vezes no *Zuo Zhuan*[177] estejam entre as referências mais antigas ao conceito dos cinco materiais ou elementos. Esses cinco materiais são "os recursos proporcionados pela Terra para o trabalho humano" (Graham 1986: 77). No período Han, o *wuxing* – madeira, fogo, terra, metal e água – referia-se às qualidades peculiares de um elemento específico, e não ao elemento em si (Henderson 2003: 191). Durante a parte inicial do período Han, havia distinções definidas bem claramente entre materiais, poderes e processos. Por exemplo, havia distinções entre as propriedades da água (seus poderes) e sua capacidade de apagar a chama do fogo (processos). Somente mais tarde, por exemplo, no *Huainanzi* (um texto escrito no século II a.C.), concebe-se o *wuxing* em fases; cada uma das fases elementais passando à seguinte de modo cíclico; esse sentido do *wuxing* é mais apropriadamente capturado pela tradução "cinco fases" do que "cinco elementos" (Graham 1986: 77). Zou Yan (305?-240? a.C.) é amplamente considerado como o originador da teoria do *yin-yang* e *wuxing* em uma estrutura de concordâncias cosmológicas (Fung 1952: 159-163). Sima Tan no *Shiji* cita-o como

---

176. *Zhao Gong* (1.8), em Graham 1986: 71.
177. *Xiang Gong* (27.2), *Zhao Gong* (11.4), em Graham 1986: 74, nota 52.

fundador da escola Yin-Yang.[178] Sima Tan também atribui a Zou Yan um tratado sobre as cinco virtudes ou poderes (*wude*): "Ora, entre seus livros há Fins e Inícios das Cinco Virtudes (ou há 'Fins e Inícios' e 'As Cinco Virtudes', *Wu te chung shih* 五德終始)" (citado em Sivin 1995b: 11)). Infelizmente, o tratado não existe mais.

Yin-yang e *wuxing* eram correlacionados em uma série de diferentes maneiras pelos pensadores do período Han. O *Lüshi Chunqiu* (*Anais da Primavera e Outono do sr. Lü*), completado em 241 a.C., está entre os textos mais antigos, se não for o mais antigo, que estabelecem correspondências entre várias esferas, inclusive a cosmológica.[179] O texto é intitulado em homenagem a Lü Buwei (291?-235? a.C.), que escreveu partes dele como um guia para o imperador de Qin, Qin Shihuang; as outras partes foram presumivelmente completadas por seus discípulos em 241 a.C. As opiniões do texto são ecléticas, valendo-se principalmente de ideias da tradição Huang-Lao.[180] No *Lüshi Chunqiu*, apesar de o governante ser a autoridade suprema, a administração é tarefa de seus funcionários. O governante é dependente da burocracia, pois é por meio desse corpo que ele age. É particularmente importante, contudo, que o governante seja moralmente cultivado e não mande em seus funcionários de modo arbitrário; ele é a corporificação do padrão do "tudo sob o Céu" (Sivin, em De Bary e Bloom 1999: 237-238). O *Lüshi Chunqiu* adapta o tema do "céu é redondo e a terra é quadrada", um tema familiar durante o século III a.C., que também é discutido no *Yijing*, à sua noção de realeza ideal.

De acordo com Sivin, esse tema provavelmente teve origens naturalistas, oriundas de medições em astronomia.[181] Mas as interpretações desse tema naturalista – do qual o *Lüshi Chunqiu* é um exemplo – estenderam-no metaforicamente e o relacionaram a discussões

---

178. A questão do *status* de Zou Yan como pensador de alguma capacidade é debatida. Graham argumenta que a fama de Zou Yan reside em sua habilidade de persuadir os poderes existentes a aceitar suas opiniões; Graham também insinua que Zou Yan não deve ser considerado um pensador de uma das escolas debatedoras (1986: 11-13). A opinião de Graham vai contra a avaliação comumente sustentada sobre Zou Yan. Sivin argumenta que as ideias de Zou Yan tiveram um impacto importante na história intelectual chinesa (Sivin 1995b: 8).

179. Graham argumenta que esse é o "texto filosófico firmemente mais antigo a apresentar esquemas de correspondência" (1986: 13).

180. Aparentemente, eles se valeram de "quase todas as tradições filosóficas de sua época, mas parcamente dos escritos legalistas" (Sivin, em De Bary e Bloom 1999: 237).

181. Sivin escreve: "ele provavelmente se originou da diferença do astrônomo entre medir posições no céu em graus irradiando do polo norte e [medir] as da Terra em distâncias lineares norte e sul, leste e oeste" (em De Bary e Bloom 1999: 238). Ver também Major 1993: 32-35.

sobre o bom governo. A interdependência entre céu e terra, um sendo redondo e a outra quadrada, era expressa no *yang* (do céu) e no *yin* (da terra). *Yang* e *yin*, por sua vez, eram associados a opostos complementares, tais como criativo e receptivo, abrangente e limitado, governante e funcionário. "O Caminho Redondo" no *Lüshi Chunqiu* liga o caminho paradigmático (*dao*) do céu à liderança ideal do sábio, que é interdependente com a administração de sua burocracia:

> O Caminho do Céu é redondo; o caminho da Terra é quadrado. Os reis sábios tomavam isso como modelo, embasando nele [a distinção entre] acima e abaixo. Como explicamos a rotundidade do céu? O *qi* essencial se move alternadamente para cima e para baixo, completando um ciclo e começando novamente, não atrasado por nada; é por isso que falamos do caminho do Céu como redondo. Como explicamos a qualidade de quadrado da Terra? As dez mil coisas são distintas em categoria e forma. Cada uma tem sua responsabilidade separada [como um funcionário tem], e não pode executar a de outro; é por isso que se fala do caminho da terra como quadrado. Quando o governante agarra o redondo e seus ministros mantêm-se no quadrado, de modo que o redondo e o quadrado não sejam intercambiados, seu estado prospera. (Trad. Sivin, em De Bary e Bloom 1999: 239)

Outros textos proeminentes do período eram criativos de modo similar em suas abordagens. O *Guanzi*, um texto intitulado em homenagem ao estadista Guan Zhong, foi na verdade compilado e editado ao longo de dois séculos, alcançando sua forma final no século I a.C. (De Bary e Bloom 1999: 256-257). Ele havia sido classificado em vários pontos como legalista, e depois daoísta, apesar de ser mais bem conhecido por seu capítulo sobre "Empreendimento interior" (*neiye*), que contém descrições de técnicas de meditação daoístas.

O *Huainanzi*, atribuído a Liu An (180?-122? a.C.), o rei erudito de Huainan, foi composto aproximadamente na metade do século II a.C. (Major 1993: 3-5). O texto cita amplamente o *Zhuangzi*, o *Laozi*, o *Hanfeizi* e o *Lüshi Chunqiu*, e comenta passagens deles. No *Huainanzi*, opiniões conflitantes, por exemplo, de Zhuangzi e Han Fei, são integradas de modo a complementar uma à outra. O texto examina a natureza e a prática da regência sábia, valendo-se dos temas daoístas da quietude (*jing*) e *wuwei*, e do tema confuciano da natureza humana (*xing*) que se baseia no caminho do céu. O sábio cultivado é tranquilo, porém, responsivo quando precisa sê-lo (capítulo 1, "*Yuan*

Dao", trad. Lau e Ames 1998: 71). No capítulo 3, *"Tian Wen"*, há detalhes numerológicos e referentes ao calendário, inclusive, por exemplo, movimentos planetários, solstícios, estações e equinócios, casas lunares e augúrios (Major 1993: 55-139). O capítulo também enfatiza a reciprocidade da humanidade e do céu e lista correspondências entre fenômenos cósmicos e a vida humana.[182] Como texto, os 21 capítulos do *Huainanzi* encarnam o espírito da filosofia chinesa no período Han, especialmente em seu método de síntese que recorre a uma série de doutrinas existentes. Suas discussões cosmológicas unem tópicos de astronomia, ciências empíricas, mitologia, ética e política.

A inclusão de aspectos do Cosmos em um esquema correlativo também foi um desenvolvimento específico dos debates intelectuais do período Han. Um conceito-chave da ressonância cosmológica é o *qi*, utilizado de diversas maneiras na filosofia chinesa antiga, e que tem uma série de significados, inclusive de energia, espírito, temperatura, temperamento (de uma pessoa) e essência. Em seu uso mais antigo, o *qi* se referia "à neblina, às brumas e às formas em movimento de nuvens que são o que vemos da atmosfera" (Sivin, em Henderson 2003: 190). No *Zuo Zhuan*, um texto pré-Han, o *qi* se refere a aspectos do clima: sombra (*yin*), luz do sol (*yang*), vento, chuva, escuridão e luz são os seis *qi* do céu.[183] Sendo um conceito fundamental na cosmologia correlativa durante o Han, o *qi* denotava o meio pelo qual as ressonâncias eram conduzidas entre entidades correlativas em diferentes esferas. Na teoria cosmológica posterior, o *qi* tornou-se um conceito ainda mais complexo, visto que ele poderia se transformar em vários estados; por exemplo, congelando para formar sólidos ou dispersando-se para constituir brumas e névoas. Por isso, "a ação a distância entre duas entidades ressonantes pode ser facilitada não apenas pelas vibrações emitidas através do meio formado pelo *qi* que as conecta, mas também porque são compostas do mesmo tipo geral de *qi*" (Major, em Henderson 2003: 190).

---

182. Por exemplo, a seção XLI do mesmo capítulo afirma que "o céu tem 12 meses, para regular os 360 dias, o homem também tem 12 juntas, para regular os 360 ossos" (trad. Major 1993: 135). Algumas das correspondências numerológicas parecem simplistas.
183. *Zuo Zhuan* 1.8, em Graham 1986: 71. Graham observa que, fora das discussões cosmológicas, o *qi* aparecia nas discussões de saúde humana, relacionado à respiração e às energias do corpo, e frequentemente equiparado ao sangue (o sistema circulatório) (1986: 71-72).

As correspondências entre as esferas cósmica e humana também eram estendidas a interesses mais definidos, como, por exemplo, nas discussões sobre saúde humana. O *Lüshi Chunqiu* (no capítulo "O caminho redondo") aplica o *qi* ao corpo humano: "Os seres humanos têm nove orifícios. Se [o *qi*] residir em um único [orifício], oito serão exauridos. Se oito forem exauridos por um tempo muito longo, o corpo morrerá [...] estagnação resulta em fracasso. Esse é o caminho redondo" (trad. Sivin, em De Bary e Bloom 1999: 239-240). O *Chunqiu fanlu* delineia as analogias entre a "saúde" do estado e a do corpo humano:

> A força vital (*qi*) mais pura é a essência vital.
> Os homens mais puros são valiosos.
> Os que regulam seus corpos consideram o acúmulo de essência vital como um tesouro.
> Os que regulam o estado consideram o acúmulo de homens valiosos como o Caminho.
> O corpo toma a mente e coração como o fundamento.
> O estado toma o governante como o mestre [...]
> Somente quando o corpo está livre da dor, ele pode alcançar a tranquilidade.
> Somente quando todos os diversos cargos obtêm cada qual seu lugar apropriado, o estado pode atingir a segurança.
> (Trad. Queen, em De Bary e Bloom 1999: 297)

Esses temas são ampliados em um conjunto de três textos que formam o *Huangdi Neijing*.[184] Esses três textos reúnem as disciplinas da filosofia, medicina e política, traçando correspondências entre a ordem cósmica e o bem-estar individual. Em algumas seções desses textos, o Imperador Amarelo, Huangdi, faz perguntas, e seu ministro fornece as respostas. O ministro assume os papéis tanto de um mestre, instruindo seu discípulo, como de um ministro, aconselhando seu soberano (Sivin, em De Bary e Bloom 1999: 274).[185] Apesar de os textos tratarem principalmente do corpo humano e suas correspondências, eles se valem de conceitos que estavam disponíveis, tais como *yin-yang*

---

184. Os três textos são as *Questões básicas* (*Huangdi neijing suwen*), o *Pivô divino* (*Huangdi neijing ling shu*) e a *Grande base* (*Huangdi neijing taisu*) (Sivin, em De Bary e Bloom 1999: 273-278).
185. Sivin também observa que essa forma de diálogo entre o imperador e seu ministro "espelha os ideais políticos da elite na imagem principal do imperador como um homem de conhecimento interessado não em conduzir um governo, mas em encarnar o elo entre a ordem cósmica e o indivíduo" (Ibid.: 284).

e *wuxing*, como outros textos do período Han. Sivin sugere que uma apreciação total da filosofia Han precisa incluir uma consideração do *Huangdi Neijing* (Ibid.: 275).

Entre os textos confucianos do período Han que eram proeminentes, inclui-se o *Chunqiu fanlu*, discutido anteriormente. Em sua discussão do cultivo moral do sábio, a atenção se volta para as correlações entre as emoções do rei com as estações e temperaturas: "Amor, ódio, felicidade e raiva do mestre equivalem a primavera, verão, outono e inverno do Céu, que, possuindo quentura, frialdade, frio e calor, assim desenvolvem, transformam e completam suas tarefas" (11: 9a-12a; trad. Queen, em De Bary e Bloom 1999: 301). Ban Gu, que escreveu seções do texto histórico *Qian Hanshu*, também registrou uma coletânea de discussões intitulada *Bohu Tong* (*Discursos do Salão do Tigre Branco*). Essas discussões foram realizadas na corte do imperador Zhang (reinou de 75-88 d.C.) (De Bary e Bloom 1999: 344) e havia relatos elaborados de correspondências entre céu e terra, protocolos da corte, natureza humana, relações humanas e as cinco fases. Havia outros textos significativos definidores do Confucionismo, tais como o *Xiao Jing* (*Livro da piedade filial*) e o *Li Ji* (*Livro dos ritos*), que foram revisados e completados durante o fim do período Han (25-220 d.C.). O *Livro da piedade filial* enfatizava a primazia do amor filial em todos os estratos da vida, do imperador às pessoas comuns, e as responsabilidades do imperador para com o povo.[186] O *Livro dos ritos* articula a importância moral dos ritos (*li*: ritual) nas dimensões espiritual, cortesã e comum da vida. O livro proporciona uma visão abrangente de uma ordem mundial unificada, ocasionada pelas transformações morais interiores do sábio e do povo. Duas de suas seções, o *Grande aprendizado* (*Daxue*) e a *Doutrina do meio* (*Zhong Yong*) receberam mais proeminência quando foram classificadas durante o período Song por Zhu Xi (1130-1200), o pensador neoconfuciano, como dois dos *Quatro livros* (*Si Shu*) confucianos. Esses dois tratados curtos corporificam uma visão característica confuciana do governo benevolente, cuja liderança tem efeitos de longo alcance, transformando o povo e realizando o Caminho do Céu.

O *Yijing*, um dos cinco clássicos confucianos do período Han, era parte do cânone que definiu o Confucionismo Han e que moldou o pensamento neoconfuciano. Em textos como o *Yijing*, o Confucionismo Han reforçou o otimismo confuciano acerca da

---

186. O *Livro da piedade filial* foi popular por todo o leste da Ásia pré-moderna, especialmente durante o período Tokugawa (1603–1868) no Japão (De Bary e Bloom: 325-326).

habilidade da raça humana para efetuar mudanças positivas no mundo. Contudo, ele também expandiu a visão confuciana (de Confúcio, Mêncio e Xunzi) de duas maneiras significativas. Primeiro, ele absorveu elementos de outras doutrinas, enriquecendo assim, em particular, suas noções de cultivo de si e de governo. Segundo, ele ampliou sua visão humanista para incorporar correlações entre as esferas humana, natural e cósmica. A crença de que o mundo natural estava implicado nos assuntos humanos teria gerado um senso elevado de responsabilidade da parte da humanidade. Na seção seguinte, voltamos nossa atenção para as características do pensamento relativo que define o caráter filosófico do *Yijing*.

Pensamento correlativo: o espírito do *Yijing*

Os apêndices do *Yijing* são deliberativos no sentido de que refletem sobre uma série de questões associadas ao texto e a seu uso como manual de adivinhação. Entre essas questões incluem-se os fundamentos da adivinhação, a composição dos símbolos, a interpretação dos símbolos, os suportes cosmológicos da adivinhação, o lugar da ação humana, as implicações da adivinhação para a ação individual e a transformação da sociedade. No *Yijing*, tanto as seções mais antigas de adivinhação quanto os apêndices não são tratados filosóficos sistemáticos. Contudo, as reflexões nos apêndices são construídas sobre suposições filosóficas mais profundas. A análise nessa seção enfocará os tratados mais filosoficamente significativos dos apêndices, o *Xici zhuan* (ou o *Grande comentário*) e o *Shuogua* (*Comentário sobre os trigramas*). Sete elementos-chave do pensamento correlativo no *Yijing* são explorados nesta seção. Eles incluem: (1) a primazia da observação, (2) uma perspectiva holística, toda abrangente, (3) uma abordagem dialética e complementar dos dualismos, (4) pensamento correlativo e ressonância, (5) uma abordagem interpretativa dos significados dos hexagramas e das correspondências, (6) movimento constante marcado pela inevitabilidade da mudança e (7) a natureza orientadora de ações dos julgamentos.

(1) A primazia da observação

O pensamento chinês enfatiza as observações do mundo fenomênico, concreto, como base para reflexão. A observação cuidadosa do mundo pessoal era proeminente, como vimos, nos debates pré-Qin. As questões confucianas, moístas, daoístas e legalistas a respeito da organização do mundo humano, e as preocupações daoístas, moístas e dos Mingjia com a linguagem e suas relações com a realidade, são expressões de interesse em como lidar com as situações e as vicissitudes da vida. As soluções para essas questões requerem observação (*guan*) e compreensão dos ambientes social, político e natural, bem como das relações entre as entidades. No *Yijing*, encontramos um reconhecimento explícito dos processos observacionais sobre os quais seus símbolos são construídos:

> Quando nos tempos antigos o senhor Bao Xi governava o mundo como soberano, ele olhava para o alto e observava [*guan*] as imagens no céu e olhava adiante e observava [*guan*] os modelos que a terra fornecia. Ele observava os padrões nos pássaros e animais e que coisas eram apropriadas para a terra. De perto, reconhecendo-as em sua própria pessoa e, de longe, reconhecendo-as em outras coisas, ele, desse modo, fez os oito trigramas para se tornar totalmente versado nas virtudes inerentes ao numinoso[187] e ao brilhante, classificando a miríade de coisas em suas naturezas verdadeiras, inatas. (*Xici zhuan* 2.2, trad. Lynn 1994: 77)

As observações do senhor Bao Xi são abrangentes, cobrindo tanto a esfera cósmica quanto a humana e suas correspondências. Chung-ying Cheng afirma que a observação é um aspecto fundamental do *Yijing*, marcando-a com a expressão "as origens observacionais do *Yijing*" (2003: 517-524). A passagem acima sobre a origem dos trigramas revela outra característica importante do comprometimento filosófico do *Yijing*: a pessoa deve estar profundamente ciente das fontes de mudança iminente que são externas ao Eu, mas que podem, todavia, ter um impacto significativo sobre ele. O que subjaz a essa crença é uma ampla visão cósmica de todas as coisas que podem ter impacto sobre uma entidade e de como uma entidade pode ter impacto sobre outras por sua vez. Dada essa concepção do Eu, é crucial para uma pessoa compreender o seu lugar em um ambiente que tenha muitas dimensões interligadas e, dentro delas, uma rica diversidade de seres e entidades.

---

[187] O "numinoso" é a tradução de Lynn do termo *shen*, que possui um sentido de transcendental. O *Yijing* enfatiza a habilidade de uma pessoa para compreender a esfera divina. Em alguns casos, diz-se que os sábios têm um poder numinoso para aplicar a sabedoria do *Yijing* em alinhamento com o reino numinoso do céu e da terra (ver Lynn 1994: 70, nota 11).

(2) Uma perspectiva holística, toda abrangente

A tendência da filosofia chinesa de adotar uma perspectiva holística é articulada em diferentes concepções do "todo". Os confucianos antigos enfocavam a sociedade humana; os moístas, um interesse utilitário para o benefício de todos; e os daoístas, a perspectiva abrangente do *dao*. O *Yijing*, de modo similar, tem um enfoque holístico e descreve o *dao* um todo abrangente que também inclui a evolução dos eventos e dos processos com o passar do tempo:

> As *Mutações* lidam com o modo como as coisas se iniciam e como os assuntos alcançam a conclusão, representando o *dao* que envolve o mundo inteiro. Se alguém as coloca dessa forma, nada mais pode ser dito sobre elas. Portanto, os sábios utilizam-nas para penetrar nas aspirações de todas as pessoas do mundo, resolver todas as questões do mundo e solucionar todos os assuntos duvidosos do mundo. (*Xici zhuan* 1.11; trad. Lynn 1994: 63-64)

A noção de *dao* nessa passagem se parece muito com o conceito de *qi*[188] como o meio condutor de influências ressonantes. A ressonância por meio de diferentes esferas e a integração entre entidades distintas são aspectos importantes do holismo no *Yijing*. Alinhado com outros textos confucianos do período, ele reúne a trindade confuciana de céu, terra e humanidade:

> Como livro, as *Mutações* são algo que é amplo e grande, completo em todos os aspectos. Há o *dao* do Céu nele, o *dao* do Homem nele e o *dao* da Terra nele. Ele reúne esses três poderes e então os duplica. Essa é a razão pela qual existem seis linhas. O que essas seis incorporam não é nada além do *dao* dos três poderes. (*Xici zhuan* 2.10; trad. Lynn 1994: 92)

O céu, a terra e a humanidade estão integrados e suas interações são totalmente capturadas, no todo, nas linhas dos 64 hexagramas. No *Yijing*, o contexto holístico mais amplo não é visto em termos excludentes ou transcendentes; apesar de o *dao* do Céu ser o ponto de vista cósmico maior, ele não está separado do mundo humano. Na verdade, a sabedoria do *Yijing* é um recurso também para as "pessoas comuns" (*Xici zhuan* 2.12; trad. Lynn 1994: 94). A ênfase é nas ressonâncias entre um macrocosmo cósmico (por exemplo,

---

188. Em seus comentários sobre o *Xici zhuan*, Wang Bi apresenta uma interpretação (materialmente produtiva) de *kun* (poderes da terra), afirmando que, "quando está em repouso, condensa seu *qi* [força material] e, quando se torna ativo, abre-se e assim traz as coisas à existência" (trad. Lynn 1994: 56).

movimentos de estrelas e planetas) e um microcosmo (por exemplo, o Estado), em vez de uma hierarquia de poder dentro da qual o microcosmo seja controlado pelo macrocosmo. Em razão da natureza sugestiva do *Yijing* e dos acréscimos posteriores ao texto com o passar do tempo, a natureza do "todo" no *Yijing* é um assunto debatível. Podemos entendê-lo literalmente como uma explicação ontológica de toda a existência, ou podemos entendê-lo metaforicamente como uma imagem projetada para encorajar um espírito de cooperação.

(3) Uma abordagem dialética e complementar dos dualismos

A interdependência entre *qian* (poderes do céu) e *kun* (poderes da terra) é parte da estrutura conceitual do *Yijing*. A passagem de abertura do *Xici zhuan* estabelece a complementaridade entre *qian* e *kun*, e suas características associadas:

> Como o Céu é alto e nobre e a Terra é baixa e humilde, é assim que *Qian* [Yang Puro, hexagrama 1] e *Kun* [Yin Puro, hexagrama 2] são definidos. Sendo o alto e o baixo estabelecidos desse modo, o exaltado e o vil têm seus lugares apropriadamente. Há normas para a ação e o repouso, que são determinadas pelo envolvimento ou não da dureza ou da suavidade [...]. O *dao* do *Qian* forma o masculino, o *dao* do *Kun* forma o feminino. *Qian* possui domínio sobre todo o grande princípio das coisas, e *Kun* age para levar as coisas à completude. (1.1, trad. Lynn 1994: 47)

Esses pares binários não são antagônicos, mas interdependentes. Há uma complementaridade dialética entre cada conjunto de polaridades: alto e baixo, nobre e humilde, exaltado e vil, ação e repouso, dureza e suavidade, masculino e feminino, início e completude. Apesar de haver uma hierarquia em alguns dos pares binários, por exemplo, no contraste entre nobre e humilde, a hierarquia é, todavia, complementar. O significado de cada termo, por exemplo, humildade, não é uma questão de definição absoluta. Em vez disso, os significados dos termos em cada conjunto binário são relativos, cada um definido no outro, dependendo da situação próxima. Henderson explica como a relação complementar, interdependente, entre cada conjunto binário é capturada em termos relativos, e não absolutos:

> Até no auge do *yang* existe o germe do *yin*, e vice-versa. *Yin* e *yang*, além disso, não são ideias absolutas, mas relacionais: um homem velho pode ser *yang* em relação a uma mulher, mas é *yin* em relação a um homem jovem. (Henderson 2003: 191)

Essa era uma característica da teoria *yin-yang* que havia se desenvolvido durante o período Han. É importante observar que, apesar de o elemento feminino, *yin*, estar associado ao baixo, ao humilde, ao vil e à qualidade da suavidade, ele não é degradado por sua associações com essas qualidades, em parte porque cada um é concebido em termos relativos ao outro e em parte porque *yin* e *yang* são fases cíclicas e não definições estáticas.[189] No pensamento Han, as noções de *yin* e *yang* não são definidas em termos de suas qualidades intrínsecas, mas sim em suas posições relativas (Wilhelm 1977: 195). O *Xici zhuan* sustenta o lugar e a necessidade do *yin* e do *yang* nos processos de origem e continuidade dos mundos humano e cósmico. O esquema dualista de *yin-yang* era utilizado para explicar uma série de fenômenos, inclusive a mudança de estações, o ciclo de vida humana e a ascensão e queda das dinastias. A estrutura conceitual binária do *yin-yang* como recíprocos, interdependentes e dinâmicos dominou o pensamento chinês a ponto de eclipsar concepções anteriores do dualismo na China (Henderson 2003: 191). O aumentar e diminuir dinâmico de *yin-yang* também é capturado no *Xici zhuan* (1.5), no qual o *dao* é descrito nos processos recíprocos de *yin* e *yang*. Nessa mesma passagem, o *dao* é retratado como uma fonte provedora de renovação: "Como 'virtude repleta e grande empreendimento', o *dao* é de fato perfeito! É porque o *dao* existe em abundância tão rica que nos referimos a ele como o 'grande empreendimento', é porque o *dao* ocasiona a renovação dia após dia que nos referimos a ele aqui como 'virtude repleta'" (Ibid., trad. Lynn 1994: 54). A relação dialética entre termos binários é sintomática da filosofia do período Han, que enfatiza correlações entre entidades, de modo que uma mudança em uma delas possa produzir efeitos ressonantes nas outras.

(4) Pensamento correlativo e ressonância

O pensamento correlativo, especialmente no que diz respeito às correlações entre as esferas humana e cósmica, foi uma característica específica da filosofia durante o período Han. As correlações ou correspondências devem ser distinguidas das analogias. As últimas enfatizam aspectos significativamente similares de dois itens ou tópicos em comparação, enquanto as correlações residem em eventos paralelos ou cadeias de eventos em diferentes esferas. A elaboração do pensamento correlativo era o assunto principal de muitos textos

---

189. Para uma discussão mais detalhada da dimensão da teoria *yin-yang* e suas associações com um senso degradado do feminino, ver Rosenlee 2006: 45-68.

do período Han. A abordagem do pensamento correlativo é estender correspondências entre mudanças ou movimentos por meio de diferentes esferas. John Henderson descreve a dinâmica do pensamento correlativo:

> O pensamento correlativo traça correspondências sistemáticas entre as várias ordens da realidade ou esferas do Cosmos, tais como o corpo humano, o corpo político e os corpos celestes. Ela presume que essas ordens relacionadas são homólogas, que correspondem umas às outras em número, em estrutura, em tipo ou em algum outro aspecto básico. (Henderson 2003: 187)

As correspondências incluíam aquelas entre movimentos planetários, assuntos do céu e da terra, condições meteorológicas, assuntos políticos, safras agrícolas, o bem-estar da humanidade e também a saúde humana individual, especialmente em relação às deliberações alimentares. Mais especificamente, essas correlações incluíam correspondências entre aspectos do Cosmos com a burocracia imperial do Han, atos e atitudes rituais do governante, relacionados ao ciclo das estações[190] e aos desastres naturais, relações das estruturas cósmicas com os nove orifícios e as 366 juntas dos seres humanos e das mudanças sazonais com as condições médicas e até disposições de ânimo[191] (Henderson 1984).

As origens do pensamento correlativo são discutíveis. Contudo, havia provavelmente correlações mais antigas e mais simples, talvez em um almanaque de fazendeiro, descrevendo plantas, animais e condições climáticas de cada mês (Henderson 1984: 21). No início do período Han, as mudanças cósmicas eram utilizadas para legitimar a estrutura e as funções da recém-estabelecida autoridade imperial. Por exemplo, o texto *Bohu Tong* (*Discursos do salão do tigre branco*) traça uma analogia entre a relação do Sol e da Lua com o relacionamento apropriado entre governante e ministro. Em alguns casos, as correlações era conceitualizadas com relação ao macrocosmo da esfera cósmica e ao microcosmo do Estado, com eventos de um correlacionados aos eventos do outro. Por exemplo, o *Shiji* identifica constelações específicas com as posições na corte imperial (Henderson 2003:

---

190. O *Yueling*, um capítulo do *Liji* (*Livro dos ritos*), prescrevia atividades e rituais, e estipulava proibições para o imperador mensalmente.
191. O *Chunqiu fanlu* asseverava uma ligação direta entre as disposições de ânimo e emoções humanas, de um lado, e unidades cósmicas específicas (tais como as estações do ano), de outro (em 11.186, em Henderson 1984: 4).

188-189). Os conceitos de *qi*, *yin-yang* e *wuxing* eram utilizados para definir várias correspondências. Por exemplo, o *wuxing* estava correlacionado a outros conjuntos de cinco, tais como as cinco cores, cheiros, sabores, tons, direções, estações, planetas, ventos, animais, grãos, montanhas, reservatórios, sábios governantes, classes sociais, vísceras e emoções (Ibid.: 191). As correlações eram explicadas de maneiras práticas. Por exemplo, era importante para um médico entender a fase correlata de uma doença específica em um paciente, de modo que pudesse sugerir o remédio apropriado. Similarmente, para o governante, entender o correlato certo da dinastia Han em relação às cinco fases o capacitaria a determinar rituais e políticas apropriados. Entre os textos que debatiam a cosmologia política incluem-se *Chunqiu fanlu*, *Huainanzi* e *Shiji*.

É importante observar que a ressonância não é uma característica definidora das correlações.[192] Em outras palavras, dois itens podem ser correlacionados sem necessariamente ecoaram um no outro.[193] Contudo, ressonância é uma característica integrante da relação macrocosmo-microcosmo, porque significa a mutualidade das duas esferas, e não o domínio abrangente da esfera cósmica sobre todas as outras. Por exemplo, eventos macrocósmicos, como desastres naturais, eram em alguns casos lidos como presságios de desastres na esfera microcósmica, sociopolítica. Igualmente, o mau governo poderia ter um impacto nos aspectos da ordem natural, inclusive estrelas e plantas, ventos e chuvas, pássaros e insetos (Ibid.: 190). A ressonância pode ser descrita no conceito de *ganying*, uma teoria que assevera, que "coisas da mesma categoria, mas em diferentes esferas cósmicas supostamente afetam umas às outras em virtude de uma simpatia mútua, ressoando como diapasões de sopro devidamente afinados" (Henderson 1984: 20). Henderson sugere que esse conceito de ressonância está associado à experiência da música e dos instrumentos musicais, na qual, por exemplo, uma corda de alaúde vibrando irá gerar uma resposta de uma corda harmoniosa em outro alaúde que esteja por perto.[194] Uma suposição subjacente do conceito de ressonância, que também está presente no *Yijing*, é que uma pessoa deve se

---

192. Henderson afirma isso de modo persuasivo em "Correlative Thought in Early China" (1984: 22-28).
193. Henderson argumenta que a correlação entre os 366 dias e as 366 juntas do homem no *Huainanzi* eram correlações simples, sem ressonância (Ibid.).
194. Além disso, há "números" musicais, como os cinco tons, oito vozes e 12 diapasões de sopro, que são aplicados às mudanças de saúde e clima (Henderson 2003: 189-190).

afinar aos outros ou aos aspectos do ambiente para responder apropriadamente. A passagem abaixo do *Xici zhuan* comunica a ideia de afinação e ressonância, sincronizando-se com a mudança e o movimento:

> As *Mutações* manifestam o *dao* e mostram como sua atividade virtuosa é infundida com o numinoso. Assim, pode-se por meio dela sincronizar a si próprio com as coisas e com isso prestar serviço ao numinoso. (1.9, trad. Lynn 1994: 62)

Há uma metáfora nessa passagem que não é articulada na tradução, apesar de estar escrita em uma nota. Na expressão "sincronizar-se com as coisas", o que foi traduzido como "coisas" é uma expressão, *chouzuo*, que significa "o anfitrião brinda o convidado (*chou*) e o convidado devolve o brinde (*zuo*)" (Lynn 1994: 73, nota 43). A imagem de brindar e devolver um brinde ilustra de modo eficaz o conceito de ressonância no pensamento correlativo. Contudo, devemos também observar que a metáfora de "brindar" é um incidente isolado, enquanto, no pensamento correlativo, as respostas à mudança podem por sua vez efetuar outras mudanças.

Benjamin Schwartz sugere que as origens divinatórias do *Yijing*, isto é, as tarefas de correlacionar o sinal com a situação, são em si um tipo de pensamento correlativo (1985: 393). Os oito trigramas e suas associações, multiplicados a 64, permitirão muito mais correlações do que as derivadas do esquema *yin-yang* e *wuxing*. As antigas partes de adivinhação do *Yijing* não mencionam correlações explicitamente, apesar de o *Xici zhuan* asseverar que o texto é em si um microcosmo que corresponde ao céu e à terra macrocósmicos:

> As *Mutações* são um paradigma do Céu e da Terra, e assim mostram como se pode preencher e unir o *dao* do Céu e da Terra. Olhando para cima, usamo-nas [as *Mutações*] para observar as configurações do Céu e, olhando para baixo, usamo-nas para examinar os padrões da Terra. Assim, compreendemos as razões subjacentes ao que está escondido e ao que é claro. (1.4, trad. Lynn 1994: 51; anotação do tradutor)

Há também uma menção explícita de correspondências, na qual o conceito e as características da mudança são comparados a diferentes fenômenos:

> Em capacidade e grandeza, a mudança corresponde ao Céu e à Terra; do modo como a mudança alcança o preenchimento completo, a

mudança corresponde às quatro estações; nos conceitos de yin e yang, a mudança corresponde ao Sol e à Lua; e, na eficácia de sua calma e simplicidade, a mudança corresponde à virtude perfeita. (1.6, trad. Lynn 1994: 56)

As correlações no *Yijing* e em outros textos do período Han foram estendidas a diversos campos, inclusive alquimia, música, geomancia, astronomia, medicina e religião. Uma importante suposição subjacente é que alguém *pode* – a partir das imagens, suas respectivas associações e referências ao passado – desenvolver a resposta correta ou apropriada. Na seção seguinte, examinaremos a abordagem interpretativa associada à compreensão do *Yijing*.

(5) Uma abordagem interpretativa dos significados dos hexagramas e das correspondências

Vimos como o *Xici zhuan* afirma a importância de refletir sobre os símbolos dos hexagramas e sobre os julgamentos para informar a tomada de decisão individual. O fato de que os símbolos são centrais nas ideias do *Yijing* é demonstrado na extensa discussão desses símbolos nos apêndices, bem como na afirmação explícita de que "sondar os mistérios do mundo ao máximo depende dos hexagramas" (*Xici zhuan* 1.12, trad. Lynn 1994: 68). Na verdade, a origem do texto e seu uso na adivinhação são expressos principalmente na origem e no desenvolvimento dos símbolos. Os símbolos têm base em experiências do mundo observável, como vimos na descrição do senhor Bao Xi (*Xici zhuan* 2.2). A cada hexagrama é dado um nome, atribuindo-se um conjunto de características associadas; esses desenvolvimentos subsequentes dos símbolos são mais abstratos do que a derivação dos símbolos a partir de imagens do mundo experiencial.

Há ainda mais reflexão na formulação dos julgamentos associados a cada hexagrama e a cada uma das seis linhas dos hexagramas, apesar de estar claro, por outro lado, que essas leituras dos símbolos fiam-se em ideias extraídas das realidades sociais da época. Por exemplo, o comentário sobre o julgamento do hexagrama 37, "a Família" (*jiaren*), afirma que "no que diz respeito à Família, o lugar apropriado para a mulher é dentro dela, e o lugar apropriado para o homem é fora dela" (Hexagrama 37, trad. Lynn 1994: 363). O comentário é primariamente confuciano em espírito, estabelecendo as fronteiras da vida familiar (Wilhelm 1977: 217-219). Não é apenas na origem dos símbolos e seus conceitos associados que a interpretação desempenha um papel fundamental. No uso do *Yijing* como manual de adivinhação, a interpretação também é uma questão essencial. O *Xici zhuan* observa tanto a importância como a dificuldade de interpretar os hexagramas e suas implicações em casos específicos:

> O modo como eles [os hexagramas] são nomeados envolve coisas insignificantes, mas as analogias originadas dessa maneira dizem respeito a assuntos de grande importância. Os significados são de longo alcance, e o fraseado é elegante. A linguagem dá voltas, mas acerta o alvo. (2.6, trad. Lynn 1994: 87).

Cada hexagrama do *Yijing* tem uma lista de significados associados; isso significa que o inquiridor precisa relacionar sua situação a um símbolo específico. Tomemos, por exemplo, o Julgamento (*Duan*), o Comentário sobre o Julgamento (*Duan Zhuan*) e o Comentário sobre a Imagem (*Xiang Zhuan*) do hexagrama associado a *dui*, alegria:

> Julgamento: *Dui* [alegria] é tal que se tem a prevalência. É adequado praticar a constância aqui.
>
> Comentário sobre os julgamentos: *Dui* significa "dar alegria". É sendo duro por dentro e ainda assim suave por fora que se consegue dar alegria e ainda assim praticar a constância adequadamente. É assim que se pode ser obediente ao Céu e ainda assim responsivo à humanidade. Se as pessoas comuns forem guiadas com Alegria, elas esquecerão a labuta e, se forem levadas a se arriscar por perigos e dificuldades com Alegria, elas esquecerão sobre morrer. Grande é a Alegria, pois ela é a força motivadora das pessoas comuns.
>
> Comentário sobre as imagens: Lago unido a Lago: isso constitui a imagem da Alegria. Do mesmo modo, o homem nobre se envolve na conversa e no estudo com os amigos. *Aderência* [*li*] significa "ligado" [*lian*]. Não se pode encontrar aplicação mais frutífera da alegria do que essa.[195] (Hexagrama 58, trad. Lynn 1994: 505)

Há pouco nesses julgamentos, e no *Yijing* de modo mais geral, para guiar a interpretação ou compreensão do hexagrama. Como isso poderia ser *traduzido*, por exemplo, se o inquiridor estivesse interessado na condição de sua saúde? O mistério que cerca a interpretação dos hexagramas é sintomático da imprecisão que cerca a compreensão das correspondências. Havia discordâncias sobre o que

---

195. Wilhelm discute uma seleção de símbolos, enfocando em particular os *Comentários sobre as imagens* (*Xiang Zhuan*), seções relacionadas aos símbolos (ou imagens).

eram correlatos apropriados. Por exemplo, "A dinastia Han imperial mudou sua fase patronal nada menos do que quatro vezes. Em duas dessas ocasiões, a dinastia adotou uma cor diferente de parafernália ritualística, incluindo vestimentas cortesãs de uma cor diferente e um calendário que se iniciava em um mês diferente, ambos os quais tinham de corresponder com a fase recém-inaugurada" (Henderson 2003: 192). Em muitos casos, os cosmólogos precisavam assumir compromissos significativos para se adequar a esquemas numerológicos.[196] Por exemplo, as quatro estações tinham de ser compatíveis com as cinco fases (*wuxing*), ou, de maneira mais geral, dois (do *yin-yang*) tinha de ser compatível com cinco (do *wuxing*). No *Huangdi neijing ling shu* (*Pivô divino do cânone interior do Imperador Amarelo*), o Imperador Amarelo está tentando desenvolver a relação entre *yin-yang* e *wuxing* como aplicada à saúde humana:

> O Imperador Amarelo disse: "De acordo com as Cinco Fases, o quadrante oriental, as duas primeiras das dez hastes [usadas para contar os dias da semana], e a fase Madeira regem a primavera. A primavera [é associada] à cor do céu azul e governa as funções do fígado. As funções do fígado são as dos tratos *yin* atenuados, ligadas aos pés. Mas agora você alega que a primeira haste [corresponde ao] trato *yang* imaturo, ligado à mão esquerda, que não corresponde a essas relações regulares. Por que isso?"
>
> Qibo disse: "Essas são as [correspondências] *yin* e *yang* do Céu e da Terra, não as mudanças sequenciais das quatro estações e das Cinco Fases. Ora, *yin* e *yang* são nomes sem forma física [isto é, abstrações, não coisas concretas]. 'Eles podem ser enumerados de dez maneiras, separados em uma centena de maneiras, distribuídos de mil maneiras, deduzidos em uma miríade de maneiras' refere-se a isso". (7:2, 41, trad. Sivin, em De Bary e Bloom 1999: 277-278; anotações do tradutor)

A questão das correspondências era complicada para os cosmólogos do período Han, pois eles tinham de atingir um equilíbrio entre o mapeamento mecânico das correlações, de um lado, e a margem para interpretação, de outro. Isso era especialmente importante para o *Yijing* como manual de adivinhação, porque cada leitura de hexagrama tinha múltiplas aplicações em todos os tipos de situações diferentes.

---

196. Henderson acredita que tais compromissos refletem a importância de algumas dessas categorias, como o *wuxing*, no pensamento dos cosmólogos do período Han (2003: 191-192).

Graham discute essa tensão na aplicação do *yin-yang* como um esquema cosmológico. Quando os correlatos de *yin* e *yang* são especificados claramente (por exemplo, *yin* com feminino, frio, água, quadrado, para baixo, e *yang* com masculino, quente, fogo, redondo, para cima), *yin-yang* perde sua significância como uma estrutura conceitual mutuamente ressonante dentro da qual se interpretam os eventos (1986: 33-34). A discussão de Graham é penetrante:

> Com a especificação dos aspectos [de *yin* e *yang*], o pensamento correlativo se torna explícito; ele não é mais apenas a formação espontânea de uma *Gestalt* [...]. O grande interesse de tal construção de sistema [...] é que ele é o único tipo de pensamento que faz essa tentativa de trazer tudo que está submerso à superfície. O resultado é um esquema coerente, mas, é claro, muito simplificado [...]. Mas, uma vez aprisionado em fórmulas, o pensamento correlativo perde sua capacidade para discriminações e assimilações sutis. (1986: 34)

Não é necessário nenhum alongamento da imaginação para ver que o equilíbrio complexo entre a especificação e a margem interpretativa é vastamente ampliado na cosmologia polivalente do *Yijing*. Esse assunto é motivo de interesse especialmente se a pessoa está preocupada com a questão pré-socrática, "Quais são os elementos materiais essenciais constituintes do mundo?" (Schwartz 1985: 357). A visão de mundo do *Yijing* e sua abertura para a interpretação simplesmente não se adaptam a uma explicação científica do mundo. Por exemplo, o tipo de sistematização e padronização das relações de causa e efeito na ciência pós-galileana (Graham 1986: 34) não é uma possibilidade na visão do *Yijing*. O *Yijing* tem base em um mundo que é irredutivelmente diverso, com relações ilimitadas entre as diferentes entidades (Ibid.). Essas considerações não visam eliminar os problemas associados ao aspecto interpretativo do *Yijing*. Em vez disso, trazem à superfície as suposições de um mundo múltiplo e interligado que subjaz ao pensamento do *Yijing*. Lau e Ames discutem o mundo acidental e não supervisionado do Daoísmo antigo, uma característica que também está presente no *Yijing*. Suas observações capturam o comprometimento do *Yijing*, que trata da coordenação ou da resolução de situações no mundo em constante transformação:

> O *Livro das mutações* não é uma cosmologia sistemática que busca explicar a soma de todas as situações possíveis que poderíamos encontrar para proporcionar uma percepção do que fazer, mas sim um recurso que proporciona um vocabulário de imagens que

nos capacita a refletir e articular uma resposta apropriada para as condições mutantes de nossas vidas [...]. Em vez de um vocabulário de verdade e falsidade, certo e errado, bem e mal – termos que falam à "essência" das coisas –, encontramos de modo difundido a linguagem da harmonia e da desordem, da genuinidade e da hipocrisia, da confiança e da dissimulação, da proficiência e da inépcia – termos que refletem a prioridade da continuidade que vigora entre as coisas: "quão bem" as coisas ficam juntas. (Lau e Ames 1998: 34)

(6) Movimento constante marcado pela inevitabilidade da mudança

A mudança é uma ideia fundamental no *Yijing*, expressada especificamente em seu título, *Livro das mutações* (*yi* significa "mudança", "mutação"). O *Xici zhuan* e o *Shuogua* tratam explicitamente da natureza da mudança e das questões associadas a ela, inclusive a antecipação dela e as respostas à mudança: compreender ocorrências da mudança no passado para lidar com mudanças no presente, e saber quando agir. O senso de movimento no tempo, como a alternância sazonal de *yin* e *yang*, é repetido nesta e em muitas outras passagens dos apêndices do *Yijing*:

> Quando o Sol se vai, então vem a Lua, e, quando a Lua se vai, então vem o Sol. O Sol e a Lua impelem um ao outro, e a claridade é gerada nesse processo. Quando o frio se vai, então vem o calor, e, quando o calor se vai, então vem o frio. O frio e o calor impelem um ao outro, e as estações anuais acabam existindo nesse processo. O que se foi é uma contração, e o que está para vir é uma expansão. Contração e expansão impelem uma à outra, e benefícios são gerados nesse processo. (2.5, trad. Lynn 1994: 81)

Os ciclos de mudança sazonal são descritos em uma metáfora gerativa; os opostos "impelem um ao outro". Apesar de o *Yijing* não mencionar especificamente *wuxing*, as cinco fases, seja em suas seções mais antigas ou nos apêndices, a filosofia subjacente à mudança é similar a uma formulação específica da teoria de *wuxing*. As duas maneiras significativas de conceitualizar as cinco fases eram em geração e conquista. No ciclo de geração, cada fase conduz à fase seguinte de acordo com esse padrão: a madeira impele o fogo, o fogo impele a terra, a terra impele o metal, o metal impele a água, e a água impele a madeira, e o ciclo continua. No ciclo de conquista, a madeira conquista a terra, o metal conquista a madeira, o fogo conquista o metal, a água conquista o fogo, a terra conquista a água, e o ciclo continua (Henderson 2003: 191). O *Yijing* parece apoiar um ciclo gerativo, em vez de um de conquista, como vemos tanto nessa passagem anterior quanto em outro dos apêndices, o *Shuogua*. Na seção 6 do *Shuogua, Comentário sobre os trigramas*, há uma lista das características definidoras de cada um dos oito trigramas. No fim da lista, há um argumento a favor da necessidade de mudança: como cada tríade está associada a um conjunto de características específico, a mudança é necessária para permitir que "a miríade de coisas se torne tudo que pode ser" (trad. Lynn 1994: 122). A substituição de uma fase pela próxima é inevitável; a mudança é impossível de ser parada (*Xici zhuan* 1.6). Como era o caso com *yin-yang*, *wuxing* não era meramente um esquema classificatório. Era uma estrutura conceitual para predizer e explicar a mudança.

A tarefa principal do *Yijing*, desde tempos antigos, era predizer a mudança de tal modo que o governante fosse capaz de antecipá-la e lidar com ela. A prática de adivinhação subjacente é uma expectativa e uma antecipação da mudança. Tanto o *Xici zhuan* quanto o *Shuogua* articulam o motivo para o uso continuado do *Yijing* como um manual de adivinhação, valendo-se das experiências dos sábios iluminados do passado que o utilizaram:

> Por virtude de seu poder numinoso, ele permite que a pessoa saiba o que está por vir e, em virtude de sua sabedoria, ele se torna um repositório do que aconteceu [...]. [Os inteligentes e perspicazes da Antiguidade] utilizavam as *Mutações* para esclarecer o *dao* do Céu e sondar as condições das pessoas comuns. Essa é a coisa numinosa que eles inauguraram para prover de antemão às necessidades das pessoas comuns. (1.11, trad. Lynn 1994: 64-65)

> [...] os oito trigramas combinam-se uns com os outros de tal modo que, para examinar o passado, segue-se a ordem do seu progresso e, para conhecer o futuro, trabalha-se retroativamente por meio deles. Portanto, as *Mutações* nos permitem trabalhar retroativamente [a partir do futuro], examinando adiante [a partir do passado]. (*Shuogua* 3, trad. Lynn 1994: 121)

O argumento indutivo na primeira passagem implica que esses sábios foram bem-sucedidos em termos confucianos – em implementar um governo benevolente –, pois eles proviam às pessoas comuns. O indivíduo é encorajado a aprender com as aplicações dos oráculos. A passagem do *Shuogua* esclarece como adaptamos as sabedorias do passado a nossas experiências do presente. O conceito de tempo é fundamental para a prática de adivinhação. Isso diz respeito, de modo central, ao modo como um indivíduo reflete sobre sua própria experiência, vale-se do passado e então aplica isso ao caso presente. Hellmut Wilhelm explica o processo de adivinhação em uma concepção sincrônica do tempo:

> [...] toda situação pode ser apreendida de duas maneiras: pela experiência direta, como consequência do dinamismo da existência, e pela especulação teórica, como consequência da continuidade da existência e de seu governo pelas leis [...]. O consulente, desse modo, obtém acesso ao aspecto teoricamente estabelecido de sua própria situação e, por referência aos textos estabelecidos sob esse aspecto no *Livro das Mutações*, ele obtém conselho e orientação da experiência das gerações anteriores e das percepções dos grandes mestres. Assim, a sincronicidade revelada pelo oráculo é meramente a apreensão de dois modos diferentes de vivenciar o mesmo estado de coisas. (1977: 12)[197]

Há outra concepção de tempo que parece à primeira vista estar em conflito com a reunião sincrônica do passado e do presente e, de certa forma, do futuro. Essa é a visão de que o tempo procede e, com ele, ocorrem mudanças e alterações frequentes: "Mudança e ação nunca ficam paradas, mas continuam fluindo por todas as seis lacunas [as seis posições de linha]" (2.8, trad. Lynn 1994: 89). As alterações nos diagramas de linhas simbolizam as mudanças no mundo. Conforme uma linha muda para *seu* outro (*yin* em *yang* ou *vice-versa*), o hexagrama muda. O *Shuogua* discute como as mudanças de linha – mudanças no nível mais fundamental – efetuam alterações nos trigramas; o movimento de trigrama em trigrama representa mudanças de fase. Esse retrato da mudança contínua que "flui" é compatível com uma compreensão sincrônica do tempo na adivinhação, porque a primeira relaciona-se com a urgência de antecipar e responder à mudança, enquanto o último é um conceito de tempo subjacente a *cada* processo de adivinhação. À luz das constantes alterações e mudanças, é importante responder de modo apropriado. Aqui, novamente, o tempo é um fator crucial, pois o momento oportuno em grande parte determina a adequação e o sucesso de uma resposta em particular.

---

197. Wilhelm argumenta, de modo persuasivo, que a sincronicidade da pergunta e da resposta seria possível (sem recair no acaso) somente se um sistema (de como uma pergunta se torna harmonizada com a resposta correta do *Yijing*) fosse pressuposto (1977: 11).

Não apenas a pessoa deve adquirir os recursos adequados, mas ele ou ela deve também estar ciente da hora certa de agir:

> O homem nobre armazena um estoque de instrumentos em sua própria pessoa e espera pelo momento oportuno e então age; assim, como poderia haver qualquer coisa para sua desvantagem? Aqui ele age sem impedimento; é por causa disso que, quando sai, ele obtém sua presa. (2.5, trad. Lynn 1994: 83)

Wilhelm explica como o conceito de *momento oportuno* se relaciona ao significado original do termo. Em seu significado original, o tempo (*shi*) se relacionava à consciência das mudanças sazonais, que era crucial para o momento oportuno nas atividades agrícolas:

> [...] o *Livro das Mutações* evita tais conceitos teóricos de tempo, operando com a palavra *shih* [*shi*], "tempo", de uma maneira que é muito mais próxima de sua origem. A palavra significava originalmente "semear tempo", depois "estação" em geral [...]. Em sua forma antiga, ela era composta do caractere para "sola do pé" (latim, *planta*) sobre o de uma unidade de medida. Na China, também, a sola do pé está relacionada semanticamente a plantar; assim, a palavra significa uma seção de tempo separada para uma certa atividade. Por isso seu significado foi estendido às quatro estações, todas as quais são correspondentemente preenchidas por certas atividades, e só então ao tempo em geral. A palavra é usada muitas vezes no *Livro das Mutações* com o significado de "estação", e muitos dos atributos característicos do tempo podem ser observados nessa herança. (1977: 17-18)

Há um senso distinto aqui de esperar pelo momento certo, de agarrar uma oportunidade, que é associado às práticas de adivinhação. Wilhelm sugere que a concepção de tempo que subjaz ao raciocínio das seções de adivinhação do *Yijing* é "concreta", pois é preenchida por possibilidades que mudam em diferentes momentos (1977: 17).[198] Ao

---

198. Wilhelm escreve: "A concepção de tempo que encontramos nessas citações é muito concreta. Aqui o tempo é vivenciado e percebido imediatamente. Ele não representa meramente um princípio de progressão abstrata, mas é preenchido em cada um de seus segmentos; um agente efetivo, não apenas no qual a realidade é executada, mas que, por sua vez, age sobre a realidade e a leva à completude. Assim como o espaço aparece à mente concreta não meramente como um esquema de extensão, mas como algo preenchido por colinas, lagos e planícies, assim o tempo aqui é tomado como algo preenchido, prenhe de possibilidades, que variam com seus diferentes momentos e que, como se fossem mágica, induzem e confirmam eventos. O tempo aqui recebe atributos com os quais os eventos se colocam em uma relação de certo ou errado, favorável ou desfavorável" (1977: 17).

compreender essas mudanças, e o modo como as pessoas do passado lidavam com elas, o indivíduo está equipado para responder às situações. Na seção seguinte discutimos o aspecto orientador de ações do *Yijing*.

(7) A natureza orientadora de ações dos julgamentos

Uma suposição fundamental da adivinhação é que alguém pode descobrir aspectos do futuro e ser capaz de influenciar seu curso. Essa perspectiva espera que os eventos que ocorrem na esfera humana efetuarão mudanças em outras esferas, e vice-versa. O *Xici zhuan* articula o processo de adivinhação, compreendendo correlações, e afirma a natureza orientadora de ações dos julgamentos: "O meio para conhecer o futuro por meio do domínio dos números é chamado de 'prognóstico', e manter-se livremente no mesmo passo que a mudança é chamado de 'o modo como se deve agir'" (1.5, Trad. Lynn 1994: 54)

De acordo com Chung-ying Cheng, o processo ou ato de adivinhação não é em si uma filosofia, apesar de suas suposições revelarem significativos compromissos filosóficos subjacentes (Cheng 2003). A estrutura filosófica indica tanto as limitações da condição humana como sua liberdade de decisão e ação. Esse ponto de vista enfatiza a importância de saber o que fazer em situações específicas, dentro dos contextos que as cercam. Lau e Ames expressam a centralidade do saber o que fazer nas tradições filosóficas chinesas: "Na China, a busca da sabedoria tem perenemente se centrado em encontrar uma maneira de estabilizar, disciplinar e moldar de modo produtivo e elegante o fluxo da mudança impossível de ser parado, no qual a experiência humana é realizada" (1998: 38). Vimos em nossa discussão anterior a importância do momento oportuno na ação, que Lau e Ames chamam de "agarrar o momento" (Ibid.). O *Xici zhuan* também reconhece como é importante transformar uma situação em vantagem (*li*: benefício, vantagem) (2.12). Nessa passagem, a vantagem é discutida em conjunto com a boa fortuna e o infortúnio, enfatizando a importância de trabalhar com a situação para alcançar o melhor resultado. Na imaginação popular, as ideias sobre a boa e a má sorte estão entretecidas com crenças supersticiosas sobre eventos cósmicos e naturais interpretados como presságios para a humanidade;[199] a ausência de critérios relacionados ao modo como

---

199. Xunzi foi perspicaz ao estabelecer a legitimidade das instituições políticas (especialmente em sua formulação da teoria confuciana de retificação dos nomes), sem referência a um céu transcendente. No capítulo 17 das *Obras de Xunzi*, "Discurso sobre o Céu", ele limita a jurisdição do céu e dissipa superstições. Ver a discussão no capítulo 3, p. 43-44.

as correspondências eram traçadas contribuiu para a frouxidão das interpretações sobre correlações.

Mais profundamente, na filosofia chinesa, o conhecimento é interpretado em termos práticos. Lau e Ames enfatizam o enfoque na eficácia e no pragmatismo implícitos na concepção chinesa de conhecimento; eles observam sua intenção "meliorativa" (1998: 26). Aplicando a distinção articulada por Gilbert Ryle, saber na tradição chinesa é "saber como", e não "saber que".[200] Zhang Dongsun faz uma distinção similar em sua caracterização das filosofias chinesa e ocidental:

> Esses dois tipos de pensamento não diferem apenas com relação às categorias e ao valor de seus termos, mas também diferem notoriamente em suas posturas. Se tomamos a investigação, por exemplo, o pensamento ocidental, acerca de qualquer coisa ou evento em particular, é necessário perguntar: "O que é isso?", antes de perguntar: "Como lidamos com isso?". O pensamento chinês, por outro lado, é inclinado a fazer o oposto: "Como lidamos com isso?" tem precedência. Assim, eu diria que o Ocidente tem uma "postura de prioridade em relação a *o quê*", enquanto a China tem uma "postura de prioridade em relação a como".[201]

É importante não dicotomizar as duas abordagens, ocidental e chinesa. Zhang é cuidadoso ao observar que a diferença é de ênfase, e não uma categorização de dois tipos de abordagens que são antitéticas. Temos consciência, pelo nosso exame das tradições filosóficas chinesas, de que o importante no pensamento chinês antigo não era especificar as características gerais das relações de causa e efeito ou as leis universais da natureza. Em vez disso, o enfoque é sobre uma reflexão crítica que se concentra em lidar com a questão específica à mão e em como alcançar a resolução.

---

200. Em "Saber como e saber que", Ryle argumenta contra a doutrina predominante, que sustenta "(1) que a inteligência é uma faculdade especial, cujo exercício são aqueles atos internos específicos, chamados de atos de pensamento [...] e (2) que as atividades práticas merecem seus títulos de "inteligente", "sagaz" e tudo o mais apenas porque são acompanhadas por alguns atos internos de consideração de proposições [...]" (p. 1). Ryle transcende a lacuna entre teoria e prática, sustentando que (1) saber como não pode ser definido como saber que; e (2) saber como é um conceito logicamente anterior ao conceito de saber que (p. 4-5).

201. Zhang, Dongsun. *Zhishi yu wenhua: Zhang Dongsun wenhua lunzhu jiyao*. Ed. Zhang Yaonan. Beijing: Zhongguo guanbo dianshi chubanshe, 1995, p. 375, citado em Lau e Ames (1998: 29).

À luz dessa característica da filosofia chinesa, é importante para uma pessoa tanto enfocar situações específicas quanto compreender como estas se desvelam e mudam com o passar do tempo. Em outras palavras, deve-se ter uma atitude que espera a mudança:

> O mestre disse: "Estar em perigo é uma questão de achar que sua posição é segura; arruinar-se é uma questão de pensar que sua continuidade está protegida; cair em desordem é uma questão de pensar que sua ordem é duradoura. Portanto, o homem nobre, quando seguro, não esquece o perigo; quando desfruta de continuidade, não esquece a ruína; quando mantém a ordem, não esquece a desordem. Essa é a maneira pela qual sua pessoa é mantida segura e seu estado permanece protegido. As *Mutações* dizem: 'Isso poderia se perder, isso poderia se perder, então amarre-o a uma amoreira saudável e florescente'". (2.5, trad. Lynn 1994: 83)

Complacência é um termo adequado para descrever as armadilhas em potencial descritas aqui. Há um desprezo, articulado por meio da voz de Confúcio, pela miopia que isola o Eu de suas relações e contextos. Essa passagem apresenta a importância de compreender ressonâncias e esperar a mudança como benefício individual. Mas há também importantes implicações morais quando compreendemos que muitas, se não a maioria, de nossas decisões e ações têm impacto sobre os outros. A crença na potência dos efeitos ressonantes é expressão de uma perspectiva que entende a causalidade de maneiras complexas. Essa crença também está ligada a uma visão dos indivíduos não como entidades isoladas, mas como situados dentro de um ambiente mais amplo, múltiplo.

O impacto do *Yijing*

Durante o período Han, a principal aplicação do pensamento correlativo foi no governo e na administração política. Propostas de correspondências entre eventos do Cosmos e do Estado surgiram em resposta ao estabelecimento e à justificação do império nos períodos Qin e Han. Contudo, aspectos do pensamento correlativo permeavam diferentes esferas da vida e continuam a persistir de diferentes maneiras na sociedade chinesa hoje. Por exemplo, nas abordagens chinesas da saúde, o corpo humano é considerado um microcosmo, isto é, um universo em pequena escala. A saúde e a doença são explicadas em *qi* e sangue. As correlações também se estendem à poesia, à filosofia, à religião e aos aspectos da cultura popular. A prática da geomancia na arquitetura contemporânea, que considera o *qi* em termos estéticos, psicológicos, fisiológicos, geográficos e astrológicos, ainda é difundida. O conceito de alimento e sua classificação em valor nutricional (por exemplo, em alimentos *yin* (resfriadores) e alimentos *yang* (aquecedores)) e sabor (os cinco sabores) é uma parte integrante da crença popular chinesa (Henderson 1984: 46-48).

Os apêndices do *Yijing* são um produto da visão de mundo que entende as correlações entre entidades individuais por meio de esferas diferentes. Eles absorveram o clima filosófico da época e integraram isso aos temas confucianos. Eles endossaram aspectos-chave do Confucionismo, inclusive o papel elevado do governante, a providência do céu e da terra, a capacidade dos seres humanos para melhorar sua situação e a esperança de uma utopia sociopolítica na qual os fins sociais e individuais coincidem. Por isso, o *Yijing* se envolveu com o desenvolvimento do Neoconfucionismo e foi parte dele. Mas a influência do pensamento correlativo foi confinada à tradição confuciana. A visão de mundo que vê a integração e as correspondências entre diferentes entidades é difundida na filosofia chinesa. A descrição de Lau e Ames de uma visão daoísta do mundo é familiar; apesar de valer-se da linguagem do Daoísmo, o *wanwu* (dez mil coisas), a estrutura conceitual do "desenrolar colaborativo" é uma parte integrante da filosofia do período Han:

> Não há nenhum princípio (*archē* > *principium*) de ordem – não há nenhum Uno superordenado que fica independente do mundo para ordená-lo como uma causa eficiente. Em vez disso, há apenas o desenrolar colaborativo da miríade de coisas ou eventos – o *wanwu* (萬物) ou *wanyou* (萬有). Dentro dessa colaboração, há uma regularidade processional em constante mudança, que pode ser discernida no mundo ao nosso redor, tornando a experiência coerente e determinada *em algum grau* e, dada sua indeterminação inerente, em algum grau novo e imprevisível. (1998: 19)

O *Yijing* é em si uma sementeira de crenças concomitantes baseadas na ideia de um mundo correlacionado e em transformação ininterrupta. Essa concepção do mundo é uma das características fundamentais do pensamento chinês. É uma descrição metafísica do mundo, mas não uma descrição que articula uma ontologia estática e determinada. A concepção do tempo passageiro que é "cheio" de processos subjaz à concepção da vida individual, continuamente afetada por mudanças em seu ambiente. Ainda assim, por outro lado, as ações e as respostas de um indivíduo também têm impacto sobre os outros. A imagem de indivíduos relacionados em um mundo em transformação ininterrupta é uma característica do pensamento chinês que moldou, e continua a moldar, as tradições institucionais e intelectuais da China até os tempos modernos.

Sugestões para leituras posteriores

Cheng, Chung-ying. In: "Philosophy of Change". In: Cua, Antonio (ed.). *Encyclopedia of Chinese Philosophy*. New York: Routledge, 2003, p. 517-524.

Henderson, John B. "Correlative Thought in Early China". In: *The Development and Decline of Chinese Cosmology*. New York: Columbia University Press, 1984, p. 1-58.

Henderson, John B. "Cosmology". In: Cua, Antonio (ed.). *Encyclopedia of Chinese Philosophy*. New York: Routledge, 2003, p. 187-194.

Lynn, Richard John. *The Classic of Changes: A New Translation of the I Ching as Interpreted by Wang Bi*. New York: Columbia University Press, 1994.

Graham, Angus C. *Yin-Yang and the Nature of Correlative Thinking*, IEAP Occasional Paper and Monograph Series, n. 6. Singapore: Institute of East Asian Philosophies, 1986.

Lau, D. C. e Ames, Roger. *Yuan Dao: Tracing Dao to its Source*. New York: Ballantine Books, 1998.

Major, John S. "A General Introduction to Early Han Cosmology". In: *Heaven and Earth in Early Han Thought*. Albany: State University of New York Press, 1993. (SUNY series in Chinese Philosophy and Culture)

Sivin, Nathan. "The Myth of the Naturalists". In: *Medicine, Philosophy and Religion in Ancient China: Researches and Reflections*. Aldershot: Variorum (Ashgate Publishing), 1995, seção IV, p. 1-33.

11. Budismo chinês

O Budismo começou a ser introduzido na China no século I d.C., durante a dinastia Han. Na época de sua introdução, ele teria tido influência apenas como a fé praticada por uma pequena comunidade de comerciantes estrangeiros. Como o Confucionismo era a ideologia dominante durante o período Han, o Budismo não teve muita influência na vida da maioria das pessoas na China, nem recebeu atenção séria dos estudiosos e funcionários públicos chineses. Contudo, o período durante os séculos III e IV d.C.,[202] quando a China foi mais uma vez dividida por guerras étnicas e territoriais e o Confucionismo perdeu sua base como ideologia apoiada pelo Estado, foi também uma época em que as noções filosóficas e religiosas budistas foram levadas em consideração, a princípio por tribos chinesas não Han.[203] Os princípios do pensamento budista passaram por uma análise intensiva, e os que buscavam promover essa ideologia "estrangeira" articularam

---

202. O período dos Três Reinos (*Sanguo*: 220-280 a.C.) trouxe alguma dose de estabilidade depois da guerra que pôs fim à dinastia Han. Em 184 d.C., uma sociedade secreta daoísta liderou uma rebelião camponesa contra o então imperador Han. A rebelião foi chamada de "Rebelião do Turbante Amarelo" (*Huangjin zhi luan*), por causa dos turbantes usados pelos rebeldes. Após o fim da dinastia Han, cada um dos três reinos foi regido por um imperador, e cada qual clamava ser o legítimo sucessor da casa governante Han. No entanto, havia um acordo entre os três reinos para assegurar um nível de estabilidade militar. O período dos Três Reinos é muitas vezes agrupado junto dos dois períodos sucessivos, a dinastia Jin (265-420 d.C.) e as dinastias do Sul e do Norte (420-589 d.C.), coletivamente denominados período das "Seis Dinastias".

203. Durante as dinastias do Sul e do Norte, a poderosa tribo não Han Xianbei invadiu a capital de Jin, Loyang. Isso forçou os membros da família Jin governante a fugirem e restabelecerem sua capital no sul, em Jiankang (Nanjing nos dias de hoje). No norte, onde o povo Xianbei estabeleceu sua fortaleza, as ideias budistas foram adotadas em parte porque o povo Xianbei era hostil ao Confucionismo e a outras características da cultura chinesa, e em parte porque eles foram atraídos pelos poderes aparentemente mágicos dos monges (Wright 1959: 42-64; esp. na p. 56).

principalmente suas ideias nos conceitos existentes nas filosofias chinesas, especialmente os do Daoísmo religioso. Foi apenas no século VI que as diferenças doutrinais das linhagens do Budismo chinês começaram a tomar forma, estabelecendo a doutrina budista chinesa tanto separada do Budismo indiano quanto distinta do Confucionismo e do Daoísmo.

Dado esse longo período de desenvolvimento do Budismo chinês e sua consequente divisão e definição em diferentes linhas, a discussão neste capítulo será necessariamente breve e de certo modo desarticulada. É importante primeiro compreender os princípios fundamentais do pensamento budista, inclusive algum exame de suas origens na filosofia indiana. A segunda seção deste capítulo explora os estágios iniciais da introdução do Budismo na China, enfocando especialmente seus paralelos e interações com as filosofias nativas da China. Finalmente, haverá um sumário das diferenças doutrinárias entre as linhas do Budismo chinês.

Princípios básicos do pensamento budista

As introduções ao pensamento budista proporcionam tipicamente uma descrição sistemática de seus conceitos fundamentais, que incluem sofrimento, impermanência, as quatro nobre verdades, o nobre caminho óctuplo, nirvana (cessação do próprio ego), causalidade interdependente, *karma* (efeitos e consequências) e renascimento. Contudo, é insatisfatório simplesmente explicar o pensamento budista chinês apenas em seus conceitos, sem nenhuma compreensão do pano de fundo filosófico indiano contra o qual ele surgiu, e seu subsequente desenvolvimento nas diferentes doutrinas budistas da China. Esse problema é mais pronunciado no Budismo chinês, porque precisamos ter consciência da transmissão de noções específicas da Índia para a China, e de modificações posteriores nas mãos dos pensadores chineses. Por isso, a descrição oferecida aqui identificará certas noções centrais do pensamento budista e, onde for relevante, apontará suas origens e desenvolvimentos subsequentes. A discussão das noções centrais nesta seção fia-se pesadamente na descrição da filosofia budista delineada por David Kalupahana em *Buddhist Philosophy* [Filosofia budista]. Kalupahana oferece uma descrição da filosofia budista contraposta ao pano de fundo do pensamento indiano pré-budista.[204] Embora o interesse de Kalupahana não fosse investigar a filosofia budista chinesa, sua descrição filosoficamente orientada das origens dos elementos-chave da filosofia budista é importante para a discussão presente aqui.

Acredita-se que o fundador do Budismo, Siddhartha Gautama, tenha sido contemporâneo de Confúcio por volta do século VI a.C., apesar de as datas exatas não serem conhecidas. Muitos aspectos da filosofia budista, inclusive acerca do ascetismo, da meditação, da crença na percepção extrassensorial e da intuição ióguica, das questões sobre o ser, da consciência e da continuidade, e uma concepção da realidade suprema, já estavam presentes nas tradições upanishádica e jainista (Kalupahana 1976: 3-15). Em termos filosóficos, o pensamento do buda Gautama é caracterizado por algumas observações empíricas da vida humana, junto com a crença em fenômenos extrassensoriais, a esfera dentro da qual renascimento e consciência desindividualizada são possíveis. Há pouca atenção em seu sistema a questões metafísicas a respeito da existência de seres ou domínios sobrenaturais, inclusive o dos deuses, do inferno ou do céu. Nos primeiros textos, tais conceitos exercem um papel puramente regulador para orientar a ação moral, não refletindo o comprometimento ontológico em relação a sua existência (Kalupahana 1976: 66). Isso não quer dizer, contudo, que desenvolvimentos posteriores no pensamento budista fossem similarmente destituídos dessas considerações metafísicas.

Em termos epistemológicos, o Budismo enfatizava as limitações de todas as fontes de conhecimento. Isso era ao mesmo tempo uma crítica às teorias epistemológicas então em voga, que se fiavam em algumas combinações de razão, percepção ou percepção extrassensorial para alcançar a verdade. O buda Gautama não era cético em relação à percepção sensorial ou extrassensorial, pois afirmava os seis sentidos como as fontes principais de conhecimento: olho, ouvido, nariz, língua, corpo e mente. Contudo, ele estava interessado no modo como os objetos dessas formas de percepção eram mal interpretados, porque predisposições subjetivas corrompiam a interpretação das

---

204. Kalupahana examina a filosofia budista de acordo com uma série de categorias filosóficas modernas, inclusive epistemologia, causalidade e ética. Pode haver alguma preocupação em relação à sobreposição de categorias filosóficas ocidentais modernas a um assunto que não foi construído de acordo com os ditames das estruturas filosóficas ocidentais. Todavia, a tarefa deste livro é entender a filosofia chinesa primeiro e principalmente em seus próprios termos, e quando apropriado comparar com categorias da filosofia ocidental. É a partir dessa mesma perspectiva que contemplamos a filosofia budista; por isso o método de Kalupahana é bem adequado a nossos propósitos aqui.

experiências pessoais. Nesse sentido, há duas fontes possíveis de ignorância (*avidya*; em páli), ausência ou falta de conhecimento, e a imposição de uma visão falsa sobre o objeto em questão (Kalupahana 1976: 19-24). As implicações da ignorância têm alcance muito maior, pois podem levar a concepções errôneas sobre a natureza do Eu, que por sua vez levam à condição humana da insatisfação. Um elemento central do pensamento budista diz respeito à natureza do sofrimento e sua eliminação. As quatro nobres verdades, uma doutrina central do Budismo, demonstram a natureza do sofrimento:

> (1) toda vida é inevitavelmente cheia de sofrimento; (2) o sofrimento se deve ao desejo; (3) o sofrimento só pode ser evitado ao se parar o desejo; (4) isso pode ser feito por meio de um processo de conduta cuidadosamente disciplinada, que culmina na vida de concentração e meditação levada pelo monge budista. (Hurvitz e Tsai 1999: 416)

No nível mais básico de preocupação moral, o desejo é associado aos prazeres sensoriais. O sofrimento surge de tais desejos porque esses objetos e seus prazeres associados são transitórios. A busca desses prazeres é também associada a um temperamento de egoísmo, cobiça e paixão insaciável, que só olha para o aqui e agora. Há na raiz da condição humana um desejo profundamente arraigado de felicidade permanente, do tipo definido pelas normas sociais. O sofrimento, *dukkha* (em páli), envolve tanto a aflição mental quanto física. Ele pode variar em tamanho, dor aguda e agonia a um sentimento subjacente e persistente de insatisfação. Fora a associação do sofrimento com desejos sensoriais não satisfeitos, há razões mais profundas para o sofrimento associado ao desejo. O objeto mais significativo do desejo de um indivíduo não são os prazeres sensoriais, externos, mas um anseio mais profundo pelo Eu permanente. O Eu permanente é o objeto mais fundamental do desejo porque é, afinal de contas, o Eu que desfruta os prazeres da vida. A liberdade em relação ao sofrimento só pode ser atingida se o indivíduo para essa forma básica de desejo. Tal liberdade emancipa a pessoa de uma crença apaixonada, apesar de falsa, de que o Eu pode ser permanente. Sem compreender essas quatro verdades, nenhum indivíduo tem qualquer chance de ser aliviado do sofrimento. Essa teoria de emancipação tem um tom cognitivista, pois só se dá após uma compreensão intelectual da própria impermanência. Por isso, Hurvitz e Tsai sugerem que as "verdades fundamentais sobre as quais o Budismo é edificado não são metafísicas ou teológicas, mas sim psicológicas" (1999: 413).

Em termos práticos, as quatro nobres verdades também defendem uma vida de disciplina tranquila, expressada no nobre caminho óctuplo. O caminho óctuplo consiste em estágios que incorporam a compreensão correta, o pensamento correto, a fala correta, a ação correta, o viver correto, o esforço correto, a atenção plena correta e a concentração correta. Esses estágios podem ser entendidos como desenvolvimento, em que cada estágio se constrói sobre o anterior. Contudo, todas essas características precisam estar presentes na pessoa que é considerada como tendo atingido o objetivo budista na vida, o *arahant* (em páli). O *arahant* vive uma vida paradigmaticamente contemplativa e está sempre consciente da doutrina budista. Como no caso das quatro nobres verdades, podemos entender as oito características em um sentido mais superficial, em uma orientação moral normativa, pela qual a pessoa desenvolve os tipos corretos de comportamentos e posturas. Alternativamente, a personificação do caminho óctuplo pode refletir uma compreensão mais profunda da vida como expressada na doutrina budista. O Eu fenomênico – o Eu consciente, volitivo e pensante, que age e interage no mundo cotidiano – não é uma entidade unificada ou imutável no pensamento budista. É assim porque ele é constituído de cinco componentes ou processos:

(1) Forma e matéria (*rupa*; em páli): matéria, processos materiais, corporalidade.

(2) Sensações (*vedana*; em páli): reações sensoriais que surgem como resultado do contato com o mundo por meio do exercício dos seis sentidos.

(3) Percepções (*samjna*, em sânscrito): cognição dos objetos mentais e materiais por meio dos seis sentidos.

(4) Construções ou disposições psíquicas (*samskara*; em sânscrito): emoções psicológicas, impressões e processos volitivos que influenciam o comportamento.

(5) Consciência ou pensamento consciente (*vjnana*; em sânscrito): consciência do Eu e consciência do mundo fenomênico.

Um indivíduo – o Eu fenomênico – é constituído de uma combinação desses cinco componentes, que estão em um estado de fluxo constante. Por isso, o Eu físico, como conhecemos, é impermanente, composto e não correlacionado a um Eu ou alma eterno.

A concepção budista de existência tem três características fundamentais:

(1) Impermanência (*anicca/anittya*; em páli/sânscrito): esta é uma teoria fundamentada empiricamente que trata do surgimento (geração) e do desaparecimento.
(2) Insatisfatoriedade (*dukkha/duhkha*; em páli/sânscrito).
(3) Insubstancialidade (*anatta/anatman*; em páli/sânscrito): teoria do não ego, do não eu; não existe uma personalidade individual duradoura.

Essas três características encapsulam a rejeição budista das noções do Eu no contexto religioso e filosófico indiano. A tradição upanishádica sustentava uma concepção do Eu duradouro e imutável (Kalupahana 1976: 38-39). Em seu lugar, o Budismo propôs uma concepção do Eu como impermanente e em constante mudança, de acordo com os cinco componentes; esse Eu fenomênico é efetivamente um "amontoado", cuja continuidade é composta de uma série de eventos causais. A incapacidade de apreender esses três aspectos da existência leva à tristeza. Hurvitz e Tsai explicam como os cinco processos podem entrar em jogo para gerar mais sofrimento, no caso de alguém que compreenda mal o Eu e a existência:

> A causa-raiz do processo de nascimento e morte e renascimento é a ignorância, a ilusão fundamental de que a individualidade e a permanência existem, quando, na verdade, não existem. Por isso surgem no organismo vários fenômenos psíquicos, inclusive desejo, seguido por uma tentativa de se apropriar das coisas para si [...] todo ato, palavra ou pensamento deixa seus traços no conjunto dos cinco constituintes que compõem o indivíduo fenomênico, e seu caráter se altera de modo correspondente. Esse processo se dá por toda a vida, e, quando as partes materiais e imateriais do ser são separadas na morte, os constituintes imateriais, que compõem o que em outros sistemas seria chamado de alma, levam adiante os efeitos consequentes dos feitos da vida passada e obtêm outra forma em uma das dez esferas da existência [...] (1999: 416-417).

Uma má apreensão do Eu, considerando que este é um ser individual separado dos outros, está entretecida com uma visão incorreta da causalidade. De acordo com a visão de que cada Eu é uma entidade independente e individual, as linhas de causalidade são razoavelmente diretas. Contudo, a filosofia budista sustenta que há uma corrente de causalidade *interdependente* que subjaz aos processos e eventos.

De acordo com essa visão, a existência é um processo em constante mudança, no qual entidades inter-relacionadas são envolvidas em mudanças nos outros. Complexas relações causais e fenômenos causados não pertencem apenas ao mundo da existência física, mas também aos fenômenos mentais e psíquicos. A doutrina budista da causalidade é característica nos seguintes aspectos:

(1) Eventos causais são reais e não meramente percebidos.
(2) Há uma certa necessidade nessa doutrina, pois toda existência está entretecida em causalidade interdependente.
(3) A causalidade interdependente admite a regularidade; ela tem certos padrões. Quando dizemos que os eventos são "acidentais", isso só reflete a nossa ignorância dos processos causais reais que estão em jogo na situação.
(4) A causalidade interdependente é condicional; isso significa que os eventos ou consequências não são estritamente determinados, nem são simplesmente arbitrários.

Essas características da doutrina budista surgiram em resposta a uma série de teorias existentes sobre a causalidade. Os eventos causais são *reais* (argumento 1) foi uma resposta ao idealismo sustentado por alguns pensadores upanishádicos; os pensadores upanishádicos acreditavam que as causações são fabricações mentais e não possuem realidade objetiva. As ênfases em um elemento de *necessidade* (argumento 2) e de *regularidade* (argumento 3) eram tentativas de responder ao indeterminismo, uma visão que era expressa na época do buda Gautama. A sugestão de que a causalidade é *condicionada* (argumento 4) marca um enfoque nos processos, e não nos agentes ou eventos (individuais). Todos esses elementos, necessidade, regularidade e condicionalidade, trabalham juntos em qualquer evento dado. Assim, os padrões causais proporcionam parte do quadro geral de um evento, mas é também essencial compreender as circunstâncias que são condicionadas, os efeitos e os objetos e entidades que estão envolvidos no evento. Mas é importante lembrar que não é inteiramente apropriado discutir *um* evento nesses termos, como se alguém pudesse circunscrever seus limites, pois os efeitos que surgem de uma situação irão, por sua vez, condicionar outros "eventos" futuros. Os eventos no tempo são apenas retratos instantâneos, como uma fotografia, congelados no tempo. Essa descrição da causalidade interdependente era uma posição do caminho do meio, ou senda do meio, isto é, uma abordagem que evita os dois extremos e tenta incorporar ambos – entre duas teorias, uma do Eu eterno e outra da aniquilação na morte corpórea (Kalupahana 1976: 27-29).

Há muitas questões metafísicas que surgem dentro dessa estrutura conceitual. Entre elas estão questões sobre a natureza das interações causais entre fenômenos sensoriais e extrassensoriais; a origem das entidades fenomênicas (tais como o corpo humano animado); sensações de dor e felicidade do Eu fenomênico, dado que não existe um "indivíduo" como tal; a sobrevivência da personalidade humana; o conhecimento do passado e outros assuntos com base na inferência indutiva; a natureza da mente; bem como as bases epistemológicas e metafísicas para processos em andamento após a cessação da forma corpórea (Kalupahana 1976: 29-31, 84, 153-162). Muitas dessas questões não foram cobertas no pensamento budista antigo, apesar de que o foram subsequentemente, e o debate sobre esses tópicos continua no trabalho dos estudiosos contemporâneos.

A doutrina da causalidade interdependente possui importantes implicações morais. Como o Eu tanto age quanto sofre ação em situações que são condicionadas, as conclusões da autonomia (baseadas em um Eu independente) e do fatalismo (baseadas em um Eu determinado por fatores externos) são evitadas. O Eu fenomênico, como agente, é condicionado por causas e, por sua vez, gera consequências que condicionam outros futuros eventos. Toda ação (*karma*; em sânscrito), seja física ou mental, é seguida de consequências correlacionadas (*vipaka*; em sânscrito). Até pensamentos e processos de pensamento são considerados *ativos* do ponto de vista do *karma*; por isso é importante cultivar a atenção plena e a concentração corretas como articuladas no caminho óctuplo. A doutrina do *karma* já estava presente nas antigas tradições ascéticas e bramânicas predominantes (Kalupahana 1976: 44). Na tradição upanishádica, o Eu fenomênico tem controle do *karma*. Na tradição jainista, uma vez o *karma* sendo realizado, está fora das mãos do indivíduo. O Budismo rejeitava a concepção do *karma* nesses termos deterministas, atemporais, e em vez disso via o *karma* em termos causais. A doutrina budista do *karma* incluía uma consideração dos estímulos externos, motivos conscientes e inconscientes. Ela também examinava as consequências dentro de uma estrutura temporal dinâmica de situações, que são parcialmente determinadas pelas circunstâncias, mas que também surgem como resultado de uma causa específica. Nessa visão, as implicações de cada ato ou pensamento individual, empreendidos pelo Eu, são profundas e complexas, pois seus impactos irão condicionar qualquer número de eventos futuros.

A doutrina do *karma* é correlacionada ao conceito de Eu. No Budismo, o Eu verdadeiro é um Eu psicofísico (Kalupahana 1976: 51-52), definido essencialmente como um fluxo de consciência que continua a despeito da morte do corpo físico ao qual ele está associado. Por outro lado, o Eu representado em uma instância física é aprisionado em um círculo de nascimento (*jati*; em páli e sânscrito) e consequente decaimento e morte (*jaramarama*; em páli e sânscrito). O Budismo rejeita a visão dominante que identifica a existência física com a continuidade do Eu. Ele sustenta, em vez disso, que o Eu e a existência física são separados, e, portanto, a cessação da existência corpórea não implica a cessação do Eu. A continuidade do Eu é o que subjaz ao ciclo de renascimento, *samsara* (em sânscrito). De acordo com uma versão mais punitiva e trivial da ética de *samsara* e *karma*, ter uma vida miserável e curta (Kalupahana 1976: 49) ou renascer como um Eu que pertença a uma espécie inferior à humana é um tipo de punição para as consequências negativas acumuladas por um fluxo específico de consciência. Tal teoria, é claro, é confirmadora do Eu, mas também levanta questões mais gerais e importantes sobre o *karma* e o renascimento e acerca de como devemos compreender as ligações entre atos específicos e suas implicações para os fluxos de consciência. Também não está claro se diferentes fluxos de consciência poderiam se mesclar ou se transformar, de modo que uma pessoa "individual", digamos, possa vivenciar qualquer número de fluxos diferentes. O tratamento de tais questões não é claro, sendo insatisfatório no pensamento budista antigo, apesar de elas terem sido exploradas no pensamento budista posterior.

As questões que se relacionam ao conceito de causalidade interdependente também são integrantes do conceito de *nirvana* (em sânscrito), que literalmente significa "extinguir", isto é, uma cessação do processo de renascimento. Isso não deve ser entendido de modo negativo, como aniquilação do Eu, mas, em vez disso, em desapego iluminado em relação ao desejo e seus desapontamentos acompanhantes. Em seu sentido mais amplo, *nirvana* refere-se à remoção de todo desejo, especialmente do desejo por um Eu individual independente e imutável. O desejo por tal Eu não é, em si, diferente da escravidão. O indivíduo que atinge tal emancipação, o *arahant*, pode continuar a vivenciar todos os aspectos da vida condicionada, mas ele ou ela continua imperturbado perante eles (Kalupahana 1976: 77). O *arahant* adquiriu um nível de compreensão que transcende a ilusão da individualidade permanente e separada.

Quando o buda Gautama faleceu, os adeptos do Budismo acreditavam que ele havia atingido o *nirvana*. Como era de se esperar, muitas questões foram levantadas sobre suas doutrinas, bem como seu paradeiro após a morte. Essas questões instigaram uma série de respostas diferentes, algumas das quais, com o passar do tempo, tornaram-se as doutrinas definidoras de diferentes escolas do pensamento budista na Índia e, subsequentemente, em partes do leste e sudeste da Ásia. Questões sobre o buda Gautama e sua condição colaboraram para a criação de um cisma fundamental na doutrina budista, entre as linhas Mahayana (em sânscrito) e Hinayana (em sânscrito). Pouco depois do falecimento do Buda Gautama, a Primeiro Concílio do Budismo foi realizado para cotejar, consolidar e afirmar sua doutrina. Esse concílio pode ser considerado o início do Escolasticismo, que foi uma característica-chave da tradição Hinayana (Kalupahana 1976: 94). Enquanto isso, foram levantadas questões em relação a se havia alguma direção para os seguidores comuns do Buda, que precisavam de edificação religiosa (Ibid.: 95-96). Os interesses em relação à vida ética religiosa e comum gradualmente se desenvolveram na doutrina dos *bodhisattvas* (em sânscrito), uma teoria sobre seres que atingiram a condição de buda, mas ainda assim escolheram reentrar no ciclo de renascimento para ajudar outros a atingir a mesma condição. O *bodhisattva*, "ser de sabedoria", foi usado primeiro para se referir a uma encarnação prévia do Buda Gautama. De acordo com essa visão, por muitos anos antes de sua vida como Gautama, o *bodhisattva* realizou feitos poderosos de compaixão e autossacrifício. Essas histórias sobre o buda Gautama eram evocadas para inspirar budistas leigos (Hurvitz e Tsai 1999: 418).

Com o passar do tempo, essa doutrina intensamente altruísta se desenvolveu como a característica definidora do Budismo Mahayana (literalmente "Grande Veículo"). O Grande Veículo para a salvação dizia oferecer salvação para todos, em oposição ao Budismo mais antigo, mencionado com desprezo como Hinayana ou o "Pequeno Veículo". É comumente sustentado que o Budismo "mais antigo" diz respeito ao Budismo Theravada (em páli, significa "Caminho dos Anciões"), o qual os seguidores do Mahayana denominaram de Hinayana; portanto, os termos Theravada e Hinayana são sinônimos. Contudo, enquanto o Budismo Theravada se espalhou pelo Sri Lanka e é a mais antiga escola sobrevivente da doutrina budista, a expressão Budismo Hinayana só existia como um termo pejorativo; era apenas uma denominação para a abordagem não Mahayana do Budismo.

A forma do Budismo que se espalhou pela China, a partir do noroeste da Índia, foi principalmente do tipo Mahayana. Sua introdução trouxe uma série de benefícios, especialmente para a literatura, a filosofia e as artes. Filosoficamente, ele introduziu elementos ainda não considerados pelos pensadores chineses, inclusive especialmente o conceito de mente, ideias de espaço e tempo, fenômenos psicológicos e autopercepção consciente. Seu tema de causalidade interdependente não era inteiramente estranho ao pensamento chinês, pois alguns pensadores chineses do início do período Han estavam profundamente preocupados com as ligações entre as esferas cósmica e humana. Similarmente, a visão budista Mahayana dos *bodhisattvas,* colocando de lado o *nirvana* por razões altruístas, teria ecoado no conceito confuciano de governo benevolente que serve ao bem da humanidade.

A introdução do Budismo na China

Há evidências de que aspectos da cultura budista tenham sido introduzidos na China no século I d.C. (Wright 1959: 21-22), embora sua presença só tenha sido notada esporadicamente em textos sobreviventes. Essa é uma indicação justa de que, durante essa época, a influência do Budismo na sociedade chinesa foi bastante mínima. Desde cerca do século III d.C. houve mais tentativas de entender e explicar o pensamento budista. A doutrina budista foi endossada pelos governantes chineses não Han do norte da China desde cerca de 317 d.C., pelo povo tuoba, que subsequentemente estabeleceu a dinastia Wei (386-534 d.C.) no norte. Havia significativa hostilidade racial e conflito entre os tuoba e os chineses Han (Wright 1959: 55). Os tuoba, que eram zelosos em manter sua diferenciação étnica dos chineses Han, conservavam a ideologia confuciana a distância. Para eles, o Budismo parecia uma alternativa atraente por uma série de razões. Não era de origem chinesa, oferecia possibilidades de feitos sobre-humanos e mágicos, e seus professores eram estrangeiros, o que significava que os líderes tuoba não tinham de depender dos chineses para ideologia política e estratégica (Ibid.: 56-57). Com o passar do tempo, alguns desses líderes desenvolveram relações próximas com professores e monges budistas, pois acreditavam que os reis que apoiassem os ensinamentos budistas seriam protegidos por eles. Todavia, essa forte patronagem estatal do Budismo não foi nem contínua nem difundida. Alguns governantes estavam desconfiados do poder acumulado pelos monges e os perseguiam. Além disso, no sul da China, onde os chineses Han tinham sua fortaleza, a relação entre monges budistas e governantes era muito mais ambígua (Ibid.: 42-64).

De maneira mais ampla na sociedade chinesa, à medida que o interesse em práticas religiosas daoístas, elixires e métodos de alcançar a imortalidade se desenvolveu, durante e após a dinastia Han, muitos procuraram o Budismo buscando pistas adicionais para realizações sobre-humanas (Hurvitz e Tsai 1999: 421). Em um momento, até tornou-se comum considerar os estudiosos budistas e daoístas como pertencentes a uma única tendência intelectual (Fung 1953: 240). As questões que cercam a introdução do Budismo na China afetam o desenvolvimento subsequente tanto do Budismo chinês como da filosofia chinesa. Além disso, as reações anteriores ao Budismo – suspeita, tradução, recepção, escrutínio e adoção – revelam aspectos significativos do método filosófico utilizado pelos pensadores chineses para traduzir e compreender as ideias budistas.

Os esforços iniciais para traduzir as escrituras budistas foram executados com muita dificuldade, pois os missionários budistas indianos sabiam pouco chinês, e seus colaboradores chineses de forma similar conheciam pouco as línguas indianas ou do centro da Ásia (Wright 1959: 35). Durante esse período inicial, aproximadamente séculos III e IV, foram feitas traduções simplistas, utilizando os termos disponíveis na língua chinesa e, ao que parece, sem muita análise ou avaliação do pensamento budista em seus próprios termos. Wright descreve a superficialidade em tais traduções:

> [...] por exemplo, a antiga e honrada palavra *tao*, o termo-chave do Taoísmo filosófico, foi utilizada algumas vezes para verter o termo budista *dharma*, "o ensinamento"; em outros casos, foi utilizada para traduzir *bodhi*, "iluminação", ou mesmo *yoga*. O termo taoísta para imortais, *chen-jen* [*chengren*], serviu como uma tradução da palavra budista *Arhat*, "o totalmente iluminado". *Wu-wei*, "não ação", era utilizado para verter o termo budista para a liberação suprema, *nirvana*. A expressão confuciana *hsiao-hsün* [*xiaoshun*], "submissão e obediência filial", foi utilizada para traduzir a palavra sânscrita mais geral e abstrata *śīla*, "moralidade". (1959: 36).

Esse método de associação de conceitos (*geyi*) refletia uma incapacidade em lidar com as suposições subjacentes e as estruturas conceituais da filosofia budista. Ele basicamente excluía qualquer coisa nova ou interessante que o Budismo tivesse a oferecer à China. Pelo que sabemos sobre os conceitos chineses, tais como *dao*, *wuwei* e *xiao*, e por nossa compreensão do Budismo até agora, está claro que isso envolvia más interpretações grosseiras dos conceitos das filosofias budista e chinesa. Gradualmente, uma versão mais sofisticada desse método foi utilizada – talvez refletindo a compreensão do *geyi* como "método de analogia" por alguns estudiosos (Fung 1953: 241-242). Na aplicação desse método mais desenvolvido, foi dada mais atenção às ideias budistas em seus próprios termos, em vez de reduzi-las a conceitos da filosofia chinesa. Em outras palavras, o método usado foi a analogia, e não a tradução simplista. Por exemplo, os cinco preceitos para o comportamento dos adeptos budistas leigos foram comparados por analogia às cinco virtudes do Confucionismo (Wright 1959: 37). Uma biografia dos monges budistas dessa época descreve a efetividade desse método de analogia utilizado pelo monge Hui Yuan (334-416 d.C.):

> Em seu 24º ano, ele começou a dar palestras, cujos frequentadores, contudo, em uma ocasião, levantaram objeções contra sua teoria da realidade. Apesar de a discussão ter continuado por algum tempo, eles ficaram cada vez mais em dúvida e confusos. Por isso Yüan [Yuan] citou ideias de Chuang Tzü [Zhuangzi] que pertenciam à mesma categoria, e dessa forma os céticos acabaram a entendendo.[205]

Os benefícios do método de *geyi* eram mistos, contudo. Apesar de tornar as ideias budistas mais acessíveis aos pensadores chineses, um bom número de analogias era forçado, levando a muita imprecisão e distorção (Fung 1948: 242). No século V, após muito debate sobre esse método de analogia, seu uso foi abandonado. Enquanto muitos textos traduzidos durante essa época continuaram a usar a terminologia filosófica chinesa, especialmente a do Daoísmo, os tradutores estavam agora mais cuidadosos ao examinar os significados dos conceitos do Budismo em seus próprios termos, produzindo assim traduções mais fiéis dos textos (Fung 1948: 242).

Outra fonte de confirmação de que o Budismo estava obtendo uma posição segura na sociedade chinesa são os textos apologéticos, nos quais os autores tentavam defender o Budismo perante um público chinês, articulando sua ressonância com as visões chinesas nativas, ou até promovendo seus méritos. A existência desses textos

---

205. As *Biografias de eminentes monges budistas* (*Gaoseng Juan*), por Hui-chiao (m. 554 d.C.), citado em Fung 1953: 241.

indica que mais pessoas na China acabaram conhecendo o Budismo e demandavam justificativas para suas opiniões. Havia muitas características no pensamento budista que eram estranhas à cultura e à tradição chinesas, e elas precisavam ser explicadas de modo adequado antes de as pessoas aceitarem-nas. Entre algumas das principais diferenças estão as concepções de família e responsabilidade familiar, prescrições comportamentais rituais, economia prudente e existência humana finita na visão de mundo chinesa, em contraste com a vida monástica, a generosidade e transmigração no Budismo (Wright 1959: 38-39). Arthur Wright observa que uma apologética tem um lugar especial no estudo da interação das duas tradições porque "os pontos nos quais se sente que a defesa é necessária são invariavelmente os pontos de maior conflito entre os dois sistemas de ideias" (Ibid.: 38). Alguns dos tópicos cobertos em um dos primeiros textos apologéticos, *Livrando-se dos erros*, lidavam com questões que incluíam por que as ideias budistas não são mencionadas nos clássicos chineses, o fato de os monges budistas rasparem a cabeça, o celibato dos monges budistas, as concepções budistas de morte e renascimento, e a natureza estrangeira do pensamento budista.[206] O celibato era uma ideia estranha à mente chinesa, e Mouzi, autor do texto, tenta argumentar que há coisas mais importantes do que a vida familiar:

> Mouzi disse: [...] "Esposas, crianças e propriedade são os luxos do mundo, mas a vida simples e o nada fazer (*wuwei*) são as maravilhas do Caminho. Laozi disse: "Da reputação e da vida, qual é a mais cara? Da vida e da propriedade, qual vale mais?" [...] Xu You e Chaofu moravam em uma árvore. Boyi e Shuqi passavam fome em Shouyang, mas Confúcio louvava seu valor, dizendo: "Eles procuravam agir de acordo com a humanidade e eram bem-sucedidos ao agir assim". Não se ouve falar de eles serem difamados porque não tinham filhos ou propriedades. O monge pratica o Caminho e isso substitui os prazeres de se divertir no mundo. Ele acumula o bem e a sabedoria em troca das alegrias de esposa e filhos". (De Bary e Bloom 1999: 424)

Uma indicação mais significativa da aceitação do Budismo foi o estabelecimento de sete escolas ou seitas (*zong*) de pensamento

---

[206]. O texto *Livrando-se dos erros* (*Lihuo lun*) apresenta uma pessoa, Mouzi, como defensora da doutrina budista. A data e a autoria do texto são desconhecidas; seções dele são reproduzidas em De Bary e Bloom 1999: 421-426.

budista durante os séculos III e IV, seis das quais se desenvolveram no sul e uma, a Escola do Não Ser Original, no norte.[207] As características das sete escolas são resumidas como se segue:

(1) Escola do Não Ser Original (*benwu*)
Esta doutrina foi propagada pelo monge Dao-an (312-385 d.C.). Ela assevera que todos os elementos da existência, inclusive a matéria física, as sensações mentais, os pensamentos e os cinco *skandhas*[208] são nulos e vazios (*kong*) em sua natureza original. Dao-an também alegava que as outras seis escolas, valendo-se do método *geyi*, interpretaram mal a verdade do pensamento budista. Ele argumentava que o método de associação não capturava de modo adequado a doutrina budista do vazio, que está na base de toda a existência. (Chan 1963b: 338)

(2) Escola Variante do Não Ser Original (*benwu yi*)
Esta doutrina é essencialmente similar à proposta pela Escola do Não Ser Original, pois também enfoca a precedência e a importância do vazio, *kong*. Parece ser diferente da primeira, pois ela se fia no *Daodejing* (por exemplo, "Ser é o produto de Não Ser [...]" *Daodejing* 40) para explicar *kong*. (Fung 1953: 248)

(3) Escola da Matéria enquanto Tal (*jise*)
A matéria de nossa experiência, isto é, a matéria que está "bem aqui", não tem uma natureza inata, mas existe apenas como resultado de causas e condições externas. Por isso, dizemos que ela é vazia. Essa doutrina foi desenvolvida posteriormente de duas maneiras diferentes. Na primeira visão, foi sustentado que a matéria subjacente às coisas de nossa experiência imediata *não* era vazia. Essa distinção era sustentada distinguindo entre "matéria grosseira" – a matéria de nossa experiência – e seu oposto, "matéria sutil". A segunda visão criticava a primeira, asseverando que ambas as formas de matéria, grosseira e invisível, eram vazias. (Fung 1953: 248-252)

(4) Escola do Não Ser da Mente (*xinwu*)
Esta escola enfoca a distinção epistemológica entre o que poderíamos chamar na filosofia contemporânea de "mente e mundo". Ela afirma que o não ser não pertence à miríade de coisas

---

207. Esses registros, recapitulados por Fung Yu-Lan em *A History of Chinese Philosophy* (1953), foram escritos por Ji Zang (549-623), em seu *Comentário sobre o Madhyamika Sastra* (*Zhongguanlun shu*), e pelo monge japonês Ancho, que escreveu um comentário sobre o mesmo *Sastra* (Fung 1953: 244).
208. Estes são os cinco componentes ou processos que estão em interação constante, que os chineses denominaram *yin* em oposição a *yang*.

do mundo, mas sim à mente do sábio. Na verdade, ela afirma expressamente que a matéria é genuína, isto é, que a existência material é real. A expressão "não ser", quando aplicada à mente do sábio, significa que ele não tem qualquer mente deliberada em relação às dez mil coisas, o *wanwu* do universo externo. Esse é o estado de perfeita compreensão – de onisciência –, no qual a mente do sábio está livre do apego errôneo às coisas. A doutrina dessa escola move-se com habilidade entre a metafísica e a epistemologia, e sugere que as afirmações metafísicas – que a matéria é vazia – são efetivamente psicológico-epistemológicas, observando a própria mente.

(5) Escola das Impressões Armazenadas (*shihan*)
Todos os fenômenos da existência são aparições, como se o indivíduo estivesse em um grande sonho. Continuando com a metáfora do sonho, quando se desperta dele, a consciência que origina a ilusão é extinta. Nesse momento, a mente está vazia e não é mais uma parte da produção. (Fung 1953: 256-257)

(6) Escola da Ilusão Fenomênica (*huanhua*)
Todas as coisas da "verdade" comum são totalmente ilusórias. Contudo, o espírito da mente (*shen*) não é vazio, pois precisa haver um receptáculo ou capacidade para compreender e personificar a verdade e o ensinamento budista. A mente genuína atinge a verdade mais alta. (Fung 1953: 257)

(7) Escola da Combinação Causal (*yuanhui*)
O ser resulta da combinação de causas e, como tal, é chamado de verdade mundana. A dissipação dessas causas, contudo, resulta no não ser, que constitui a verdade mais alta. (Fung 1953: 257)

O Budismo chinês se tornou popular entre os pensadores durante o período Jin do leste (317-420), e o tópico principal da discussão nessas sete escolas, o do ser e do não ser, moldou os debates filosóficos futuros na filosofia budista. Apesar de os registros dessas escolas serem escassos, e de as doutrinas não terem ficado intactas, os registros marcam importantes pontos de virada na história intelectual chinesa. As filosofias chinesas nativas, particularmente o Daoísmo, influenciaram grandemente o pensamento budista na China. Nesse fenômeno, vemos o início do desenvolvimento do Budismo chinês, distinto do Budismo indiano.

Outro desenvolvimento significativo na história do Budismo na China começou com a chegada do monge budista Kumarajiva (*Jiumoluoshi*) (344-413) em Chang'an em 401. Kumarajiva teve o apoio de um patrono real para traduzir os textos budistas para o chinês. Houve aparentemente vários especialistas que trabalharam nesse projeto com Kumarajiva. Esse não foi meramente um exercício de tradução, pois o projeto desencadeou muitas discussões doutrinais, com comparações das novas traduções com as antigas e imperfeitas (Wright 1959: 62-63). De acordo com Wright, o projeto colaborou para definir o desenvolvimento futuro do Budismo na China porque:

> [...] as ideias do Budismo Mahayana foram apresentadas em chinês com muito maior clareza e precisão do que jamais haviam sido. [Por exemplo,] Śūnyatā – o conceito de vazio de Nāgārjuna – foi desenredado da terminologia taoísta que o havia obscurecido e distorcido, e esta e outras doutrinas-chave do Budismo foram tornadas inteligíveis o suficiente para dispor as fundações intelectuais da grande era do Budismo chinês independente que haveria de se seguir. (1959: 63)

Esse projeto teve um impacto duradouro não apenas porque a qualidade e quantidade das escrituras budistas havia aumentado muito, permitindo uma reflexão mais substancial do pensamento budista pelos pensadores chineses. Ele também beneficiou muitos dos monges e pensadores que acabaram trabalhando com Kumarajiva no projeto, que procederam à articulação de importantes doutrinas budistas com influências chinesas características que não foram excessivamente simplificadas por assimilações simples. Dois discípulos de Kumarajiva foram especialmente proeminentes a esse respeito. O primeiro foi Sengzhao (394-414), que havia estudado as filosofias de Laozi e Zhuangzi. Ele propôs uma resolução característica do caminho do meio para uma série de tópicos, inclusive a imutabilidade das coisas e o vazio do irreal. Em sua discussão do vazio das coisas, ele criticou as doutrinas de várias das sete escolas, inclusive da Escola do Não Ser da Mente, da Escola da Matéria enquanto Tal e da Escola do Não Ser Original. Ele argumentou que suas respectivas doutrinas eram unilaterais, enfatizando apenas o vazio ou não ser. Sengzhao adotou uma abordagem – reminiscente daquela da filosofia daoísta – que reuniu em interação dialética noções emparelhadas, tais como movimento e repouso, causa e efeito, ação e não ação, permanência e impermanência, passado e presente, estabilidade e mudança, existência e não existência, finito e infinito, e realidade e nome (Fung 1953: 258-270).

Outro discípulo proeminente de Kumarajiva foi Dao Sheng (c. 360-434). Ele discutiu tópicos com uma orientação mais prática, inclusive retribuição e iluminação. Sua contribuição mais distintiva foi talvez seu debate sobre a instrução, as palavras e a iluminação religiosa: uma vez que a pessoa tenha atingido a iluminação, os símbolos (palavras) devem ser esquecidos. Essa visão tem um tom daoísta, pois partilha interesses daoístas sobre a inadequação da linguagem e a natureza inefável da sabedoria. Dao Sheng também utiliza o tipo de imagens que vemos especialmente no *Zhuangzi*; ele compara palavras a armadilhas para peixes, que devem ser jogadas fora depois que o peixe é pego. Para Dao Sheng, essa teoria de aprendizado era consistente com seu argumento de que, se a verdade é determinada e unificada, então a percepção iluminada desse "veículo *único*" deve ser súbita e total. Essa doutrina foi tida como suspeita, porque efetivamente desprezava os processos de aprendizado e práticas disciplinares associados à iluminação gradual. Outros, inclusive Sengzhao, opuseram-se a ela. A depreciação da linguagem por parte de Dao Sheng, unida a uma ênfase sobre a compreensão intuitiva, expressa uma perspectiva não diferente da doutrina do Budismo Chan (Zen) que se desenvolveria mais tarde.

Doutrinas budistas chinesas durante os séculos V e VI d.C.

Como a filosofia budista se tornou cada vez mais popular na China, as divisões doutrinais se desenvolveram com base em diferentes escrituras que foram lidas e interpretadas por diferentes pensadores. Se os numerosos textos budistas eram a palavra do buda, todos eles tinham de ser consistentes e unificados.[209] Conforme os pensadores chineses mostravam maior interesse no Budismo Mahayana do que no Hinayana, essa tarefa ficou ainda mais difícil em razão da natureza dos textos Mahayana. Diferente do caso das escrituras Theravada, que haviam sido consolidadas em uma série de concílios do Budismo na Índia, as escrituras Mahayana não receberam endosso oficial ou coletivo.

---

209. De acordo com Hurvitz et al., os pensadores chineses não percebiam que os textos da Índia eram divididos de acordo com linhas sectárias, e suas tentativas de criar alguma coerência entre eles foram muitas vezes férteis (1999a: 433).

As escrituras Mahayana contradiziam as escrituras Theravada, e também umas às outras (Hurvitz et al. 1999a: 434). Os pensadores budistas chineses lidavam com inconsistências e contradições, alegando que um texto, ou um conjunto deles, era a palavra final ou culminante do buda em meio à gama de textos budistas. Um método de lidar com esse problema era chamado de "classificação dos ensinamentos" (*pan jiao*). Esse método era:

> [...] motivado pela necessidade de resolver uma contradição básica: aquela entre a teoria de que as escrituras budistas eram todas pronunciamentos do próprio Buda, e, portanto, representavam um único ensinamento unificado; e o fato real de que, tendo sido realmente escritas por muitas pessoas diferentes em épocas distintas, elas eram, portanto, muitas vezes, bastante inconsistentes umas em relação às outras. A solução chinesa foi desenvolver a teoria de que as escrituras eram de fato todas pronunciamentos do Buda, mas que ele havia muitas vezes deliberadamente variado seus ensinamentos para se adequar à ocasião e à audiência específica para a qual ele se dirigia. (Fung 1953: 284)

Durante a dinastia Sui (581-619), que se seguiu às dinastias do Sul e do Norte, os estudos sobre o Budismo prosperaram. Na dinastia Tang (618-907), características doutrinais distintivas haviam se desenvolvido, o que ajudou a distinguir diferentes seitas budistas. Havia algumas que enfocavam a doutrina e outras, a prática. Como estamos interessados principalmente na filosofia budista, trataremos centralmente das seitas doutrinais. Deve-se observar, contudo, que o Budismo Terra Pura (*Jingtu*), que enfoca a prática religiosa, é possivelmente a forma mais popular de Budismo na China e em outras partes da Ásia, até mesmo nos dias de hoje. O Budismo Terra Pura é um movimento Mahayana que acredita em uma esfera, a Terra Pura, que é livre das tentações e impurezas do mundo humano (Hurvitz et al. 1999b: 482). O dogma do Budismo Terra Pura era que o mundo budista estava em declínio, por isso era quase impossível para as pessoas atingirem o *nirvana*. Em resposta a esse problema, ele propunha uma doutrina de salvação com base na crença de que Amita, um *bodhisattva* em seu caminho para a condição de buda, havia feito 48 votos, um dos quais permitia que os seres que invocassem seu nome, "Amituo Fo", atingissem a salvação renascendo na Terra Pura.

Voltamo-nos agora para as doutrinas budistas que se desenvolveram durante os séculos V e VI na China, todas as quais foram influenciadas em maior ou menor grau por temas e conceitos da filosofia chinesa.

Budismo dos Três Tratados (*San Lun*)

Esta seita defendia a escola Madhyamaka (doutrina do meio) de Nagarjuna (c. 100-200 d.C.) e foi introduzida na China por Kumarajiva. A doutrina dessa seita tem seu nome originado de três textos-chave da tradição Madhyamaka. Os três textos são o *Tratado sobre o caminho do meio*, o *Tratado sobre os doze portões* e o *Tratado de cem versos*. A doutrina Madhyamaka sustenta que o mundo fenomênico, como percebido por meio de nossos sentidos, não é real. Uma analogia é feita entre a ilusão (de que o mundo fenomênico é real) e a visão ruim: um monge com visão deficiente "vê" todas as coisas de maneira imprecisa, e entende que as coisas são reais quando na verdade não são (Hurvitz et al. 1999a: 436). A realidade, isto é, o vazio (*sunyata* em sânscrito; *kong* em chinês), é também *nirvana* ou essência de buda. Diferente dos fenômenos de nosso mundo comum, o vazio é absoluto e imutável.

Ji Zang (540-623) foi o principal proponente da filosofia dos Três Tratados. Sua filosofia é às vezes conhecida como teoria da "verdade dupla", porque ele propõe dois níveis de verdade, a verdade comum (*shi*) e a verdade absoluta (*zhen*). A verdade comum pertence a este mundo, enquanto a verdade absoluta é associada ao mundo divino, à realidade subjacente. Esses dois tipos de verdade são comparáveis à distinção metafísica moderna entre aparência e realidade. De acordo com Ji Zang, há três níveis de verdade comum e absoluta. No primeiro, o nível simplista, a verdade comum afirma o "ser", isto é, a existência do mundo fenomênico. A verdade absoluta, em contraste afirma o "não ser". No segundo nível, tanto o não ser quanto o ser são levados em consideração, apesar de que a verdade comum afirma ou ser ou o não ser, enquanto a verdade absoluta transcende a dicotomia. No terceiro nível, mais sofisticado, afirmações e negações passam por escrutínio, pois ambas revelam apego ao mundo fenomênico. A verdade comum ou afirma ou nega o ser e o não ser, enquanto a verdade absoluta não afirma nem nega o ser e o não ser. Derk Bodde expressa os dois tipos de verdade, em três níveis, de modo esquemático:

[TRÊS NÍVEIS DE VERDADE DUPLA]

Mundana [verdade comum]	Absoluta
(1) Afirmação do ser	(1) Afirmação do não ser
(2) Afirmação ou do ser ou do não ser	(2) Negação tanto do ser quanto do não ser
(3) Afirmação ou negação tanto do ser quanto do não ser	(3) Nem afirmação nem negação do ser e do não ser [210]

Uma pessoa progride ao longo desses níveis de verdade de maneira dialética: da verdade comum (1) à verdade absoluta (1), então ao nível dois. No nível dois, a pessoa progride da verdade comum (2) à verdade absoluta (2), então ao nível três, e assim por diante. Bodde escreve: "O nível mais alto de verdade deve ser alcançado por meio de uma série de negações sucessivas da negação, até que nada reste para ser afirmado ou negado" (em Fung 1953: 295). Ainda assim, a doutrina dos Três Tratados diz que o *nirvana* deve ser encontrado na verdade mais alta, mas sem que a pessoa tenha de se retirar da vida (dependente) da verdade comum. A meditação é o caminho para se alcançar a percepção da verdade. O Budismo dos Três Tratados declinou no século IX, apesar de as ideias de Ji Zang terem sido assimiladas pela filosofia budista posterior. Muitos de seus escritos sobreviveram e influenciaram outras doutrinas budistas chinesas.

Budismo da Consciência-apenas (*Wei Shi*)

O Budismo da Consciência-apenas se origina da linhagem Yogacara (sânscrito: prática de yoga) da Índia. Yogacara e Madhyamaka são os dois ramos principais da filosofia Mahayana. Xuan Zang (596-664) desempenhou um papel significativo no desenvolvimento da doutrina da Consciência-apenas. Ele viajou à Ásia central para estudar o Budismo, aprendendo de Vasubandhu (c. séculos IV-V), um dos dois irmãos que fundaram o Budismo Yogacara com base nos textos Mahayana. A obra mais significativa de Xuan Zang foi um *Tratado sobre o estabelecimento da Consciência-apenas* (*Cheng Weishi Lun*), em dez volumes. A doutrina Yogacara sustentava que tudo é vazio porque é (apenas um produto) da mente. Adotando essa filosofia, Xuan Zang propôs que todos os objetos percebidos são meramente

---

210. De Derk Bodde, incluído como parte das notas do tradutor em Fung 1953: 295.

experiências, negando daí a realidade substancial da matéria. Ele se referia às experiências de sonho para apoiar sua afirmação de que é impossível encontrar prova definitiva para a natureza verídica da experiência sensorial. Os objetos não possuem realidade distinta da mente. Enquanto poderíamos acreditar que "objetos", tais como jardins e vilas, existem, Xuan Zang argumenta que eles existem apenas à medida que são vistos em um momento e lugar específico, não em todos os momentos e lugares (Fung 1953: 321-323). Podemos expressar as opiniões de Xuan Zang na percepção, isto é, nossa percepção das coisas do mundo "[...] não é prova da existência independente de qualquer entidade, e todas as percepções podem ser explicadas como projeções da mente perceptiva" (Hurvitz et al. 1999a: 441).

Em termos epistemológicos, essa doutrina sustenta que nada pode ser estabelecido de modo independente da mente. O mundo como o conhecemos é criado pelas transformações da consciência. Os objetos são vazios (sem substância inata) e, como são criações da consciência, dependentes da consciência. Xuan Zang propõe oito níveis de consciência, o oitavo nível de consciência, mais maduro, sendo chamado de "consciência armazém" (*alaya-vijnana* em sânscrito). A consciência armazém é um armazém de percepções acumuladas ao longo do tempo. Todo feito, bom ou mau, deixa um traço na consciência armazém, a qual é também algumas vezes chamada de consciência "semente", pois contém, por assim dizer, as sementes de todas as coisas dentro e fora do mundo fenomênico. Cada ser individual possui sua própria consciência armazém que não começa no nascimento. Havia diferentes opiniões entre os proponentes do Budismo da consciência-apenas em relação a como a consciência armazém é influenciada (ou "perfumada") pela experiência. Havia também debates sobre processos de transmigração, dado que a consciência armazém não é identificada com a existência corpórea de um indivíduo, mas pode preceder a existência corpórea de um indivíduo e sobreviver à sua morte corpórea (Fung 1953: 305-306). A teoria da consciência armazém também era perturbada pelo problema do idealismo extremo. Em outras palavras, se há uma consciência armazém, será que tudo é, em última análise, subjetivo? Esses problemas são comparáveis àqueles associados ao idealismo de Descartes, sendo um deles o solipsismo, isto é, que uma pessoa não pode conhecer nada além de sua própria mente. Foi feita uma tentativa de abordar o problema da subjetividade postulando uma consciência armazém que incluísse todas as consciências armazém individuais.

Contudo, o conceito de uma consciência armazém universal também trouxe problemas, porque precisava haver uma explicação adequada para as interações e conexões causais entre as consciências armazém universais e não universais. Alguma noção de intersubjetividade foi sugerida, mas seus detalhes estavam longe de ser claros (Fung 1953: 308-309).

A doutrina do idealismo da Consciência-apenas, que Fung descreve como "Mera Ideação", tenta uma solução do caminho do meio para a consciência e o mundo fenomênico das experiências comuns (1953: 319). Enquanto ela sustenta que apenas a consciência existe e que não há coisas reais separadas da consciência, ela também, por outro lado, assevera que o mundo fenomênico, um produto da consciência e inseparável desta, existe. Ainda assim, há limites para a teoria do caminho do meio do Budismo da Consciência-apenas. Apesar de ela sustentar a existência do mundo fenomênico (todavia como produto da consciência), está claro que os fenômenos precisam ser eliminados em última instância, de modo a reduzir e abolir as impressões sobre a consciência armazém. Há problemas não resolvidos em uma teoria que sustenta uma forma tão extrema de idealismo. Não parece haver respostas adequadas para uma série de questões, inclusive sobre o papel das faculdades sensoriais humanas em relação à consciência armazém, a distinção entre a consciência armazém em suas formas universal e não universal (isto é, individual, personificada), e o problema das outras mentes (Fung 1953: 309–310; 326). As implicações práticas do Budismo da Consciência-apenas repousam em exaurir o armazém da consciência até que ele se torne vazio. Nesse estágio, dizemos que um ser atingiu um estado de "ser isto" (*tathata* em sânscrito). O meio para se atingir esse estado é a atividade ióguica; os textos prescrevem uma série dessas atividades. O Budismo da Consciência-apenas declinou no século VIII, talvez porque seu idealismo fosse implausível demais para capturar a imaginação dos chineses.[211]

Budismo Tian Tai

O Budismo Tian Tai continua influente especialmente em partes do leste da Ásia nos dias de hoje. Seu nome vem da montanha Tian Tai na China, onde seu fundador, Zhi Yi (538-597), passou muitos anos aprendendo e ensinando. A origem do nome é digna de nota porque,

---

211. Fung Yu-Lan afirma que a doutrina da seita da Consciência-apenas contradizia completamente o senso comum (1953: 339).

ao apontar para sua localização na China, o nome significa sua origem não indiana. Ainda assim, sua filosofia é embasada no *Sutra do lótus* (*Fahua Jing*).[212] O *Sutra do lótus* era um sutra Mahayana popular, e seu enfoque era primariamente a prática religiosa; não era um tratado sistemático. Zhi Yi interpretou o *Sutra do lótus* e escreveu três textos importantes, *Significado profundo do Sutra do lótus* (*Fahua xuan yi*), *Palavras e frases do Sutra do lótus* (*Fahua wenju*) e *A grande calmaria e contemplação* (*Mohe zhiguan*).

A doutrina Tian Tai enfatizava uma filosofia que harmonizava uma abordagem três em um pela qual os três temas seguintes funcionavam como uma unidade:

(1) todas as coisas, ou *dharmas,* são vazias, porque são produzidas por meio de causas e condições e, portanto, não têm natureza própria, mas
(2) elas têm uma existência temporária e provisória, e
(3) ser tanto vazio quanto temporário é a natureza dos *dharmas* e é o Meio. (Hurvitz et al. 1999a: 444)

Como há apenas uma realidade, estas três, vazio, provisoriedade e o Meio, precisam ser tidas como uma. A harmonia dos três em um não tem ponto de partida ou, em outras palavras, não importa onde a pessoa começa, porque o três em um é de fato uma interação circular (*yuan*) do vazio, do real e de nenhum deles. Diferente da doutrina da seita da Consciência-apenas, a doutrina Tian Tai enfatiza a interligação da consciência e dos fenômenos: o mundo fenomênico proporciona o conteúdo para a consciência, enquanto, por outro lado, ele também depende da cognição da mente para interpretá-lo de acordo com a realidade subjacente, mais profunda (*dharmas* em sânscrito). Essa doutrina do caminho do meio defende a não dualidade da consciência e dos fenômenos. Nesse sentido, ela difere da doutrina da escola da Consciência-apenas, que compreende os fenômenos inteiramente como um produto da consciência. Zhi Yi também transpôs a lacuna entre a fé contemplativa e a sabedoria analítica usando a abordagem dialética do caminho do meio. Na época de Zhi Yi, o pensamento budista no sul da China era de caráter principalmente filosófico, enquanto os do norte eram zelosos em desenvolver o Budismo como uma religião de fé e disciplina. Como o próprio Zhi Yi era do sul, e como ele teve um professor do norte, ele combinou ambos os aspectos

---

212. O nome longo desse texto é *Sutra sobre o lótus branco do dharma sublime*. Seu nome longo em chinês é *Miaofa Lianhua Jing*.

da doutrina budista. Ele desenvolveu uma visão que considerava os aspectos filosóficos e contemplativos do Budismo nas duas asas de um pássaro (Hurvitz et al. 1999a: 444).

Em seus aspectos contemplativos e religiosos, a doutrina Tian Tai postulava um rico mundo fenomênico de mil níveis, inclusive com a existência de seres infernais, seres celestiais, animais, fantasmas famintos, humanos, budas e *bodhisattvas*. Ela também afirmava, de acordo com o *Sutra do lótus*, que há muitos budas e que a condição de buda está aberta para todas as pessoas. Como a filosofia da natureza humana de Mêncio, a doutrina Tian Tai sustenta que todos os seres humanos têm a capacidade inerente de desenvolver a condição de buda. Contudo, diferentemente da teoria de Mêncio, Tian Tai acredita no mal essencial, que até mesmo o buda tem, como um elemento de sua natureza. Zhi Yi propõe uma doutrina de arrependimento, bem como uma série de processos de purificação para retificar o mal (Hurvitz et al. 1999a: 462-471).

Zhi Yi explicou as diferenças nas doutrinas budistas com referência ao fato de que indivíduos diferentes têm capacidades distintas e, portanto, que as doutrinas precisavam acomodar diferentes níveis de compreensão. Ainda assim, na análise final, ele propôs um Grande Veículo Único que abrangesse toda a humanidade apesar de suas diferenças. Em uma conversa que supostamente o Buda teve com um de seus discípulos, Sariputra, a ênfase é colocada em diferentes técnicas argumentativas, tais como exemplos empíricos (várias causas e condições), analogias (palavras de semelhança e parábola) e exposição doutrinal (exposição da Lei):

> [...] Śāriputra, os budas pregam a Lei de acordo com o que é apropriado, mas o significado é difícil de entender. Por que é assim? Porque empregamos incontáveis meios convenientes, discutindo causas e condições e utilizando palavras de semelhança e parábolas para expor os ensinamentos. Essa Lei não é algo que pode ser compreendido por meio de ponderação ou análise. Apenas os que são budas podem compreendê-la [...].
>
> [...] Śāriputra, sei que os seres vivos têm vários desejos, apegos que estão profundamente implantados em suas mentes. Tomando conhecimento dessa natureza básica deles, usarei, portanto, várias causas e condições, palavras de semelhança e parábolas, e o poder de meios convenientes, e exporei a Lei para eles. Śāriputra, faço isso para que todos eles possam atingir o veículo único do buda e a sabedoria única que abrange toda as espécies [...]" (tradução de Kumarajiva do *Sutra do lótus*, citado em Hurvitz et al. 1999a: 447)

A doutrina da universalidade da natureza de buda rejeitava as suposições do sistema de castas indiano. Mas, de maneira mais importante, ela afirmava o otimismo amplamente sustentado na filosofia chinesa, de que o cultivo do si estava disponível para todos. Em seu uso do termo "buda", como um vocábulo genérico, admitindo muitos budas, a doutrina enfatiza a disponibilidade da condição de buda para todos.

Budismo da Grinalda de Flores (*Hua Yan*)

Os ensinamentos do Budismo da Grinalda de Flores têm base no *Sutra da Grinalda de Flores* (*Huayan jing*), um texto conhecido por sua linguagem obscura e ornamentada, que descreve uma visão budista do Universo. Dentro da tradição Mahayana, o *Sutra da Grinalda de Flores* é algumas vezes conhecido por ter sido o primeiro sermão do buda, feito quando ele atingiu a iluminação (Hurvitz et al. 1999a: 471). Também acredita-se que o buda, reconhecendo a profundidade do texto e de sua linguagem para a maioria das pessoas comuns, pregou subsequentemente outros sutras que eram mais fáceis para elas compreenderem. Muitos dos princípios básicos do *Sutra da Grinalda de Flores* são similares aos de outras ramificações do Budismo Mahayana, inclusive seu enfoque na compaixão dos *bodhisattvas* e na conduta eticamente correta. Ele também concorda com outras seitas de que os objetos são vazios (*kong*), pois são destituídos de uma natureza inerente e existência independente. Tais objetos são irreais e ilusórios, sendo criações da mente; nada neste plano de existência sobrevive ao tempo.

O Budismo da Grinalda de Flores na China foi estabelecido por cinco patriarcas. Entre eles, o monge Du Shun (557-640) é considerado seu fundador porque ajudou em sua definição como uma seita separada. Fa Zang (643-712) é considerado seu maior proponente, porque sistematizou a doutrina para maior aceitação dos seguidores leigos. Em seu *Ensaio sobre o leão de ouro* (*Jin Shizi Zhang*), Fa Zang utiliza o exemplo de um leão de ouro para explicar a doutrina budista. Ele se refere ao ouro (à qualidade de ouro) do leão de ouro, e ao leão como objeto percebido, para demonstrar uma série de ideias budistas. Diz-se que Fa Zang escreveu esse ensaio no palácio do imperador porque este estava com dificuldades para entender as noções budistas (Fung 1953: 340). No *Ensaio do leão de ouro*, Fa Zang utiliza o método da "classificação dos ensinamentos" para explicar diferentes doutrinas budistas; ele as coloca em uma sequência de estágios, todos da verdade única (em Fung 1953: 346-347). O Budismo da Grinalda de

Flores, para ele, fica no topo da lista, enquanto o Budismo Hinayana é apresentado de modo depreciativo.

No primeiro nível, percebe-se a impermanência e insubstancialidade dos objetos: "O leão é um produto da causalidade, e passa por geração e destruição de momento a momento, realmente não há qualidade no leão que possa ser apreendida" (Fung 1953: 346). Esse é o ensinamento budista mais elementar, que visava aos seguidores do Budismo Hinayana. No segundo nível, reconhece-se que, "em última análise, há apenas vazio" (Ibid.). Esse é um ensinamento Mahayana básico. O terceiro nível, o ensinamento final do Mahayana, reconhece que o vazio (do real, dos númenos) não é inconsistente com a aparência ilusória dos fenômenos. Tanto o ser quanto o não ser são mantidos. No quarto nível, vazio e ser são mutuamente anulados e as falsas impressões dos sentidos são colocadas de lado. Palavra e discurso são abandonados. Esse é o ensinamento instantâneo do Mahayana. No quinto nível, "todas as coisas dos sentidos são reveladas em sua essência verdadeira e se tornam misturadas em uma grande massa [...] cada uma das quais representa o Absoluto" (Ibid.). A miríade é o um, visto que todas as coisas têm igualmente a natureza do não ser. Esse é o perfeito ensinamento do Veículo Único.

Nos seus comprometimentos filosóficos, o Budismo da Grinalda de Flores parece notavelmente similar ao Daoísmo de Zhuangzi. Ele enfatiza a diversidade do mundo, a interdependência de todas as coisas, a não dualidade e o ceticismo em relação à linguagem. Diferentemente da visão do Budismo da Consciência-apenas, que tenta sem sucesso explicar a sobreposição das consciências universal e não universal (individual), o Budismo da Grinalda de Flores nega que haja um compartilhamento entre as diferentes construções mentais. Muitos "mundos" são criados pelos atos mentais e todos eles são diferentes. As mentes individuais que os produzem também são diferentes. Há apenas uma Mente real, e esta é eterna, absoluta e abarca as mentes individuais. Fa Zang empregou um texto Mahayana, o *Despertar da fé no Mahayana*, para articular a ideia do "ser isto", ou seja, uma consciência verdadeira no cerne de todas as realidades. Contudo, ele evita o dualismo entre a esfera do "ser isto" e o mundo fenomênico, incluindo o múltiplo como parte de sua doutrina totalitária. Ele substituiu o "três são um" do Tian Tai pelo "tudo é um", alegando que toda parte do Universo corporifica ou reflete o todo: dentro e por meio de cada ser, vemos também todos os outros.[213] Ele estendeu esse

---

213. Essa perspectiva religioso-filosófica teria sido atraente em um clima político que buscava a unificação e a estabilidade (Hurvitz et al. 1999a: 475).

dogma "tudo é um" de uma série de maneiras, como, por exemplo, para asseverar que todos os budas são "um". Apesar de Fa Zang acreditar que os objetos são irreais e ilusórios, ele também os incorporava dentro de sua teoria da iluminação fixando quatro esferas do *dharma*:

(1) esfera do princípio (*li fa jie*)
(2) esfera das coisas (*shi*)
(3) esfera da não interferência entre princípio e coisas
(4) esfera da não interferência de todas as coisas

De acordo com Fa Zang, a esfera do princípio é a esfera do númeno, a realidade subjacente. Seu conceito de princípio é filosoficamente notável, pois pensadores chineses posteriores, como Wang Yang Ming (1472-1529), o idealista neoconfuciano, valeu-se extensivamente desse conceito da doutrina budista. Fa Zang enfatizava a natureza integrada do princípio e das coisas (objetos e eventos), que interpenetram e se identificam com o outro, ainda assim sem interferência. Ele se vale do exemplo do leão de ouro para ilustrar que os objetos não têm uma natureza inerente própria e são, portanto, vazios. O leão não tem seu próprio ser; sua existência é dependente de outros. Essa é a teoria da dependência integrada (Fung 1953: 342). Considerando que o leão não tem uma natureza inerente, ele dá a ilusão de ter qualidades particulares, e é com base nisso que ele existe. Dessa maneira, o vazio não é aniquilador; ele também não é exterior à matéria (Fung 1953: 343). O endossamento tanto do princípio quanto das coisas por parte de Fa Zang é notoriamente diferente do pensamento budista indiano em geral, que tende a identificar o mundo fenomênico como a fonte da ilusão a ser evitada. Fa Zang uniu as duas esferas, princípio e coisas, em sua teoria de não interferência. Para exemplificar sua teoria da não interferência e da natureza interdependente e integrada de todas as coisas, Fa Zang recorre às várias faculdades do leão de ouro para demonstrar a interdependência entre as partes de um todo:

> [...] se os olhos do leão são tomados como incluindo todo o leão, o todo são os olhos. Mas, se as orelhas são tomadas como incluindo todo o leão, o todo são as orelhas. E, se todos os órgãos são simultaneamente tomados como incluindo todo o leão, todos eles são o todo perfeito.
> (Fung 1953: 349)

Poderíamos achar que essa analogia não é inteiramente plausível. A intenção de Fa Zang é demonstrar que todos os fenômenos (os muitos) são, cada um deles, manifestações completas da mente única (absoluta) em sua totalidade. Uma metáfora mais estimulante é a da

"Rede de Indra", encontrada no texto *Calmaria e contemplação nos cinco ensinamentos de Huayan*:

> A rede incrustada de joias de Śakra também é chamada de Rede de Indra, e é feita de joias. As joias são brilhantes e refletem umas as outras sucessivamente, suas imagens permeando umas as outras mais e mais. Em uma única joia todas elas aparecem ao mesmo tempo, e isso pode ser visto em cada uma e em todas as joias. Não há realmente ir ou vir.
>
> Ora, se nos voltamos para a direção sudoeste e pegamos uma das joias para examiná-la, veremos que essa joia pode imediatamente refletir as imagens de todas as outras joias. Cada uma das outras joias fará o mesmo. Cada joia simultaneamente refletirá as imagens de todas as joias dessa maneira, como o farão todas as outras joias. As imagens são repetidas e multiplicadas umas nas outras de uma maneira que é ilimitada. Dentro dos limites de uma única joia estão contidas a repetição e a profusão ilimitadas das imagens de todas as joias. As reflexões são excessivamente claras e completamente desobstruídas. (Hurvitz et al. 1999a: 473)

As joias da rede são separadas e ainda assim unidas. Cada joia única contém reflexões de todas as outras. Os conceitos de não interferência juntos com a interdependência desempenham um papel importante em uma doutrina que abrange uma realidade múltipla. Em outras palavras, uma teoria pluralista e holística é plausível somente à medida que também inclui um princípio ordenador, por assim dizer, de como os muitos podem coexistir. O perigo reside em dois extremos: no primeiro, a pluralidade é tão caótica que não há aparência de integração ou interdependência. No segundo, o todo (total) poderia dominar suas partes, de modo que a miríade de coisas perde suas qualidades características. Sob essa luz, a doutrina do Veículo Único, traduzida como "tudo é um", poderia ser desorientadora, pois pode implicar uma unidade homogênea, em vez de pluralista. Talvez uma sentença alternativa, "um porém muitos", seja um reflexo melhor de como o conceito de não interferência funciona apropriadamente em uma atmosfera de interdependência. Fa Zang observa explicitamente a importância de reconhecer e manter os muitos: os cinco órgãos do leão são diferentes do leão como um todo, e por isso cada um é único. Eles são similares, considerando que todos surgem de uma causa. Mas, à medida que se combinam para compor o leão, são integrados. Ele conclui traçando as implicações de sua analogia:

[...] o objeto [no mundo fenomênico] como um todo tem a qualidade da generalidade, enquanto cada uma de suas partes tem a qualidade da especialidade. Visto que o objeto como um todo, bem como suas partes separadas, são todos produtos da causalidade, esta é sua qualidade de similaridade. Ainda assim, à medida que cada parte permanece distinta das outras partes, esta é sua qualidade de diversidade. Contudo, visto que a combinação das partes resulta na formação do objeto como um todo, esta é sua qualidade de integração (trad. Fung 1953: 355).

Tanto na doutrina quanto na prática, Fa Zang continuou comprometido com o mundo fenomênico em sua pluralidade. Há um conto interessante de como ele demonstrou aos alunos a essência da natureza interdependente e integrada de tudo:

Ele pegou dez espelhos e os dispôs, cada um, nos oito pontos da bússola e acima e abaixo, de tal modo que eles estavam separados por pouco mais de três metros uns dos outros. Seus alunos, assim, acabaram entendendo a teoria de passar da "terra e mar" (o mundo finito) para o infinito. (*Song Gaoseng Juan*, citado em Fung 1953: 353)

Na análise final, Fa Zang enfatiza que a compreensão da verdade budista é intuitiva e instantânea. Tal realização está além das palavras e conceitos, resiste à análise e é, em seu cerne, antilinguagem. Que a iluminação budista é instantânea foi uma questão que desencadeou muito debate, pois, se correta, implicaria na falta de sentido do cultivo gradual em direção a um objetivo. Além disso, que a iluminação é principalmente intuitiva parece anular a prática dos bons atos e do viver de acordo com códigos disciplinares e morais. Essas questões, bem como a visão da iluminação como um processo essencialmente mental, influenciaram os debates no Budismo Chan.

Budismo Chan

O Budismo Chan é mais conhecido por seu nome japonês, Zen, pois foi introduzido no mundo ocidental no começo do século XX pelo notável estudioso e tradutor japonês Daisetz Teitaro Suzuki (1870-1966). O nome "Chan" é uma versão abreviada de "Chan-na", uma tradução fonética do sânscrito *dhyana*. *Dhyana* é popularmente, ainda que de maneira imprecisa, traduzido como "meditação", apesar de se referir mais precisamente ao pensamento contemplativo do que ao pensamento desapegado ou teórico. Há histórias sobre as origens do Budismo Chan que incluem sua linha de transmissão direta a partir do buda, seu método de transmissão e suas origens indianas.

De acordo com um relato popular, o buda transmitiu seu ensinamento a um discípulo e esse ensinamento foi diferente do que ele havia pregado em público. A transmissão subsequente dessa doutrina valeu-se principalmente da transmissão oral, passada de um patriarca para outro. Diz-se que o 28º patriarca, Bodhidharma (470-543), levou o ensinamento à China. Desde então, ele foi considerado o primeiro patriarca do Budismo Chan. A seita se dividiu após o quinto patriarca, Hong Ren (601-674), nas seitas Chan do Norte e do Sul, cada qual clamando seu líder como o genuíno sexto patriarca. Shen Xiu (c. 605-706) foi o patriarca da seita do norte e Hui Neng, o do sul. Após aproximadamente um século de rivalidade, Shen Hui (670-762), um discípulo de Hui Neng, conseguiu obter aceitação na corte Tang como a genuína linhagem Chan.

Os estudiosos contemporâneos consideram as origens indianas da seita como falsas e duvidam se houve mesmo uma pessoa chamada Bodhidharma que transmitiu o Budismo Chan durante o período mencionado (Fung 1953: 386-388; De Bary e Bloom 1999: 492-493). Contudo, é historicamente preciso que houve duas seitas, lideradas por Shen Xiu e Hui Neng (Fung 1953: 388). As diferenças entre as ideias de Shen Xiu e Hui Neng são filosoficamente interessantes, pois seus debates repetem e capturam muitas divisões doutrinais do Budismo chinês. Muitas das ideias de Hui Neng, inclusive suas respostas a Shen Xiu, são descritas no texto *Sutra plataforma do sexto patriarca* (*Liu Zu Tan Jing*). Ele inclui uma biografia de Hui Neng e uma coletânea de seus sermões, apesar de sua autoria ser questionável.[214] Enquanto sua informação sobre Hui Neng e outros detalhes históricos pode não ser precisa, o texto é fundamental na filosofia budista Chan. Muitos aspectos da filosofia de Hui Neng são revelados no texto. Em nossa exposição de suas ideias, usaremos as cinco características do Budismo Chan dispostas por Fung (1953), pois elas são eficazes ao resumir a filosofia da seita. Além disso, serão úteis para elucidar os desacordos entre as seitas do sul e do norte.[215] Essas cinco características são: (1) a

---

214. Diz-se que o texto foi composto por um discípulo obscuro, mas estudos recentes atribuem a obra a um monge de uma linhagem diferente de Budismo que entrou em contato com as ideias Chan. Além disso, houve acréscimos ao *Sutra plataforma* ao longo dos anos. Em 1967, Philip Yampolsky publicou uma tradução consagrada de uma versão do *Sutra plataforma* localizada em Dunhuang; essa versão mostrou ser a mais antiga versão remanescente da obra. Contudo, a cópia contém vários erros e acredita-se ter sido feita por um escriba semiletrado (De Bary e Bloom 1999: 494).

215. Fung observa que seus cinco pontos continuam válidos para os budistas Chan, "a despeito de qual interpretação eles aceitem" (1953: 390). Contudo, essa asserção é duvidosa, porque na discussão decorrente de Fung uma série desses princípios não teria sido endossada pelos da seita do norte.

verdade mais alta ou primeiro princípio é inexprimível; (2) a realização espiritual não pode ser cultivada; (3) no último recurso nada é obtido; (4) "não há nada de mais no ensinamento budista"; (5) "em carregar água e cortar lenha: aí reside o maravilhoso *Tao*" (1953: 390).

(1) *"A verdade mais alta ou primeiro princípio é inexprimível* porque o que ela tenta expressar está na verdade 'Além da esfera da causalidade e da mente (consciente)'" (Fung: 390). O primeiro princípio é importante tanto para estabelecer a filosofia de Hui Neng como para distingui-la da da seita do norte. Há dois poemas relacionados ao primeiro princípio:

> O corpo é a árvore *bodhi*,
> A mente é como um espelho claro.
> A todo momento precisamos nos esforçar para poli-la,
> E precisamos não deixar a poeira se ajuntar.
>
> (*Sutra plataforma*, trad. Yampolsky,
> em De Bary e Bloom 1999: 496)
>
> A árvore *bodhi* originalmente não é uma árvore,
> O espelho também não tem suporte.
> A natureza do buda é sempre limpa e pura;
> Onde pode ser manchada por poeira?
>
> (Ibid.: 498)

O primeiro poema, atribuído a Shen Xiu da seita do norte, defende a pessoa iluminada, cuja mente é clara como um espelho. Com base nesse primeiro princípio, ele defende a limpeza gradual e constante do espelho. A diligência vigilante é requerida nesse processo, pois o espelho poderia ser turvado pela poeira. O segundo poema se opõe ao primeiro e é atribuído a Hui Neng. De acordo com esse poema, não havia nada originalmente, nem árvore *bodhi* nem espelho. O poema reconhece o paradoxo envolvido nessa asserção, de que sugerir que não há nada é identificá-lo, e, portanto, expressar o inexprimível. A partir do primeiro princípio de Hui Neng, de que não há nada originalmente, ele alega que também não há poeira. Além disso, dizer que não há poeira é uma maneira metafórica de dizer que limpar o espelho, isto é, o cultivo de si, não tem sentido. O desacordo entre os dois poemas estabelece visões dramaticamente diferentes da iluminação, a primeira (da seita do norte) compreendida como um *processo* (gradual) e a segunda, como um *estado* (instantâneo).[216] A primeira está alinhada mais proximamente com as teorias de cultivo da China de então, especialmente as do Confucionismo. As teorias de cultivo

---

216. Fung remonta a ideia de iluminação instantânea a Dao Sheng (1953: 388).

tipicamente envolviam árdua exerção mental e física e também autorrestrição. A doutrina da iluminação instantânea não aceita que há um caminho de desenvolvimento em direção à iluminação, mas sustenta que ela é imediata e, nesse sentido, atemporal. A iluminação instantânea não visa nem (melhorar) o passado, nem (influenciar positivamente) o futuro, mas sim aceitar o momento da iluminação, o próprio presente.

(2) *A realização espiritual não pode ser cultivada*. Do ponto de vista da seita do norte, o cultivo espiritual é uma atividade que tem um propósito. Ele se centra no conceito de *jian* (ver), isto é, ver a verdade, que é o não ser ou vazio (*kong*). Em contraste, a intenção do cultivo na seita do sul, se é que podemos chamar isso de "cultivo", é *guan*, contemplar, que é mais passivo do que ver. Hui Neng argumenta que mesmo não afirmar o um, não afirmar os muitos, ou afirmar o não ser, é fazer um julgamento, e, portanto, agir. Isso por sua vez irá gerar mais *karma*, pois as ações mentais também causam *karma*. Deve-se parar até com a afirmação do nada, pois, ao cultivar e persistir no vazio, a pessoa está presa a esse vazio. Evitar criar mais *karma* envolve uma não prática de cultivo espiritual. A não prática é em si um cultivo (Fung 1953: 393-394).

(3) *No último recurso nada é obtido*. A iluminação instantânea defendida por Hui Neng não possui um objeto, enquanto a mente iluminada da seita do norte busca a mente como realidade última. Nas opiniões da seita do norte, a realidade última é buscada, e seu objetivo é a mente imaculada, real. No *Sutra plataforma*, um texto da seita do sul, esse método de buscar a mente, "sentar em meditação", é tido como ridículo, porque é associado com a busca da realidade por parte da mente pura (em De Bary e Bloom 1999: 501). Nesse texto, há uma rejeição explícita da realidade como objeto, enunciada em termos filosóficos notavelmente precisos: "A pureza não tem forma, todavia algumas pessoas tentam postular a forma da pureza e consideram isso a prática Chan" (Ibid.). Na filosofia de Hui Neng, os objetos apropriados do conhecimento não são coisas externas – ou mesmo o vácuo ou vazio –, mas sim a própria mente do indivíduo. Diferentemente da doutrina da seita do norte, na qual a mente é um dispositivo para alcançar a iluminação, a mente aqui é vista como o fundamento do ser. Não há nenhuma distinção entre a mente como sujeito e a mente como objeto. Tal iluminação súbita não tem um objeto. Podemos perceber aqui alguma insinuação de uma distinção entre consciência (mente como sujeito) e mente (mente como objeto), que é inexistente em outros contextos da filosofia chinesa

antiga. A eliminação da distinção sujeito-objeto evita as dificuldades do Budismo da Grinalda de Flores porque não há o problema das outras mentes. Na filosofia de Hui Neng, todas as mentes são similares e iguais porque todos os humanos têm a mesma mente que pode a qualquer momento ser iluminada. Uma pessoa iluminada tem acesso direto (não por meio do pensamento) à sua própria mente, e, como a mente é a mesma em todas as pessoas, pode-se falar razoavelmente sobre a mente iluminada de outra pessoa. Isso, contudo, não é um tipo positivo de conhecimento. Por isso, não é de modo algum um ganho de qualquer tipo.

(4) *Não há nada de mais no ensinamento budista.* Este princípio assevera que a vida do sábio não é diferente da dos homens comuns. O Budismo Chan do norte, que defende que apenas a mente imaculada é real, exigiria também o desapego em relação ao mundo fenomênico. Nesse sentido, ele se assemelha à filosofia do idealismo extremo do Budismo da Consciência-apenas. Além disso, o cultivo da mente de acordo com essa seita é um processo gradual e difícil. A asserção de que não há nada de mais no ensinamento budista Chan parece insultar e trivializar a ênfase que a seita do norte coloca no cultivo. Em contraste, a doutrina de Hui Neng sugere que realmente não há segredo; o único segredo é que as pessoas não compreendem que a iluminação é tão simples.

(5) *Em carregar água e cortar lenha: aí reside o maravilhoso Tao [dao].* Este princípio resulta do anterior. Em sua ponderação sobre a iluminação, Hui Neng alega que a iluminação não requer o afastamento em relação às atividades deste mundo. A partir dessa perspectiva, a expressão "Terra Pura" não se relaciona a qualquer entidade ou localização "real" como tal, mas é apenas um referente para a pureza mental. A seita do sul abole a especulação metafísica sobre a realidade suprema e, em vez disso, enfoca a iluminação mental. O *Sutra plataforma* argumenta:

> [...] as pessoas do leste [China], só por tornarem a mente pura, não têm crime; as pessoas do oeste [a Terra Pura do oeste], se suas mentes não são puras, são culpadas de um crime. A pessoa iludida deseja nascer no leste ou no oeste; [para a pessoa iluminada] qualquer terra é a mesma coisa [...]. Por que você deveria buscar o renascimento [na terra do oeste]? (acréscimos do tradutor; em De Bary e Bloom 1999: 502).

Ele também nega o dualismo entre mente pura e mundo fenomênico sustentado por muitas seitas budistas. Como o Budismo da seita Tian Tai, o Budismo Chan do sul não se afasta do mundo fenomênico. Para Hui Neng e os seguidores de sua seita, é irrelevante onde a iluminação mental acontece. Uma pessoa pode estar cortando lenha ou bebendo chá quando a iluminação chega a ela. A pessoa iluminada se envolve em atividades cotidianas comuns, como todos os outros, mas seus atos têm uma importância diferente dos das pessoas comuns. As atividades em si não são boas ou más, pois rotulá-las como tais, mesmo de uma maneira anticonvencional, é restringir-se por esses valores. Os perigos de fazer julgamentos e discriminar são descritos na dualidade. "Se dentro [na mente] e fora [nas atividades do mundo fenomênico] você não está iludido, então está separado da dualidade. Se no exterior você está iludido, você se apega à forma; se no interior você está iludido, você se apega ao vazio" (*Sutra plataforma*, em De Bary e Bloom 1999: 503).

A influência do Budismo Chan do sul gradualmente ultrapassou a da seita do norte. Os princípios do Budismo Chan do sul estão alinhados de modo mais próximo aos temas daoístas, especialmente na filosofia de Zhuangzi, não apenas na percepção sem palavras do vazio do não ser, mas também em seu envolvimento contínuo com os afazeres deste mundo. (Em resposta a uma questão sobre o paradeiro do *dao*, Zhuangzi é conhecido por ter dito que ele estava na urina e no excremento; *Zhuangzi* 22.) Como com o Daoísmo de Zhuangzi, o Budismo Chan precisa abordar os paradoxos associados à comunicação que se concentra na iluminação mental, mas que, em última análise, rejeita a linguagem. Na dinastia Tang, o Budismo Chan continuou a se desenvolver ainda mais e, por ele enfocar a iluminação mental instantânea, desenvolveu paradoxos conhecidos como *gongan* (em japonês e mais recentemente em inglês: *koan*). Esses paradoxos tinham um "valor de choque" e eram supostamente projetados para desafiar a lógica cotidiana. Entre os *gongan* famosos estão enigmas como "Um cão tem a natureza de buda ou não?", histórias de um monge que atingiu a iluminação quando lhe pediram para lavar sua tigela após sua refeição (aludindo à simplicidade da mensagem Chan) e interrogações sobre se a bandeira ou o vento se move (para as quais a resposta de Hui Neng foi que era a mente que estava se movendo).[217] Esses *gongan*

---

217. Esses exemplos são do texto *O portal sem portal* (*The Gateless Gate* em inglês; *Wumenguan* em chinês; *Mumonkan* em japonês), publicado em 1228 pelo monge chinês Wumen. Outra coletânea famosa é *Registros do Penhasco Azul* (Biyan Lu), que foi compilada durante a dinastia Song em 1125 e subsequentemente expandida em sua forma presente pelo mestre Chan Yuanwu Keqin (1063-1135).

são mais sugestivos do que informativos e envolvem os leitores ou ouvintes no pensamento reflexivo. Seu uso para a iluminação levanta o paradoxo sobre a linguagem mencionado anteriormente: se há uma incompatibilidade irreconciliável entre linguagem e verdade, então por que se importar com ler os *sutras* ou contemplar os *gongan*?[218] Conforme o Budismo Chan se desenvolveu, séries de *gongan* foram desenvolvidas como programas planejados de instrução – o que parece inconsistente com a ênfase de Hui Neng sobre o não cultivo. Além disso houve outros métodos que foram incorporados para "chocar" uma pessoa e fazê-la obter uma iluminação instantânea. Alguns desses métodos eram violentos, incluindo pancadas e chicotadas:

> Frequentemente, esses *gongan* não podiam ser respondidos verbalmente, o que explica em parte as pancadas, os gritos e os gestos descritos tantas vezes nas histórias. Muitas vezes o mestre encontraria a mente do discípulo tão sensibilizada e receptiva que um grito, um golpe de vara ou uma palavra blasfema seria a causa para seu despertar para a Verdade. (De Bary e Bloom 1999: 492)

É interessante, apesar de desapontador, observar que o Budismo Chan poderia ter se desenvolvido de modo muito mais extensivo em seus meandros filosóficos, mas, em vez disso, é agora mais bem conhecido por suas práticas. Os estudos contemporâneos estão divididos nessa questão de se o Budismo Chan é considerado apropriadamente uma doutrina filosófica ou uma prática.[219] Hui Neng evitou a reflexão sobre uma realidade metafísica que é externa ao Eu, e essa é uma questão fundamental na filosofia. Ao enfocar a iluminação mental por meio do *gongan*, o Budismo Chan no contexto moderno desenvolveu alguma semelhança com a tese de autoajuda que auxilia os indivíduos a atingir a equanimidade ao serem desapegados dos interesses da vida comum. Ainda assim, por outro lado, se esses enigmas instigam o pensamento reflexivo na pessoa leiga – quer ou não a iluminação Chan seja alcançada –, eles estão de fato promovendo uma das metas centrais do pensamento filosófico.

---

218. Chung-ying Cheng em "On Zen (Ch'an) Language and Zen Paradoxes" levanta o paradoxo do *gongan* na iluminação Chan (1973). Sua discussão instigou muitas respostas ao paradoxo.
219. Ver, por exemplo, a discussão de Henry Rosemont Jr. em "Is Zen Buddhism a Philosophy?". Na compilação de materiais utilizados como fonte por De Bary e Bloom (1999), o Budismo Chan é classificado nas "Escolas de prática budista", e não nas "Escolas de doutrina budista".

Budismo chinês

Na dinastia Tang, o Budismo se estabeleceu como um campo doutrinal, ético e religioso bem distinto de suas origens indianas. O Budismo chinês desenvolveu seu caráter distintivo ao incorporar uma série de ideias que foram aspectos integrantes das filosofias chinesas. Por exemplo, no Budismo Terra Pura, que é popular na China de hoje, pensa-se que as relações humanas continuam na Terra Pura. Os chineses estavam muito mais interessados no Budismo Mahayana, que defende um *bodhisattva* que volta e suspende o *nirvana* para ajudar os outros a atingirem a iluminação. Isso reflete o fato de que, na consciência chinesa, o mais importante sobre o *nirvana* era a liderança ético-social da pessoa iluminada, similar à da pessoa paradigmática confuciana e do sábio daoísta.[220] Outro exemplo importante de como o Budismo chinês desenvolveu seu caráter distintivo é exemplificado nas noções e métodos de cultivo de si, polaridades de ser e não ser, interesses sobre a existência continuada da pessoa, e nas abordagens dialéticas das diferentes seitas, como vimos anteriormente. Isso não é dizer que esses temas não existiam no Budismo indiano, mas sim que, do modo como foram articulados na doutrina budista chinesa, houve muitos empréstimos de conceitos e abordagens da filosofia chinesa.

Ainda assim, por outro lado, o Budismo chinês começou a tomar sua forma característica na síntese de elementos das filosofias indiana e chinesa. Vemos a extensão dessa síntese quando ponderamos como as diferentes seitas budistas lidam com uma questão principal, a da dualidade. Isso é articulado em uma ampla gama de doutrinas budistas, entre a mente pura e o mundo fenomênico, a realidade e a irrealidade, a equanimidade e a insatisfação, o não ser e o ser, a não existência e a existência, a consciência e a existência corpórea, a permanência e a impermanência, o bem e o mal, o independente e o causado. Uma característica distintiva do Budismo chinês é o modo como, em geral, as diferentes doutrinas adotam uma solução do caminho do meio para a questão da dualidade. O Budismo dos Três Tratados, que sustenta uma clara preferência pela verdade absoluta, é a única escola que assevera uma dicotomia entre as duas noções de verdade, comum e absoluta. As outras seitas adotam uma estratégia do caminho do meio que abrange ambos os aspectos da dualidade. O Budismo da Consciência-apenas abraça a abordagem do caminho do meio de modo marginal. Ele vê

---

220. Wing-tsit Chan discute as características distintivas do Budismo chinês em "Transformation of Buddhism in China" [Transformação do Budismo na China] (1957–1958).

o mundo fenomênico como indesejável, mas também reconhece seu lugar na vida humana. O Budismo Tian Tai propõe uma integração entre consciência e mundo fenomênico e é, nesse sentido, obviamente uma doutrina do caminho do meio. O Budismo da Grinalda de Flores não apenas adota uma abordagem do caminho do meio à consciência e ao mundo fenomênico, mas também enfatiza a interdependência de todas as coisas, de uma forma similar ao perspectivismo de Zhuangzi. Há uma tendência geral na doutrina budista chinesa de adotar uma abordagem dialética e correspondente ao caminho do meio, a qual não procura abandonar a vida deste mundo. O Budismo chinês se estabeleceu dentro da tradição intelectual chinesa como um campo distinto, em suas influências sobre os desenvolvimentos posteriores da filosofia chinesa. Muitos temas budistas aparecem no desenvolvimento do Neoconfucionismo durante a dinastia Song, nas filosofias de Han Yu (768-824) e Li Ao (morto em c. 844) (Lai 2003: 18). Por sua vez, essas visões foram fundamentais para moldar as teorias cosmológicas que dominaram os debates durante os séculos IX a XI (Fung 1953: 407-433) e mesmo depois disso, no estabelecimento da filosofia neoconfuciana.

Sugestões para leituras posteriores

Chan, Wing-tsit. "Transformation of Buddhism in China", *Philosophy East and West*, v. 7, n. 3/4, 1957-1958, p. 107-116.

Fung, Yu-Lan. "Buddhism and Its Critics During the Period of Disunity". In: *A History of Chinese Philosophy*. Traduzido por Derk Bodde. v. 2. Princeton: Princeton University Press, 1953, p. 237–292.

Hurvitz, Leon e Tsai, Heng-Ting. "The Introduction of Buddhism". In: Wm Theodore De Bary e Irene Bloom (eds.). *Sources of Chinese Tradition: From Earliest Times to 1600*, v. 1, 2. ed. New York: Columbia University Press, 1999, p. 415-432.

Hurvitz, Leon et al. "Schools of Buddhist Doctrine". In: Wm Theodore De Bary e Irene Bloom (eds.). *Sources of Chinese Tradition: From Earliest Times to 1600*, v. 1. 2. ed. New York: Columbia University Press, 1999, p. 433-80.

Lai, Whalen. "Buddhism in China: A Historical Survey". In: Antonio Cua (ed.). *Encyclopedia of Chinese Philosophy*. New York: Routledge, 2003, p. 7-19.

Posfácio

Neste livro, presumimos que a "filosofia chinesa" é um campo de estudo identificável. Contudo, o significado de "filosofia chinesa" é debatido por estudiosos contemporâneos.[221] Há algumas razões pelas quais a expressão "filosofia chinesa" é controversa, e três delas são discutidas aqui. Primeiro, a expressão chinesa que denota filosofia, *zhexue*, foi cunhada só no século XIX por um estudioso japonês.[222] Assim, a expressão "filosofia chinesa" é aplicada retrospectivamente a um campo de investigações e debates que surgiu na China por volta de 500 a.C. entre pensadores que não conheciam o termo. Segundo, o termo "filosofia" é um campo disciplinar distinto com origens gregas antigas, e como tal é caracterizado, parcialmente em termos históricos, por tópicos específicos e modos de análise, métodos de argumentação e estilos de raciocínio. O termo "filosofia" é diferente do termo "religião", por exemplo, cuja concepção não é necessariamente associada a aspectos específicos de uma civilização. "Filosofia", tanto em sua origem quanto no modo como é concebida, é um termo de referência mais restrito. A terceira razão é histórica e está relacionada ao modo como a expressão "filosofia chinesa" foi utilizada por intelectuais chineses do período moderno, tais como Hu Shih (1891-1962) e Fung Yu-Lan (1895-1990), que estudaram filosofia ocidental e estavam ávidos para apresentar as tradições intelectuais da China como "filosofia". Eles escreveram explicações da história da filosofia chinesa segundo as ideias, as categorias e os métodos das filosofias ocidentais que haviam estudado. Contudo, essas histórias negligenciaram de diferentes maneiras aspectos da filosofia chinesa que não se encaixavam em sua

---

221. Ver, por exemplo, Defoort 2001 e Cua 2005: 317-347.
222. Nishi Amane (1829-1887) cunhou a expressão em japonês como uma combinação de dois caracteres: *tetsugaku* (*zhexue* em chinês). Ver Defoort 2001: 394.

estrutura (Cua 2005: 317-347). Essas duas explicações são influentes e pioneiras e ajudaram a definir a filosofia chinesa como uma disciplina, moldando sua forma presente.

Há importantes lições a partir dos pontos citados. Se desejarmos considerar a filosofia chinesa como um campo de estudo legítimo, precisamos talvez trilhar um caminho do meio. Isso envolve, de um lado, não estender excessivamente o termo "filosofia" para que qualquer aparência de reflexão seja qualificada como parte da disciplina; e, por outro lado, não representar erroneamente os debates intelectuais chineses por causa do esforço de encaixá-los nas concepções ocidentais de filosofia existentes. Uma base plausível para sugerir que o pensamento chinês antigo se qualifica como "filosofia" é considerar os paralelos entre suas atividades reflexivas e as da filosofia ocidental, em vez de procurar similaridades em conteúdo e estilo. As discussões neste livro exploram o conjunto de ideias associadas às diferentes escolas de pensamento que surgiram na China Antiga, suas raízes, divergências e influências cruzadas, o efeito que algumas dessas ideias pode ter tido em moldar a sociedade chinesa, suas instituições e práticas, e sua importância contemporânea. Elas demonstram que os pensadores chineses antigos, em diferentes medidas, envolveram-se na investigação sistemática e reflexiva. Esses pensadores levaram em consideração questões éticas, a natureza do governo, concepções de bem social, questões metaéticas, visões metafísicas, o papel da linguagem, as estratégias para persuasão e argumentação, todas atividades filosóficas centrais. Com base nessas atividades reflexivas, podemos dizer razoavelmente que a filosofia chinesa é uma "filosofia". Além disso, como nos casos da filosofia anglo-americana e da filosofia europeia contemporânea, o conteúdo e os métodos de análise da filosofia chinesa são, de certa maneira, únicos; eles ajudam a estabelecê-la como um campo disciplinar distinto.

As características distintivas da filosofia chinesa estão espalhadas pelas áreas-padrão da filosofia ocidental tradicional: ética e filosofia política, metafísica, epistemologia e lógica. Contudo, os paradigmas dominantes da filosofia ocidental e chinesa – concepções do Eu, bem comum, existência, causalidade, linguagem e sua ligação com realidade, conhecimento e sabedoria – não são sempre similares. Em alguns casos, os conceitos e estruturas conceituais da filosofia chinesa desafiam as fronteiras da filosofia ocidental tradicional. Aqui, discuto uma série de exemplos significativos que demonstram o valor da filosofia chinesa.

A filosofia chinesa apresenta uma imagem realista e dinâmica do Eu no centro das decisões éticas. A concepção do Eu na filosofia chinesa, como uma pessoa histórica e culturalmente situada, e relacionalmente constituída, é complicada e profunda. Há muito material na literatura que se vale das percepções das tradições filosóficas chinesas para esclarecer discussões contemporâneas de ética. Aqui, discuto brevemente uma série de assuntos interessantes que podem ser extraídos de um envolvimento entre a ética ocidental e a chinesa. De acordo com a visão que entende os relacionamentos e os contextos como aspectos essenciais da personalidade, as decisões, ações e comportamentos éticos não são eventos isolados. As situações éticas não são congeladas no tempo e independentes das realidades vividas e, portanto, não podem ser avaliadas em abstração, como se fossem descontínuas com outros aspectos da vida de uma pessoa. Portanto, ao pensar sobre a ética, devemos levar em conta os aspectos causais relevantes de um evento específico, o papel do agente moral nele e suas reações a ele. Essas são considerações além daquelas que poderíamos ver tipicamente como moralmente significativas, a saber, o caráter, as posturas e emoções de uma pessoa, bem como suas relações com as outras pessoas, obrigações, deveres, lealdades e consequências significativas. O fato de que uma pessoa é, em parte, um produto de uma história e cultura específica também se soma à complexidade da ética. A concepção chinesa de ética discutida aqui sugere que há limites para a sistematização ou universalização das situações éticas. Isso não é dizer que a ética na filosofia chinesa seja inteiramente *ad hoc* e situacional; na verdade, os fatores situacionais são apenas um entre os muitos fatores envolvidos.

A partir dessa breve delineação das características da ética na filosofia chinesa, podemos extrair três percepções importantes. Primeiro, um entendimento apropriado da ética precisa corresponder à tomada ética de decisões na vida real. As questões éticas precisam ser entendidas no contexto, nas realidades concretas dos agentes morais. Normas e padrões são importantes para guiar a tomada ética de decisões, mas os aspectos circunstanciais de uma situação ajudam a determinar como poderíamos aplicar essas normas de modo apropriado. Segundo, há uma necessidade de compreender a ética de modo mais amplo, não segundo ideais transcendentes predeterminados, mas sim como produtos de tradições históricas e culturais específicas. Os pensadores chineses antigos estavam conscientemente atentos ao fato de que, quando os aspectos da sociedade mudam – por exemplo, na população, por meio da mobilidade social, do acúmulo de riqueza por parte dos indivíduos, ou por meio da família e de outras estruturas de grupo –, as normas, os valores, as crenças e os ideais também mudam. Isso significa que, em nossas discussões de ética, devemos também considerar as suposições de uma pessoa, tais como suas concepções de sociedade, governo, individualidade e identidade, bem-estar individual, relações entre bens coletivos e individuais e buscas significativas na vida. O terceiro ponto trata do Eu no centro da tomada ética de decisão. Na filosofia chinesa, o caráter de uma pessoa é mais importante do que sua prática correta dos padrões morais. Por exemplo, ser sensível aos sentimentos de outra pessoa poderia ser mais importante do que realizar a ação correta. Além disso, as normas morais são consideradas secundárias para o caráter e o desenvolvimento de uma pessoa, de modo que os requisitos éticos para uma pessoa podem ser diferentes dos requisitos éticos para outra. De acordo com essa visão, a ética é um processo dinâmico; a questão importante na ética não é *o que* as normas são, mas *quais* são as reflexões a se aplicar e *como* elas poderiam ser aplicadas. Em suma, a concepção de ética na filosofia chinesa leva em conta uma ampla gama de fatores que afetam a tomada ética de decisões. Apesar de complicada, ela apresenta um retrato realista da pessoa que está no centro das decisões éticas.

As reflexões epistemológicas de Zhuangzi corporificam os pensamentos de alguém que está fascinado pela diversidade do mundo e interessado em como lidar com ele. Vimos como Zhuangzi se exaspera com aqueles que alegam possuir a verdade. Seu desespero com as concepções universalistas ou absolutas da verdade também era compartilhado pelos daoístas de modo mais geral, bem como pelos dialéticos e pelos moístas posteriores. Os pensadores chineses antigos estiveram envolvidos em debates desde muito cedo, desde os primórdios do pensamento reflexivo na China, durante o período da Primavera e do Outono. Talvez, ao serem expostos a muitas opiniões diferentes, os pensadores chineses antigos também tenham enxergado os méritos das visões de outras doutrinas. A profusão de diferentes visões pode ter engendrado nos pensadores chineses uma disposição para o compromisso e para a síntese, em lugar da análise e da definição. Em termos amplos, o método de síntese procura concordâncias e é confortável valer-se de elementos de doutrinas diferentes, às vezes incompatíveis. A abordagem analítica (um método importante na filosofia ocidental), em contraste, procura entender os elementos constitutivos de cada doutrina e também como eles são combinados na argumentação. Essa abordagem também trata da sistematização, que é um elemento integrante da ciência moderna que parecia faltar nas tradições intelectuais chinesas. Contudo, o método de síntese, que continua a ser um método dominante nos estudos desenvolvidos na China dos dias de hoje, aprecia diferentes perspectivas e busca de modo pragmático valer-se da gama de opiniões disponíveis, construindo uma visão coerente com os diferentes elementos. Ambos os métodos, analítico e sintético, são importantes abordagens do conhecimento. É particularmente importante, em um contexto cada vez mais global, que aprendamos não apenas a examinar as ideias de diferentes civilizações e culturas, mas também que nos valhamos de suas percepções.

Os pensadores chineses antigos estavam interessados na inadequação da linguagem para capturar a complexidade e diversidade da vida e do pensamento. Ainda assim, eles também perceberam que a linguagem era uma força potente na sociedade, pois poderia ser utilizada como instrumento de controle político. Os confucianos, em particular, eram zelosos em incorporar a linguagem em sua agenda ético-política. Em sua teoria da retificação dos nomes, eles propuseram que um uso normativo dos títulos (como pai ou irmão) deveria ajudar a moldar o comportamento das pessoas. Os moístas posteriores e os Mingjia tentaram sistematizar aspectos da linguagem. Contudo, foram confundidos pelas divergências entre linguagem e realidade. Suas discussões incitam mais questões sobre a natureza da língua chinesa. Na língua chinesa, cada caractere possui um significado definido. Como este é o caso, não é particularmente importante o modo como os caracteres são posicionados para veicular o significado. Isso contrasta com uma linguagem que é baseada na sintaxe, como o inglês. No inglês, o significado é determinado parcialmente pela estrutura gramatical (por exemplo, nos dois enunciados "Jane, I am" [Jane, eu sou] e "I am Jane" [Eu sou Jane]". Será que essas formas diferentes de expressar o significado afetam o modo como os usuários dessas línguas diferentes pensam? Os pensadores chineses antigos eram criteriosos em relação às características da língua chinesa, e deveríamos estender suas investigações, de maneira mais geral, para comparar as ligações entre linguagem e pensamento. No campo da filosofia comparativa, alguns estudiosos argumentaram que há uma ligação importante entre linguagem e lógica: os pensamentos que usuários de linguagens específicas têm são moldados pelas diferentes "estruturas" presentes em suas linguagens. Em outras palavras, falantes de línguas diferentes "veem" o mundo de modo diferente. É importante apreciar esse ponto em especial na comunicação intercultural, particularmente porque a linguagem é um aspecto central da vida humana.

Esses três exemplos proporcionam um senso da distinção da filosofia chinesa, bem como da amplitude e profundidade de suas percepções. Eles também estabelecem sua relevância no mundo contemporâneo. A visão de mundo da filosofia chinesa é uma visão que, no todo, é orientada por observações do mundo, e não por esquemas teóricos. Portanto, ela tende a ser mais empírica e concreta, enfocando a pluralidade e o modo como as múltiplas coisas do mundo são interdependentes. Isso, por sua vez, está ligado a suas visões de mudança e causalidades complexas e seu enfoque dos processos, e não dos eventos. Isso significa que, apesar de a filosofia chinesa antiga ser às vezes assistemática de modo frustrante, ela também proporciona uma imagem mais inclusiva da vida, que se recusa a simplificar a diversidade. As discussões neste livro apontam para uma necessidade de estudos comparativos mais extensivos, inclusive de natureza interdisciplinar. Talvez esses estudos esclareçam nossa compreensão da filosofia chinesa, conforme ela se apresenta em comparação com outros sistemas de pensamento, bem como com nossas visões do bem-estar humano.

Glossário

Textos

Bingfa	*Arte da guerra*	兵法
Biyan Lu	*Registro do Penhasco Azul*	碧巖錄
Bohu Tong (ou *Baihu Tong*)	*Discursos no Salão do Tigre Branco*	白虎通
Cheng Gongsheng	Texto dos Mingjia, não existe mais	成公生
Cheng Weishi Lun	*Tratado sobre o estabelecimento da Consciência-apenas*	成唯識論
Chun Qiu	*Anais da Primavera e do Outono*	春秋
Chunqiu fanlu	*Gemas luxuriantes dos Anais da Primavera e do Outono*	春秋繁露
Daodejing	ou *Lao Tzu*	道德經
Daqu	*Grande seleção*; cânones moístas	大取
Daxue	*Grande aprendizado*	大學
Dazhuan	*Grande comentário*, do *Yijing*	大傳
Fahua Jing	*Sutra do lótus*	法華經
Fahua wenju	*Palavras e frases do Sutra de lótus*	法華文句
Fahua xuan yi	*Profundo significado do Sutra de lótus*	法華玄義
Gongsun Longzi	ou *Kung-sun Lung-tzu*	公孫龍子
Guanzi	*Kuan-tzu*	管子
Guo Qin Lun	*Os erros dos Qin*	過秦論
Han Feizi	*Han Fei-tzu*	韓非子
Hou Hanshu	*História do fim da dinastia Han*	後漢書
Huainanzi	*Huainan-Tzu*	淮南子
Huang Gong	Texto dos Mingjia, não existe mais	黃公
Huangdi neijing ling shu	*Pivô divino do Huangdi neijing*	黃帝內經靈樞
Huangdi neijing suwen	*Questões básicas do Huangdi neijing*	黃帝內經素問
Huangdi neijing taisu	*Grande base do Huangdi neijing*	黃帝內經太素
Huangdi Neijing	*Cânone interior do Imperador Amarelo*	黃帝內經
Huang-Lao Boshu	*Manuscritos de seda de Huang-Lao*	黃老帛書
Huayan jing	*Sutra da Grinalda de Flores*	華嚴經

Huizi	Texto dos Mingjia, não existe mais	惠子
Jin Shizi Zhang	*Ensaio sobre o leão de ouro*	金獅子章
Laozi	ou *Daodejing*	老子
Li Ji	*Livro dos rituais*	禮記
Liezi	*Lieh-tzu*	列子
Lihuo Lun	*Livrando-se do erro*	理惑論
Liu Zu Tan Jing	*Sutra plataforma do sexto patriarca*	六祖壇經
Lunyu	*Analectos de Confúcio*	論語
Lüshi Chunqiu	*Anais da Primavera e do Outonos do sr. Lü*	呂氏春秋
Mao Gong	Texto dos Mingjia, não existe mais	毛公
Mengzi		孟子
Miaofa Lianhua Jing	*Sutra sobre o lótus branco do dharma sublime*	妙法蓮華經
Ming Shi	*Nomes e objetos*	名實
Mo Tzu	*Mo-tzu*	墨子
Mohe zhiguan	*A grande calmaria e contemplação*	摩訶止觀
Neipian	Capítulos Interiores do *Zhuangzi*	內篇
Neiye	"Empreendimento/treinamento interior"; capítulo do Guanzi	內業
Qian Hanshu	*História da antiga dinastia Han*	前漢書
Qiwu lun	Capítulo 2 do *Zhuangzi*	齊物論
Shang Shu	também conhecido como o *Livro de história*; ver *Shu Jing*	尚書
Shangjun Shu	*Livro do senhor Shang*	商君書
Shi Jing	*Livro da poesia* ou *Livro das odes*	詩經
Shi Yi	*Dez apêndices*	十翼
Shiji	*Registros do grande historiador*	史記
Shu Jing	*Livro de história*; *Clássico de história ou documentos*	書經
Shuogua Zhuan	*Comentário sobre os trigramas*	說卦傳
Shuowen Jiezi	*Léxico Shuowen*	說文解字
Si Shu	*Quatro livros* (confucianos)	四書
Tian Wen	Capítulo 3 do *Huainanzi*	天文
Tianlun (do *Xunzi*)	*Discurso sobre o céu*	天論
Tuan Zhuan	*Comentário sobre os julgamentos*	彖傳
Waipian	Capítulos Exteriores do *Zhuangzi*	外篇
Wenyan	*Comentário sobre as palavras do texto*	文言
Wu Jing	*Cinco clássicos* (confucianos)	五經
Wumenguan	*Portal sem portais* (coletânea de *gong-an* Chan)	無門關
Xiang Gong	(seção do *Zuo Zhuan*)	襄公
Xiang Zhuan	*Comentário sobre as imagens*	象傳
Xiao Jing	*Livro da piedade filial*	孝經
Xiaoqu	*Pequena seleção*; cânones moístas	小取

Glossário

Xiaoyao you	Capítulo 1 do *Zhuangzi*	逍遙遊
Xici Zhuan	Comentário sobre as frases anexadas	繫辭傳
Xugua Zhuan	Comentário sobre a sequência dos hexagramas	序卦傳
Xunzi	Hsun-tzu	荀子
Yangsheng Zhu	Capítulo 3 do *Zhuangzi*	養生主
Yueling	Capítulo do *Liji*	月令
Yi Zhuan	Comentários sobre o *Yijing*	易傳
Yijing	Livro das mutações	易經
Yin Wen		尹文
Yu Jing	*Expondo os cânones*; cânones moístas	語經
Yuan Dao	Capítulo 1 do *Huainanzi*	原道
Zagua Zhuan	Comentário sobre os hexagramas em ordem irregular	雜卦傳
Zapian	*Capítulos diversos*; no *Zhuangzi*	雜篇
Zhao Gong	(seção do *Zuo Zhuan*)	昭公
Zhong Yong	Doutrina do meio	中庸
Zhongguanlun shu	Comentário sobre o *Madhyamaka Sastra*	中觀論疏
Zhou Yi	Mudanças de Zhou; ver *Yijing*	周易
Zhuangzi	Chuang-tzu	莊子
Zuo Zhuan	Tso Chuan	左傳

Nomes

Amituo Fo	Amitabha	阿彌陀佛
Baijia zhi xue	Cem escolas de aprendizado	百家之學
Ban Biao	(3-54 d.C.)	班彪
Ban Gu	(32-92 d.C.)	班固
Ban Zhao	(século I d.C.)	班昭
Ben Wu Yi	Escola Variante do Não ser	本無異
Ben Wu	Escola Original do Não ser	本無
Bianzhe	disputadores	辯者
Chang'an		長安
Chan-na	Budismo Chan	禪那
Chunqiu	Período da Primavera e do Outono	春秋
Dao-an	(312–385 d.C.)	道安
Dao Sheng	(c. 360–434 d.C.)	道生
Daojia	Daoístas	道家
Daojiao	Religião daoísta	道教
Deng Xi	(m. 501 a.C.)	鄧析
Dong Zhongshu	(c. 195-c. 115 a.C.)	董仲舒
Dong Zhou	Zhou do leste	東周
Du Shun	(557-640 d.C.)	杜順
Fa Zang	(643-712 d.C.)	法藏

Fajia	Pensadores legalistas	法家
Fangshi	Mestres dos métodos técnicos	方士
Fu Xi	(c. 2800 a.C.); mítico?	伏羲
Gaozi	ou Kao Tzu (c. 420-350 a.C.)	告子
Gongsun Long	(n. 380 a.C.?)	公孫龍
Guan Zhong	(m. 645 a.C.)	管仲
Guo Xiang	(m. 312)	郭象
Guodian		郭店
Han Chao	Dinastia Han (206 a.C.-220 d.C.)	漢朝
Han Fei	(c. 280-233 a.C.)	漢非
Han Huanhui Wang	Rei Huanhui de Han (272-239 a.C.)	漢桓惠王
Han Wang An	Rei An de Han (238-230 a.C.)	漢王安
Heshanggong		河上公
Hu Shi	Hu Shih (1891-1962 a.C.)	胡適
Hua Yan	Grinalda de Flores (Budismo)	華嚴
Huan Hua	Escola da Ilusão Fenomênica	幻化
Huangjin zhi luan	Rebelião do Turbante Amarelo	黃巾之亂
Huang-Lao	(doutrina daoísta)	黃老
Hui Neng	(638-713 d.C.)	慧能
Hui Shi	(370?-310? a.C.)	惠施
Hui Yuan	(334-416 d.C.)	慧遠
Huo	Nome comum, em texto moísta posterior	獲
Ji Se	Escola da Matéria enquanto Tal	即色
Ji Zang	(540-623 d.C.)	吉藏
Jia Yi	(200-168 a.C.)	賈誼
Jin Chao	Dinastia Jin (265-420 d.C.)	晉朝
Jing Tu	Terra Pura (Budismo)	淨土
Jingdi	Imperador Jing de Han (reinado 157-41 a.C.)	景帝
Jiumoluoshi	Kumarajiva	鳩摩羅什
Jixia		稷下
Kongzi	Confúcio (551-479 a.C.)	孔子
Lao Dan	ou Laozi	老聃
Laozi	Lao Tzu	老子
Li Si	(c. 280-208 a.C.)	李斯
Liang Qichao	(1873-1929 d.C.)	梁啟超
Liu An	(c. 180-122 a.C.)	劉安
Liu Chao	Período dos Seis Reinos	六朝
Lü Buwei	(c. 291-235 a.C.)	呂不韋
Mawangdui		馬王堆
Mengzi	Mêncio (385?-312? a.C.)	孟子
Mingjia	Terminologistas (pensadores que pertencem à Escola dos Nomes)	名家
Mouzi	Mestre Mou	牟子

Glossário 315

Mozi	Mo Tzu (480 a.C.?-390 a.C.?)	墨子
Nanbei Chao	Dinastias do Norte e do Sul (420-589 d.C.)	南北朝
Qin Chao	Dinastia Chin (221–206 a.C.)	秦朝
Qin Er Shi	(229-207 a.C.)	秦二世
Qin Shihuangdi	(260-210 a.C.)	秦始皇帝
Ru	Confucionismo	儒
Ru-Mo	Confuciano-moísta	儒墨
San Lun	Três Tratados (Budismo)	三論
Sanguo	Período dos Três Reinos (222-263 d.C.)	三國
Seng Zhao	(394-414 d.C.)	僧肇
Shang Yang	(m. 338 a.C.)	商鞅
Shen Buhai	(m. 337 a.C.)	申不害
Shen Dao	(c. 350-275 a.C.)	慎到
Shen Hui	(670-762 d.C.)	神會
Shen Xiu	(c. 605-706 d.C.)	神秀
Shi Han	Escola das Impressões Armazenadas	識含
Shijiazhuang		石家莊
Sima Qian	(c. 145-186 a.C.)	司馬遷
Sima Tan	(m. 110 a.C.)	司馬談
Sui Chao	Dinastia Sui (581-618 d.C.)	隨朝
Sun Zi	Sun Tzu (c. 544-496 a.C.)	孫子
Tang Chao	Dinastia Tang (618-907 d.C.)	唐朝
Tian Tai	Tian Tai (Budismo)	天台
Tuoba		拓跋
Wang Bi	(226-249 d.C.)	王弼
Wang Ni	Personagem presente no *Zhuangzi*	王倪
Wang Yangming	(1472-1529 d.C.)	王陽明
Wudi	Imperador Wu de Han (reinado 141-187 a.C.)	武帝
Xianbei	Tribo nômade da China Han	鮮卑
Xin Wu	Escola do Não Ser da Mente	鮮卑
Xuan Zang	(596-664 d.C.)	玄奘
Xunzi	Hsun Tzu (310?-219? a.C.)	荀子
Yang Zhu	Yang Chu (370-319 a.C.)	楊朱
Yanhui	Yen Hui (discípulo de Confúcio)	顏回
Yuan Hui	Combinação Causal	緣會
Yuanwu Keqin	Mestre budista Chan (1063-1135 d.C.)	圜悟克勤
Zang	Nome comum, no texto moísta posterior	藏
Zengzi	(505-436 a.C.)	曾子
Zhanguo	Período dos Reinos Combatentes (475-221 a.C.)	戰國
Zhao Gao	(m. 207 a.C.)	趙高
Zhou Chao	Dinastia Zhou (1122-221 a.C.)	周朝

Zhou Wen Wang	Rei Wen de Zhou (1099-1050 a.C.)	周文王
Zhu Xi	Chu Hsi (1130-1200 d.C.)	朱熹
Zhuangzi	Chuang Tzu (c. século IV a.C.)	莊子
Zigong	Tzu-kung	子貢
Zilu	Tzu-lu	子路
Zisi	Tzu-lu (c. 483-402 a.C.)	子思
Zixia	Tzu-hsia	子夏
Ziyou	Tzu-yu	子游
Zizhang	Tzu-chang	子張
Zou Yan	(c. 305-240 a.C.)	鄒衍

Conceitos e temas

ai	amor	愛
ai ren ruo ai qishen	valorizar os outros como se valoriza a si mesmo	愛人若愛其身
aidi	amor por um irmão (mais novo)	愛弟
bao zhen	preservação do Eu genuíno	保真
bi	necessário/necessidade	必
bi	aquilo	彼
bian	debate, disputa	辯
bian	discriminar, distinguir	辨
bian	plano, liso	扁
bie	(traçar) uma distinção precisa	別
buke	não possível	不可
buran	não assim	不然
cai	habilidade	才
chang dao	*dao* duradouro	常道
chouzuo	brinde	酬酢
chi	culpa/vergonha	恥
ci	frase	辭
dang	adequar-se ao fato	當
dao	caminho, senda	道
dazhi	grande (maior) sabedoria	大知
de	poder, virtude	德
de	obter	得
di	irmão mais novo; respeito por um irmão mais velho	弟
dingfa	fixando os padrões	定法
dui	corpo d'água	兌
e (ou "wu")	mal, aversão ao mal	惡
fa	punição, padrão, código penal	法

Glossário

fan	retorno, reversão	反
fei	negativo, não é o caso que	非
fen	porção, dever	分
fu	reunião	復
ganying	ressonância	感應
gen	colinas	艮
geyi	associação de conceitos	格義
gongan	*koan* Zen budista	公案
gu	doente, corrupto ou decomposto	蠱
gua	símbolo, de trigrama ou hexagrama	卦
guaci	enunciado de trigrama ou hexagrama no *Yijing*	卦辭
guan	observar	觀
heng	perseverança, permanência	恆
huan	dispersão	渙
huang	amarelo	黃
jia	família, escola	家
jiaren	família (membros da)	家人
jian	ver	見
jian	inteiro, unidade	兼
jianai	interesse universal moísta	兼愛
jing	poço	井
jingxue	estudo dos clássicos	經學
ju	esquadro de carpinteiro	矩
junzi	homem paradigmático	君子
kan	Lua, nuvens, córregos	坎
ke	possível	可
kong	vazio	空
kun	terra	坤
lei	categoria, tipo	類
li fa jie	esfera do princípio (no Budismo)	理法界
li	benefício, vantagem, proveito	利
li	aderência, fogo, Sol (um dos oito trigramas)	離
li	princípio	理
li	civilidade	禮
lun lie	proximidade relacional	倫列
maodun	contradição (lit.: lança e escudo)	矛盾
meiren	pessoa bela	美人
milu	(um tipo de veado)	麋鹿
ming	iluminação	明
ming	nome, termo	名
mu	mãe	母
nei	interior	內

nei-wai	interior-exterior (debate)	內外
pan jiao	classificação dos ensinamentos	判教
pi	obstrução	否
pu	simplicidade	樸, 朴
qi	energia, espírito	氣
qian	céu	乾
qing	emoções	情
ran	assim	然
ren	coração humano, compaixão	仁
ren	pessoa	人
renzheng	governo benevolente	仁政
rong	honra	榮
shadao	matar um ladrão	殺盜
sharen	matar uma pessoa	殺人
shen	espírito, numinoso (esfera)	神
sheng	ascender	升
sheng	nascimento, crescimento	生
shi	realidade	實
shi	tempo	時
shi	afirmativo, é o caso que	是
shi	poder, ímpeto	勢
shi	funcionário estudioso	士
shi	mundo	世
shifei	isto/não isto	是非
shu	contar	數
shu	método	術
shu	mutualidade	恕
shuo	falar, dizer	說
siduan	quatro raízes (Mêncio)	四端
taiji	Supremo Absoluto	太極
ti	parte/corpo	體
tian	céu	天
tian di zi dao	caminho do céu e da terra	天地之道
tianzi	filho do céu	天子
tong	igualdade	同
tongyi	igualdade/diferença	同異
tuan	julgamento (no *Yijing*)	彖
tui	extensão, analogia	推
tui lei	estender de tipo a tipo	推類
wai	exterior	外
wanwu	realidade múltipla (lit.: dez mil coisas)	萬物
wei	ato, feito	為
wei	considerar, julgar	謂
weiwo	cada um por si	為我

wen	escrita, cultura	文
wu	nada, não ser	無
wu (ou "e")	mal, aversão ao mal	惡
wu ming	sem nome	無名
wucai	cinco materiais	五材
wude	cinco poderes	五得
wulun	cinco relações	五倫
wuwei	não ação; sem ação condicionada	無為
wuwei er wuyiwei	sem ação e sem levar nada em consideração	無為而無以為
wuxing	cinco fases	五行
xiao	piedade filial	孝
xiaozhi	sabedoria pequena (menor)	小知
xin	mente-coração	心
xin	sinceridade, confiança, cumprir com a própria palavra	信
xing	nome ancestral	姓
xing	forma	形
xing	natureza (humana)	性
xing	punição	刑
xing e	natureza humana (é) má	性惡
xing ming	fixando os nomes	刑名
xing shan	natureza humana (é) boa	性善
xiu	vergonha, desgraça	羞
xiushen	cultivo do Eu	修身
xu	vazio	虛
xuan	mistério	玄
xun	vento, madeira	巽
yang	masculino, Sol	陽
yao	linha em um trigrama ou hexagrama	爻
yaoci	enunciado de linha	爻辭
yi	fácil, mudança	易
yi	**diferente/diferença**	異
yi	**certo, retidão**	義
yiguan	uma linha	一貫
yimin	unificar as massas	一民
yin	feminino, escuro	陰
yin yang	sombrio/ensolarado; feminino/masculino	陰陽
you	ter, possuir	有
yuan	redondo	圓
yue	música	樂
zhen	genuíno, verdadeiro	真
zhen	trovão, abalar	震
zheng	governar, governo	政

zhengmin	retificação dos nomes	正名
zhexue	filosofia	哲學
zhi	qualidade inata, substância	質
zhi	conhecimento, sabedoria	知, 智
zhi	apontar	指
zhong	conscienciosidade, ser o melhor de si	忠
zhongguo zhexue	filosofia chinesa	中國哲學
ziran	espontâneo, natural	自然
zong	ancestral, seita	宗
zuowang	sentar e esquecer	坐忘

Bibliografia

Textos principais

A Source Book in Chinese Philosophy. Trad. Wing-tsit Chan. Princeton: Princeton University Press, 1963a.

Analects of Confucius. Trad. Dim-cheuk Lau. Harmondsworth: Penguin Books, 1979a.

Analects of Confucius: A Philosophical Translation. Trad. Roger Ames e Henry Rosemont Jr. New York: Ballantine Publishing Group, 1998a.

Basic Writings of Han Fei Tzu. Trad. Burton Watson. New York: Columbia University Press, 1964.

Book of Lieh Tzu. Trad. Angus C. Graham. London: John Murray, 1960.

Book of Lord Shang: A Classic of the Chinese School of Law. Trad. J. J. L. Duyvendak. London: Arthur Probsthain, 1928.

Chinese Classics: with a Translation, Critical and Exegetical Notes, Prolegomena, and Copious Indexes. Trad. James Legge (1893-1895). Taipei: SMC Publishing Inc. Reimpresso a partir da última edição por Oxford University Press em 1991; v. 1: *Confucian Analects, The Great Learning, The Doctrine of the Mean*. 3. ed., com uma nota biográfica por L. T. Ride; v. V, *The Ch'un ts'ew, with the Tso chuen*, 2. ed., com pequenas correções textuais.

Chuang Tzu: Basic Writings. Trad. Burton Watson. New York: Columbia University Press, 1964.

Chuang-Tzu: The Inner Chapters. Trad. Angus C. Graham. Indianapolis: Hackett Publishing Co, 2001.

Classic of Changes: A New Translation of the I Ching as Interpreted by Wang Bi. Trad. Richard J. Lynn. New York: Columbia University Press, 1994.

Commentary on the Lao Tzu by Wang Pi. Trad. Ariane Rump em colaboração com Wing-tsit Chan; monografia n. 6 da Society for Asian and Comparative Philosophy. Honolulu: University of Hawai'i Press, 1979.

Complete Works of Han Fei Tzu: A Classic of Chinese Political Science. Trad. W. K. Liao. v. I-II. London: Arthur Probsthain, 1939.

Daodejing: "Making This Life Significant". Trad. Roger Ames e David Hall. New York: Ballantine Books, 2003.

Ethical and Political Works of Mo Tzu. Trad. Yi-pao Mei. London: Arthur Probsthain, 1929.

Ho-Shang-Kung's Commentary on Lao-Tse. Trad. Eduard Erkes. Ascona, Switzerland: Artibus Asiæ, 1950.

Hsün Tzu: Basic Writings. Trad. Burton Watson. New York, Columbia University Press, 1963.

Hsüntze: The Moulder of Ancient Confucianism. Trad. Homber H. Dubs. Taipei: Ch'eng-Wen Publishing Co., 1966. Publicado originalmente em 1927 por Arthur Probsthain, London.

Lao Tzu and Taoism. Traduzido do francês por Roger Greaves. Trad. Max Kaltenmark. Stanford: Stanford University Press, 1969.

Lao Tzu Tao Te Ching. Trad. Dim-cheuk Lau. Harmondsworth: Penguin Books, 1963.

Mencius. Trad. Dim-cheuk Lau. Edição revisada. Hong Kong: Chinese University Press, 1979b.

Mo Tzu: Basic Writings. Trad. Burton Watson. New York: Columbia University Press, 1963.

Platform Sutra of the Sixth Patriarch. Trad. Philip B. Yampolsky. 6. ed. New York: Columbia University Press, 1978.

Records of the Grand Historian of China (Shiji). Trad. Burton Watson. 2 v. New York: Columbia University Press, 1971.

Sacred Books of China: The Texts of Confucianism. Trad. James Legge. v. 3, 1879. *The Shu King (Shujing);* reimpresso em 1970, Delhi: Motilal Banarsidass.

Sayings of Lao Tzu. Trad. Lionel Giles. London: John Murray, 1959.

Shen Tzu Fragments. Trad. Paul M. Thompson. Oxford: Oxford University Press, 1979. (Londom Oriental Series, v. 29)

Shiji (Records of the Historian: Sima Qian). Trad. Burton Watson. New York: Columbia University Press, 1961.

Shuowen Jiezi Zhu/Xu Shen zhuan; Duan Yucai zhu (Léxico Shuowen por Duan, Yucai (1735-1815)), Shanghai: *Shanghai gu ji chu ban she: Xin hua shu dian, 1981;* reimpresso a partir do original (1815), China: Jing yun lou.

Sources of Chinese Tradition: From Earliest Times to 1600, v. 1. 2. ed. Compilado por Wm Theodore De Bary e Irene Bloom. New York: Columbia University Press, 1999.

Tao Te Ching: The Book of the Way and Its Virtue. Trad. J. J. L. Duyvendak. London: John Murray, 1954.

"The *Gongsun Longzi*: A Translation and an Analysis of its Relationship to Later Mohist Writings". Trad. Ian Johnson. *Journal of Chinese Philosophy,* v. 31, n. 2, p. 271-295, 2004.

"The *Kung-sun Lung Tzu* with a Translation into English".Trad. Yi-pao Mei. *Harvard Journal of Asiatic Studies,* v. 16, n. 3/4, p. 404-437, dez. 1953.

The Original Analects: Sayings of Confucius and His Successors. Trad. Brooks, E. Bruce e Brooks, A. Taeko. New York: Columbia University Press, 1998.

The *She King* (Livro da poesia). Trad. James Legge, 2. ed. v. 1, *The Chinese Classics* com pequenas correções textuais. Taipei: SMC Publishing Inc, 1935.

The Way and Its Power: A Study of the Tao Te Ching and Its Place in Chinese Thought. Trad. Arthur Waley. New York: Grove Press, 1958.

The Way of Lao Tzu (Tao-te ching). Trad. Wing-tsit Chan. New Jersey: Prentice Hall, Library of Liberal Arts, 1963b.

Xunzi: A Translation and Study of the Complete Works. Trad. John Knoblock. Stanford: Stanford University Press, v. 1-3; v. 1 (1988), livros 1-6; v. 2 (1990), livros 7-16; v. 3 (1994), livros 17-32.

Yi King (*Yijing*). Trad. James Legge. *The Sacred Books of the East*. v. 16. Oxford: The Clarendon Press, 1899.

Yuan Dao: Tracing Dao to its Source. Trad. D. C. Lau e Roger Ames. New York: Ballantine Books, 1998.

Fontes secundárias

AHERN, Dennis. "An Equivocation in Confucian Philosophy", *Journal of Chinese Philosophy*, v. 7, p. 175-186, 1980.

ALLAN, Sarah. *The Way of Water and Sprouts of Virtue*. Albany: State University of New York Press, 1997. (SUNY Series in Chinese Philosophy and Culture)

ALLINSON, Robert E. *Chuang-tzu For Spiritual Transformation*. Albany: State University of New York Press, 1989.

_____. "The Confucian Golden Rule: A Negative Formulation", *Journal of Chinese Philosophy*, v. 12, p. 305-315, 1985.

AMES, Roger. "Knowing in the *Zhuangzi*: 'From Here, on the Bridge, over the River Hao'". AMES, Roger (ed.). *Wandering at East in the Zhuangzi*. Albany: State University of New York Press, p. 219-230, 1988b.

_____. "Taoism and the Nature of Nature", *Environmental Ethics*, v. 8, p. 317-350, 1986.

AMES, Roger; HALL, David. *Focusing the Familiar: A Translation and Philosophical Interpretation of the Zhongyong*. Honolulu: University of Hawai'i Press, 2001.

BODDE, Derk. "Basic Concepts of Chinese Law: The Genesis and Evolution of Legal Thought in Traditional China", *Proceedings of the American Philosophical Society*, v. 107, n. 5, p. 375-398, 1963.

_____. "The State and Empire of Ch'in". In: TWITCHETT, Denis; LOEWE, Michael (eds.). *The Cambridge History of China*. v. 1: The Ch'in and Han Empires, 221 B.C.-A.D. 220. Cambridge: Cambridge University Press, 1986, p. 21-102.

CHAN, Alan (ed.). *Mencius: Contexts and Interpretations*. Honolulu: University of Hawai'i Press, 2002.

_____. *Two Visions of the Way: A Study of the Wang Pi and Ho-shang Kung Commentaries on the Lao-tzu*. Albany: State University of New York Press, 1991.

CHAN, Wing-tsit. "Chinese and Western Interpretations of *Jen* (Humanity)", *Journal of Chinese Philosophy*, v. 2, p. 107–129, 1975.

_____. "The Evolution of the Confucian Concept *Jen*", *Philosophy East and West*, v. 4, p. 295-319, 1995.

_____. "Transformation of Buddhism in China", *Philosophy East and West*, v. 7, n. 3/4, p. 107-116, 1957-1958.

CH'EN, Ta-chi. Mengzi xingshan shuo yu Xunzi xinge shuo de bijiao *yaniiu* [Um estudo comparativo da teoria de Mêncio de que a natureza do homem é boa e da teoria de Hsun Tzu de que a natureza do homem é má]. Taipei: Zhongyang wenwu gong yin she, 1953.

CHENG, Chung-ying. "On the Environmental Ethics of the Tao and the Ch'i", *Environmental Ethics*, v. 8, p. 351-370, inverno 1986.

_____. "On Zen (Ch'an) Language and Zen Paradoxes", *Journal of Chinese Philosophy*, v. 1, p. 77-102, 1973.

_____. "Philosophy of Change". In: CUA, Antonio (ed.). *Encyclopedia of Chinese Philosophy*. New York: Routledge, p. 517-524, 2003.

_____. "Toward Constructing a Dialectics of Harmonization: Harmony and Conflict in Chinese Philosophy", *Journal of Chinese Philosophy*, v. 4, p. 209-245, 1997.

CHONG, Kim-chong. "Confucius's Virtue Ethics: *Li, Yi, Wen* and *Chih* in the *Analects*", *Journal of Chinese Philosophy*, v. 25, p. 101-130, 1998.

CH'U T'UNG TSU. *Law and Society in Traditional China*. The Hague: Mouton and Co, 1965.

CLARKE, J. J. *The Tao of the West: Western Transformations of Taoist Thought*. London; New York: Routledge, 2000.

CREEL, Herlee. *Chinese Thought from Confucius to Mao Tse-Tung*. Chicago: University of Chicago Press, 1953.

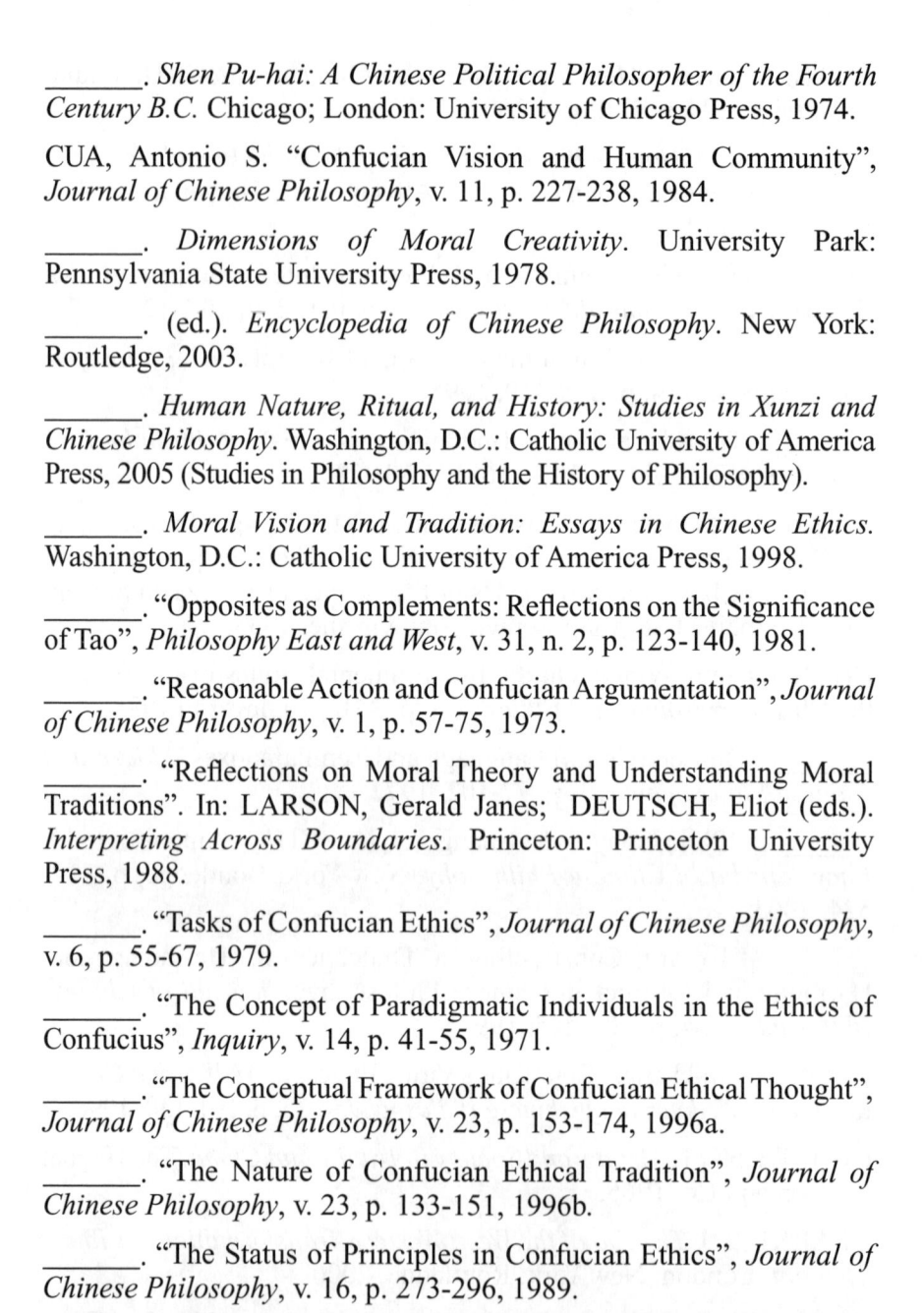

_____. *Shen Pu-hai: A Chinese Political Philosopher of the Fourth Century B.C.* Chicago; London: University of Chicago Press, 1974.

CUA, Antonio S. "Confucian Vision and Human Community", *Journal of Chinese Philosophy*, v. 11, p. 227-238, 1984.

_____. *Dimensions of Moral Creativity*. University Park: Pennsylvania State University Press, 1978.

_____. (ed.). *Encyclopedia of Chinese Philosophy*. New York: Routledge, 2003.

_____. *Human Nature, Ritual, and History: Studies in Xunzi and Chinese Philosophy*. Washington, D.C.: Catholic University of America Press, 2005 (Studies in Philosophy and the History of Philosophy).

_____. *Moral Vision and Tradition: Essays in Chinese Ethics*. Washington, D.C.: Catholic University of America Press, 1998.

_____. "Opposites as Complements: Reflections on the Significance of Tao", *Philosophy East and West*, v. 31, n. 2, p. 123-140, 1981.

_____. "Reasonable Action and Confucian Argumentation", *Journal of Chinese Philosophy*, v. 1, p. 57-75, 1973.

_____. "Reflections on Moral Theory and Understanding Moral Traditions". In: LARSON, Gerald Janes; DEUTSCH, Eliot (eds.). *Interpreting Across Boundaries*. Princeton: Princeton University Press, 1988.

_____. "Tasks of Confucian Ethics", *Journal of Chinese Philosophy*, v. 6, p. 55-67, 1979.

_____. "The Concept of Paradigmatic Individuals in the Ethics of Confucius", *Inquiry*, v. 14, p. 41-55, 1971.

_____. "The Conceptual Framework of Confucian Ethical Thought", *Journal of Chinese Philosophy*, v. 23, p. 153-174, 1996a.

_____. "The Nature of Confucian Ethical Tradition", *Journal of Chinese Philosophy*, v. 23, p. 133-151, 1996b.

_____. "The Status of Principles in Confucian Ethics", *Journal of Chinese Philosophy*, v. 16, p. 273-296, 1989.

DE BARY, Wm Theodore. *Asian Values and Human Rights: A Confucian Communitarian Perspective*. Cambridge: Harvard University Press, 1998.

_____. *The Trouble With Confucianism*. Cambridge: Harvard University Press, 1991.

DE BARY, Wm Theodore; TU, Weiming (eds.). *Confucianism and Human Rights*. New York: Columbia University Press, 1998.

DEFOORT, Carine. "Is There Such a Thing as Chinese Philosophy? Arguments of an Implicit Debate", *Philosophy East and West*, v. 51, n. 3, p. 393-413, julho 2001.

FANG, Thomé H. *Chinese Philosophy: Its Spirit and Its Development*. 2. ed. Taipei: Linking Publishing, 1981.

FINGARETTE, Herbert. *Confucius: The Secular as Sacred*. New York: Harper and Row, 1972.

_____. "The Music of Humanity in the *Conversations* of Confucius", *Journal of Chinese Philosophy*, v. 10, p. 331-356, 1983.

_____. "The Problem of the Self in the Analects", *Philosophy East and West*, v. 29, n. 2, p. 129-140, 1979.

FOX, Alan. "Reflex and Reflectivity: *Wuwei* no *Zhuangzi*", *Asian Philosophy*, v. 6, n. 1, p. 59-72, 1996.

FRASER, Christopher. "Introduction: Later Mohist Logic, Ethics, and Science After 25 Years". A partir da edição reimpressa de GRAHAM, Angus C. *Later Mohist Logic, Ethics and Science*. Hong Kong: Chinese University Press, 2003.

FU, Charles Wei-hsun. "Lao Tzu's Conception of Tao", *Inquiry*, 16, p. 367-394, inverno 1973.

FUNG, Yu-Lan. *A History of Chinese Philosophy*. v. 1. Trad. Derk Bodde. Princeton: Princeton University Press, 1952.

_____. *A History of Chinese Philosophy*. v. 2. Trad. Derk Bodde. Princeton: Princeton University Press, 1953.

_____. *A Short History of Chinese Philosophy*. Ed. Derk Bodde. New York: Free Press, 1948.

_____. *The Spirit of Chinese Philosophy*. Trad. E. R. Hughes. London: Routledge and Kegan Paul, 1947.

GRAHAM, Angus C. "The Background of the Mencian Theory of Human Nature", 1967. Reimpresso em LIU, Xiusheng (ed.). *Essays on the Moral Philosophy of Mengzi*. Indianapolis: Hackett Publishing, p. 1-63. 2002.

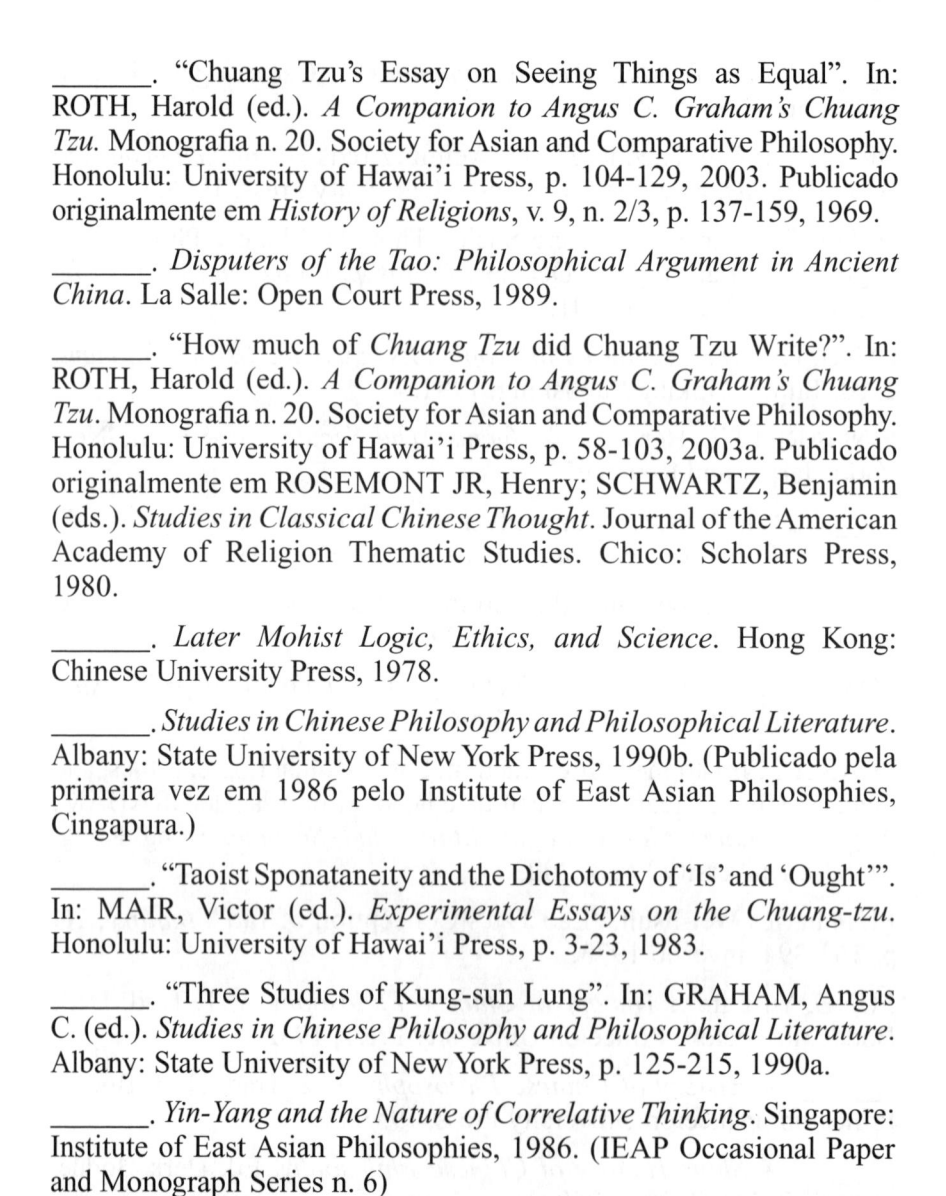

_____. "Chuang Tzu's Essay on Seeing Things as Equal". In: ROTH, Harold (ed.). *A Companion to Angus C. Graham's Chuang Tzu*. Monografia n. 20. Society for Asian and Comparative Philosophy. Honolulu: University of Hawai'i Press, p. 104-129, 2003. Publicado originalmente em *History of Religions*, v. 9, n. 2/3, p. 137-159, 1969.

_____. *Disputers of the Tao: Philosophical Argument in Ancient China*. La Salle: Open Court Press, 1989.

_____. "How much of *Chuang Tzu* did Chuang Tzu Write?". In: ROTH, Harold (ed.). *A Companion to Angus C. Graham's Chuang Tzu*. Monografia n. 20. Society for Asian and Comparative Philosophy. Honolulu: University of Hawai'i Press, p. 58-103, 2003a. Publicado originalmente em ROSEMONT JR, Henry; SCHWARTZ, Benjamin (eds.). *Studies in Classical Chinese Thought*. Journal of the American Academy of Religion Thematic Studies. Chico: Scholars Press, 1980.

_____. *Later Mohist Logic, Ethics, and Science*. Hong Kong: Chinese University Press, 1978.

_____. *Studies in Chinese Philosophy and Philosophical Literature*. Albany: State University of New York Press, 1990b. (Publicado pela primeira vez em 1986 pelo Institute of East Asian Philosophies, Cingapura.)

_____. "Taoist Sponataneity and the Dichotomy of 'Is' and 'Ought'". In: MAIR, Victor (ed.). *Experimental Essays on the Chuang-tzu*. Honolulu: University of Hawai'i Press, p. 3-23, 1983.

_____. "Three Studies of Kung-sun Lung". In: GRAHAM, Angus C. (ed.). *Studies in Chinese Philosophy and Philosophical Literature*. Albany: State University of New York Press, p. 125-215, 1990a.

_____. *Yin-Yang and the Nature of Correlative Thinking*. Singapore: Institute of East Asian Philosophies, 1986. (IEAP Occasional Paper and Monograph Series n. 6)

GRANGE, Joseph. *John Dewey, Confucius and Global Philosophy*. Albany: State University of New York Press, 2004. (SUNY Series in Chinese Philosophy and Culture)

GUAN FENG. *Zhuangzi Zhexue Taolun Ji* [Discussões reunidas sobre a filosofia de Zhuangzi]. Beijing: Zhonghua shu ji, 1952.

GUHA, Ramachandra. "Radical American Environmentalism and Wilderness Preservation: A Third World Critique". In: BRENNAN, Andrew (ed.). *The Ethics of the Environment*. London: Dartmouth Publishing, p. 239-252, 1995. (International Research Library of Philosophy Series)

HALL, David. "On Seeking a Change of Environment: A Quasi-Taoist Proposal", *Philosophy East and West,* v. 37, n. 2, p.160-71, 1987.

HALL, David; AMES, Roger. *The Democracy of the Dead: Dewey, Confucius, and the Hope for Democracy in China*. La Salle: Open Court Publishing Company, 1999.

_____. *Thinking from the Han: Self, Truth, and Transcendence in Chinese and Western Culture*. Albany: State University of New York Press, 1998.

_____. *Thinking Through Confucius*. Albany: State University of New York Press, 1997.

HANSEN, Chad. *A Daoist Theory of Chinese Thought*. New York: Oxford University Press, 1992.

_____. "*A Tao* of *Tao* in Chuang-tzu". In: MAIR, Victor (ed.). *Experimental Essays on Chuang-tzu*. Center for Asian and Pacific Studies. Honolulu: University of Hawai'i press, p. 24-55, 1983b. (Asian Studies at Hawai'i n. 29)

_____. *Language and Logic in Ancient China*. Ann Arbor: University of Michigan Press, 1983a.

_____. "The Relatively Happy Fish", *Asian Philosophy*, v. 13, n. 2/3, 2003 p. 145-164.

HARBSMEIER, Christoph. *Science and Civilization in China.* v. 7, parte 1: Language and Logic. Cambridge: Cambridge University Press, 1998.

HENDERSON, John B. "Cosmology". In: CUA, Antonio (ed.) *Encyclopedia of Chinese Philosophy*. New York: Routledge, p. 187-194, 2003.

_____. *The Development and Decline of Chinese Cosmology*. New York: Columbia University Press, 1984.

HENRICKS, Robert. *Lao-tze Te-tao ching: A New Translation Based on the Recently Discovered Ma-Wang-Tui Texts*. New York: Ballantine Books, 1989.

HO HWANG, Philip. "'What is Mencius' Theory of Human Nature?", *Philosophy East and West*, v. 29, n. 2, p. 201-209, 1979.

HSU, Cho-Yun. *Ancient China in Transition: An Analysis of Social Mobility 722–222 B.C.* Stanford: Stanford University Press, 1965.

_____. "The Spring and Autumn Period". In: LOEWE, Michael; SHAUGHNESSY, Edward (eds.). *The Cambridge History of Ancient China: From the Origins of Civilization to 221 B.C.* Cambridge: Cambridge University Press, 1999.

HU, Shih. *The Development of the Logical Method in Ancient China*. Shanghai: The Oriental Book Company, 1928.

HURVITZ, Leon et al. "Schools of Buddhist Doctrine". In: DE BARY, W. T.; BLOOM, Irene (eds.). *Sources of Chinese Tradition: From Earliest Times to 1600*. v. 1, 2. ed. New York: Columbia University Press, p. 433-480, 1999a.

_____. "Schools of Buddhist Practice". In: DE BARY, W. T; BLOOM, Irene (eds.). *Sources of Chinese Tradition: From Earliest Times to 1600*. v. 1, 2. ed. New York: Columbia University Press, p. 481-536, 1999b.

HURVITZ, Leon; TSAI, Heng-Ting. "The Introduction of Buddhism". In: DE BARY, W. T.; BLOOM, Irene (eds.). *Sources of Chinese Tradition: From Earliest Times to 1600*. v. 1, 2. ed. New York: Columbia University Press, p. 415-432, 1999.

IP, Po-Keung. "Taoism and the Foundations of Environmental Ethics", *Environmental Ethics*, n. 5, p. 335-343, 1983.

IVANHOE, Philip. "Thinking and Learning in Early Confucianism", *Journal of Chinese Philosophy*, v. 17, n. 4, p. 473-493, 1990.

_____. "Was Zhuangzi a Relativist?". In: IVANHOE, Philip; KJELLBERG, Paul (eds.). *Essays on Skepticism, Relativism and Ethics in the Zhuangzi*. Albany: State University of New York Press, p. 196-214, 1996.

_____. "Zhuangzi on Skepticism, Skill, and the Ineffable Dao", *Journal of the American Academy of Religion*, v. 61, n. 4, p. 639-654, 1993.

IVANHOE, Philip; KJELLBERG, Paul (eds.). *Essays on Skepticism, Relativism and Ethics in the Zhuangzi*. Albany: State University of New York Press, 1996.

JOHNSTON, Ian. "The *Gongsun Longzi*: A Translation and An Analysis of Its Relationship to Later Mohist Writings", *Journal of Chinese Philosophy*, v. 31, n. 2, p. 271-295, 2004.

JULLIEN, François. *The Propensity of Things: Toward a History of Efficacy in China*. Trad. Janet Lloyd. New York: Zone Books, 1999.

_____. *Treatise on Efficacy: Between Western and Chinese Thinking*. Honolulu: University of Hawai'i Press, 2004.

KALUPAHANA, David J. *Buddhist Philosophy: A Historical Analysis*. Honolulu: University of Hawai'i Press, 1976.

KOHN, Livia. "*Laozi:* Ancient Philosopher, Master of Immortality, and God". In: LOPEZ JR., Donald S. (ed.). *Religions of China in Practice*. Princeton: Princeton University Press, 1996.

_____. *The Taoist Experience: An Anthology*. Albany: State University of New York Press, 1993. (SUNY Series in Chinese Philosophy and Culture)

LAI, Karyn. "Conceptual Foundations for Environmental Ethics: A Daoist Perspective", *Environmental Ethics*, v. 25, p. 247-266, 2003a.

_____. "Confucian Moral Cultivation: Some Parallels with Musical Training". In: CHONG, Kim-Chong; TAN, Sor-Hoon; TEN, C. L. (eds.). *The Moral Circle and the Self: Chinese and Western Perspectives*. La Salle: Open Court Press, p. 107-139, 2003.

_____. "Confucian Moral Thinking", *Philosophy East and West*, v. 45, n. 2, p. 249-272, 1995.

_____. *Learning from Chinese Philosophies: Ethics of Interdependent and Contextualised Self*. Aldershot: Ashgate Publishing, 2006.

_____. "The Daodejing: Resources for Contemporary Feminist Thinking", *Journal of Chinese Philosophy*, v. 27, n. 2, p. 131-153, jun. 2000.

LAI, Whalen. "Buddhism in China: A Historical Survey". In: CUA, Antonio (ed.). *Encyclopedia of Chinese Philosophy*. New York: Routledge, p. 7-19, 2003.

LAU, Dim-cheuk. "The Treatment of Opposites in Lao-tzu", *Bulletin of the School of Oriental and African Studies*, n. 21, p. 344-360, 1958.

LI, Chenyang (ed.). *The Sage and the Second Sex*. La Salle: Open Court Press, 2000.

LIU, Xiaogan. "An Inquiry into the Core Value of Laozi's Philosophy". In: CSIKSZENTMIHALYI, Mark; IVANHOE, Philip (eds.). *Religious and Philosophical Aspects of the Laozi*. Albany: State University of New York Press, 1999.

_____. *Classifying the Zhuangzi Chapters*. Trad. William E. Savage. Ann Arbor: University of Michigan, Center for Chinese Studies, 1994.

MAIR, Victor (ed.). *Experimental Essays on the Chuang-tzu*. Honolulu: University of Hawai'i Press, 1983.

MAJOR, John S. *Heaven and Earth in Early Han Thought: Chapters Three, Four and Five of the Huainanzi*. Albany: State University of New York Press, 1993. (SUNY Series in Chinese Philosophy and Culture)

MAKEHAM, John. "School of Names (*Ming Jia, Ming Chia*)". In: CUA, Antonio (ed.). *Encyclopedia of Chinese Philosophy*. New York: Routledge, p. 491-497, 2003.

MARSHALL, Peter. *Nature's Web: Rethinking Our Place on Earth*. New York: Paragon House, 1992.

MUNRO, Donald J. *The Concept of Man in Early China*. Stanford: Stanford University Press, 1969.

NEVILLE, Robert C. "The Scholar-Official as a Model for Ethics", *Journal of Chinese Philosophy*, v. 13, p. 185-201, 1986.

NIVISON, David. "The Classical Philosophical Writings". In: LOEWE, Michael; SHAUGHNESSY, Edward (eds.). *The Cambridge History of Ancient China: From the Origins of Civilization to 221 B.C.* Cambridge: Cambridge University Press, 1999.

_____. "Two Roots or One?", *Proceedings and Addresses of the American Philosophical Association*, v. 53, n. 6, p. 739-761, ago. 1980.

NYLAN, Michael. *The Five "Confucian" Classics*. New Haven: Yale University Press, 2001.

PEERENBOOM, Randall P. "Beyond Naturalism: A Reconstruction of Daoist Environmental Ethics", *Environmental Ethics* n. 13, p. 3-22, 1991.

RAPHALS, Lisa. "Skeptical Strategies in the *Zhuangzi* and *Theaetetus*". In: IVANHOE, Philip; KJELLBERG, Paul (eds.). *Essays on Skepticism, Relativism and Ethics in the Zhuangzi*. Albany: State University of New York Press, p. 26-49, 1996. Reimpresso, com pequenas revisões, a partir de *Philosophy East and West*, v. 44, n. 3, p. 501-526, 1994.

ROBINET, Isabelle. *Taoism: Growth of a Religion*. Trad. Phyllis Brooks. Stanford: Stanford University Press, 1997.

ROSEMONT JR., Henry. "Against Relativism?". In: LARSON, Gerard James; DEUTSCH, Eliot (eds.). *Interpreting Across Boundaries*. Princeton: Princeton University Press, p. 36-70, 1988.

_____. "Is Zen Buddhism a Philosophy?", *Philosophy East and West*, v. 20, n. 1, p. 63-72, 1970.

ROSENLEE, Li-Hsiang Lisa. *Confucianism and Women: A Philosophical Interpretation*. Albany: State University of New York Press, 2006. (SUNY Series in Chinese Philosophy and Culture)

ROTH, Harold D. "An Appraisal of Angus Graham's Textual Scholarship on the *Chuang Tzu*". In: ROTH, Harold D. (ed.). *A Companion to Angus C. Graham's Chuang Tzu*. Monografia da Society for Asian and Comparative Philosophy. Honolulu: University of Hawai'i Press, 2003.

_____. *Original Tao: Inward Training (Nei-yeh) and the Foundations of Taoist Mysticism*. New York: Columbia University Press, 1999.

_____. "Psychology and Self-Cultivation in Early Taoistic Thought", *Harvard Journal of Asiatic Studies,* v. 51, p. 599-650, 1991b.

_____. "Who Compiled the Chuang Tzu?" In: ROSEMONT JR., Henry (ed.). *Chinese Texts and Philosophical Contexts*. La Salle: Open Court Press, 1991a.

RYLE, Gilbert. "Knowing How and Knowing That", *Proceedings of the Aristotelian Society*, XLVI, p. 1-16, 1949.

SARTWELL, Crispin. "Confucius and Country Music", *Philosophy East and West*, v. 43, p. 243-254, 1993.

SCHWARTZ, Benjamin. *The World of Thought in Ancient China*. Cambridge: Belknap Press of Harvard University Press, 1985.

SHAUGNESSY, Edward. *Before Confucius: Studies in the Creation of the Chinese Classics*. Albany: State University of New York Press, 1997. (SUNY Series in Chinese Philosophy and Culture)

SHUN, Kwong-loi. "*Jen* and *Li* in the *Analects*", *Philosophy East and West*, v. 43, n. 3, p. 457-479, 1993.

_____. *Mencius and Early Chinese Thought*. Stanford: Stanford University Press, 1997.

SIVIN, Nathan. *Medicine, Philosophy and Religion in Ancient China: Researches and Reflections*. Aldershot: Variorum; Ashgate Publishing, 1995a.

_____. "The Myth of the Naturalists". In: *Medicine, Philosophy and Religion in Ancient China: Researches and Reflections*. Aldershot: Variorum; Ashgate Publishing, seção IV, p. 1-33, 1995b.

_____. "The Springs and Autumns of Mr. Lü (Lüshi chunqiu)". In: DE BARY, W. T.; BLOOM, Irene (eds.). *Sources of Chinese Tradition: From Earliest Times to 1600*, v. 1. 2. ed. New York: Columbia University Press, p. 236-241, 1999.

SKAJA, Henry G. "Li (Ceremonial) as a Primal Concept in Confucian Spiritual-Humanism". In: YUN, Chang Chi et al. (eds.). *Chinese Philosophy*, v. 3, *Confucianism and Other Schools*. Taiwan: Chinese Culture University Press, p. 47-71, 1984.

SLINGERLAND, Edward. "Effortless Action: The Chinese Spiritual Ideal of Wu-wei", *Journal of the American Academy of Religion*, v. 68, n. 2, p. 293-328, 2000.

_____. *Effortless Action: Wu-wei as Conceptual Metaphor and Spiritual Ideal in Early China*. New York: Oxford University Press, 2003.

TAN, Sor Hoon. *Confucian Democracy: A Deweyan Reconstruction*. Albany: State University of New York Press, 2004. (SUNY in Chinese Philosophy and Culture)

TENG, Norman Y. "The Relatively Happy Fish Revisited", In: *Asian Philosophy*, v. 16, n. 1, p. 39-47, 2006.

TU, Weiming. *Centrality and Commonality: An Essay on Chung-yung*. Monografia da Society for Asian and Comparative Philosophy, n. 3. Honolulu: University of Hawai'i Press, 1976.

_____. *Confucian Thought: Selfhood as Creative Transformation*. Albany: State University of New York Press, 1985.

_____. "*Li* as Process of Humanisation", *Philosophy East and West*, v. 22, p. 187-201, 1972.

_____. "The Creative Tension Between *Jen* and *Li*", *Philosophy East and West*, v. 18, n. 1/2, p. 29-40, 1968.

TUCKER, Mary Evelyn; BERTHRONG, John H. (eds.). *Confucianism and Ecology: The Interrelation of Heaven, Earth, and Humans*. Cambridge: Harvard University Press, 1998.

TWITCHETT, Denis; LOEWE, Michael (eds.). *The Cambridge History of China*. v. 1: The Ch'in and Han Empires, 221 B.C.-A.D. 220. Cambridge: Cambridge University Press, 1986.

VAN NORDEN, Bryan. "Competing Interpretations of the Inner Chapters of the *Zhuangzi*", *Philosophy East and West*, v. 46, n. 2, 1996, p. 247-268.

WATSON, Burton. "The Great Han Historians". In: DE BARY, W. T.; BLOOM, Irene (eds.). *Sources of Chinese Tradition: From Earliest Times to 1600*. 2. ed. v. 1. New York: Columbia University Press, 1999, p. 367-374.

WILHELM, Hellmut. *Heaven, Earth, and Man in the Book of Changes*. Seattle e London: University of Washington Press, 1977. (Seven Erenos Lectures, Publications on Asia of the Institute for Comparative and Foreign Area Studies, n. 28)

WRIGHT, Arthur. *Buddhism in Chinese History*. Stanford: Stanford University Press, 1959.

WU, Kuang-ming. *Chuang Tzu: World Philosopher at Play*. New York: Crossroad Publishing Co, 1982. (American Academy of Religion Studies in Religion, n. 26)

_____. *On Chinese Body Thinking: A Cultural Hermeneutic*. Leiden: Brill Academic Publishers, 1996.

_____. *The Butterfly as Companion: Meditations on the First Three Chapters of the Chuang Tzu*. Albany: State University of New York Press, 1990. (SUNY Seres in Religion and Philosophy)

YEARLEY, Lee. "Zhuangzi's Understanding of Skillfulness and the Ultimate Spiritual State". In: IVANHOE, Philip; KJELLBERG, Paul (eds.). *Essays on Skepticism, Relativism and Ethics in the Zhuangzi*. Albany: State University of New York Press, p. 152-182, 1996.

Nota do Editor

A Madras Editora não participa, endossa ou tem qualquer autoridade ou responsabilidade no que diz respeito a transações particulares de negócio entre o autor e o público.

Quaisquer referências de internet contidas neste trabalho são as atuais, no momento de sua publicação, mas o editor não pode garantir que a localização específica será mantida.